Ein Band der Reihe
»Informationen zur Zeit«
Originalausgabe

Michel

Über dieses Buch

Der Trend der Jugend zu Gurus und neuen Propheten, zu meditativen Bewegungen und in religiöse Gruppen ist zum aktuellen Problem geworden. Die religiöse Revolte ist vielschichtig und umstritten.
Eltern, Kirchen, Öffentlichkeit und Regierung rufen den Katastrophenalarm aus. Sind die sogenannten Jugendreligionen Fluchtbewegungen? Zerstören sie den Sinn für Realität? Machen sie junge Menschen abhängig? Oder ist die religiöse Revolte ein Zeichen des Aufbruchs? Ein Signal des Protests gegen gesellschaftliche und religiöse Institutionen, die zu Instrumenten der Unterdrückung geworden sind? Rebellion gegen den Druck einer sinnentleerten Umwelt?
Vieles in den vielgeschmähten Jugendreligionen atmet die frische Luft des Aufbruchs. Um diese Zeichen der Hoffnung nicht verderben zu lassen, müssen krankhafte Züge und Irrwege beim Namen genannt werden.
Dieses Buch vermittelt Information über die vielfältigen Erscheinungsformen der jugendlichen Religiosität sowie über ihre geistigen und gesellschaftlichen Hintergründe. Darüber hinaus bietet es Beratung für die unmittelbar Betroffenen – junge Menschen, deren Familien – und für alle, die sich damit zu befassen haben: Sozialarbeiter in Jugendämtern und Beratungsstellen, Publizisten und öffentliche Meinungsmacher, Jugendleiter und Pfarrer in den Kirchen, Beamte und Politiker.

Der Autor

Michael Mildenberger, geboren 1934, studierte evangelische Theologie in Heidelberg, Tübingen und Oxford. 1961–1965 war er Repetent am Evangelischen Stift in Tübingen, 1965–1970 Gemeindepfarrer in Württemberg. Seit 1970 ist er Referent in der Evangelischen Zentralstelle für Weltanschauungsfragen in Stuttgart, wo er über Weltreligionen, Ideologien und Jugendfragen arbeitet.
Publikationen: Beiträge in Zeitungen, Zeitschriften und Rundfunksendungen. Die wichtigsten Buchveröffentlichungen: *Heil aus Asien?* (1974), *Moslems unter uns* (1974), *Die Macht der süßen Worte* (1977), *Denkpause im Dialog* (Verlag Otto Lembeck, Frankfurt 1978), *Christentum im Spiegel der Weltreligionen* (Quell-Verlag, Stuttgart 1978).

Michael Mildenberger

Die religiöse Revolte

Jugend zwischen Flucht und Aufbruch

Fischer
Taschenbuch
Verlag

Fischer Taschenbuch Verlag
1.–15. Tausend: März 1979
16.–22. Tausend: Oktober 1979
Originalausgabe

Umschlaggestaltung: Jan Buchholz/Reni Hinsch
unter Verwendung eines Fotos (Foto: EBA-Moses)

Fischer Taschenbuch Verlag GmbH, Frankfurt am Main

Gesamtherstellung: Hanseatische Druckanstalt GmbH, Hamburg
Printed in Germany
780-ISBN-3-596-24208-8

Inhalt

»Das Feuer des selbstlosen Dienstes« Ananda Marga: Ein Lehrstück

Berlin, Kaiser-Wilhelm-Gedächtniskirche, 8. Februar 1978. Am späten Nachmittag, vor den Augen zahlreicher Passanten, übergießen sich auf dem Platz vor der Kirche am Kurfürstendamm ein junger Mann und eine junge Frau mit Benzin. Sekunden später stehen ihre Körper in Flammen. »Einen Schrei habe ich nicht gehört, geholfen hat aber auch keiner. Als die Feuerwehr eintraf, waren die Flammen bereits erloschen.« So berichtet eine Augenzeugin. Dabei hatten die beiden ihre Selbstverbrennung demonstrativ vorbereitet. An den Turm der Gedächtniskirche hängten sie zwei Transparente, auf denen sie ihre Tat ankündigten. Außerdem verteilten sie Flugblätter an die Vorübergehenden. Offenbar hat sie niemand ernst genommen, und im entscheidenden Augenblick ist es dann zu spät. Nachher hat die Polizei Mühe, die Neugierigen zurückzudrängen.

Die Reaktion in der Öffentlichkeit ist zwiespältig. Der Westberliner evangelische Bischof hält am nächsten Tag in der Gedächtniskirche eine Gebetsandacht für die Toten und ihre Angehörigen. Die Presse hält sich in ihrer Berichterstattung zurück. Von einer »grausigen Tat« ist die Rede und von »Sektenanhängern«. Die Sache gehört eher zu den Skurrilitäten, die man unter der Rubrik »Aus aller Welt« meldet. Im übrigen herrscht Verlegenheit, wie die Selbstverbrennung einzuschätzen ist; eine Verlegenheit, die vor allem verrät, wie wenig man über den Hintergrund der Tat weiß.

Die beiden hatten sich in dem von ihnen verteilten Flugblatt als »ein Mönch und eine Nonne von Ananda Marga« bezeichnet. *Ananda Marga* charakterisierten sie als eine »sozio-spirituelle Bewegung«. Sie forderten die Befreiung ihres Führers SRI ANANDAMURTI, der »aufgrund falscher Anklagen seit sechs Jahren gefangengehalten« werde. *Ananda Marga* – auf deutsch: »Weg zur Glückseligkeit« – ist eine religiöse Bewegung mit stark ideologisch-politischem Einschlag. Sie kommt aus Indien, wo sie bis heute den Schwerpunkt ihrer Aktivitäten hat. Die Zentrale für Europa befindet sich in Berlin. ACHARYA KARUNANANDA, indischer Mönch und Leiter der europäischen Sektion, distanzierte sich in einer Presseerklärung nachdrücklich von der Selbstverbrennung. Hätte man vorher von diesem Vorhaben gewußt, wäre alles getan worden, um die Tat zu verhindern. *Ananda Marga* sei »entschieden gegen Gewalt, sei sie gegen andere oder sich selbst gerichtet«. Der junge Mann habe sich 1973, die junge Frau 1975 der Bewegung angeschlossen. Im letzten Jahr hätten sie sich in den Vereinigten Staaten aufgehalten. Daß sie seit dem 2. Februar in Berlin waren, habe er nicht gewußt.

»Moralisten der Welt – vereinigt euch!«

Das Flugblatt, in dem Didi Uma und Dada Lokesha – so die geistlichen Namen der Nonne und des Mönchs – ihre letzte Botschaft verbreiteten, ist ein aufschlußreiches Dokument. Es enthält nicht nur einiges an Information über das Programm von *Ananda Marga.* Wichtiger ist der Einblick in die religiöse Welt zweier junger Menschen, den es gibt, in ihre Denkweise und innere Einstellung, ihren persönlichen Einsatz, ihre Hoffnungen und Enttäuschungen. Hier der volle Wortlaut:

»In allen Lebewesen ist ein Verlangen nach Unendlichkeit.
Das Ziel eines jeden Wesens in diesem Universum ist, andauerndes Glück und Frieden zu erlangen.
Alle lebenden Wesen gehören zu einer universalen Familie.
Gegenwärtig jedoch leidet die Mehrheit der Weltbevölkerung an Hunger, Armut, sozialer und ökonomischer Ausbeutung.
Jetzt ist der glorreiche Zeitpunkt des Wandels gekommen.
Jede bisherige soziale Theorie oder jedes bisherige ökonomische Konzept in der Geschichte hat versagt, *eine* humanistische Gesellschaft zu schaffen.
Die Kraft menschlicher Liebe allein kann die Welt verändern.
Die spirituelle Philosophie und die sozial-ökonomische (progressive Nutzungs-) Theorie des großen Humanisten und Philosophen Shrii Shrii Anandamurti bietet die Lösung zu allen Fragen des Lebens für alle Menschen.
Shrii Shrii Anandamurti wird aufgrund falscher Anklagen seit 6 Jahren gefangengehalten und fastet nach einem Vergiftungsanschlag aus Protest seit 5 Jahren.
Leben ist Dienst, ist für andere.
Obwohl die sozio-spirituelle Bewegung *Ananda Marga* jetzt überall auf der Welt von den Unmoralisten verfolgt und diffamiert wird, opfern ihre Arbeiter ihr Leben in selbstlosem Dienst.

Die Flamme unserer Körper ist Symbol für das Feuer des selbstlosen Dienstes von *Ananda Marga.*
Es wird die Nacht der Unmoral und die Dunkelheit der üblen Kräfte der Ausbeutung, Unterdrückung, Ungerechtigkeit und Falschheit aufzehren.
Unsere Selbstverbrennung geschieht nach persönlicher und unabhängiger Entscheidung, geschieht aus Liebe zu allen Menschen, den Armen, Ausgebeuteten und Leidenden.
Die Zukunft der menschlichen Gesellschaft ist licht; es gibt keinen Grund zur Furcht und Verzweiflung. Habt Mut!
Es ist die Verantwortung von Euch allen, das gemeinschaftliche Wohlergehen der *einen* menschlichen Gesellschaft zu unterstützen: Kämpft gegen alle unmoralischen Kräfte in jedem Bereich des Lebens!

Menschen wacht auf!
Moralisten der Welt – vereinigt euch!
Befreit Shrii Shrii Anandamurti!
Baba Nam Kevalam – Liebe ist alles was ist.

Diese Sätze leben vom Protest. Sie dokumentieren die Revolte einer Jugend, die sich nicht mit der Ungerechtigkeit und Unmoral einer inhumanen Welt abfinden will. Ringsum sieht sie egoistische Interessen, soziale und ökonomische Ausbeutung, Falschheit und Feindschaft gegen das Gute am Werk. Dieser Verschwörung der bösen Kräfte setzt sie ihre Vision entgegen: die Vision von der *einen* menschlichen Gesellschaft, die es zu bauen gilt; von einer Welt, in der alle lebenden Wesen als »universale Familie« zusammengehören, von einem Universum, in dem Glück und Frieden regieren.
Moral, selbstloser Dienst, Hingabe – der Idealismus dieser Jugend ist total. Und er ist revolutionär: »Moralisten der Welt – vereinigt euch!« Der Anklang an den berühmten Schluß des *Kommunistischen Manifests* von Marx und Engels ist gewollt. Waren es dort die Proletarier, die mit der Revolution nichts als ihre Ketten zu verlieren, aber eine Welt zu gewinnen hatten, so sind es jetzt die »Moralisten«, die die lichte Zukunft der menschlichen Gesellschaft schaffen werden, wenn sie nur den »glorreichen Zeitpunkt des Wandels« ergreifen. Jetzt ist er da. Darum wacht auf! »Kämpft gegen alle unmoralischen Kräfte.«
Gegen alle Halbheiten und Kompromisse geht es ums Ganze: die ganze Moral, die totale Veränderung der Welt, das unendliche Glück. Weniger als das Ganze wäre Verrat. Und man ist bereit, auch den ganzen Preis dafür zu zahlen: »Die Flamme

unserer Körper ist Symbol für das Feuer des selbstlosen Dienstes von *Ananda Marga.*«
In dem Appell schwingt allerdings noch ein anderer, weniger schroffer Ton mit. Es ist der Klang einer tieferen Harmonie, als sie durch moralischen Rigorismus geschaffen werden könnte. »*Baba nam kevalam* – Liebe ist alles was ist.« Das ist nicht die Sprache der Moral, sondern der Religion. Moral will das Gute, ohne Kompromiß, auch um den Preis des Lebens. Darum kann Moral ins Zerstörerische umschlagen. Liebe will das Leben – sicher genauso kompromißlos; aber sie ist schöpferisch.
Der tschechische Philosoph VITEZSLAV GARDAVSKY hat in seinem Buch *Gott ist nicht ganz tot* einige Sätze geschrieben, die den religiösen Klang sehr rein zum Ausdruck bringen, der in dem Bekenntnis zur weltverändernden Kraft der Liebe angeschlagen wird. Es sind Sätze, die in einer verblüffenden inneren Nähe zu dem stehen, was diese beiden jungen Menschen mit ihrem selbstgewählten Tod offenbar sagen wollten. So schreibt GARDAVSKY:

»Die Liebe verstehe ich als das Kompositionselement der Subjektivität in jedem Augenblick, da sie sich aktuell zu einer Tat entschließt und diesem Entschluß die menschlich optimale Form zu geben bemüht ist. Diese kann ebensowohl das Todesurteil über einen anderen zum Inhalt haben wie das Opfer des eigenen Lebens; alles, was zwischen diesen beiden äußersten Endpunkten liegt, kann ihr Inhalt sein, niemals jedoch etwas, was dem Menschen sein Recht auf den Ehrentitel Mensch nähme ... Die Liebe ist ein ›ewiges‹ Thema, weil sie das Prinzip der Schöpfung ist, die schöpferische Aktivität des Menschen in der Geschichte par excellence ... Als schöpferisches Tun an sich ist die Liebe voller Abenteuer: indem wir den Mut aufbringen zu dieser Komposition des Konkreten, bringen wir den Mut auf zu einer Liebe, die erst morgen möglich sein wird. Wahrhafte Liebe reicht stets über unsere gegenwärtigen Möglichkeiten hinaus. Deshalb ist sie so schwer: In ihr steckt das Drama, die Spannung, die Verzweiflung, die Hoffnung, der Glaube – alles was einhergeht mit dem radikalen Entschluß, den Schritt über den Fluß der Zeit zu tun ... Sie ist schwer: immer berührt sie sich mit dem Tod. Sie ist etwas Leichtes und Selbstverständliches, wenn wir diese Last bewußt auf uns genommen haben.«[1]

»*Baba nam kevalam* – Liebe ist alles was ist.« Das Bekenntnis nimmt sich naiv aus in seiner ungeschützten Direktheit. Doch steht dahinter die Erfahrung: Der letzte Grund dafür, daß menschliche Gemeinschaft, ja Leben überhaupt möglich ist, liegt in der Liebe. Liebe – »das Prinzip der Schöpfung«. Das ist

eine religiöse Erfahrung, und in der religiösen Überlieferung wurde dieses »Prinzip« seit je »Gott« genannt. So ist denn auch jenes Verlangen nach einem Universum, in dem alle Lebewesen in andauerndem Glück und Frieden zusammenleben, die religiöse Vision einer neuen, heilen Welt, die in Gott ihren Ursprung und Garanten hat. Es ist, christlich gesprochen, die Erwartung des kommenden Reiches Gottes.
Für die Mitglieder von *Ananda Marga* sind alle diese Empfindungen, Überzeugungen und Erwartungen in der Person des Gründers und Führers ihrer Bewegung gebündelt: PRABHAT RANJAN SARKAR. Sein geistlicher Name ist SRI ANANDAMURTI. Doch sie nennen ihn *Baba*: Geliebter Vater. Seine Gestalt verschmilzt unversehens mit der des kosmischen Allvaters. *Baba* ist der Höchste, der wahre »Guru«, der aus dem Dunkel ins Licht erfüllten Daseins führt. Auf ihn spitzt sich auch DIDI UMAS und DADA LOKESHAS Appell zu. Das Programm des »großen Humanisten und Philosophen« SRI ANANDAMURTI bietet »die Lösung zu allen Fragen des Lebens für alle Menschen«. Die Mächte der Unmoral haben sich zu seiner Verfolgung und Vernichtung verschworen. Es ist ein Kampf von endzeitlichen Dimensionen. Deshalb wird *Babas* Befreiung die Wende bringen und den Durchbruch der neuen Welt bedeuten. Dafür ist auch der höchste Einsatz, der des eignen Lebens, nicht zu hoch.

Traumwelt einer verzweifelnden Jugend?

Wer ist dieser Mann, der eine so große Ausstrahlung hat, daß er trotz jahrelanger Haft aus dem Gefängnis heraus eine weltweite Bewegung inspirieren und junge Menschen zum äußersten treiben kann? Ein religiöses Genie? Ein Fanatiker? Ein Verführer? Und was ist die von ihm ins Leben gerufene »sozio-spirituelle« Bewegung *Ananda Marga*? Ein sozialrevolutionäres Programm? Eine religiöse Heilslehre? Sind die *Margiis*, ihre Mitglieder, politische Extremisten oder religiöse Außenseiter oder einfach ausgeflippte Desperados?
Die Antwort auf diese Fragen ist nicht einfach. Schon deshalb nicht, weil sie in einem doppelten, in sich völlig verschiedenen Umfeld gesucht werden muß. Einerseits in der höchst komplizierten gesellschaftlichen, religiösen und politischen Welt Indiens, in der die Bewegung entstanden ist und ihre besonderen Akzente bekommen hat. Religiös verwurzelt in einer jahrtausendealten, bis heute schöpferischen Tradition und zugleich

geschüttelt von den verzweifeltsten gesellschaftlichen und wirtschaftlichen Überlebensproblemen, ist der indische Subkontinent mit seinen Menschenmassen ein brodelnder Nährboden für »sozio-spirituelle« Programme und Bewegungen aller Schattierungen. Politik hat es dort immer mit Religion zu tun, und Inder sind politisch außerordentlich leicht erregbar. Das ist die eine Seite. Die andere ist die westliche Industriekultur der Bundesrepublik Deutschland, von der die Jugendlichen, um die es hier geht, geprägt worden sind. Seit in den sechziger Jahren die Restauration der Nachkriegszeit zwar nicht gebrochen, aber erschüttert und seit um die Mitte der siebziger Jahre der sozialliberale Reformelan durch die sogenannte *Tendenzwende* gestoppt wurde, ist die gesellschaftliche und geistige Lage der Nation verworrener denn je. Die gegensätzlichsten Tendenzen liegen miteinander im Streit, zumal in der jungen Generation, für die alle diese Phasen ein Stück des eignen Werdegangs darstellen.

Diese Doppelseitigkeit bringt von vornherein Ambivalenz und Widersprüchlichkeit ins Bild. Skepsis ist am Platz. Die Skepsis wächst in dem Maße, wie man in die Details eindringt und die individuellen und gesellschaftlichen Bedingungen sichtbar werden, unter denen dort wie hier – in Indien ebenso wie in Westeuropa – die große Vision von der neuen Welt Wirklichkeit werden soll. Die religiöse Revolte wird, mindestens bei der westlichen Jugend, gewollt oder ungewollt zur Flucht. Das neue Universum der Moral und der Liebe kann sich höchstens, zur bedeutungslosen Randexistenz verurteilt, im Getto jugendlicher Subkultur etablieren. Es enthüllt sich als das, was es ist: die Traumwelt einer an den Realitäten verzweifelnden Jugend, das resignative Rückzugsgebiet einer Generation, die die Erfolgsbahnen der westlichen Gesellschaft verlassen hat, weil ihre elementarsten menschlichen Grundbedürfnisse darin nicht mehr erfüllt werden, das Bedürfnis nach Wärme und Geborgenheit, nach Sinnerfahrung und Zukunftshoffnung. Damit nicht genug. Oft genug zerplatzt die schillernde Traumwelt und dahinter wird eine brutale oder armselige Wirklichkeit sichtbar, deren leichtes Opfer der junge Mensch geworden ist. Drastisch, aber treffend hat es eines dieser Opfer ausgedrückt: »Kein Mensch kann so verarscht werden wie ein junger Idealist.«[2]

Doch ist Skepsis nicht das Letzte. Es bleibt ein Kern, der sich nicht in die allgemeinen Bedingungen auflösen läßt. Religiöse Erfahrung ist mehr als die Summe individueller und gesellschaftlicher Komponenten. Sie entzieht sich, aller Religionskritik unsrer aufgeklärten Zeit zum Trotz, dem Zugriff der Psychologie und der Soziologie. »*Baba nam kevalam.*« Die religiöse Revolte ist nicht nur Flucht, sondern Aufbruch. Sie ist »der radikale Entschluß, den Schritt über den Fluß der Zeit zu tun«. Die Geschichte der Religionen lebt von der Revolte der Jugend, die immer wieder die Verkrustungen der etablierten Religion aufgesprengt und ihre faulen Kompromisse mit der Unmoral durchbrochen hat. »Wahrhafte Liebe reicht stets über unsere gegenwärtigen Möglichkeiten hinaus.«

Ananda Marga: eine indische Reformbewegung

PRABHAT RANJAN SARKAR, von bengalischer Herkunft, Buchhalter bei der Eisenbahn, gründete *Ananda Marga Pracharaka Samgha*, die ›Organisation zur Propagierung des Weges zur Glückseligkeit‹, im Jahr 1955 im indischen Staat Bihar. Von Anfang an hatte *Ananda Marga* zwei Ziele: individuelle Erneuerung durch spirituelle Praxis sowie Befreiung und Reinigung der Gesellschaft. Eins ist nicht ohne das andere denkbar und realisierbar: »Je tiefer der Mensch in sich eindringt, desto mehr erkennt er die Zusammengehörigkeit aller Menschen, erkennt er sein eigenes Ich in dem Ich der anderen. Diese Erkenntnis ist die Voraussetzung dafür, daß der Mensch zu einem Bewußtsein findet, das sich gesellschaftlich verantwortet.«

Ananda Marga wendet sich zunächst an den einzelnen. Er soll aufwachen, seiner innersten Sehnsucht nachgeben und aufbrechen auf dem Weg zu sich selbst, zum reinen Bewußtsein, von dem er kommt. Dieser Aufbruch zur inneren Befreiung und Selbstverwirklichung wird *Sadhana* genannt. Das Wort bezeichnet die religiöse Praxis, die der einzelne in täglichen geistlichen Übungen und einer bestimmten Verhaltens- und Lebensweise zu vollziehen hat. Die religiöse Praxis ist in einem 16-Punkte-Programm zusammengefaßt, das von Vorschriften und Ratschlägen für körperliche Reinlichkeit, Kleidung und vegetarische Nahrung über die Regeln des täglichen Meditierens und den Dienst an anderen bis zu »kompromißloser Strenge und Vertrauen« gegenüber der »Unverletzlichkeit der Ideologie«, den Geboten *Babas* und diesem selbst reicht. An diesem 16-Punkte-Programm und seinen strikten Schemata – man soll ihre Erfüllung nach Möglichkeit auf einer Liste jeden Tag abhaken – wird etwas greifbar von dem asketischen Klima, das in der Organisation herrscht. *Ananda Marga* ist ein spiritueller Orden, der – wie Orden meistens – autoritär aufgebaut ist.

Kernstück von *Sadhana* ist die Meditation. Man meditiert mit einem *Mantra*, das heißt mit einer Silbe bzw. Formel in Sanskrit, die bei der Einweihung dem Margii gegeben wird. »Die Konzentration des Meditierenden auf das Mantra läßt ihn immer tiefer und tiefer in unerforschte Bewußtseinsbereiche eintauchen. Je größer die Hingabe ist, mit der das Mantra wiederholt wird, desto stärker ist dessen Wirkung. Sind schließlich die turbulenten Gefühle und flüchtigen Gedanken zur Ruhe gekommen, nimmt man das höchste Bewußtsein in sich selbst und jedem Ding der Welt wahr. Man ist eins mit der gesamten Schöpfung in unbeschreiblicher Harmonie.« So charakterisiert eine Werbebroschüre die *Mantra*-Meditation.
Damit ist der Weg von der individuellen Selbstverwirklichung zum sozialen Engagement vorgezeichnet. Die ganze Menschheit hat den gleichen Ursprung und das gleiche Ziel, ist eingefügt in die Harmonie des Universums. Alles kommt von Gott, alles lebt in Gott und alles kehrt zurück zu Gott. Einheit und Gleichheit aller Menschen sind also für ANANDAMURTI religiös begründet. Deshalb ist alles verkehrt, was ihrer Verwirklichung widerstrebt, ist Entfremdung vom wahren Wesen und muß überwunden werden. Die Utopie einer in Eintracht vorwärtsschreitenden Menschheit bleibt jedoch nicht in Allgemeinplätzen hängen. SRI ANANDAMURTI wettert gegen Korruption und Ausbeutung, gegen Klassenschranken und Kastenherrschaft. Er prangert die Selbstsucht der Politiker und die Schaumschlägereien der Intellektuellen an. Er fordert die Aufhebung rassischer Diskriminierung und nationalistischer Kleinstaaterei. Man beginnt zu ahnen, daß die Verbreitung solcher Parolen in Indien, das von all diesen Übeln geschüttelt wird, ihren Urheber fast zwangsläufig in Schwierigkeiten bringen mußte.
SRI ANANDAMURTI entwirft das Gegenbild einer neuen, ausgeglicheneren Gesellschaft, propagiert die Bildung eines Weltbundes und einer einheitlichen Weltsprache, befaßt sich mit technologischen und ökologischen Entwicklungen, mit Erziehungsfragen und Bevölkerungsproblemen, sieht die Menschheit als »kosmische Familie«, in der jeder nach seinen Gaben sich einsetzt zum Wohle der Gemeinschaft. *Prout* (= *Progressive Utilization Theory*), progressive Nutzungstheorie, nennt er seine sozial-ökonomische Lehre. Und mündet doch immer wieder in das letzte religiöse Ziel: »Ihr habt kein Recht, auch nur ein lebendes Wesen zu hassen. Was ihr im besten Falle tun könnt, ist einzig: zu dienen. Denkt daran, ihr sollt dienen, indem ihr im Geiste das Gefühl hegt, daß wahrhaftig jedes Geschöpf die lebendige Manifestation Gottes ist. Denkt auch

daran, daß das Verdienst des Dienens nicht euch zusteht; es geschieht durch ihn, einzig durch ihn ...«[3]

Wie in einem Brennpunkt sind alle individuellen und gesellschaftlichen, religiösen und sozialen Perspektiven der Botschaft *Ananda Margas* gebündelt im Ideal des *Sadvipra*, des zur Selbstverwirklichung durchgestoßenen Menschen, der gänzlich zum Medium des kosmischen Bewußtseins geworden ist, der für die Zukunft kämpft, die solidarische Gesellschaft baut und so den »Menschen des neuen Tages« verkörpert. Kraft seiner spirituellen Praxis ist er dem Göttlichen immer völliger hingegeben und wird dadurch zum selbstlosen Dienst an der Gesellschaft fähig. Er vereinigt in sich alle Klassen und Kasten und ist so der berufene Führer. Und er ist ein entschlossener, unbeugsamer Kämpfer. »Kampf ist das Leben; ohne Kampf wird die Schöpfung aufhören zu bestehen.«[4] Summa: SRI ANANDAMURTIS Vision zielt darauf, eine ideale Gesellschaft zu schaffen unter der Führung einer Elite religiöser Menschen, die durch ihre spirituelle Praxis ans Übermenschliche grenzende Fähigkeiten entwickelt haben.

Die Bewegung breitete sich in Indien rasch aus und fand offenbar gerade in gebildeten Kreisen großen Anklang. Weitere Zweigorganisationen für die weitgespannten religiösen, sozialen und politischen Aktivitäten wurden gegründet. Im Jahr 1967 schätzte ein Regierungsbericht die Zahl der Mitglieder auf zweieinhalb Millionen. Damals setzten freilich auch die offenen Konflikte mit dem Staat und mit einzelnen Bevölkerungsgruppen ein. ANANDAMURTI mußte mit seinem Programm eine Herausforderung für die herrschenden Machtblöcke in Indien darstellen: für die konservativen Kräfte, deren unsozialen, profitorientierten Kapitalismus er angreift, für die Kommunisten, die *Ananda Marga* von Anfang an als ideologisch rivalisierende Kaderorganisation verfolgten, für die orthodoxen Hindus, denen Gleichmacherei und Aufhebung des Kastensystems ein religiöser Greuel sind. Hinzu kommt die kämpferische Note, das elitäre Selbstbewußtsein und eine fast fanatische Radikalität, die *Ananda Marga* nicht ganz zu Unrecht den Vorwurf eingetragen hat, faschistoid zu sein.

Den Verlauf der Zusammenstöße zwischen *Ananda Marga* und seinen Widersachern unter der Bevölkerung und in den staatlichen Behörden zu schildern, ist hier nicht der Platz. Jedenfalls wurde SRI ANANDAMURTI im Dezember 1971 verhaftet. Die Anklage warf ihm Anstiftung zum Mord an mehreren abtrünnigen *Margiis* vor. Die Situation verschärfte sich, als er nach einem angeblichen Vergiftungsversuch durch den Gefängnisarzt im April 1973 unbefristet zu fasten begann. Sie spitzte sich zu, als *Ananda Marga* im Sommer 1975 unter den Notstandsgesetzen der Regierung Indira Gandhis als »rechtsradikale religiöse Organisation« verboten wurde: Die gesamte Organisation wurde zerschlagen, Schulen, Kinderheime, Altenasyle geschlossen, zahlreiche Mönche verhaftet, andere tauchten unter oder flohen ins Ausland. In diesem Klima offener Feindseligkeit fand der Prozeß gegen Sri Anandamurti statt. Im November 1976 kam der Urteilsspruch. Wie zu erwarten, lautete er: schuldig.

Die *Margiis* in aller Welt setzten hohe Erwartungen auf die neue indische Regierung. Doch wurden sie zunächst enttäuscht. Zwar wurde das Verbot aufgehoben, aber der erhoffte weitausgreifende Neuanfang blieb aus. Nach wie vor stieß *Ananda Marga* auf Schwierigkeiten und Widerstände. Ungeduld und Spannung wuchsen. Eine Reihe von Terroranschlägen in verschiedenen Ländern auf indische Botschaften und *Air-India*-Büros wurden *Ananda Marga* angelastet, da sie mit Drohbriefen, falls Sri Anandamurti nicht sofort und bedingungslos freigelassen werde, verknüpft waren. Eine direkte Verbindung zu der Organisation konnte in keinem einzigen Fall nachgewiesen werden, doch verstärkte sich der öffentliche Eindruck, *Ananda Marga* sei eine vor allem politisch orientierte Extremgruppe. Inzwischen waren auch den Berliner Selbstverbrennungen noch weitere gefolgt.

Erst die Berufungsverhandlung im Sommer 1978 brachte einen Durchbruch: der Oberste Gerichtshof in Patna/Bihar sprach Anandamurti frei. Der Kronzeuge, so befanden die Richter, auf dessen Aussage sich die Anklage in allen wesentlichen Stücken gestützt hatte, sei »vollkommen unzuverlässig«. Am 2. August 1978 wurde Sri Anandamurti aus dem Gefängnis entlassen. Tausende von *Margiis* waren nach Patna geströmt, um das Ereignis mit ihrem *Baba* zu feiern.

Für Anandamurtis Anhänger ist dieser Ausgang des Gerichtsverfahrens die Bestätigung ihrer schon immer vertretenen Überzeugung, *Ananda Marga* und der *Baba* seien das Opfer einer unbegründeten Verfolgung durch die indischen Behörden, vorab den indischen Geheimdienst CBI, geworden. Letztlich steht dahinter die bereits erwähnte Vorstellung einer gleichsam endzeitlichen Verschwörung der Mächte des Bösen gegen den *Baba*, der zum Kampf gegen sie angetreten ist. Doch bleibt trotz des Freispruchs auch beim neutralen Beobachter ein zwiespältiger Eindruck. Es ist der Bewegung bisher zumindest in Indien nicht gelungen, ihre religiösen Motive und Ziele eindeutig zu machen und sich von dem Geruch eines zur Gewalttätigkeit neigenden Fanatismus zu befreien. Mit dieser Ambivalenz steht sie freilich in Indien keineswegs allein da. Vielmehr stellt sie lediglich besonders profiliert einen weitverbreiteten Wesenszug indischer Mentalität dar.

Spirituelle Praxis und neuer Lebensstil

Das also ist der indische Hintergrund von *Ananda Marga.* Man muß ihn im Blick haben, um das Auftreten der *Margiis* in Europa und anderen westlichen Regionen zu begreifen. Doch wurde bereits darauf hingewiesen, daß die Bedingungen der westlichen Industriegesellschaft, die so völlig verschieden sind von den indischen, die Bewegung stark umgeformt haben. Man kann deshalb nicht ohne weiteres von Indien auf Europa schließen.

Ananda Marga hat in der westlichen Umwelt andere Schwerpunkte bekommen als in Indien. Es zeigt ein anderes Gesicht: jugendlich, religiös, »alternativ«. Die sozialreformerischen und politischen Aspekte treten zurück. Es sind fast ausschließlich junge Leute, die sich *Ananda Marga* zuwenden. Ihnen geht es in erster Linie um persönliche Selbstfindung und Entfaltung durch die angebotene spirituelle Praxis und um einen neuen Lebensstil. So rückt *Ananda Marga* im Westen in die Reihe der hinduistisch geprägten jugendlichen Alternativbewegungen ein.

Da ist beispielsweise *Peace Food* – Friedensspeise – in Berlin, einer der vielen Treffs, die in den letzten Jahren im Milieu der jugendlichen Subkultur entstanden sind. *Peace Food* wird von *Ananda Marga* betrieben: ein kleines Restaurant, in dem nach den Regeln der Makrobiotik zubereitete vegetarische Speisen gereicht werden – man sitzt auf Kissen am Boden um eine große runde Tischplatte herum; ein Lagerraum, in dem biologisch-dynamisch angebaute Lebensmittel, Schriften der Subkultur, Räucherstäbchen und andere asiatische Accessoires verkauft werden; das rückwärtige Zimmer, in dem tibetische Andachtsbilder hängen, dient der Meditation und geistlichen Lehrvorträgen. Die Besucher sind junge Leute aus allen Bevölkerungsschichten; sie kommen meist einzeln, ab und zu eine junge Familie. Die Atmosphäre ist offen, harmonisch, solidarisch, eher »unpolitisch« als revolutionär, von einem Lebensstil geprägt, der sich in den Anfängen der Hippiebewegung als be-

tonte Alternative zum gängigen Verhaltenskodex herausgebildet hatte, inzwischen zum allgemeinen Jeans- und Indienlook vermarktet ist und höchstens von Randgruppen wie eben den *Peace Food*-Leuten noch bewußt – und das bedeutet auch: in seinen geistigen Ansprüchen – gepflegt wird.
Ein amerikanischer Mönch leitet die Berliner Gruppe. Er trägt die Tracht des *Ananda Marga Yogi*: einen orangenen Turban, langes Kopf- und Barthaar, eine Art Kasack, ebenfalls orangefarben mit weißer Schärpe, weiße Hosen. Er erläutert Anschauungen und Ziele von *Ananda Marga* und berichtet von der Arbeit in Berlin. Von den Einführungsvorträgen, die jeweils samstags stattfinden, von den Meditationsstunden und Yogaübungen, die an den Abenden angeboten werden. Aber auch von dem Kindergarten, den *Ananda Marga* in Berlin betreibt, von regelmäßigen Besuchen in der Jugendstrafanstalt Plötzensee und in einem Altenheim, von der Beratung und Betreuung junger Menschen, die heute in der Wüste der Großstadt nach einem inneren Halt suchen.
Ein großer Teil des Interesses und der Aktivitäten wurde freilich bisher durch den Prozeß gegen SRI ANANDAMURTI absorbiert: *Baba's case* war ein ständig wiederkehrendes Thema. Verständlicherweise, wenn man an die überragende Bedeutung denkt, die der »Guru« in der indischen Spiritualität hat und die durch ein ebenso offenkundiges wie problematisches Bedürfnis nach Autorität unter der religiös motivierten westlichen Jugend noch gesteigert wird. So versuchten die Gruppen, alle finanziellen Reserven und persönlichen Beziehungen zu mobilisieren, um die Öffentlichkeit aufmerksam zu machen und den Verlauf von *Baba's case* zu beeinflussen.
Das fällt jetzt weg; statt dessen begegnet man einer kräftigeren Erfolgserwartung. Sie ändert jedoch nichts daran, daß *Ananda Marga* bisher nicht über die Schwelle einer Außenseitergruppe hinausgekommen ist. Die Zahlen für die Bundesrepublik und Berlin zeigen es: zwei- bis dreitausend, die sich in die Meditation einweisen ließen, vielleicht hundertfünfzig, die ernsthaft *Sadhana* praktizieren, ein knappes Dutzend *LFT's*, Vollzeitmitarbeiter.
Diese sind mit einem enormen persönlichen Einsatz für ihre Sache unterwegs. Aber es ist ein mühsames Geschäft. Zwar sei die Aufgeschlossenheit unter der Jugend groß, so berichten sie. Doch scheinen Substanz und Kontinuität nur selten gegeben. Vor allem fehlen Mitarbeiter, die die kleinen Basisgruppen betreuen und weiterführen könnten. Am ehesten bestehen in den mittleren Städten Chancen: Mainz, Göttingen, Braun-

schweig, Regensburg, Ulm, neuerdings auch im Ruhrgebiet. Solche Schwierigkeiten geben wohl auch die Begründung dafür, daß die sozialen Initiativen, die in Theorie und Selbstdarstellung von Ananda Marga eine so große Rolle spielen, sich in der Praxis bisher so bescheiden ausmachen: Es gibt zu wenig *Margiis* und sie sind zu sehr mit sich selbst beschäftigt.

Typisch ist das *Projekt Beienrode.* In dem Dorf Beienrode in der Nähe Braunschweigs wohnen seit Herbst 1975 etwa ein Dutzend *Margiis* zusammen. »Sie alle wollten«, so eine Selbstdarstellung, »durch *Ananda Marga* für die Gesellschaft arbeiten, und zwar in einer spirituellen Atmosphäre, in der sie ihr wahres Selbst nicht ständig verstecken müssen, sondern sie selbst bleiben können. Vorher waren wir z.B. Schüler, Lehrer, Schauspieler, Kindergärtner oder arbeitslos.« Bereits im November 1975 wurde ein Kindergarten mit 15 Dorfkindern, kurz danach der »Vollkorn«-Laden für naturreine Lebensmittel in Braunschweig eröffnet. Der Plan, ein großes Stück Gartenland biologisch-dynamisch zu bewirtschaften und damit den Laden zu beliefern, hat sich nicht bewährt. Die Entfernung war zu weit, der Ertrag wohl auch nicht hoch genug. Der Laden aber entwickelt sich allmählich zu einem »Treff für spirituelle Menschen«. Für viele fängt eine Veränderung des Bewußtseins mit einer neuen Ernährungsweise an. »Wir lernen«, so resümiert der Bericht, »was es heißt, miteinander zu leben. Und wir lernen, unser Ego langsam immer mehr aufzugeben, und erfahren, daß dies uns glücklicher und zufriedener macht. Das wichtigste aber ist die Erfahrung, daß wir nicht für uns und durch uns handeln. Hinter allem steht *Baba,* der uns führt und lenkt.«[5]

Das ist sicher nicht wenig, aber es entspricht nicht den eigentlichen Zielen von *Ananda Marga.* »Es sind immer wieder nur gesellschaftliche Randgruppen, Jugendliche, an die wir rankommen«, stellt der Sprecher des westdeutschen Zentrums in Mainz fest, »die Menge der Leute erreichen wir nicht.« Er nennt auch selbst den Grund dafür: »Irgendwo versucht *Ananda Marga,* in die Gesellschaft reinzukommen. Aber andrerseits ist es klar, daß dadurch, daß wir eine andere Lebensweise praktizieren, eigentlich schon vorgegeben ist, daß wir uns so direkt mit der Gesellschaft nicht liieren können. Der Fehler liegt vielleicht da, daß unsere Gesellschaft eben heute auch eine ziemlich ungesunde Lebensweise hat ... die ganzen Arbeitsbedingungen ... Weil *Ananda Marga* eine andere Lebensweise ist, geht das nicht konfliktlos. Wir wollen ja keine Insel oder ein Klosterdasein machen. Wir versuchen schon, unsere spirituelle Praxis und Lebensweise gesellschaftlich zu vermitteln. Das muß sozusagen beispielhaft sein, denn nur dann können wir sagen, Yoga ist für jeden –« Eben das aber: die eigene spirituelle Praxis gesellschaftlich zu vermitteln, will nach allen Erfahrungen bisher nicht gelingen.

Im Getto der jugendlich-religiösen Subkultur

Die selbstkritische Analyse des *Ananda-Marga*-Sprechers ist aufschlußreich genug. Sie enthüllt das Dilemma, in dem nicht bloß *Ananda Marga* steht, sondern mit dem sich so gut wie alle jene »alternativen« Experimente und Modelle herumzuschlagen haben, die heute vor allem von der jüngeren Generation ausprobiert werden. Genau das, was ihr Selbstverständnis ausmacht und ihrem Ziel entspricht, nämlich eine »Alternative« zu den gängigen Verhaltensweisen und Wertvorstellungen zu entwickeln, hindert sie daran, Erfolg zu haben und dieses Ziel zu erreichen. Je schärfer sie sich in Theorie und Praxis, im Lebensstil und seiner programmatischen Darstellung vom »normalen« Gefüge unsrer Arbeits- und Freizeitwelt abheben, um so hoffnungsloser geraten sie ins gesellschaftliche Abseits, wo sie entweder als belanglose Spinner links liegengelassen oder als abartige Außenseiter denunziert werden.
Das gilt in ganz besonderem Maße von solchen Gruppen und Entwürfen, die sich religiös begründen. *Religion* kommt in der modernen, wissenschaftlich-technischen Industriewelt des Westens mit ihrem praktischen Materialismus nach allgemeiner Ansicht nur in der etablierten Form der christlichen Kirchen vor. Im Alltag und in den normalen Lebenssituationen braucht abgesehen von einer kleinen Minderheit keiner mehr »Religion«. Für die feierlichen Anlässe des persönlichen Lebens – Geburt, Hochzeit, Tod – ist sie allerdings wichtig. In diesen Fällen greift man auf die bewährten religiösen Institutionen zurück. Darüber hinaus nehmen die Kirchen als geistige und moralische Kräfte sowie als Träger wichtiger sozialer Aufgaben auch in der Öffentlichkeit eine klärende und stabilisierende Funktion wahr, die ihnen vom Staat immer wieder gern bestätigt wird.
Wo jedoch Religion weder in der herkömmlichen christlichen Gestalt noch im Rahmen der anerkannten Institutionen auftritt, sondern sozusagen »wild«, dort stößt sie auf Verdacht oder sogar Ablehnung. In der bundesdeutschen Gesellschaft besteht ein weitverbreitetes Mißtrauen gegen religiöse Min-

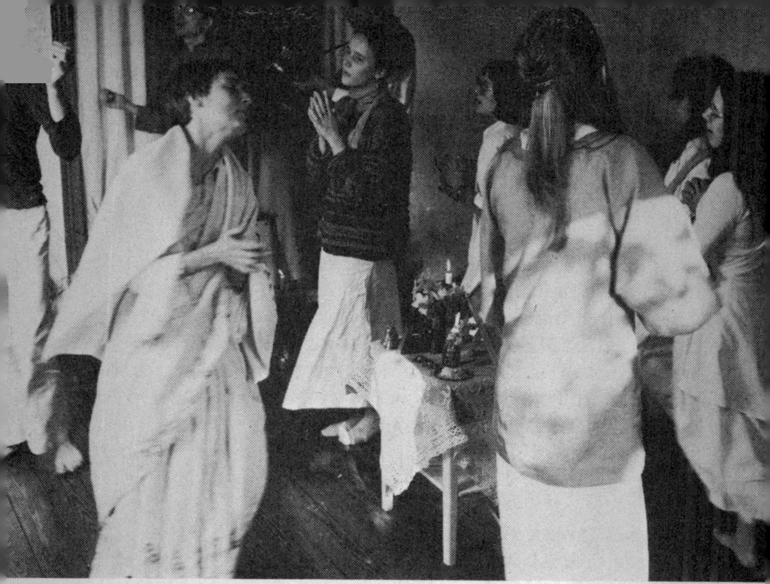

Abb. 1: »Baba nam Kevalam – Liebe ist alles was ist«
Mitglieder von Ananda Marga beim religiösen Tanz
(Photo: Ananda Marga, Mainz)

derheiten. Es steigert sich in dem Maße, wie weitere Außenseitermerkmale hinzukommen: religiöse Gemeinschaften mit vorwiegend jungen Mitgliedern, mit einem abweichenden Lebensstil, mit anderen Wert- und Zielsetzungen, mit einem gesellschaftsreformerischen Programm. Normalerweise tritt dann ein, was der *Ananda-Marga*-Sprecher feststellte: das Abdrängen in die Randexistenz und ins gesellschaftliche Getto. Vieles von der heftigen Kritik, die zunehmend und von den verschiedensten Seiten gegen sogenannte Jugendsekten laut geworden ist, hat in dieser allgemeinen Einstellung seine Wurzel.
Lange Zeit galt es als sicher, daß der fortschreitende Prozeß der Entkirchlichung und Entchristlichung, den man als *Säkularisation* bezeichnet, allmählich zum völligen Verschwinden von Religion führen werde. Das war nicht nur die ideologische These von marxistischen und anderen Religionskritikern, sondern es schien ein Erfahrungssatz zu sein. Inzwischen gibt es vielerlei Anzeichen, daß die Lage doch nicht so eindeutig ist. Religion verschwindet nicht einfach, sondern verschiebt sich gleichsam im gesellschaftlichen Gefüge und taucht an anderen

Stellen und in anderer Form auf als bisher: beispielsweise nicht mehr in Verbindung mit den traditionellen Großinstitutionen, sondern im Protest gegen sie; beispielsweise nicht mehr in der bürgerlichen Welt der Erwachsenen, sondern in der religiösen Revolte der Jugend gegen diese Erwachsenenwelt.
Jedenfalls sind Mißverständnis und Konflikt vorprogrammiert. Und treten prompt ein. Auch bei *Ananda Marga*, obwohl diese Gruppe in der allgemeinen Kampagne gegen die neuen »Jugendsekten« nur selten genannt wird. Es gibt Konflikte mit den Eltern und Familien von *Margiis*. Es gibt Zusammenstöße mit Behörden und Polizei; dies allerdings nicht in Deutschland, aber z.B. in Großbritannien. Es gibt vor allem die allgemeine Atmosphäre von Fremdheit und Unverständnis, die sich zuweilen bis zum blanken Haß steigert.

Zwei Lebensgeschichten

DIDI UMA und DADA LOKESHA, die sich in Berlin verbrannten, hießen mit bürgerlichen Namen ERIKA RUPPERT und HELMUT KLEINKNECHT. Was hat sie zu Jüngern des *Baba* SRI ANANDAMURTI gemacht? Gibt es in ihren Biographien Hinweise oder Ansätze, deren Konsequenz in der Gedanken- und Erlebniswelt einer religiös und sozialreformerisch geprägten Gruppe wie *Ananda Marga* liegt? »Der unerklärliche Weg eines Mädchens bis zur Selbstverbrennung«, so überschrieb die *Frankfurter Rundschau* (13.2.1978) einen Bericht über ERIKA RUPPERT. War der Weg wirklich so unerklärlich? Was trieb sie zur religiösen Revolte?
HELMUT KLEINKNECHT aus München, bei seinem Tod 29 Jahre alt, war der Sohn eines evangelischen Pfarrers. Er studierte Pädagogik und kam sehr früh mit *Ananda Marga* in Kontakt. Im Sommer 1972 kam der indische Mönch KARUNANANDA nach Berlin und fing von dort aus die Arbeit in Europa an, im Jahr darauf bereits schloß sich HELMUT KLEINKNECHT der Bewegung an. Er baute die Frankfurter Gruppe mit auf. Doch war er offenbar eher ein stiller Mensch. »Er hatte ständig so eine Heiterkeit bei sich«, erinnert sich einer seiner *Ananda-Marga*-Freunde, »aber er war nicht sehr nach außen gehend. Er war immer so ein richtiger Ruhepol.« Im Jahr 1975 war HELMUT KLEINKNECHT in Indien, um im Trainingszentrum von *Ananda Marga* die Ausbildung zum *Acharya*, zum Mönch und Yogalehrer, zu absolvieren. Eine schwere Erkrankung traf mit dem

Verbot und der Zerschlagung der Organisation in Indien zusammen: Todkrank bekam ihn der Vater aus Indien zurück. Gegen alles ärztliche Erwarten kam er durch und konnte gesundgepflegt werden.
Die tödliche Krankheit und die Wiedergenesung waren eine tiefe religiöse Erfahrung für HELMUT KLEINKNECHT. »Er hat sich praktisch innerlich aufgegeben, und wenn man danach seinen Körper wiederbekommt, dann überlegt man sich schon, was man damit macht«, berichtet der Freund. »Für den Helmut war das wohl klar, warum er wieder gesund geworden ist – er ist wohl nicht so sehr von den Krankenhausärzten gesund gemacht worden, sondern er nahm das schon so auf, daß ihm sein Körper wiedergeschenkt worden ist« – um ihn jetzt, so die Folgerung, ganz in den Dienst von *Ananda Marga* zu geben. Eben das tat er: Die in Indien fehlgeschlagene Ausbildung zum *Acharya* holte er in einem halbjährigen Kurs in Schweden nach, um sich anschließend zum Einsatz nach den Vereinigten Staaten und Kanada schicken zu lassen. Ein *Ananda-Marga*-Sprecher: »Das ist eigentlich immer so, daß die danach gleich ins Ausland geschickt werden.« Nach einem kürzeren Aufenthalt in Indien, zusammen mit ERIKA RUPPERT, reiste er mit ihr nach Berlin.
Es ist kaum möglich, nach den äußeren Daten und den wenigen Hinweisen auf eine innere Entwicklung abzuwägen, ob dieses Leben sinnvoll verlaufen oder kaputtgegangen, vielleicht auch kaputtgemacht worden ist – ganz unabhängig davon, wie man die Selbstverbrennung moralisch beurteilt. Doch läßt sich immerhin eine Überlegung anstellen. Im Zusammenhang mit der Beobachtung, daß auffallend viele Pfarrerskinder sich politischen Extremgruppen und dem Terrorismus angeschlossen haben, ist das Milieu wieder diskutiert worden, in dem diese Kinder aufwachsen.
Ein württembergischer Pfarrer resümiert seine Erfahrungen und Beobachtungen so:
»Es ist gewiß eine unzulässige Verallgemeinerung, wenn man behauptet, die Pfarrhäuser seien vom Generationenkonflikt besonders stark betroffen. Er wird dort nur besonders deutlich reflektiert. Etwas Richtiges bekommt die Behauptung allenfalls, wenn man die ganze Zunft der Humanwissenschaftler mit einbezieht. Die Psychologen, Soziologen, Pädagogen und wer sonst mit moralischen und politischen Werten zu tun hat – sie alle liefern ihren Kindern das geistige Werkzeug und oft auch die seelische Motivation zur Emanzipation vom Elternhaus. Die Atmosphäre dieser Elternhäuser stärkt die Sensibilität, die Fähigkeit zu Kritik und Selbstkritik, das Bedürfnis, die Dinge zu hinterfragen, das Gespür dafür, ob die

geltende Valuta auch Deckung hat, die Bereitschaft zu Verzicht, Askese und Utopie, auch den Sinn für Ironie – kurzum, sie stärkt den Drang, das Absolute zu verwirklichen. Und sie schwächt die Fähigkeit zu Kompromiß und Toleranz, den Sinn für Realität und Anpassung, die Unbefangenheit, die Widerstandskraft gegen Utopie und Doktrin, auch den Humor, den Lebensmut – mit einem Wort die Fähigkeit, das Allgemeine zu verwirklichen.«[6]

Das ist ein ziemlich eindeutiger Katalog von Eigenschaften und Einstellungen. Er beschreibt jenen gar nicht geringen Teil der jungen Generation, der von Hause aus besonders sensibel für moralische Werte und soziale Fragen ist sowie zur aktiven Verantwortung für sich selbst und die Gemeinschaft erzogen wurde, der sich aber mit seinen hohen menschlichen und moralischen Ansprüchen besonders schwer tut mit der harten Welt der Tatsachen, die sich nicht nach seinen idealen Vorstellungen verändern und verbessern lassen will. Im reformerischen Aufbruch der sechziger Jahre fühlte sich diese Jugend getragen vom Aufwind der Entwicklung. Um so kälter bläst ihr heute der Wind ins Gesicht. Es wird hier eine seelisch-geistige Grundverfassung vieler junger Menschen sichtbar, die der gesellschaftlichen Gesamtsituation korrespondiert und heute den gemeinsamen Nährboden für die verschiedensten Formen des Protests oder der Verweigerung bildet: für alternative Experimente, ob »grün« oder »rot« eingefärbt, für die religiöse Revolte, für den politischen Extremismus; aber auch fürs »Ausflippen« in die Alkohol- und Drogenszene, in die Selbstmordgefährdung usw. »Leiden an Gewalt und Ungerechtigkeit«, so beschreibt ein Kenner, »sind in dieser geistig-seelischen Verfassung zu finden und Protest dagegen aufgrund einer hochgegriffenen Moral ... Frustration und Aggression sind darin auszumachen und in beidem die Angst vor der Zukunft sowie die von einer Reihe von Psychologen festgestellte schwindende seelische Belastbarkeit. Große Einsamkeit und die Suche nach eigener Identität sind darin zu entdecken ... Inmitten dieser und anderer Komponenten zeigt sich die Krise und die Sehnsucht nach einer tiefen Sinnerfahrung, wie sie unter den besonderen Bedingungen unserer Zeit in einer elementaren Weise aufzubrechen scheint.«[7]

Diese allgemeinen Beobachtungen und Überlegungen werden durch den Sprecher der *Ananda-Marga*-Zentrale bestätigt. Auf die Frage, was es denn für Leute seien, die zu *Ananda Marga* stoßen, nennt er als profilierteste Gruppe: »viele Leute, die Ersatzdienst machen, Krankenpfleger, Sozialarbeiter«. Es seien Leute, die »bei linken Gruppen mitgearbeitet und damit sympathisiert« haben; bei denen aber »eine gewisse Enttäuschung« dagewesen sei, »das Gefühl, daß da noch mehr reingehört als nur die soziale Seite, daß die Gruppen meistens die persönliche Seite irgendwie vernachlässigen«.

Erika Ruppert war genau dieser Typ. Im Gegensatz zu Helmut Kleinknecht war sie offenbar ein sehr vitaler Mensch. »Sehr dynamisch und lebenslustig ... eine sehr herzliche Person ... Wir haben eigentlich nur Fotos von ihr, wo sie lacht... Eine starke Persönlichkeit mit sozialem Engagement.« So beschreiben ihre Bekannten sie, und nicht nur die von *Ananda Marga.*

Als sie im Sommer 1975, damals Anfang zwanzig, zu *Ananda Marga* stieß, hatte sie ihre »linken« Erfahrungen bereits hinter sich. Sie lebte mit ihrem Mann in einer Wohngemeinschaft. »Zu Hochzeiten der Studentenbewegung hatte sich das Paar gemeinsam politisch engagiert, verkehrte im Frankfurter Club Voltaire, doch mit dem schleichenden Niedergang der politischen Bewegung wollte Erika Ruppert nichts mehr mit der Szene zu tun haben. Sie arbeitete in einem Frankfurter Verlag und in einem Reisebüro, versuchte sich mehrmals erfolglos im sozialen Bereich zu engagieren und beschäftigte sich dann mit mehreren Religionen ...«[8] Damals kam sie wohl zum ersten Mal mit indischer Religion und Yogapraxis in Berührung: Sie hatte kurze Zeit Kontakt zu einer kleinen Gruppe, dem *Brahma Kumaris Raja Yoga Center,* das unter der Leitung indischer Nonnen eine verinnerlichte Meditation und einen genügsamen Lebensstil pflegt. Offenbar war das für Erika Ruppert zu wenig, vor allem zu individualistisch. Als sie von der *Ananda-Marga*-Wohngemeinschaft in Frankfurt-Fechenheim und ihren sozialen Aktivitäten – man machte damals Yogakurse mit jungen Strafgefangenen im Höchster Gefängnis – hörte, zündete es bei ihr. Sie zog sofort nach Fechenheim und, so ihr Mann, »schmiß dort den ganzen Laden«. Ihrer dynamischen Art entsprechend wurde sie rasch eine der Stützen von *Ananda Marga.* Nach ihrer Scheidung ging sie Anfang 1976 zum *Acharya*-Kurs nach Schweden. Anschließend arbeitete sie über ein Jahr in Kanada und den USA.

Der Schritt über den Fluß der Zeit

Auch Erika Ruppert war vor ihrer letzten Reise nach Berlin, zusammen mit Helmut Kleinknecht, in Indien. Während dieses Aufenthalts Anfang Januar 1978 besuchte sie Sri Ananda-

MURTI im Gefängnis in Patna. Über diesen Besuch gibt es einen Bericht. Eine brasilianische Nonne, die mit DIDI UMA zusammen war, schildert das Treffen mit dem *Baba*:

»Ich hatte das Gefühl, daß sie zu der Zeit nicht glücklich war und daß sie ein nach innen gewandter und stiller Mensch ist. Sie war gerade von ihrer Arbeit in den Vereinigten Staaten gekommen und wußte nicht, wo sie nachher arbeiten würde.

Wir mußten ungefähr 45 Minuten draußen vor dem Gefängnis warten. Didi Uma saß unter einem Baum und meditierte, dann wurden wir hereingerufen, mußten durch all die Formalitäten hindurch und wieder warteten wir ... Als uns endlich die Weisung gegeben wurde, daß wir zu Baba gehen könnten, ich glaube zu der Zeit spiegelte ihr Gesicht wider, was ich fühlte. Ich konnte es kaum glauben – wir würden Baba sehen. Den Baba meines Sadhana, die große Kraft, die mir so viel Glück und Anmut gegeben hat. Ich betrat die Zelle als erste und hatte so ein starkes Gefühl, daß ich weinen mußte, und konnte nur wiederholen: ›Baba, Baba.‹ Ich ging direkt auf Baba zu als ob von einem Magneten angezogen. Ich fühlte etwas und blickte mich um, wobei ich sah, daß Didi Uma ihr Pranam tat[9], und auch ich tat Pranam und dann überreichten wir unsere Girlanden.

Baba fragte mich, woher ich komme und was mein Name sei, dann fragte er Didi Uma. Sie sagte: ›Oh, Baba, weißt du, ich bin Didi Uma von den Vereinigten Staaten.‹ Baba erklärte, daß er uns fragen müßte, weil er nicht gut sehen könne, daß er fünf Jahre gefastet hätte, es ihm aber andererseits gut gehe.

Als wir Baba fragten, ob wir in unserer Muttersprache zu Ihm reden könnten, kam er ganz nahe und erklärte: ›Ich verstehe alle Sprachen, aber diese Leute mögen es nicht.‹

Didi Uma sagte zu Baba, daß sie eine Frage über eine Person in Deutschland habe und daß sie sie in Deutsch stellen würde. Baba hörte sie mit viel Aufmerksamkeit an, aber Er antwortete nicht. Baba forderte uns auf, näherzukommen und gab uns je eine seiner Hände. Seine rechte Hand Uma und seine linke Hand mir ... Ich war so glücklich und fühlte Seinen Segen und Seine unendliche Liebe. Ich sprach sehr wenig, hauptsächlich war es Didi Uma, die sprach, und Baba sprach von sehr vielen Dingen.

Didi Uma zeigte ihre liebende Besorgnis für einige Margiis in Nordamerika, die an geistigen Krankheiten litten und fragte, was man am besten für sie tun könnte, um ihnen zu helfen. Baba antwortete später in der Unterhaltung: ›Jetzt sind meine Probleme dabei, zu einem Ende zu kommen.‹ Er erzählte Didi Uma: ›Deine Probleme, worüber du gesprochen hast, kommen zu einem Ende‹

und zu mir: ›Deine Probleme sind dabei, zum Ende zu kommen.‹

Didi Uma erzählte Baba, wie sehr alle Margiis Ihn lieben. Er antwortete, daß er uns alle lieben würde. ›Wie kann ich nicht jeden lieben?‹ Er sagte: ›Liebt ihr eure Finger, liebt ihr eure Augen? Ich liebe euch alle, weil ihr Teil meiner selbst seid.‹...

Didi Uma sang Baba ein Lied. Es war lang und sie sang es mit sehr viel Anmut, sehr schön. Baba hörte mit einem so glücklichen liebevollen Ausdruck zu. Wir taten Guru Puja (Verehrung des Guru, d. V.) und dann ging Didi Uma zu Babas Bett und legte neben ihm kniend ihren Kopf auf das Bett, als ob sie ihn auf Seinen Schoß legen wollte. Sie war so wie ein Kind, das länger bei seinem geliebten Vater bleiben wollte. Baba legte Seine rechte Hand auf ihren Kopf, als ob er sie streicheln würde...

Sofort als wir die Tür des Gefängnisses verließen, fühlte Didi Uma Schwindel und mußte sich hinsetzen. Zu der Zeit, als wir das Jagrti (Wohngemeinschaft, d. V.) erreichten, hatte sie Fieber und sie war sehr rot. Sie wurde mehr und mehr krank, so daß wir den Doktor riefen und wir versuchten alles für sie zu tun. Ich sagte ihr, daß es käme, weil Baba seine Hand auf ihren Kopf gelegt hätte. Sie war sehr krank für eine Woche.

Sie war sehr süß, sehr hingegeben an Baba und sie war sehr glücklich zu dieser Zeit, nachdem sie Baba gesehen hatte. Ich habe das Gefühl, daß sie ein ganz besonderer Mensch war. Ich habe mehrere Didis getroffen, ich mochte sie alle, sie alle geben dieses selbe anmutige Gefühl. Aber diese Didi war noch anmutiger, nicht weich, aber zerbrechlich und delikat, wie ein schönes Glas, das man sehr zart behandeln muß.«[10]

Die Intimität dieser Begegnung hat etwas Ergreifendes. Erinnerungen kommen an ähnliche, »klassische« Schilderungen. Der Bericht PLATONS zum Beispiel vom Besuch der Schüler bei dem gefangenen SOKRATES ist in einer ähnlich schwebenden, gelösten Stimmung gehalten. Aber damit kehrt auch der Eindruck schillernder Zwiespältigkeit zurück.

Wenn jene Mischung aus Leiden am Unrecht und Protest dagegen, aus Frustration und Zukunftsangst, aus Einsamkeit und Sehnsucht nach Sinnerfahrung auch für ERIKA RUPPERT und HELMUT KLEINKNECHT der innere Beweggrund war, sich *Ananda Marga* anzuschließen – und es gibt keinen Anlaß, daran zu zweifeln –, dann ahnt man die Tiefe der Erregung und die Übersteigerung der Erwartung, die DIDI UMA bei der Begegnung mit ihrem *Baba* erfüllten und hinterher zusammenbrechen ließen. Ihre ganze Existenz zog sich auf den winzigen Punkt dieser paar Minuten zusammen. Sie hatte sich in den

Jahren zuvor vollständig mit *Ananda Marga* identifiziert – und *Ananda Marga* bedeutete: *Baba*. Hätte man sie gefragt, ob sie diese Begegnung und ihre Bedeutung in einem Wort zusammenfassen könnte, es wäre ihr vermutlich nicht schwergefallen: Liebe. Ihr Leben hatte seine Fülle und sein Ziel erreicht. Der selbstgewählte Flammentod im Dienst dieser Liebe war lediglich die abschließende Bestätigung, die so oder ähnlich eigentlich kommen mußte.
Sehr zögernd versucht das einer der deutschen Vertreter von *Ananda Marga* auszudrücken: »Wenn man sagt, daß ein Yogi in dieser Welt, aber trotzdem irgendwie frei von dieser Welt sein muß, daß man im Grunde genommen irgendwie sowieso unsterblich ist – das mal auch wirklich zu realisieren und danach zu handeln, das haben die beiden eigentlich getan.« Einem Bekannten hatte DIDI UMA als Widmung in ein Buch geschrieben: »Diese Welt ist ein winziger Punkt. Schlüpfe durch ihn hindurch, und du wirst die Unendlichkeit finden. Wenn du zurückkehrst, bist du frei.« Genau das erlebte sie bei ihrem *Baba*: Sie war durch den winzigen Punkt geschlüpft und frei geworden. Von dem radikalen Entschluß hatte VITEZSLAV GARDAVSKY gesprochen, den Schritt über den Fluß der Zeit zu tun.

Der Guru – Liebe oder Hörigkeit?

Das ist die eine Seite. »Beide waren dieser Sekte verfallen – diesem Gebilde aus Wahnsinn und Kriminalität.« So urteilt HELMUT KLEINKNECHTS Bruder ROLF, und sein Vater sieht es ähnlich: *Ananda Marga* habe seinen Sohn zugrunde gerichtet. Das ist die andere Seite. In der Tat, es ist eine zerstörerische Spur, die den Weg von *Ananda Marga* begleitet. Seit 1973 haben sich bereits acht Mitglieder verbrannt – allein vier im Jahr 1978: Nach den beiden Berliner Selbstverbrennungen wählte eine Schweizer Nonne am 14. Juni in Manila auf den Philippinen den freiwilligen Tod in den Flammen, und am 2. Oktober – also noch nach der Freilassung von SRI ANANDAMURTI – verbrannte sich eine junge Australierin vor dem Genfer Palast der Vereinten Nationen. Auch in diesem Fall urteilten die Eltern ähnlich. Der Vater: »Wir haben sie verloren an Drogen und eine fanatische Religion«; die Mutter noch schärfer: »Sie haben sie so lange einer Gehirnwäsche unterzogen, bis sie nicht mehr wußte, was sie tat.« Kein Zweifel: Die Motive waren bei allen lauter, ihr Opfertod sollte ein Flammenzeichen in der Nacht der Ungerechtigkeit sein, ein brennendes Bekenntnis zur weltüberwindenden Kraft der Liebe. Trotzdem sind diese Toten eine Katastrophe. Sie sind eine nicht zu entkräftende Anklage gegen den Geist, der in *Ananda Marga* lebt und für den in erster Linie Sri Anandamurti verantwortlich gemacht werden muß. Es ist sicher eine Verzerrung, von »Wahnsinn« und »Kriminalität« oder von »Gehirnwäsche« zu reden. Aber es wäre genauso verkehrt, die Kette dieser unmenschlichen Selbstmorde zu verharmlosen.

Von Anfang an war ein kämpferischer Zug in der Ideologie Sri Anandamurtis. Mit wachsendem Widerstand radikalisierte sich dieser Zug zum Fanatismus. Auch nach seiner Inhaftierung, von da ab sogar erst recht, trieb Anandamurti seine Anhänger an. Immer mehr nahm der Kampf um *Baba* den Charakter einer endgültigen Entscheidung zwischen Gut und Böse an. Züge einer ideologisierenden Verklärung des Leidens tauchten auf: Das Gute wird immer in der Welt bekämpft. Darum wird *Ananda Marga* verfolgt, darum müssen die *Margiis* leiden. Und der *Baba* leidet am meisten. Er leidet stellvertretend für seine Kinder, ja für die ganze Welt. Im Jahr 1974 sagte er einmal: »Ich habe so große Schmerzen. Niemand könnte solche Schmerzen ertragen. Warum ertrage ich sie? Weil meine Söhne und Töchter sich in großer Gefahr befinden. Würde ich nicht leiden, so müßtet ihr es, aber ihr könntet die Leiden nicht ertragen. Wie die Henne und ihre Küken. Was tut die Henne, wenn die Küken angegriffen werden? Sie breitet die Flügel aus und beschützt so ihre Küken. Ihr seid momentan alle in großer Gefahr und ich muß euch beschützen. Würde ich mein Fasten nicht fortsetzen, so wäre das Leiden in der Welt viel größer.«[11]

Gerade dieses Fasten, an dem Sri Anandamurti über Jahre weg hartnäckig festhielt, brachte seine »Söhne und Töchter« in einen unerträglichen Wettlauf mit der Zeit um sein Leben. Wie lange würde er noch durchhalten können, wenn er lediglich zwei Tassen Buttermilch täglich zu sich nahm? Der innere Druck wuchs, je länger das alles ging. Das Gefühl, irgend etwas tun zu müssen, etwas Großes und Heroisches, die eigne Bereitschaft zum Opfer für die Sache des Guten – für den *Baba* – zu beweisen, dieses Gefühl kämpfte mit einem langsamen Erlahmen der Spannung, mit einem deutlichen Abschlaffen in der Bewegung. *Baba's case* wurde immer mehr zur Bewährungsprobe für alle.

Hinzu kommt die tiefe Bindung an den Guru. Man muß nicht Psychologe sein, um sich die Unentrinnbarkeit dieser Bindung klarzumachen. SRI ANANDAMURTI ist der religiöse Meister. Seine Jünger sind in ihrer spirituellen Erkenntnis und Praxis von ihm abhängig. Sie sind es um so mehr, da sie sich auf einen völlig neuen Weg begeben haben, auf dem sie wirklich einen Führer brauchen. Der indische Yogi, der aus seiner lebendigen Tradition schöpft, wird für seine westlichen Schüler zur absoluten, fraglos hingenommenen Autorität – viel mehr, als das bei indischen Schülern der Fall wäre. Ohne ihn wissen sie nichts, ohne ihn können sie nichts tun, ohne ihn sind sie nichts.

Die religiöse und die menschliche Dimension verschwimmen in der tiefen emotionalen Beziehung ineinander. Der Vater und seine Kinder – BABA, der Vater, der Geliebte. *Baba, Didi, Dada*: Das sind frühkindliche Lallworte. In solchen Lauten drücken sich elementarste menschliche Beziehungen aus, vor aller Bewußtheit, jenseits aller Rationalität. Es sind die lallenden Laute der Liebe. Auch Jesus nannte übrigens Gott mit einem solchen Laut: *Abba.* Man kann also gar nicht mehr sagen, als wenn man beim Betreten der Gefängniszelle in Patna stammelt: *Baba, Baba.* Damit ist alles ausgedrückt. Liebe oder Hörigkeit? Vielleicht darf man so nicht fragen. Aber die *Didis* und *Dadas* fühlen sich wirklich als Küken unter den schützenden Flügeln der Glucke. Ein Stück infantiler Unreife kennzeichnet das Verhältnis der *Margiis* zu ANANDAMURTI. »Regression« nennen das die Psychologen. Man zieht sich zurück aus der Härte der Erwachsenenwelt, in der man so viele brutale Sachzwänge und so wenig menschliche Geborgenheit erfährt. Der *Baba* bietet Unterschlupf für seine Kinder: Da ist liebevolle Wärme, da ist Entlastung von eigner Verantwortung, da ist eindeutige Weisung.

Das alles steigert sich durch die ausschließliche Fixierung auf SRI ANANDAMURTI. Es ist bei *Ananda Marga* viel die Rede von der Gesellschaft, von universaler Verantwortung, von Weltveränderung. Auch ERIKA RUPPERT und HELMUT KLEINKNECHT begründeten ihre Selbstverbrennung damit, sie geschehe »aus Liebe zu allen Menschen, den Armen, Ausgebeuteten und Leidenden«. Aber dieses »alle Menschen« zog sich letztlich zusammen in dem einen Menschen, der da in Patna im Gefängnis saß. Und in dem Maß, wie das geschah, verengte sich der Blick, und die Wirklichkeit in ihrer Fülle und Vielschichtigkeit wurde ausgeblendet. Schließlich gab es nur noch das eine: *Baba.* Was für die Gruppe insgesamt gilt, daß sie nämlich durch ihre Außenseiterexistenz die Verbindung und Kommunikation zur übrigen Gesellschaft zu verlieren droht, wurde für die beiden zur tödlichen Gefahr: Isolierung führt zum Realitätsverlust und Realitätsverlust macht blind. Blind zum Beispiel dafür, daß der Selbstmord in den Flammen weder Sri Anandamurti noch der Sache *Ananda Margas* noch »den Armen, Ausgebeuteten und Leidenden« einen Dienst tut.

Die Selbstverbrennungen vor der Berliner Kaiser-Wilhelm-Gedächtniskirche sind ein Lehrstück. Was als kurzlebige Pressemeldung über eine »grausige Tat« durch die Öffentlichkeit ging, ist in Wahrheit ein Modellfall jener religiösen Revolte, die eine wachsende Zahl junger Menschen ergriffen hat. Alle Hoffnungen dieser Jugend auf eine menschlichere Zukunft und eine bessere Welt brannten in diesen Flammen. Aber sie sind gleichzeitig ein Fanal für alle Gefährdungen und Verirrungen, von denen sie bedroht ist.

Zwischenbemerkung

An dieser Stelle ist eine persönliche Zwischenbemerkung nötig. Dieses Buch bietet Information über ein aktuelles und, wie ich meine, für alle wichtiges Thema. Es will aber nicht nur informieren. Das auch, gewiß. *Informationen zur Zeit* heißt die Reihe, in der es erscheint. Das ist ein Programm. Doch es soll hier nicht eine möglichst lückenlose Materialsammlung über neue und neueste religiöse Gruppierungen unter der Jugend vor dem Leser ausgebreitet werden.
Mit diesem Buch soll, über die Information hinaus, ein Stück Beratung angeboten werden. Beratung für junge Menschen, die sich mit den Erfahrungen und Hoffnungen herumschlagen, die darin zur Sprache kommen. Die von Freunden oder Fremden angesprochen werden, ob sie nicht in dieser oder jener Gruppe mitmachen wollen; und nun wissen sie nicht recht, ob sie sich auf den religiösen Trip einlassen sollen. Oder die Maßstäbe brauchen, um ihre Erlebnisse auf diesem Gebiet – gute oder schlimme – zu verarbeiten. Beratung für Eltern, die es schwer haben mit ihren Kindern (wie diese vermutlich mit ihnen), weil sie »wie aus heiterem Himmel« eine Art religiöser Bekehrung erleben und damit den ganzen Familienfrieden durcheinanderbringen. Nichts ist mehr in Ordnung, die Kommunikation reißt ab. Und dann verschwindet der Sohn oder die Tochter in einer der neuen Gruppen. Die Eltern sind ratlos, wie sie das verstehen und wie sie sich verhalten sollen. Beratung aber auch für diejenigen, die im weiteren Sinn betroffen sind und mit den anstehenden Erfahrungen und Problemen zu tun bekommen: die Sozialarbeiter in den Jugendämtern und Beratungsstellen; die Beamten in kommunalen Verwaltungen, Behörden und Regierungsstellen; die Publizisten und öffentlichen Meinungsmacher, an denen viel liegt in diesen Dingen; und nicht zuletzt meine Kollegen, die Pfarrer und Seelsorger in den Kirchen.
Die Stimme eines kirchlichen Autors findet selten über den kirchlichen Bereich hinaus Gehör. Deshalb bin ich dem Lektor des Verlags, Walter Pehle, dankbar für die Möglichkeit, in einer breiten Öffentlichkeit einige Erfahrungen zu erörtern, die

bisher in der oft allzu hitzigen Diskussion dieses Themas zu wenig beachtet wurden.

Wer beraten will, muß Stellung beziehen, muß zum einen »ja« und zum anderen »nein« sagen. Ein solches Urteil muß einleuchten, sonst kann es nicht angenommen werden und hilft nicht. Die religiöse Revolte, der sich heute viele junge Menschen verschreiben, ist ein vielschichtiges Gebilde. Deshalb ist eine breite Diskussion ihrer Erscheinungsformen und Hintergründe notwendig. Erst aus der Gesamtperspektive gewinnt die Einzelerscheinung Tiefe und Profil. Und erst diese Profilierung und Differenzierung erlaubt ein begründetes Urteil. Nicht, daß mir dieses Urteil fix und fertig zur Verfügung stünde. Oft bin ich eher im Zweifel, ob ich »ja« oder »nein« sagen soll. Doch wissen Seelsorger und Therapeuten, daß es oft wichtiger ist, durch richtige Beobachtungen und Fragen das Gespräch in Gang zu bringen.

Ich gestehe freilich gern, daß es auch wachsende Faszination ist, die mich in der Darstellung verhältnismäßig weit ausholen läßt. Je intensiver man die Höhen und Tiefen religiösen Erlebens wahrnimmt, in die junge Menschen heute getrieben werden, um so weniger kann man sich einer persönlichen Betroffenheit entziehen. Als ich den Lebensgeschichten von ERIKA RUPPERT und HELMUT KLEINKNECHT nachging, wurde ich in dieser Weise betroffen. Beides begegnet in dem religiösen Engagement Jugendlicher: rebellische Auflehnung gegen den Druck einer sinnentleerten Umwelt und resignierende Flucht vor ihrer Übermacht. In beiden Fällen bedarf es keines großen Scharfsinns, um zu erkennen, wie sehr die religiöse Revolte Reaktion ist – eine Reaktion auf die Probleme, die heute auf unserer ganzen Gesellschaft in allen Generationen lasten. Reaktion muß nicht reaktionär sein. Vieles in den vielgeschmähten »Jugendreligionen« atmet die frische Luft des Aufbruchs. Um diese Zeichen der Hoffnung nicht verderben zu lassen, müssen die krankhaften Züge beim Namen genannt und die verkehrten Geister ausgetrieben werden.

Ein Grund mehr, nicht aus kühler Distanz, sondern in der Betroffenheit des Engagierten zu schreiben – und hoffentlich auch: zu lesen.

»Jugendsekten«? Die religiöse Revolte ist mehr

Am 10. Juli 1978 wandte sich das *Bundesministerium für Jugend, Familie und Gesundheit* mit einer Pressekonferenz an die Öffentlichkeit, um vor »neuen Jugendreligionen« zu warnen. In der Presseerklärung des Ministeriums heißt es:

»›Jugendreligionen‹ oder ›Jugendsekten‹ (in USA häufig ›destructive Cults‹ genannt) ist der Sammelbegriff für unterschiedliche Gruppen, deren Zielgruppen und Anhänger vornehmlich junge Menschen sind. Zwischen den einzelnen Gruppen besteht kein organisatorischer Zusammenhang. In der Bundesrepublik haben seit Anfang der siebziger Jahre vor allem die nachstehend genannten Sekten Fuß gefaßt. Neuerdings versuchen auch kleinere Gruppen, wie die fernöstliche Bewegung ›Ananda Marga‹ und die US-Sekte ›Earth-Play‹, bei uns Boden zu gewinnen.«

Es folgen Beschreibungen von sechs »Sekten«, deren Programm, Organisation und Verbreitung in kurzen Stichworten angegeben werden. Im einzelnen handelt es sich um die folgenden Gruppen bzw. Bewegungen: *Scientology Church*; *Mun-Sekte* oder *Vereinigungskirche*; *Kinder Gottes* (*Children of God*), die sich inzwischen *Familie der Liebe* (*Family of Love*) nennen; *Internationale Gesellschaft für Krishna-Bewußtsein*, besser bekannt als *Hare-Krishna*-Bewegung; *Mission des göttlichen Lichts* (*Divine Light Mission*); und schließlich die *Gesellschaft für Transzendentale Meditation (TM)*, die in mehreren Zweigen mit unterschiedlicher Bezeichnung organisiert ist.

Das Bundesministerium stellt »bemerkenswerte Ähnlichkeiten« zwischen diesen Gruppen fest, nämlich: »Autoritäre, patriarchalische Führergestalt – totaler Gehorsam der Anhänger – nach strengem Reglement ausgerichtetes Gemeinschaftsleben – kompromißlose Ablehnung der ›alten Gesellschaft‹ – mit moralischem Rigorismus gepaartes elitäres Sendungsbewußtsein der ›Jünger‹.« Den Ähnlichkeiten stehen »wichtige Unterscheidungsmerkmale« gegenüber: »Scientology und Transzendentale Meditation sehen in ›Hilfen zur seelischen Gesundheit‹ Hauptansatzpunkt. ›Kinder Gottes‹ und ›Hare Krishna‹ sprechen religiöse Bedürfnisse an. Mun-Sekte und Scientology zeigen ausgesprochen aggressive Züge, ›Hare Krishna‹ ist, jedenfalls zunächst noch, relativ gesprächsbereit. ›Kinder Gottes‹ und Mun-Sekte lösen Anhänger aus bisherigem Lebenszusammenhang. Scientology beläßt sie in der Regel in ihren Lebensbezügen, um sie für Aufgaben in der Gesellschaft ›seelisch zu stärken‹.«

Nach den Erfahrungen des Ministeriums lassen sich eine Reihe von Motiven für den Beitritt junger Menschen zu den »neuen Jugendreligionen« angeben: »vielfach ›Weltflucht‹ aus Zukunftsangst – Enttäuschung über weithin als sozial ungerecht empfundene gesellschaftliche Wirklichkeit – Probleme in Familie, Schule und Beruf – Unvermögen, Leistungsdruck zu kompensieren und Unfähigkeit, Spannungen im Verhältnis zur sozialen Umwelt zu ertragen – Wunsch nach sinnerfülltem Leben – Streben nach liebevoller Annahme und personaler Geborgenheit in Gemeinschaft Gleichgesinnter – Drang, ein von Askese, Unterordnung und Spiritualität gekennzeichnetes Leben zu führen.«

Sind in dieser Zusammenstellung negative und positive Motive einigermaßen gleichgewichtig verbunden, so sieht man in Bonn, was die Auswirkungen betrifft, nur negative, häufig katastrophale Folgen der Mitgliedschaft: »Mit dem Beitritt zur Sekte ist offenbar bei vielen Sektenmitgliedern eine beängstigende Persönlichkeitsveränderung verbunden. Fachleute sprechen von ›Entpersonifizierung durch Wirklichkeitsverlust‹. ›Entpersönlichung‹ macht den einzelnen zur Kommunikation mit anderen Menschen (außerhalb seiner Gruppe) unfähig. Offenbar gelingt es nur relativ ›ichstarken‹ Anhängern, sich ohne erkennbare gesundheitliche Schäden aus der Sektenbindung zu lösen. Nicht wenige ehemalige Sektenangehörige müssen über lange Zeit psychotherapeutische oder psychiatrische Hilfe in Anspruch nehmen.«

Die Aufklärungsaktion des *Bundesministeriums für Jugend, Familie und Gesundheit* kam spät, aber sie ist bemerkenswert. Zum ersten Mal hat die Bundesregierung umfassend und eindeutig zu einem Thema Stellung genommen, das seit geraumer Zeit und mit wachsender Besorgnis in der Öffentlichkeit diskutiert wird. Von Dezember 1977 bis April 1978 hatte vor der 17. Strafkammer des Landgerichts Frankfurt ein Prozeß gegen zehn Mitglieder der *Hare-Krishna*-Bewegung stattgefunden. Nicht zuletzt dieser Prozeß hat ein grelles Licht, vielfach verstärkt durch ein ungewöhnlich großes Presseecho, auf die Szene der sogenannten Jugendsekten geworfen. Es ist also nur zu begrüßen, daß die Bundesregierung die Sache ernsthaft aufgegriffen hat. Indes steckt – genauer besehen – die Darstellung, die der Staatssekretär des Ministeriums, Professor Hans Georg Wolters, der Presse übergab und mündlich erläuterte, voller Fußangeln und offener Fragen. Vor allem zwei Probleme tauchen dabei auf, die keineswegs geklärt sind.

Differenzieren

Erstens würde man gerne wissen, nach welchen Kriterien das Bundesministerium seine Liste von »neuen Jugendreligionen« zusammengestellt hat. Warum sind gerade die genannten sechs Gruppen auf den Index gekommen und nicht andere? Wer auch nur ein bißchen Einblick in die jugendlich-religiöse Subkultur oder in den Einflußbereich der fernöstlichen Religionen hat, der weiß, daß die Zahl der Gruppen und Bewegungen, die sich auf diesem Feld tummeln, um ein Vielfaches größer ist. Den sechs Namen läßt sich ohne Schwierigkeit ein ganzes Dutzend weiterer hinzufügen. Die Bandbreite jugendlicher Religiosität – und um diese geht es doch – ist auch nicht annähernd abgedeckt durch die genannten Gruppen. Bei einigen von ihnen ist sogar fraglich, ob sie auch nur als repräsentativ dafür gelten können. Mit anderen Worten: Die Abgrenzung dessen, was da als »neue Jugendreligionen« oder »Jugendsekten« gelten soll, bleibt unklar, weil keine sauberen Kriterien für die Erhebung des Tatbestands entwickelt wurden.

Das läßt sich schon an den Zahlen demonstrieren. Presse, Rundfunk und Fernsehen brachten das Thema groß heraus. In den auf die Pressekonferenz folgenden Tagen und Wochen ging eine Lawine von Alarmberichten über den informationswilligen Bürger nieder. Als plakativer Aufhänger diente eine von Staatssekretär Wolters mündlich angegebene Zahl: »150000 Jugendliche von Sekten abhängig«[1] – so oder ähnlich lautete der Blickfang. Diese Zahl ist aber wenig tauglich, sondern führt eher in die Irre. Sie kommt durch ein fragwürdiges Zusammenzählverfahren zustande und enthält beispielsweise sowohl das knappe Hundert deutscher *Hare-Krishna*-Mönche wie auch die etwa 70000 Bundesdeutschen, die sich in die Technik der *Transzendentalen Meditation* einweisen ließen und von denen immerhin fast 40 Prozent über dreißig Jahre alt sind (im übrigen weiß niemand, wie viele der einmal Initiierten auch wirklich *TM* praktizieren). Es liegt jedoch auf der Hand, daß die kleine Zahl der *Hare-Krishna*-Mönche, die einen Orden mit strengen Gelübden und totaler Bindung jedes einzelnen bilden, eine

andere Qualität hat und deshalb auch anders zu werten ist als die summarischen Angaben über *TM*-Initiierte, die keinerlei dauernde Verpflichtung der *TM*-Organisation gegenüber eingehen müssen.
Die zweite offene Frage ist die Gesamtbeurteilung der religiösen Revolte, die unter der Jugend aufgebrochen ist und sich in Erscheinungen wie den »neuen Jugendreligionen« kristallisiert. Die Bundesregierung sieht darin eine schwere und ständig zunehmende Gefahr für die Jugend. Staatssekretär WOLTERS sprach von der »Droge Sekte« und schilderte drastisch ihre destruktiven Wirkungen. Parallelen zur Suchtabhängigkeit, zum Alkoholismus und insbesondere zum Terrorismus wurden gezogen. Darüber hinaus brandmarkte der Staatssekretär die »geistige Verführung« und »kaltschnäuzige Ausbeutung« junger Menschen durch die Sektenführer, denen es um Macht und Geld gehe, und forderte eine »offensive geistige Auseinandersetzung«, da mit juristischen und polizeilichen Maßnahmen wenig zu erreichen sei.
Das ist eine eindeutige Haltung, gestützt auf das Urteil vieler Sachverständiger, besonders kirchlicher Experten; eine Haltung, die offenbar auch dem Empfinden der Öffentlichkeit entspricht. Jedenfalls wirkten die Massenmedien kräftig und einhellig als Verstärker des ministeriellen Katastrophenalarms. Vom Nachrichtenmagazin *Spiegel* – »Wie verzaubert, betäubt, berauscht« – bis zur *Zeit* – »Die falschen Heiligen« –, von *Bild* – » ... obskuren Sekten verfallen« – bis zur *Wirtschaftswoche* – »Kein Guru ohne Giro« – war unisono dasselbe Erschrecken zu vernehmen. Doch kann die düstere Gesamtbeurteilung nicht so pauschal und allgemein stehenbleiben. Fragt man nach Fakten und Fällen, dann wird die Basis konkreter, aber gleichzeitig schmaler. Das belastende Erfahrungsmaterial stammt im wesentlichen von zwei Gruppen Betroffener: ehemaligen Mitgliedern, die ausgestiegen sind, und Eltern oder anderen Familienangehörigen von Mitgliedern. Beide Gruppen, die »Ehemaligen« und die Eltern, sind in ihrem Urteil von vornherein kritisch, oft radikal ablehnend eingestellt.
Im Lauf der letzten Jahre haben sich eine Reihe von Initiativen betroffener Eltern gebildet. Sie verfolgen mehrere Ziele: gegenseitige Beratung, Aufklärung der Öffentlichkeit, gemeinsame Interessenvertretung, Ingangbringen entsprechender Aktionen. Vier solcher Elterninitiativen haben sich zu einer *Aktion für geistige und psychische Freiheit* zusammengeschlossen und eine Dokumentation »über die Auswirkung der Jugendreligionen auf Jugendliche in Einzelfällen« vorgelegt. Die in

dieser Dokumentation gesammelten Einzelberichte und Resümees, die sich allerdings nur auf drei der Gruppen beziehen, nämlich *Vereinigungskirche, Kinder Gottes* und *Transzendentale Meditation*, bilden den Kern an Fakten für die Initiative des Bundesfamilienministeriums.

»A. hat ihre Ausbildung fristlos gekündigt«, so einer der dokumentierten Einzelberichte, »sie hat all ihre Habe den ›Kindern Gottes‹ übereignet. Ihre guten Bindungen zu Elternhaus, Geschwistern und Freunden sind systematisch zerstört. Selbstbewußtsein und Selbstachtung hat man ihr genommen. Verstrickt in ein Netz von Lügen und Betrug, wird sie in der Welt umhergeschickt, um für die Sektenbosse Geld zu machen.« Der Schluß dieses Berichts: »Finanziell sind wir nach fast einjährigen Bemühungen überfordert. Seelisch sind wir am Rande unserer Kraft, und wir bitten dringend, auch im Namen aller Eltern mit gleichem Schicksal, um Hilfe.«

Der Hilferuf dieser Eltern ist echt. Kaputte junge Menschen, zerbrochene Familien, über die Grenzen ihrer Kraft hinaus belastete Eltern. Gerade weil es das gibt und weil Hilfe notwendig ist, dürfen aber solche Schicksale nicht verallgemeinert werden. Es gibt auch das Gegenteil: junge Menschen, die in einer neuen religiösen Gemeinschaft innere Stabilität und Lebenserfüllung gefunden haben; Vertiefung und Harmonisierung familiärer Beziehungen; Eltern, die den religiösen Weg ihrer Kinder begleiten und zusammen mit ihnen neue menschliche Möglichkeiten entdecken. Die Stimme verzweifelter und verletzter Eltern, die um ihre Kinder – oft nur allzu berechtigt – Angst haben, muß Gehör finden. Aber diese Perspektive kann nicht die einzige sein, unter der die Szene betrachtet und beurteilt wird. Mit einer allgemeinen Verteufelung ist jedenfalls niemandem geholfen. Und diese Gefahr ist da. So etwas wie ein religiöser Radikalenerlaß hängt in der Luft.

Informieren

Was ist zu tun? Das erste ist, wie immer, Information. Betroffene und Interessierte brauchen ein umfassendes, klares Bild. Das im vorigen Kapitel geschilderte »Lehrstück« zweier Mitglieder von *Ananda Marga* zeigt, wieviel an detaillierter Information möglich – und auch nötig ist, damit das Bild nicht durch Vereinfachungen und Verzerrungen falsch wird. Es ist ein mühsames Geschäft, die ganze Vielfalt der neu aufgebrochenen jugendlichen Religiosität ins Bild zu bringen und die Farben richtig zu setzen. Eine rasche Schwarz-Weiß-Skizze ist da einfacher.

Doch die Mühe lohnt sich. Wer den Spuren der religiösen Revolte unter der Jugend nachgeht, macht Entdeckungen. Zum Beispiel die, wie reich die Palette ist, der er begegnet; wie viele junge Menschen in den verschiedensten Zusammenhängen und Lebenssituationen davon gepackt sind. Das ist nicht bloß eine Randerscheinung. Sie setzt tief in den christlichen Kirchen selbst ein und reicht bis in den letzten Winkel der Alternativszene, wo Programme für eine neue Welt geschmiedet werden. Sie rumort in den Köpfen und Herzen ungezählter Jugendlicher, die vielleicht nie mit sogenannten »Jugendsekten« in nähere Berührung kommen, die aber beispielsweise zur Überraschung der etablierten Kirchen den nach vielen Tausenden zählenden, kritisch engagierten Kern bei den großen Kirchentagen der vergangenen Jahre bildeten: Frankfurt 1975, Berlin 1977, Freiburg 1978 – jedesmal sprach man von einem »Kirchentag der Jugend«. Es ist ein riesiges Potential an Unruhe und Konfliktstoff, an Willen zum Engagement und zur Alternative in dieser Jugend lebendig; ein Potential, das sich in den unterschiedlichsten und widersprüchlichsten Verhaltensweisen, Strömungen und Gruppierungen Bahn zu brechen versucht. Wer hier mit einer zu kurzen Elle messen will, verfehlt die Wirklichkeit.

Zu kurz gegriffen ist zum Beispiel der Begriff »Sekte«. Er kommt aus einer ganz anderen Situation, als sich christliche Sondergruppen von den großen Kirchen abspalteten, weil sie irgendeinen Teilaspekt oder eine besondere Lehre als die ganze und einzige christliche Wahrheit ausgaben. Bei der religiösen Revolte der Jugend geht es aber weder um die christlichen Wahrheiten noch um die Abspaltung religiöser Sondergruppen von den Kirchen. Züge einer sektiererischen Haltung – z. B. die Tendenz zur Radikalisierung oder die Gefahr einer schlimmen Vereinfachung der Wirklichkeit – begegnen allerdings häufig. Trotzdem, in der gegenwärtigen Diskussion hat das Etikett »Sekte« eigentlich nur den zweifelhaften Wert eines polemischen Reizwortes.

Noch einmal also: Man muß sich von der Vorstellung frei machen, als hätte man es mit ein paar mehr oder weniger fest organisierten, jedenfalls aber eindeutig zu klassifizierenden Gruppen zu tun. Diese sind höchstens Kristallisationspunkte oder Extremerscheinungen einer viel breiteren Bewegung mit fließenden Formen und unscharfen Grenzen. Die Liste der sechs vom Bundesfamilienministerium genannten »Jugendreligionen« illustriert das anschaulich. Sie umfaßt Gruppierungen ganz verschiedener Struktur und »Härte«:

● Die *Internationale Gesellschaft für Krishna-Bewußtsein* ist ein Mönchsorden, der seine Mitglieder durch Gelübde und eine hierarchische Autoritätsstruktur in eine totale Lebensgemeinschaft einbindet. Das erfordert vom einzelnen rückhaltlose Hingabe und den völligen Bruch mit seiner bisherigen Welt. Er tritt in eine andere Welt ein, die in ihrem Empfinden und Denken, in Lebensstil und Moral, Frömmigkeit und Glückserwartung der Welt »draußen« diametral entgegengesetzt ist. Von seinem Beitritt an lebt der Mönch in diesem antagonistischen Gegensatz. Es werden immer nur wenige sein, bei denen das religiöse Suchen zu einer so radikalen Entscheidung führt. Dementsprechend groß sind die Gefahren, einer Fehlentscheidung zu erliegen oder an den aufgerissenen Gegensätzen innerlich zu zerbrechen.

● Die *Divine Light Mission* nimmt in gewisser Weise eine Mittelposition ein. Ihre religiöse Botschaft ist ganz auf den »Guru« konzentriert, in dem sich für jeden, der sich mit liebender Hingabe und ohne kritisches Vorurteil nähert, göttliche Liebe und Wahrheit manifestieren. Sie werden in einer Art Meditation verinnerlicht und täglich erfahren. Die Bindung an den Guru wird ebenso wie die Gemeinschaft untereinander sehr persönlich und emotional erlebt. Deshalb neigen die Anhänger zu einem oft fragwürdigen Irrationalismus. Dagegen sind die Organisationsformen locker und wenig verbindlich. Es gibt Wohngemeinschaften, andere Mitglieder leben in normalen gesellschaftlichen Verhältnissen mit Familie, Beruf usw. Jeder kann selbst entscheiden, wie eng er sich an die Bewegung binden will. Deshalb gibt es auch eine Menge Mitläufer.

● Die *Scientology Church* ist weder eine christliche »Kirche« noch überhaupt eine religiöse Glaubensgemeinschaft im üblichen Wortsinn. Ihrem Erscheinungsbild nach ist sie in erster Linie ein Geschäftsunternehmen, das gegen teilweise hohe Bezahlung Techniken und Kurse zur Selbstbefreiung anbietet. *Scientology* ist ein weltanschaulich-religiös begründeter Versuch, das seelische Leben der Menschen zu erklären und mit Hilfe einer Psychotechnik therapeutisch zu beeinflussen. Den inneren Kern der Anhänger bildet eine geschlossene Gruppe mit kräftigem »Korpsgeist«, die die Organisation trägt und deren Interessen oft aggressiv durchzusetzen versucht. Rings um diesen Kern breitet sich ein nach den Rändern hin immer mehr verschwimmender Hof, der von den zahlreichen Kursteilnehmern gebildet wird. Sie sind in sehr unterschiedlichen Schattierungen von der *Scientology*-Botschaft erfaßt, die einen Weg zur totalen Bewußtwerdung und Freiheit verspricht. Dieser Weg führt den einzelnen aber nicht aus der Gesellschaft heraus, sondern soll ihm helfen, sich innerhalb der allgemeinen Bedingungen umfassender zu verwirklichen.

● Die *Transzendentale Meditation* weist in ihrer Struktur manche Ähnlichkeit mit der *Scientology* auf. Auch sie ist als ein großangelegtes Geschäftsunternehmen charakterisiert worden. Auch sie verbreitet eine Psychotechnik, die sie in Kursen verkauft und die auf eine immer umfassendere Bewußtwerdung und Selbstverwirklichung abzielt. Es handelt sich dabei um eine aus dem Hinduismus entwickelte Meditationspraxis. *TM* ist deshalb – im Gegensatz zur *Scientology* – eindeutig eine religiöse Bewegung, auch wenn sie sich einen betont wissenschaftlichen Anstrich gibt. Heute versteht sich die *TM* über die dem einzelnen angebotene Lebenshilfe hinaus als Initiative der universalen Erwartungen der Menschheit. Sie hat deshalb kein Interesse an der Bildung einer eigenen Gemeinschaft, sondern wirkt offen in die Gesellschaft hinein und ist auf öffentliche Anerkennung bedacht. Deshalb wehrt sie sich auch energisch gegen die Einstufung als »Jugendsekte«,

● Die *Vereinigungskirche* bzw. *Mun*-Bewegung weist einen ganz anderen Härtegrad auf. Sie stammt aus Korea und ist eine religiös verwurzelte, ideologisch-politische Organisation, die am besten zu verstehen ist als der Versuch einer Gruppe, die Welt aufgrund eigener Prinzipien neu zu gestalten. Dazu wird ein utopisches Idealprogramm propagiert, das vor allem von einer massiven Polarisierung zwischen »Gut« und »Böse« lebt. Die neue Welt wird in der eignen Gruppe dargestellt. Streng autoritär geführt, exklusiv und religiös gleichsam gegenpolig aufgeladen, bildet sie eine Gegengemeinschaft, die sich nicht in die Gesellschaft integrieren läßt. Die idealistische Wirklichkeitsdeutung und das avantgardistische Gruppenbewußtsein faszinieren viele junge Menschen. Um so größer ist die Gefahr der Indoktrination und des destruktiven Gruppenzwangs über den einzelnen.

● Die *Kinder Gottes* nennen sich seit einiger Zeit *Familie der Liebe*. Dieser Wechsel im Namen markiert auch eine Entwicklung. Angetreten waren sie als eine Verbindung von endzeitlich-prophetischer Erweckungsbewegung und Hippiekultur. Heute sind sie innerlich und äußerlich ins Getto einer Gegenwelt abgedriftet, die von den Interessen und Phantasien ihres

»Propheten« beherrscht ist und zunehmend pornographische Züge annimmt. Ihr besonderes Profil hat die *Family of Love* in dem intensiven, religiös gefärbten Gemeinschaftserlebnis. Es bietet dem einzelnen Liebe und Geborgenheit, wird freilich mehr und mehr durch ausbeuterische Strukturen ausgehöhlt.

Latente Bereitschaft zur Revolte

Diese Kurzbeschreibungen sind knappe, allererste Kennzeichnungen. Aber schon diese paar Striche lassen erkennen, wie verschiedenartig und vielschichtig die Erscheinungsformen sind, in denen sich die religiösen Bedürfnisse und Erfahrungen der Jugend heute ausdrücken. Es gibt in sich geschlossene, klar abgegrenzte Gruppen: religiöse Orden, Kampfgemeinschaften mit kräftigem ideologisch-politischem Einschlag, Gemeinschaftsformen auf stark emotionaler Basis. Es gibt offene Bewegungen, die sich um einen Führer oder einen inneren Kern kristallisieren, an ihren Rändern aber fast ungreifbar werden. Es gibt die unterschiedlichsten Grade persönlicher Bindung, von totaler Selbstaufgabe bis zu gelegentlichen, auf Distanz bedachten Kontakten.
Man gewinnt immer mehr den Eindruck, als bilde dieses diffuse religiöse Suchen und Experimentieren eine breite Unterströmung, die unter der Oberfläche pragmatischer Gleichgültigkeit lebendig ist, die die Jugend im allgemeinen zur Schau trägt. Es bedarf nur des Anstoßes, daß sie die dünne Schicht durchbricht und zum Vorschein kommt. Deswegen gibt es auch viele religiöse Elemente und Motive, die überhaupt nicht an eine feste Gruppierung gebunden sind, sondern gleichsam im Gefälle dieser Strömung mitschwimmen und da und dort anlanden, um einzelne junge Menschen oder kleine Grüppchen zu prägen. Das gilt beispielsweise für die Einflüsse des Buddhismus auf die jugendlich-religiöse Szene. Es gibt kaum profilierte buddhistische Gemeinschaften im Westen und erst recht nicht so etwas wie buddhistische Mission. Es gibt aber immer mehr junge Menschen, die mehr oder weniger entschieden den Weg des BUDDHA zu gehen versuchen. Buddhistisches Gedankengut und buddhistische Erfahrungsinhalte sind weit verbreitet unter der religiös sensibilisierten Jugend. So wirken buddhistische Motive, Elemente und meditative Praxis dort, wo in Landkommunen, Teestuben und alternativen Treffs in den Städten, wo in kleinen Gemeinschaf-

Abb. 2: Katholikentag Freiburg 1978
Eucharistiefeier mit 2000 Jugendlichen in St. Urban
(Photo: Hans Lachmann, Düsseldorf)

ten und Zirkeln, aber auch bei ungezählten Einzelgängern versucht wird, alternative Lebens- und Bewußtseinsformen zu entwickeln und in oft mühsamer Distanzierung von der Umwelt zu praktizieren.
Das alles läßt sich nur so erklären: Es gibt eine latente Bereitschaft in der jungen Generation, sich religiös ansprechen zu lassen, anzuspringen auf religiöse Fragen und bei entsprechendem Angebot sich zu engagieren. Diese latente Bereitschaft ist viel weiter verbreitet, als gemeinhin angenommen wird. Übereinstimmend berichten Mitglieder der neuen religiösen Gemeinschaften, wie leicht es sei, junge Leute in den Fußgängerzonen der Städte anzusprechen und in ein Gespräch zu verwickeln. Und die Bereitschaft, auf den religiösen Trip einzusteigen, ist offenbar dann besonders groß, wenn er sich als Gegenangebot und Alternative zu erkennen gibt. Aufbegehren gegen die betonierten Einbahnstraßen der Gesellschaft, auf denen man der vorprogrammierten Langeweile und Sinnlosigkeit entgegenfährt. Eine Alternative suchen zum »System«, zu den kollektiven Zwängen und ihren institutionalisierten Ver-

körperungen – den Wirtschaftskonzernen, den Parteien, den Kirchen. Die religiöse Revolte ist offenkundig beides: Aufbruch und Flucht.
Ist diese Sicht der Dinge richtig, dann erklärt sich auch ein bemerkenswerter Tatbestand verhältnismäßig einfach. Überblickt man die Gruppen, Bewegungen und Strömungen, denen sich heute junge Menschen anschließen, dann ist einer der auffälligsten Züge die widersprüchliche Vielfalt der religiösen Traditionen und Botschaften, die da nebeneinander und oft auch gegeneinander vertreten werden. Die Verehrung des Gottes *Krishna*, wie sie die *Hare-Krishna*-Bewegung propagiert, und ihr Lebensstil sind total verschieden von der christlich eingefärbten Botschaft und dem Kommune-Leben der *Familie der Liebe.* Und beides hat nichts zu tun mit der Meditationstechnik, die die *TM*-Bewegung verbreitet und die ideale Verhältnisse für den einzelnen und die Gesellschaft schaffen soll. Das christliche Dritte-Welt-Engagement jugendlicher Kirchentagsbesucher steht im extremen Gegensatz zur »kapitalistischen« Ideologie der *Vereinigungskirche.* Und so weiter – die Liste läßt sich fortsetzen.
Christliches Erbe, fernöstliche Religion, Mischformen, Neubildungen, religiös-ideologische Zwittergebilde – alles gibt es in beliebigen Variationen in der religiösen Jugendszene. Und alles findet seine Anhänger. So als ob es im Grunde egal wäre, wo man einsteigt: ob bei *Krishna* oder *Jesus*, bei *Mun* oder beim *TM*-Yogi. Da ist PETER BRINKMANN, Sprecher der deutschen *Krishna*-Gruppe, und *»Buschi«* BURGHARTZ, Leiter des deutschen Zweigs der *Divine Light Mission.* Beide kennen sich von früher, hatten guten Kontakt. Warum es den einen in diese und den anderen in jene Gruppe verschlagen hat, darauf gibt es kaum eine Antwort. Da berichtet ein Vater von seinen beiden Kindern: Die Tochter ist bei *Hare Krishna* gelandet, der Sohn ist *TM*-Lehrer. Gründe für solche Entscheidungen sind kaum auszumachen. Hauptsache, man findet, was man braucht: Gemeinschaft, Eindeutigkeit, eine Aufgabe, einen Sinn für sein Leben oder einfach – Befriedigung, »Glücklichsein«. Die Bedürfnisse sind vorhanden. Der allgemeine Problemdruck wird massiv empfunden. Individuelle Faktoren kommen hinzu. Die seelische Belastbarkeit schwindet. Die latente Bereitschaft zur religiösen Revolte wächst. Wer sie auslöst, ist dann letztlich eine Frage des Zufalls. Oder wenigstens beinahe.
Denn es ist dann doch nicht egal, wo man sich engagiert. Es gibt charakteristische Unterschiede in der Einstellung, der Zielsetzung, der Struktur. Und vor allem in der Qualität. Das Gefälle

in der menschlichen, geistigen und religiösen Qualität ist sogar enorm.
In einer Gesellschaft, die auch in religiöser Hinsicht pluralistisch geworden ist und die das bewußt bejaht, kann keine religiöse Gemeinschaft den Anspruch absoluter Geltung erheben. Auch die Kirchen können das nicht, obwohl eine fast erdrückende Mehrheit der Bevölkerung zu ihnen gehört. Jeder kann seine Wahrheit vertreten und jede Gruppe kann ihren Lebensstil praktizieren. Das heißt aber nicht, daß die kritische Frage nach der Qualität verboten ist. Es kann und es muß gefragt werden: nicht nach der ewigen Wahrheit, aber nach der inneren Wahrhaftigkeit eines Programms; nicht nach der göttlichen Legitimität eines Führers, aber nach seiner menschlichen Glaubwürdigkeit; nicht danach, ob sich jemand für einen christlichen oder einen hinduistischen Weg entscheidet, aber danach, ob dieser Weg ihn menschlich fördert oder schädigt. Und dafür gibt es Erfahrungswerte.
Die folgenden Kapitel versuchen, zu solchen notwendigen Fragen hinzuführen, indem sie die entsprechenden Kenntnisse vermitteln. Der Kreis der Darstellung muß weit genug gezogen werden, damit jeder das Gelände überblicken kann. Kurzsichtigkeit ist wenig hilfreich, wenn es darum geht, den richtigen Weg zu finden.

Kampf und Kontemplation
Engagement für ein neues Christentum

»Taizé – der Name eines kleinen Dorfes in Burgund – ist heute zu einem Begriff geworden. Was steckt dahinter? Einiges weiß man vielleicht: daß in Taizé eine (ursprünglich) protestantische Bruderschaft in klosterähnlicher Gemeinschaft lebt, daß ihr besonderes Anliegen der Einheit der Christen gilt, daß gegenwärtig dort Treffen des ›Konzils der Jugend‹ stattfinden, zu denen Tausende von jungen Menschen aus aller Welt zusammenströmen.«

So beginnt ein Erfahrungsbericht über eines der erstaunlichsten religiösen Ereignisse unsrer Zeit: das *Konzil der Jugend*, das von den Brüdern der *Communauté de Taizé*, in erster Linie jedoch von ihrem Prior, Bruder Roger Schutz, inspiriert ist und seit Jahren einen nicht abreißenden Strom junger Menschen nach Burgund führt. Wer den religiösen Aufbruch der Jugend schildert, kann *Taizé* nicht übergehen. Schon wegen der Größenordnung nicht. An Zahlen gemessen, ist das *Konzil der Jugend* mit Abstand die größte religiöse Bewegung, Roger Schutz der wirkungsvollste unter den religiösen Führern der Jugend. Als das *Konzil der Jugend* an Ostern 1974 eröffnet wurde, waren 40000 junge Menschen anwesend. Seither sind, vor allem in den Sommermonaten, Woche für Woche etwa zweitausend Jugendliche aus aller Welt in *Taizé*. Ein erheblicher Teil davon kommt aus der Bundesrepublik Deutschland. Aber nicht nur die Zahlen geben der *Taizé*-Bewegung einen besonderen Rang. Wichtiger ist das, was dort geschieht und wie es geschieht.

Taizé

»Das erste Bild, das sich uns in Taizé bot, war für uns verwirrend. Hinter dem Dorf mit nicht mehr als dreißig Häusern erstreckt sich ›auf dem Hügel‹ ein fast unüberschaubares Gebiet mit großen und kleinen Zelten, Baracken, Parkflächen. Es wimmelt von jungen Leuten. Sie gehen, stehen, sitzen oder liegen herum, einzeln oder

in Gruppen. Man erkennt zunächst überhaupt keine Ordnung. Alles wirkt wie provisorisch hingestreut um die eine festgebaute Mitte: die große Betonkirche, die 1961/62 von der deutschen *Aktion Sühnezeichen* als ›Eglise de la Reconciliation‹ errichtet wurde.
Jeder Ankömmling meldet sich im ›Empfangszelt‹, einem offenen Stand mit Wellblechdach. Dort wird er freundlich in seiner Muttersprache begrüßt und beraten, wie er die Zeit in Taizé verbringen kann. Normalerweise schließt man sich für eine Woche einer festen Gruppe von 20 bis 40 Teilnehmern an, die auch zusammen wohnen. Es gibt verschiedene Möglichkeiten: Diskussions- oder Austauschgruppen, Arbeitsgruppen, die halbtags für praktische Aufgaben eingesetzt werden, Schweigegruppen *(Retraite)* und Vertiefungsgruppen. immer geht es um Selbstbesinnung, Begegnung mit den anderen und um engagiertes Studium der Bibel. Alles ist ausgerichtet auf das Gesamtthema ›Hoffnung‹.
Wenn man das weiß, ordnet sich diese Masse von über zweitausend jungen Menschen zu einem sinnvollen Organismus mit vielen einzelnen Lebenszellen. Und die Kreise und Grüppchen, die irgendwo in der Landschaft mit aufmerksamen Gesichtern beieinandersitzen, erweisen sich als das typische Bild von Taizé. Mit der Zeit erkennt man auch, daß hinter diesen Treffen eine bewundernswürdige Organisation steckt, von der man jedoch kaum etwas merkt. Reibungslos läuft alles ab – ohne Vorschriften und Verbote. Alles wird von den Jugendlichen selbst durchgeführt. Auch die Leitung der Gruppen wird von jugendlichen ›Animateuren‹ übernommen. Durch verschiedenartige kleinere Treffen werden Querverbindungen geschaffen zwischen den Brüdern und dem Organisationsteam auf der einen und den ›normalen‹ Teilnehmern auf der anderen Seite.«

Konzil der Jugend ist ein abstrakter Begriff. Doch dahinter steht eine lebendige Erfahrung. Die Brüder von _Taizé_ – die Anfänge der Kommunität liegen in den vierziger Jahren – haben alles auf eine Karte gesetzt: Offenheit, Kommunikation, Gemeinschaft, Einheit. Und die Jugendlichen?
So schildert eine Reportage den Anfang:

»Vor dem Mai 1968 ahnten sie es schon. Heute haben sie die Gewißheit, auch wenn sie es nur ungeschickt in Worten oder in ihrem Leben ausdrücken: Die Herrschaft des Geldes, der Maschinen, des Konsums führen geradewegs in die Einsamkeit der Verzweiflung, auch wenn die ältere Generation das nicht wahrhaben will. Viele durchstreifen die Welt, ziehen sich in die Berge zurück, richten sich in alten Gemäuern ein oder flüchten sich in Rauschgift. Sie wollen Kommunikation erproben. Andere suchen anderswo. Die Stimme von einem kann für alle stehen: ein junger Mann, mager, mit einem durchdringenden Blick. Wie viele andere ist er nach Taizé gekommen, um Gemeinschaft zu erleben, und nicht um große Reden über wünschenswerte Strukturveränderungen halten zu müssen. Er ist Inder: ›Ich kenne keinen anderen Ort, wo man so unmittelbar miteinander reden, einander begegnen, in Kommunikation treten kann. Das Leben der anderen ist wie ein Spiegelbild meines eigenen Suchens. Die Konfrontation mit den Erfahrungen der anderen zwingt mich, das eigene Engagement noch ernster zu nehmen.‹«[1]

Aus solchen Erfahrungen erwuchs die Idee eines *Konzils*, das Impulse auslösen will für ein gemeinsames und unwiderrufliches Engagement, um im Geiste der Bergpredigt diese Erde für alle bewohnbar zu machen, in einer Gesellschaft, die keine bevorzugten Klassen und keine Privilegien kennt. Am Anfang steht ein kurzer Text, die »Fröhliche Nachricht«, die bis heute nichts von ihrer Leuchtkraft verloren hat und am unmittelbarsten den Geist der *Taizé*-Bewegung wiedergibt:

»Der auferstandene Christus kommt, um im Innersten des Menschen ein Fest lebendig werden zu lassen. Er bereitet uns einen Frühling der Kirche, eine Kirche, die über keine Machtmittel mehr verfügt, bereit mit allen zu teilen, ein Ort sichtbarer Gemeinschaft für die ganze Menschheit. Er wird uns genügend Phantasie und Mut geben, einen Weg zur Versöhnung zu bahnen. Er wird uns bereit machen, unser Leben hinzugeben, damit der Mensch nicht mehr Opfer des Menschen sei.«

Diese Sätze muß man zweimal lesen. Niemand, ob Christ oder nicht, wird sich ihrer Kraft entziehen können. Eine faszinierende Vision: Menschen, die genügend Phantasie und Mut besitzen, um den schweren Weg der Versöhnung zu gehen; die ihr Leben einsetzen, »damit der Mensch nicht mehr Opfer des Menschen sei« und eine gerechte, nicht durch Macht korrumpierte Gemeinschaft wachse; und dies Engagement im Innersten des Menschen als ein Fest erlebt, das aufblüht wie der Frühling. Man läßt in *Taizé* keinen Augenblick einen Zweifel daran, daß es der christliche Glaube ist, in den man so hohe Erwartungen setzt: »Der auferstandene Christus« ist die Kraft, die das Innerste eines Menschen festlich aufblühen und den Geist der Hingabe in ihm lebendig werden läßt, die »Kirche« ist der Ort, wo die Solidarität des Teilens verwirklicht wird und menschliche Gemeinschaft sichtbar entsteht.

Das sind nicht bloß Worte. Das *Konzil der Jugend* ist ein Stück christlicher Kirche und will Kirche bauen. Aber diese Kirche hat wenig mit dem zu tun, was einer aus der jugendlich-religiösen Subkultur »irreligiöse gesellschaftliche Großmacht« nannte – mit jener etablierten Großinstitution Kirche also, die

ihren religiösen Anspruch mehr auf geschichtliche Tradition und auf das Bündnis mit den gesellschaftlichen Mächten als auf das lebendige Wirken des Geistes gründet. ROGER SCHUTZ setzt auf den Geist des JESUS VON NAZARETH. Und er weiß, daß das ein radikaler, revolutionärer Geist ist. Er ruft die Jugend dazu auf, das ursprüngliche Evangelium, wie es in der Bergpredigt und vor allem in den Seligpreisungen Jesu zum Ausdruck kommt, wieder ernst zu nehmen. Die Jugend soll »im voraus die Gemeinschaft des ›Volkes der Seligpreisungen‹ verwirklichen, ohne andere Sicherheit als Christus«. So soll sie in die bestehenden Kirchen hineinwirken und in ihnen ein neues Bewußtsein schaffen. Und ROGER SCHUTZ ist »gewiß, daß eine über die ganze Erde verstreute kleine Zahl von Frauen und Männern, die bemüht sind, in sich selbst Kampf und Kontemplation miteinander zu verbinden, in der Lage sind, den Ablauf der Geschichte zu verändern.«
Kampf und Kontemplation: Diese beiden Worte werden zu den beiden Brennpunkten in der Spiritualität des *Konzils der Jugend.* Auch dazu einer der Basistexte aus *Taizé*:

»Kampf und Kontemplation,
um Menschen der Gemeinschaft zu werden

Zeichen des Widerspruchs nach dem Evangelium werden,
das zieht nach sich, daß wir im gleichen Maß
unermüdlich auf der Suche nach Gemeinschaft,
nach Kommunion, sind.
Solche Gemeinschaft geht Krisen und Auseinandersetzungen
nicht aus dem Weg.
Sie wird immer daraus als Frucht geboren.

Sie verbindet uns an erster Stelle
mit den unterdrückten Menschen,
mit denen wir für eine gegenseitige Befreiung
wirken wollen.

Sie enthält in sich eine Dynamik.
Sie überschreitet fortgesetzt alle Grenzen,
wie die des Alters, der Kultur, der Rasse …
Sie weitet sich auf Millionen von Menschen aus,
auf Bauern, Arbeiter, Arbeitslose,
Studenten, ausländische Arbeiter …
auf Menschen, die besonders in den
südlichen Kontinenten mit ihrem eigenen Leben
jetzt schon für das durchs Feuer gehen,
wonach wir selbst noch suchen.

Auf der Suche nach Gemeinschaft
mit Gott und den Menschen
werden wir sofort in eine Spannung gestellt:
Kampf und Kontemplation.
Zwei Verhaltensweisen,
die einander auszuschließen scheinen,
während sie in Wirklichkeit ineinander übergehen.

Kampf in uns selbst,
damit wir uns von unseren inneren Gefängnissen
befreien und von unserem Drang,
andere in Beschlag zu nehmen.
Und Kampf an der Seite der armen Menschen,
damit ihre Stimme gehört
und ihre Unterdrückung gesprengt wird.

Kontemplation,
um nach und nach unseren Blick umwandeln zu lassen,
bis wir schließlich mit den Augen Christi
auf die Menschen und die ganze Welt sehen können.«

Das ist ein großartiges Programm. Daran kann sich der Idealismus der Jugend begeistern. Aber für ein Programm allein, und wäre es noch so christlich und idealistisch, würden sie nicht seit Jahren zu vielen Tausenden nach *Taizé* pilgern. Es muß noch mehr dahinterstecken. Noch einmal der bereits zitierte Erfahrungsbericht:
»Wir erlebten das Konzil in einer aus sechzehn Mitgliedern bestehenden ›Vertiefungsgruppe‹. Der Plan dieser Woche, der zunächst so einfach und selbstverständlich wirkt, hat sich aus vielfältigen Erfahrungen und Erprobungen, sicher auch gründlichen methodischen Überlegungen herausgebildet. Die beiden ersten Tage sind ausgefüllt mit der ›Vorstellung‹ der einzelnen Teilnehmer. Sie soll etwa zehn Minuten dauern und schriftlich ausgearbeitet sein. Dabei sind folgende Punkte zu berücksichtigen: In welchem Lebenskreis lebe ich? Woraus lebe ich wirklich? Welche Hoffnungen und Enttäuschungen entdecke ich um mich herum – Hoffnungen für mich selbst, für andere, für die ganze Welt? Welche Mauern kerkern diese Hoffnung ein?
Jeder liest seinen Text vor – die anderen hören zu. Zwei Tage lang hört man nur zu! Nach jedem Bericht ist man eine lange Weile still – und in dieser Stille geschieht wohl sehr viel. Entscheidend ist, daß nicht über die einzelnen Berichte gesprochen wird, sondern daß in einer Art Meditation das Gehörte nacherlebt wird. Diese Aufnahmebereitschaft des Kreises schafft eine erstaunliche Offenheit, so daß

der einzelne auch innerste Erfahrungen und Probleme auszusprechen wagt. Auf diese »subjektiven‹ Tage folgen zwei Tage, an denen man auf die Bibel hört oder auch das Thema Hoffnung ›kreativ‹ darzustellen versucht: durch Spielen, Malen, Singen, Pantomime ... Auch ein sehr fröhlicher Abend fehlt nicht im Ablauf der Woche. Am letzten Tag wird es dann ganz konkret. Jeder äußert sich darüber, wie er nun in seinem Lebenskreis Träger der Hoffnung sein kann, die der auferstandene Christus schenkt, wie er ›Hoffnung dahin tragen kann, wo es keine mehr gibt‹.
Die Erfahrungen dieser Woche werden wesentlich mitbestimmt durch die äußere Lebensweise. In den provisorischen, an mitteleuropäischen Gewohnheiten gemessen recht primitiven Verhältnissen darf man nicht nur einen Notbehelf sehen. Man gewinnt durch sie eine Ahnung davon, was mit dem in Taizé viel verwendeten Wort ›Solidarität‹ gemeint ist. Um es bildlich auszudrücken: Solidarität vollzieht sich hier auf dem Boden. Wenn man da beim Essen oder im Gespräch beieinanderhockt, scheint es keine Schranken zwischen den Menschen zu geben – eine ›Gesellschaft ohne Privilegien‹. Und man denkt dann auch einmal sehr darüber nach, was es bedeutet, zu den Privilegierten zu gehören – privilegiert als Volk innerhalb der Weltgemeinschaft, privilegiert als einzelner in vieler Hinsicht.
Dies alles ist Taizé. Aber noch fehlt das eigentliche Zentrum: der Gottesdienst. Dreimal am Tag versammelt sich die ganze Jugend gemeinsam mit den Brüdern zu einem langen Gottesdienst. Ein großer dämmriger Raum empfängt einen, im Kerzenlicht schimmern Ikonen. Bänke oder Stühle gibt es kaum, man kniet oder sitzt auf dem mit Teppich ausgelegten Boden. Die Mitte des Raumes nehmen die Brüder in ihren weißen gottesdienstlichen Gewändern ein, den übrigen Raum füllt die Jugend in Blue jeans. Hier erlebt man die ganze Weite und Vielfalt der ›Konzils-Gemeinschaft‹: ein Abbild des weltweit verstreuten ›Volkes Gottes‹. In den Ablauf des Gottesdienstes sind bewußt Elemente aus den verschiedenen Kirchen aufgenommen. Besonders schön sind die Wechselgesänge, die an die ostkirchliche Liturgie anklingen. Sie sind aber so einfach gestaltet, daß jeder gleich mitsingen kann. Biblische Lesungen und Gebete werden immer in mehreren Sprachen formuliert, etwa auch Afrikanisch oder Indisch. Ein fester Bestandteil sind die langen Zeiten des Schweigens. Und es ist ein überwältigender Eindruck, wie diese Menge von über tausend jungen Menschen auf dem Boden kniend in konzentrierter Stille dem Gebet oder der Meditation hingegeben ist.
Man braucht eine Weile, bis man sich in diese Gottesdienstform hineinfindet. Doch ist es wohl gar nicht so entscheidend, daß man

alle Teile gleich konzentriert mitvollzieht. Der Gottesdienst will Angebot sein, will jedem etwas vermitteln. Und man kann sich kaum vorstellen, daß jemand völlig unberührt bleibt. Dreimal am Tag eine Stunde Gottesdienst – das prägt. Man erfährt da etwas von dem, was in Taizé mit ›Kontemplation‹ bezeichnet wird. Aus dieser Grundhaltung heraus soll dann Aktivität, Engagement in der Welt erwachsen. ›Kampf und Kontemplation‹ heißen die beiden Spannungspole, zwischen denen man sich bewegt, die Jugendlichen wie die Brüder.«

Glaubwürdiges Christentum?

Was also »steckt dahinter«? Was macht *Taizé* für junge Menschen so überzeugend? Ein Student faßt seine Eindrücke sehr unbestimmt und tastend, aber gerade darin treffend zusammen:
»Ich kann für mich momentan nur feststellen, daß es in diesem Leben dort etwas gibt, das ich für mich nicht genau formulieren kann. Vielleicht ist es der Einfluß der Massen, vielleicht intensive Gespräche und Erfahrungen ... ich weiß es nicht. ... Vielleicht ist es eher der Versuch, Menschen erkennen und verstehen zu sollen, was ja andererseits zur Folge hat, selbst erkannt und verstanden werden zu wollen: Offenheit. Vielleicht ist es eine Hoffnung, dort Menschen zu sehen und mit ihnen zu leben, mit denen ich auf einer Grundlage gemeinsam leben möchte, die uns alle verbindet – auch wenn wir nicht an einer Stelle zusammen sind: die Gewißheit, zueinander zu gehören ...«
Und dazu noch einmal der Erfahrungsbericht:
»Eine entscheidende Rolle spielt sicher die Vorurteilslosigkeit, mit der jeder, gleich welcher Herkunft oder welcher inneren Einstellung, ernst genommen wird. Und er wird nicht in eine bestimmte religiöse Richtung gedrängt. Taizé will Angebot sein. Doch was hier angeboten wird, ist echt, weil es getragen ist von einer konsequenten Lebenshaltung.«
Damit ist wohl das entscheidende Stichwort gefallen: echt, weil von einer konsequenten Lebenshaltung getragen. Nicht sein Programm macht das *Konzil der Jugend* zum religiösen Ereignis, sondern daß dieses Programm in einem seltenen Maß erlebt, selber gelebt werden kann. Ideal und Wirklichkeit klaffen immer auseinander, auch in *Taizé*. Aber dort vielleicht ein Stück weniger als sonst. Jedenfalls weniger als überall dort, wo das Christentum hinter den Fassaden einer hergebrachten Kirchlichkeit verschwunden oder durch das Bündnis mit Macht

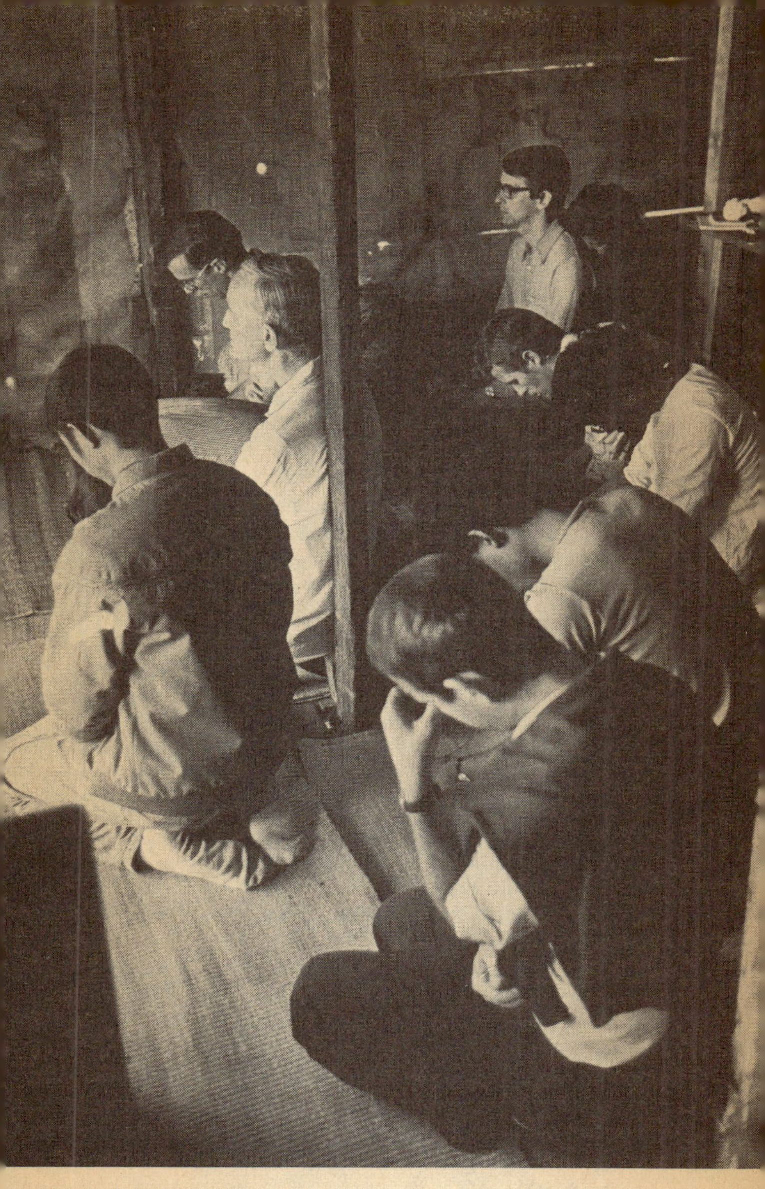

Abb. 3: Mittagsgebet in der Stelzenhütte
Frère Roger Schutz mit Jugendlichen in Hongkong
(Photo: Hans Lachmann, Düsseldorf)

und Geld kompromittiert und deshalb für junge Menschen unglaubwürdig oder schlicht uninteressant geworden ist. In *Taizé* ist es wieder interessant, Christ zu sein. Das ist das Charisma von Roger Schutz und seinen Brüdern, daß sie glaubwürdig und ansteckend vorleben: es lohnt sich, Christ zu sein.

Es sind drei Elemente, die das besondere Profil dieses christlichen Engagements ausmachen. Alle drei sind unaufgebbar, soll ein religiöser Entwurf für die heutige Jugend wirklich überzeugend und zukunftsweisend sein:

- Der Bruch mit Macht und Geld. Weder die Bruderschaft von *Taizé* noch das *Konzil der Jugend* haben bisher eine Mark an Spenden oder Subventionen angenommen. Und sie gehören keiner der großen Kirchen an. Sie wollen offen und frei sein, um »aus dem Heute Gottes zu leben« und »das Unverhoffte zu gestalten«. Sie wissen und praktizieren, daß dazu der radikale Verzicht auf materielle Sicherungen und Bindungen gehört. Sie sind allerdings zunehmend in der Gefahr, selber eine Institution und von ihrem eigenen Erfolg gleichsam überrollt zu werden. Auch an *Taizé* scheint sich das allgemeine Gesetz zu vollziehen, nach dem die Glut des Aufbruchs zur Lava der Geschichte erstarrt.
- Die kämpferische Solidarität mit den Unterdrückten und Armen dieser Erde. Je länger desto mehr hat sich das Schwergewicht des *Konzils der Jugend* in die Dritte Welt verlegt. »Konzilsfeiern« wurden in den verschiedensten Ländern gehalten, Roger Schutz lebte demonstrativ unter den Elenden in Kalkutta, in den Slums von Hongkong. Wie aber läßt sich die Solidarität zu Hause im Alltag der Tausende von Jugendlichen einbringen und durchhalten, wo sie wieder dem Druck wirtschaftlicher Strukturen und gesellschaftlicher Zwänge ausgesetzt sind? Ist der »Kampf« mehr als eine jugendliche Schwärmerei oder eine pathetische Geste?
- Die kontemplative Verinnerlichung. Die tiefgreifendste Wirkung von *Taizé* liegt in seiner Spiritualität: in den Formen der *Kontemplation*, der meditativen und liturgischen Frömmigkeit, die die Bruderschaft entwickelt hat. Diese Spiritualität spricht ganzheitlich und nicht nur intellektuell an. Sie kommt damit einem tiefen Bedürfnis junger Menschen entgegen und kann elementare Prozesse innerer Wandlung in Gang bringen. Dazu aber ist eine längere Zeit der Einübung in der Gemeinschaft notwendig. Da diese aber beim »normalen« *Taizé*-Jugendlichen nicht gegeben ist, verpufft die Begeisterung oft rasch und ohne die erhoffte Wirkung.

Die Diskussion über jugendliche Religiosität ist zunehmend orientiert an ein paar Gruppierungen, die mehr oder weniger extreme Erscheinungsformen der Gruppenbildung, der Bindung an autoritäre Führergestalten, der Totalisierung zu einer ideologischen Gegenwelt aufweisen. Das ist eine nicht unbedenkliche Verengung des Horizonts. Um so wichtiger ist es, Bewegungen wie das *Konzil der Jugend* in die Betrachtung einzubeziehen.
Die unverminderte Anziehungskraft von *Taizé* beweist, daß sich die religiösen Erwartungen der Jugend auch heute durchaus innerhalb des Christentums, sogar in einem quasi »kirchlichen« Rahmen erfüllen können. Gewiß, auch die *Taizé*-Bewegung ist in einem bestimmten Sinn ausgesprochen kritisch gegenüber den Kirchen: den großen, durch Konfession, Tradition und Organisation festgelegten Kirchentümern stellt sie das lebendige, dynamische »Volk Gottes« gegenüber. Das »Volk Gottes« sind jene Menschen, die von der Bergpredigt ergriffen sind und aufbrechen, um die solidarische Gemeinschaft zu verwirklichen, in der nicht die Macht, sondern der Geist regiert. In diesem Aufbruch ist etwas von der ursprünglichen Frische des Anfangs lebendig, von der »Jesus-Bewegung«, die damals in Galiläa unter den Armen entstand und sich rebellisch von der etablierten Religion abhob. Die Jugend spürt diese Ursprünglichkeit und Frische, mit der sie sich identifizieren kann, weil sie ihre eigenen Enttäuschungen und Erwartungen aufnimmt. Andererseits jedoch ist *Taizé* bewußt in die vielfältigen Beziehungen der heutigen Weltchristenheit eingebunden. Es gibt keinen Ort, wo junge Menschen so unmittelbar die weltweite Gemeinschaft der Christen sowie den religiösen und spirituellen Reichtum, der in der christlichen Kirche lebendig ist, erfahren können. Die *Taizé*-Bewegung führt nicht aus der Kirche heraus, sondern in sie hinein. Sie ermutigt die Jugend, es noch einmal mit dieser Kirche zu versuchen: Vielleicht ist sie doch nicht so hoffnungslos verknöchert und korrumpiert, wenn aus ihr neue Aufbrüche wie das *Konzil der Jugend* erwachsen können, in denen unverfälschte religiöse Erfahrung lebt, offene Kommunikation möglich ist und der Kampf um Gerechtigkeit und Solidarität aufgenommen wird.

Taizé ist nicht das einzige Beispiel dafür, daß sich das neue religiöse Engagement der Jugend auch in den christlichen Kirchen oder wenigstens in der offenen Begegnung mit ihnen

verwirklicht. Im Gegenteil. Es gibt Formen christlicher Jugendarbeit, die in den letzten Jahren geradezu einen Boom erlebt haben. Man weiß allerdings nicht recht, ob man sich so sehr darüber freuen soll.
Im Zuge der gesellschaftspolitischen Unruhen und der Reformdiskussionen der sechziger Jahre haben sich die Kirchen in erstaunlichem Maße neuen Konzepten und Methoden der Jugendarbeit geöffnet. Vielleicht sind die gesellschaftskritischen Analysen und emanzipatorischen Impulse jener Jahre nirgendwo so breit aufgenommen worden wie in der kirchlichen Jugendarbeit. Die Lehrpläne der sozialpädagogischen Fachhochschulen wurden Musterbeispiele dafür, welchen Stellenwert der humanwissenschaftliche Ansatz und eine progressive Bildungskonzeption gewonnen hatten. So ausgerüstet, machten sich die kirchlichen Sozialarbeiter daran, die Jugendarbeit entsprechend zu gestalten. Die Kirche, seit je und manchmal auch zu Recht mit dem Image behaftet, rückschrittlich und autoritär zu sein, kam nicht gut dabei weg. Doch die Reformer machten sich nicht klar, daß sie wieder einmal dabei waren, das Kind mit dem Bade auszuschütten. Mit den Humanwissenschaften übernahmen sie auch deren religionsfeindliche Konsequenzen. Statt mit der notwendigen Kritik an den Institutionen eine Anleitung zur neuen religiösen Selbstfindung und zu mündiger christlicher Selbstverwirklichung zu verbinden, wurde »Religion« oft genug zur lästigen Konzession und fiel manchmal ganz aus. Landauf, landab gab es Jugendkreise, offene Jugendarbeit, Freizeiten, Programme, die ein hervorragendes Angebot zur Bewußtwerdung und kritischen Sozialisation darstellten, in denen aber Bibellesen, Beten, Gottesdienst, Integration in das kirchliche Leben nur noch am Rande vorkamen. Das rächt sich jetzt. Obwohl kirchliche Jugendarbeit noch nie mit einem so großen humanwissenschaftlichen und didaktischen Sachverstand betrieben wurde wie heute und obwohl die Jugendleiter mit großem persönlichem Einsatz arbeiten, hat man vielfach den Eindruck eines fast gespenstischen Leerlaufs.
Aber ebenso problematisch ist umgekehrt der Zulauf der Jugend zu solchen kirchlichen Gruppen und Aktionen, in denen der gesellschaftskritische und humanwissenschaftliche Ansatz zugunsten einer fraglosen religiösen Grundeinstellung unbekümmert ausgeblendet oder als »marxistisch« – und das bedeutet dann: atheistisch – dämonisiert wird. Für solche (Gruppierungen hat sich die Bezeichnung *evangelikal* eingebürgert, die freilich sehr unscharf ist. Evangelikale Gruppen und Initiativen

finden sich quer durch die protestantischen Kirchen, Freikirchen und Gemeinschaften. Im katholischen Bereich gibt es Entsprechungen. Kennzeichen der *Evangelikalen* ist in erster Linie ein konservatives Festhalten an der Bibel, deren wörtliche Autorität gegen alle »modernistischen« Auflösungstendenzen verteidigt wird. Hinzu kommt ein bestimmtes Weltbild. Der Mensch steht vor der Entscheidung: ewige Seligkeit oder Verdammnis. Das Ewige begegnet in diesem Leben vor allem in der persönlichen Erfahrung der »Wiedergeburt« sowie in der Gemeinschaft der Erlösten. Die Welt dagegen ist böse und geht ihrem Untergang entgegen. Darum der dringliche Auftrag zur Evangelisation und Mission, um möglichst viele durch die Bekehrung zu Christus zu retten. Für den *Evangelikalen* gibt es nur eine Ausrichtung: nach »oben«, zu Gott hin. Was in der Welt geschieht, wird wenig beachtet, ein primäres Interesse an sozialen Problemen oder an der Übernahme von Weltverantwortung besteht nicht.
Die *evangelikale* Version des Christentums gewinnt heute zunehmend an Boden. Das mag mit der sogenannten Tendenzwende zusammenhängen. Die großen Themen der Gesellschaftsreform sind abgeblockt, politischer Pragmatismus und ein allgemeiner Mangel an Risikobereitschaft begünstigen eine gesellschaftspolitisch konservative, auf den privaten Bereich persönlicher Erweckung und Frömmigkeit konzentrierte Religion. Der religiöse Trend bei der Jugend ist ein unübersehbares Symptom dieser Großwetterlage. Evangelikale Jugendarbeit erlebt eine Blüte.

Christival

Offenbar trifft die *evangelikale* Spiritualität ziemlich genau einige der wesentlichen Bedürfnisse eines erheblichen Teils der Jugend. Der energische Rückgriff auf das Fundament der Bibel bietet einen Ausweg aus der frustrierenden Erfahrung einer allzu komplizierten, unüberschaubar gewordenen Welt: Hier hast du Boden unter den Füßen, du findest Eindeutigkeit und Orientierung. Ohne persönliche Entscheidung geht es freilich nicht: Du mußt dich ganz dem Herrn hingeben. Aber damit bekommt dein Leben wieder einen Sinn. Es ist nicht mehr der Beliebigkeit und Anonymität gesellschaftlicher Mächte ausgeliefert, sondern hat seine Mitte in der persönlichen Heilserfahrung; einer Erfahrung, deren Innerlichkeit ihr den unverlierbaren Wert der Ewigkeit gibt. Daß sie gleichzeitig Abschied

von der öffentlichen Verantwortung und Rückzug in die vier Wände des Privaten bedeutet, fällt demgegenüber nicht ins Gewicht. Denn sie ist mit einer hohen Aufgabe verbunden: Du mußt die Botschaft deinem Bruder und deiner Schwester weitergeben, die noch den Verstrickungen und der Sinnlosigkeit eines Lebens ohne Gott verhaftet sind. Nicht Strukturen verändern, sondern Menschen retten – das ist eine Zukunftsperspektive, für die sich der Einsatz lohnt.
Das Grundthema evangelikaler Spiritualität wird heute in zahlreichen Varianten durchgespielt. Es beginnt im Hochschulbereich, wo die *ESG* von der *SMD* immer eindeutiger überrundet wird. *ESG* ist die *Evangelische Studentengemeinde*, die in den fünfziger Jahren die Universitäten religiös versorgte, sich in den sechziger Jahren, ihrem Konzept eines öffentlich verantworteten Christseins treu, intensiv an den Auseinandersetzungen um Hochschul- und Gesellschaftsreform beteiligte und seither durch zermürbenden Dauerbeschuß wegen Linkslastigkeit und politischem Radikalismus dezimiert wird. *SMD* ist die *Studentenmission in Deutschland* und das evangelikale Gegenüber zur *ESG*. In dem Maße, wie die *ESG* ins Abseits gerät, befindet sich die bibelgebundene, evangelistische *SMD* im Vormarsch; in dem Maße, wie sich die Kirchen innerlich von jener distanzieren, stärken sie der *SMD* den Rücken. Nirgends tritt die Polarisierung massiver in Erscheinung als in dieser Spannung. Aber es arbeiten noch eine ganze Reihe anderer evangelikaler Unternehmungen an den Universitäten. Da ist beispielsweise die aus den USA herübergekommene Aktion *Campus Crusade for Christ*. Da wurde mit Millionenaufwand vom württembergischen Pietismus in Tübingen das *Albrecht-Bengel-Haus* errichtet; als geistliches Zentrum und Wohnheim für Theologiestudenten bildet es den evangelikalen Gegenpol zum traditionsreichen Tübinger Stift. Und noch manches andere wäre zu nennen.
Wie an den Hochschulen, so findet in vielen anderen Bereichen evangelikal orientierte Jugendarbeit heute eine lebhafte Resonanz. Gebetsgemeinschaften und Bibelkreise an den Schulen, Jugendgruppen und Freizeiten der verschiedensten Art, missionarische Aktionen und Jugendevangelisationen bis hin zu jugendlich-religiösen Massenveranstaltungen demonstrieren die Attraktivität und Durchschlagskraft der evangelikalen Botschaft. Ein Beispiel sei herausgegriffen: das *Christival '76*, ein *Kongreß junger Christen*, der an Pfingsten 1976 mit 12000 jugendlichen Teilnehmern auf dem Messegelände an der Gruga in Essen stattfand.

Abb. 4: »Christival '76« in Essen
Eine Gruppe von Jugendlichen schließt mit Gebet
(Photo: Hans Lachmann, Düsseldorf)

Das *Christival* sollte in einer neuartigen Kombination von Großevangelisation, Bildungsarbeit und jugendgemäßem Fest ein »Basisprogramm missionarischen Lebens« vermitteln. Kern des Ganzen war deshalb ein als Arbeitsmappe verteilter und genau durchprogrammierter »missionarischer Grundkurs«, der in über fünfhundert Gruppen durchgearbeitet wurde und den Kontrapunkt zur Massenhaftigkeit des großen Treffens bildete. Ein anderes Experiment: die »stille Zeit« am Morgen, eine halbe Stunde Schweigezeit im ganzen Gelände zum Gebet, zur Bibellektüre und Meditation. Abends bei den öffentlichen Festivals mit Pop-Musik und Evangelisation ging es dafür um so lauter her. Unter den angebotenen Seminaren war das Thema »Seelsorge« mit Abstand am meisten gefragt. Hier und im Wunsch nach praktischer Anleitung für Jugendarbeit und Bibelstudium lagen die Interessenschwerpunkte. Gesellschaftspolitische und ideologische Themen fehlten zwar nicht im Programm, fanden aber weniger Nachfrage. Das innere Gefälle des *Christival* macht das folgende Zitat deutlich. Es spricht von der »Verbindlichkeit« des persönlichen Lebens.

Damit greift es eines der entscheidenden Stichworte auf, nach dem junge Menschen heute angesichts der allgemeinen moralischen und geistigen Beliebigkeit immer wieder fragen:

»In den letzten Jahren ist der Ausdruck ›Verbindlichkeit‹ für viele Christen zur Umschreibung einer biblischen Wahrheit, die sie neu entdeckten, verwandt worden. Inhaltlich sagt er eigentlich nichts Neues. Zu allen Zeiten haben wirkliche Jesusnachfolger verbindlich gelebt, das heißt: in Treue und Beständigkeit den Willen Gottes getan und im Alltag des persönlichen Lebens und in der Gemeinschaft mit Brüdern und Schwestern ihr Christsein konkret werden lassen. Lediglich auf dem Hintergrund der geistig-seelischen Strömungen unserer Zeit gewinnt das ›verbindliche Leben‹ seine neue, grundlegende Wichtigkeit und Schärfe für jeden, der mit Ernst Jesus nachfolgen möchte.

Man läßt sich treiben, handelt nach Gefühl, nach Lust und Laune. Die Maßstäbe sind verlorengegangen. Ethische Werte wie Opfer, Hingabe, Selbstverleugnung, Wahrhaftigkeit und viele andere sind nicht länger mehr erstrebenswert. Statt dessen sind Begriffe wie Selbstverwirklichung, Selbstentfaltung, Selbständigkeit, Freiheit, Unabhängigkeit zu viel gebrauchten Schlagworten geworden. Genußstreben und Lustprinzip bestimmen weithin das Denken und Leben. Die Denkschemata dieser Welt beeinflussen auch viele Christen.

›Verbindliches Leben‹ ist Leben nach dem Willen Gottes, Veränderung der Gesinnung und des Verhaltens, die sich in vielen kleinen Gehorsamsschritten vollzieht.«[2]

»Offensive Junger Christen«

Es gibt heute Modelle eines in diesem Sinn »verbindlichen Lebens«, von denen erstaunliche Initiativen und Wirkungen ausgehen. Ein solches Modell ist die *Offensive Junger Christen* in Bensheim an der Bergstraße. Horst-Klaus Hofmann, Gründer und Leiter der *OJC*, früher als *CVJM*-Sekretär hauptamtlich in der christlichen Jugendarbeit tätig, schildert die Anfänge:

»Wir sind ein Kind der Studentenunruhen. Der allererste Anfang war am 16. und 17. Juni 1967 in Berlin im ›Ring politischer Jugend‹, als einer fragte: Wie kommt man zu einem leidenschaftlichen, revolutionären persönlichen Glauben, der sich gesellschaftlich auswirkt? Damals sahen wir viele defensive junge Christen, die meinten, jetzt ist die politische Frage so hochgespielt, jetzt haben wir Sendepause. Und viele aggressive junge Christen, die sagten, jetzt muß erst die gesellschaftliche Frage gelöst werden, bevor wir wieder von Gott reden. Der Name ›Offensive‹ hängt damit zusammen, daß wir meinten, weder defensiv noch aggressiv soll es weitergehen, sondern offensiv, d.h. vorwärts zusammen mit denen, die auch unzufrieden sind – mit der Kirche, mit der Gesellschaft und mit sich selber. Damals sind unsere Schüler- und Studentenkonferenzen entstanden mit dem Ziel, junge Leute durch eine geistliche Erneuerung aus der Selbstbezogenheit herauszuführen, indem sie für die Auseinandersetzung an der Schule und Universität und für die Verantwortung in der Gesellschaft zugerüstet werden.«

Der religiöse Einstieg der *Offensive Junger Christen* ist evangelikal: geistliche Erneuerung des einzelnen. Doch unterscheidet sich die Bensheimer Initiative darin grundlegend von vielen evangelikalen Gruppen, daß von Anfang an die sozialpolitische Dimension und das Ziel einer »revolutionären« Veränderung der Gesellschaft mit einbezogen war. Also nicht Rückzug in die private Idylle, sondern Veränderung des einzelnen, damit die Welt verändert werden kann. PETER BARALL stieß 1969 zur *OJC*. Er war Theologiestudent in Heidelberg und eines der streitbaren Mitglieder des Studentenparlaments, der sich mehr um Hochschulpolitik als um Theologie gekümmert hatte. Später sagte er:

»Meine Freunde von 1968, mit denen ich Streiks und Demonstrationen für eine bessere, eine gerechtere Welt organisiert habe, sind heute entweder als Terroristen bekannt oder in der Resignation. Was mich davor bewahrt hat, den Weg der Gewalt bis zur bitteren Konsequenz zu gehen, das war die Begegnung mit einem glaubwürdigen Christen. Er hat mich ernst genommen; nicht meine Theorien widerlegt, sondern nach den Konflikten gefragt. Und er fragte danach, was wir gemeinsam tun könnten, damit die Professoren und die Polizei ihre Angst verlieren und Hoffnung bekommen könnten auf ein neues Miteinander. Die Fragen haben den Anstoß gegeben, mein Denken und Handeln total umzustellen. Mir wurde in der Stille klar, daß es nicht geht, für Frieden auf die Straße zu gehen und ihn von anderen zu fordern, solange man in der eigenen Familie und in der Universität Krieg macht. Mir ist klar geworden, daß keiner für Gerechtigkeit kämpfen kann, der selber noch Dinge besitzt, die anderen gehören. Ich mußte viel in Ordnung bringen, und es ist mir nicht leichtgefallen. Aber es ist ein Weg in die Zukunft geworden, der viele mitgenommen hat.«[3]

»Schafft und schult eine geeinte, revolutionäre Mannschaft, eine Streitmacht, die Menschen von Gott abhängig macht und in unserer Welt die brennenden Probleme wirksam anpackt.« Dieser 1968 formulierte Grundgedanke verrät bis in die Spra-

che hinein, wer beim gesellschaftlichen Engagement der *OJC* Pate stand: die *Moralische Aufrüstung*. Von dem Amerikaner FRANK BUCHMAN bereits Ende der dreißiger Jahre konzipiert, entfaltete die Bewegung der *Moralischen Aufrüstung* erst nach dem Zweiten Weltkrieg ihre weltweite Wirkung. Ihre »Ideologie« ist im Kern sehr einfach: »Der Kampf um eine neue Gesellschaft ist in Wirklichkeit ein Kampf um die Änderung von Menschen.« Das ist die eigentliche »Revolution«, die sich »aus der Dynamik des Kreuzes Christi« *(revolution under the cross)* entwickelt. In Bensheim arbeitet man bis heute zielstrebig und mit Erfolg an dieser Revolution.
Die Schüler- und Studentenkonferenzen, mit denen HORST-KLAUS HOFMANN und sein Team begonnen hatten, führten sie bald zu einschneidenden Konsequenzen. IRMELA HOFMANN, Mutter von fünf Kindern, berichtet: »Was würden Sie tun, wenn eines Tages zwei junge Leute zu Ihnen kämen mit der Bitte: ›Wir möchten einmal eine Zeitlang in Ihrer Familie mitleben. Sie haben von einem offensiven Christsein gesprochen. Das hat uns eingeleuchtet. Und nun möchten wir diese Art von Christsein näher kennenlernen und bei Ihnen erfahren, wie man das im Alltag leben kann.‹ Damals mußten wir uns entscheiden: Wollen wir Privatleute bleiben und uns heraushalten aus den Konflikten um uns herum? Oder sind wir bereit, die Nöte in der Welt mit anzupacken? Wir haben uns entschieden und uns auf einen ganz neuen Lebensweg eingelassen.«[4] Damit begann das inzwischen zehnjährige Experiment *Großfamilie*. Zu ihr gehören heute rund dreißig Menschen: drei Ehepaare, deren Kinder und fünf »Unabhängige«, wie hier die Unverheirateten heißen. Sie bilden die »Dauermannschaft«. Hinzu kommt eine wechselnde »Jahresmannschaft«. Das sind etwa zwanzig junge Mädchen und Männer, die ein Jahr lang ihre Ausbildung oder Berufstätigkeit unterbrechen, um in der Bensheimer Familie zu leben. Die Bedingungen sind nicht leicht: sechs Stunden täglich körperliche, vier Stunden geistige Arbeit, dazu ungezählte Überstunden.
Der Tag beginnt früh. Nach der Andacht ist für alle eine Stunde lang »Stille Zeit«: Zeit zum Beten, Meditieren, Nachdenken. Nach dem Frühstück Bibelarbeit. Abends, wenn die Arbeit des Tages getan ist, kommt man noch einmal zusammen. Die Arbeit, das sind neben dem internen Betrieb zahlreiche »Einsätze« im In- und Ausland. Beachtlich ist das Engagement für die Dritte Welt: 35 Projekte in Lateinamerika, Asien und Afrika wurden bisher unterstützt. So erbrachte zu Weihnachten 1972 eine Aktion *Kritischer Konsumverzicht* über 200 000 Mark

für ein Flüchtlingslager in Indien. In Südafrika unterstützt die *OJC* ein Zentrum für ökologisch fortschrittliche Agrarmethoden, das von einem Zulu aufgebaut wurde und 65000 Zulus Brot verschaffte. Und so weiter. In der Bundesrepublik selbst geht die Schüler- und Studentenarbeit unvermindert weiter. Sie bildet nach wie vor den eigentlichen Schwerpunkt der Arbeit. Zahllose Tagungen, Aktionen – auf den großen Kirchentagen zum Beispiel ist die *Offensive* regelmäßig dabei – und Einzelkontakte brachten der Bensheimer Großfamilie eine weite Ausstrahlung und ließen einen großen Freundeskreis entstehen.

Immer wieder sind es Erfahrungsberichte, Geschichten junger Menschen, denen man in Bensheim begegnet und die das dort praktizierte Christentum kennzeichnen. Ein Beispiel: die Studentin Anne. Irmela Hofmann erzählt:

»Voller Eifer hatte sich Anne ins Studium gestürzt. Weil sie nicht nur Christ sein, sondern an der Uni auch politisch Verantwortung übernehmen wollte, schloß sie sich der Studentengemeinde an. Sie wurde mit offenen Armen aufgenommen. Erfreulich schnell wuchsen gute Beziehungen zu einer Gruppe von Kommilitonen, die in Wohngemeinschaften lebten. Bald gab sie ihr unfreundliches und teures Zimmer auf und zog in eine der Wohngemeinschaften.

Eines Tages, in der letzten Semesterwoche, kam sie von ihrem Studienort angereist. Sie war total am Ende und wußte nicht weiter. Sie war mit dem Entschluß gekommen, Hermann und Friederike alles zu erzählen, was in den vergangenen Monaten gelaufen war. Sie saßen und redeten bis tief in die Nacht.

Anne berichtete von dem guten Start, den neuen Freunden. Dann von ihrer eigenen Verunsicherung und der folgenden Veränderung. Der Auslöser war eine Frage gewesen: Eines Tages, im zweiten Semester, fragte der Studentenpfarrer: ›Sag mal, Anne, warum fährst du jedes zweite Wochenende nach Hause?‹ Ihre Antwort: ›Da gefällt es mir eben‹, genügte ihm nicht. Er fragte weiter: ›Bist du noch nicht abgenabelt?‹ Der Schuß saß. Sie fragte sich plötzlich selbst: Was suche ich zu Hause? In diesem Sommer besuchte Anne ein Seminar über Aufarbeitung der eigenen Sozialisation. Dort wurde ihr das Elternhaus als bürgerlich-repressive Institution dargestellt. Sie hatte ein gutes Verhältnis zu ihren Eltern, beschloß aber, nur noch dann heimzufahren, wenn es unumgänglich schien. Auch in Bensheim ließ sie sich kaum noch sehen.

Fast jede Woche stieg in den Räumen der Studentengemeinde eine Party. Und wenn dort nichts los war, dann in der Wohngemeinschaft. Musik, Tanz und Alkohol gehörten dazu. Anne gewann schnell Freunde, hatte aber nicht die Absicht, sich auf eine unver-

bindliche Intimfreundschaft einzulassen. Wenn ein Junge zärtlich werden wollte, konnte sie geschickt das Thema wechseln. In dieser Hinsicht hatte sie klare, eigene Vorstellungen, die die Zukunft einbezogen. Eines Abends wies sie Thomas wieder einmal freundschaftlich in seine Grenzen, da sagte er: ›Sag mal – wir haben uns das in der Clique überlegt –, bei dir stimmt doch was nicht. Bist du etwa kalt?‹
Der Satz verletzte sie tiefer, als sie sich anmerken ließ. Je länger sie über Thomas' Frage nachdachte, um so weniger konnte sie sie beantworten. Die nächste Veranstaltung war ein Uni-Ball. Die Clique ging gemeinsam hin und half bei der Organisation. Gegen 2.00 Uhr morgens half Thomas Anne beim Zusammenräumen des Getränkestandes, und als er sie in den Arm nahm, wehrte sie sich nicht mehr. Am nächsten Morgen wußte sie, daß sie nicht ›kalt‹ war, aber sie wußte auch, daß Thomas sie nicht liebte. Die Beziehung schleppte sich hin, ein ständiges Angezogensein wechselte mit Phasen, in denen sie beschloß, ihren Vorsätzen treu zu bleiben. Aussteigen aber war schwerer, als sie gedacht hatte. Sie wurde nervös, konnte sich nicht mehr richtig konzentrieren. Der Zigarettenkonsum stieg schlagartig. Thomas arbeitete im *ASTA*. Er bezog Anne in die politische Arbeit mit ein. Sie merkte selbst nicht, wie bald sie seinen extremen politischen Standpunkt teilte und ihre eigenen Ansichten aufgab. Als sie wieder einmal heimkam, wirkte alles verändert auf sie. Die Familie erschien ihr negativ und einengend. Auch das, was ihr vor wenigen Wochen noch gefallen hatte.
Eines Tages, während einer Diskussion, schossen ihr Gedanken durch den Kopf: ›Was tun wir eigentlich hier? Wir wollen relevant leben. Die Wohngemeinschaft soll uns selber zu menschlichen, konstruktiven Persönlichkeiten machen. Unsere gemeinsame politische Arbeit soll die Interessen der Vielen vertreten, die selber nicht zu Wort kommen. Wir sind kritisch und hinterfragen alles, um neuen Werten zum Durchbruch zu verhelfen. Aber was kommt dabei heraus? So viele zerbrechen menschlich daran, aber ändern tut sich nichts! Wir rennen gegen Türen, die sich nur fester verschließen! Stürmen wir die Festung von der falschen Seite? Ich kann und will mich nicht an diese Gesellschaft und ihre Normen anpassen. Aber ich will, daß der Einsatz sich lohnt, nicht nur meiner, sondern der von uns allen. Die Leute von der Offensive zahlen auch einen hohen Preis, aber es lohnt sich. Sie leben relevant! Bei ihnen verwirklichen sich Solidarität und Gerechtigkeit im Kampf um Menschen. Ihre Art zu leben ist die einzige echte Alternative, die ich kenne.‹
Deshalb war sie nach Bensheim gekommen. Das Ergebnis des langen Nachtgesprächs war Annes Beschluß, aus der Wohngemeinschaft auszuziehen und den Urlaub mit der Clique abzusagen.

Sie fuhr nach Hause und sprach das Ganze noch am gleichen Abend offen mit ihren Eltern durch. Am nächsten Morgen hielt sie plötzlich nichts mehr von ihrer Entscheidung. Es zog sie emotional mit aller Gewalt zu ihren alten Freunden. Obwohl der Verstand ihr sagte: Was du tun willst, ist Wahnsinn! packte sie die Koffer. Sie ging ins Wohnzimmer, um sich wenigstens noch zu verabschieden. In die gespannte Stille hinein sagte ihre Mutter ruhig, aber unmißverständlich: ›Anne, Vater und ich verbieten dir zu fahren.‹ Anne stutzte. Plötzlich fiel die Maske. Sie brach in Tränen aus, erleichtert: ›Ich hatte so gehofft, daß ihr das tun würdet, allein käme ich da nie mehr raus.‹

Vor Beginn des neuen Semesters kam eine Freundin mit dem Auto, um Anne beim Umzug zu helfen. Sie traf sie völlig aufgelöst an, Anne war wieder hin- und hergerissen: ›Ich bin emotional so festgefahren. Ich weiß einfach nicht, was ich tun soll.‹ Sie war selbst fassungslos darüber. Beim Packen redeten sie miteinander. Mittendrin legte Anne alles aus der Hand und sagte: ›Allein schaffe ich das nie. Wenn mir Gott wirklich die Kraft dazu geben kann, dann muß ich mich jetzt endgültig auf ihn festlegen. Sonst packen wir besser gleich wieder aus.‹ Gemeinsam knieten sie hin und Anne erneuerte ihre Entscheidung.«[5]

In Bensheim wird hart gearbeitet und anstrengend gelebt. Und mit viel Disziplin – zuviel, möchte man sagen. Das drückt sich unter anderem in dem militärischen Vokabular aus, das von der *Moralischen Aufrüstung* stammt. Man ist eine »Mannschaft«, man »kämpft«, lebt »offensiv«, entwirft »Strategien«, plant »Einsätze«. Sprache ist aber nicht beliebig. Sie enthüllt innere Einstellungen und Motivationen. Die *Offensive Junger Christen* steht unter einem merklichen Erfolgszwang. Innerlich: Die Erfahrung, daß sich junge Menschen verändern und eine »geistliche Erneuerung« erleben, muß sich immer wieder bestätigen. Davon lebt die Initiative und darum drängt sie zur Entscheidung wie im Fall der Studentin Anne. Das geht oft gut. Jugendliche suchen verbindliche Entscheidungen. Aber die Entscheidungshilfe kann auch zum Druck werden. Und äußerlich: das Unternehmen *OJC* hat inzwischen eine Größenordnung erreicht, die die kleine Gruppe eigentlich überfordert. Aber sie denkt und agiert in großen Dimensionen, weil sie Großes von ihrem Gott erwartet. Und weil sie in der bisherigen Erfolgskurve die göttliche Bestätigung ihres eigenen Einsatzes erkennt. HORST-KLAUS HOFMANN und seine »Mannschaft« sind sich dieser Gefahren bewußt. Sie bleiben trotzdem in der *Offensive.* Denn sie wollen ein unübersehbares Signal sein. »Wir trainieren bewußt die Auseinandersetzung mit der Öffentlichkeit und möchten durch unser Leben demonstrieren, daß zwei oder drei in der Lage sind, für viele einen neuen Weg der Hoffnung zu zeigen.«

Offen für Kritik

Taizé, Christival '76, Offensive Junger Christen. Das sind nur Schlaglichter. Sie beleuchten eine Region in der religiösen Landschaft, die in der Diskussion über »Jugendreligionen« kaum in den Blick kommt. Dabei weist sie vielfach ähnliche Tendenzen auf und deutet auf die gleiche Bedürfnislage in der Jugend hin wie mancher der ins Scheinwerferlicht geratenen religiösen Bereiche. Davon wird noch zu reden sein. Hier genügt es festzuhalten: Man muß keineswegs die Kirchen oder den christlichen Raum verlassen, um auf die religiösen Bewegungen und Umformungen zu stoßen, deren Träger heute junge Menschen sind. Es gibt neue Aufbrüche in den Kirchen, getragen von Glauben, Engagement und Hoffnung. Sie stoßen in die Tiefe religiöser Grunderfahrung und in die Weite solidarischer Weltverantwortung vor. Und es gibt Fluchterscheinungen einer Jugend, die der Mühe ausweicht, in der komplexen Wirklichkeit der modernen Gesellschaft geduldig einen eigenen Weg zu suchen und zu verantworten, die sich statt dessen gerne auf vorgebahnte Straßen mitnehmen läßt.

Die hier vorgestellten christlichen Modelle haben jedoch im allgemeinen eines für sich, das sie sehr tief unterscheidet von anderen religiösen Gruppen und Bewegungen: Sie sind offen für Kritik. Bereitschaft und Fähigkeit zur Selbstkritik sowie zur konstruktiven Kritik von außen wird dort zu einem entscheidenden Maßstab, wo es um die Frage geht, ob Jugendliche in ihrer Entfaltung und Identitätsfindung gefördert oder behindert werden. Alle Erfahrung spricht dafür, daß die christlichen Gruppierungen eher als andere zu einer kritischen Offenlegung ihrer religiösen Inhalte, Motive und Verhaltensweisen bereit sind. Das bedeutet nicht, daß sie gegen Fehler und Schwächen gefeit sind. Aber sie sind eher fähig, sie einzugestehen und zu korrigieren. Das hängt vermutlich mit einem wesentlichen Element des christlichen Glaubens zusammen. Christen glauben, daß der Mensch nicht aufgrund seiner Perfektion vor Gott bestehen kann und muß, sondern mit seinen Fehlern angenommen ist. Wer weiß, daß er Fehler machen darf, ohne sich zu disqualifizieren, der kann sie auch zugeben. Kritikfähigkeit ist ein Zeichen der Reife, auch der religiösen Reife.

Religiöser Kampfbund und Endzeit-Kommune ›Vereinigungskirche‹ und ›Familie der Liebe‹

»Im Juli 1977 wurde ich von zwei netten jungen Mädchen in Köln auf der Schildergasse angesprochen. Sie unterhielten sich mit mir über meine Arbeit, über mein Leben in Köln und luden mich ins Kölner Zentrum ein. Sie sagten, sie wären eine internationale Jugendgruppe, die an Gott glaube und etwas Wunderbares gefunden habe, das sie zusammenhalte, und dieses Wunderbare wollten sie allen Leuten weitererzählen. Der Name ›Vereinigungskirche‹ war mir kein Begriff, deshalb ging ich am Nachmittag hin.
Ich wurde sehr herzlich aufgenommen, man unterhielt sich lange mit mir über den Sinn des Lebens, welche Bedeutung Gott in meinem Leben spielen würde u. ä. Im Gespräch merkte ich, daß wir ähnliche Ansichten hatten, und ich war froh, daß ich eine Gruppe gefunden hatte, in der ich mich akzeptiert fühlte. Am Abend wurde ein Vortrag gehalten über den ersten Teil der ›Göttlichen Prinzipien‹. Ich glaubte an Gott, aber ich wußte zu wenig über die Aussagen des Christentums, deshalb war ich so begeistert von dem, was dort erzählt wurde. Alles erschien mir auf einmal so klar, so logisch, es konnte gar nicht anders sein. Dort war jemand, der mir in meinem verwirrten Suchen ganz klar sagte, so und so ist die Sache. Am nächsten Tag wurde ich zu einem Ausflug eingeladen und hörte dort zum ersten Mal den Namen San Myung Mun und daß er allem Anschein nach der wiedergekehrte Messias sei. Meine anfänglichen Zweifel wurden bald beseitigt, obwohl ich bei dem Gedanken, daß er der Messias sein könnte, keinerlei Empfindungen hatte, was sich auch in den Wochen danach nicht änderte. Aber ich war von all dem anderen so begeistert, daß ich nach einer gewissen Zeit auch das geschluckt hätte. Zwei Wochen lang ging ich jeden Abend ins Kölner Zentrum, fuhr auch mit in die Zentren von Düsseldorf und Bonn. Danach bin ich ins Zentrum gezogen, gab meine Wohnung auf und war nahe daran, auch die Studienplatzzusage ablaufen zu lassen. Eine Woche habe ich noch gearbeitet, bin dann mit auf die Straße gegangen, um zu missionieren. Eine Woche später hieß es, ich solle nach Camberg fahren, um dort an einem Wochenkurs teilzunehmen. Als ich zurückkam, kam mir unsere Arbeit noch viel bedeutender vor. Ich war total umgedreht, war nur noch da, um für die ›Vereinigungskirche‹ zu arbeiten.

Zwei Tage nach der Rückkehr aus Camberg fuhr ich zu einer Freundin. Sie hatte sich in der Zwischenzeit informiert und war froh, mich überhaupt noch lebend anzutreffen. Ich war so begeistert von der ›Vereinigungskirche‹, daß es mir weh tat, daß sie meinen Schritt nicht akzeptierte. Ich willigte jedoch in ihre Bitte ein, ein paar Tage bei ihr zu bleiben und mir die Sache noch einmal genau zu überlegen. In diesen Tagen gab sie mir Zeitungsartikel und Schriften über die ›Vereinigungskirche‹. Alles, was dort stand, konnte ich nicht akzeptieren, weil ich es ganz anders erlebt hatte. Trotzdem holte ich alle meine Sachen aus Angst aus dem Zentrum heraus. Ich lehnte die ›Vereinigungskirche‹ auch weiterhin nicht ab, nur kam ich immer mehr zu der Überzeugung, daß diese Lebensweise mir nicht entsprach. In den nächsten Monaten war es sehr schwer. Ich ging weiterhin regelmäßig hin, las Kritiken, war hin- und hergerissen. Von seiten der ›Vereinigungskirche‹ wurde jetzt Druck ausgeübt. Sie besuchten mich immer öfter und drängten darauf, daß ich mich doch bald entscheiden möchte. Als ich diesen Druck spürte, zog ich mich immer mehr zurück.«[1]

»Am 3.März wurde mir in der Stadt ein Zettel in die Hand gedrückt. Ich dachte, es wäre ein Flugblatt oder sonst etwas und wollte weiter. Doch der Junge ließ sich nicht abschütteln. Er fragte nach einer Spende. Auf meine Frage wofür, sagte er mir, er sei ein ›Kind Gottes‹. Ich erkundigte mich genau. Ich wurde von ihm gefragt, ob ich zufrieden und glücklich sei. Doch ich muß nicht so den Eindruck einer Glücklichen gemacht haben. Er sagte mir, wenn ich mein Leben Gott ganz überlasse, dann erst werde ich frei und zufrieden; auf das ›wie‹ kam die Antwort: bei ›Kindern Gottes‹, dort wirst du Glück und Zufriedenheit finden.
Mein Interesse war geweckt. Wir haben uns noch sehr lange unterhalten. Ich wollte noch mehr von ihrer Lebensweise wissen, und da ich am Wochenende frei hatte, verabredeten wir uns für Freitagabend. Von dort sind wir dann nach Mainz gefahren und haben einige dieser Zettel (MO-Briefe) verteilt. Nun mußten wir auch irgendwo schlafen. In einer Disco fanden wir jemand, der bereit war, uns mit in seine Wohnung zu nehmen. Dort haben wir noch in der Bibel gelesen, gebetet und gesungen. Dann legten wir uns schlafen. Das war nun mein erster Tag mit den ›Kindern Gottes‹. Ich habe noch lange in der Nacht nachgedacht, was machst du nun, was ist der richtige Weg? Was wollte ich überhaupt und was waren meine Erwartungen von dem Leben? Ich wußte nur, daß ich so nicht weiterleben wollte wie nun, daß sich einiges ändern müßte. Und so schien es mir die richtige Lösung zu sein.
Am andern Morgen, nach sehr frühem Aufstehen, Beten, Bibel-

lesen, Teetrinken sind wir wieder in die Stadt. Ich bekam einen Stapel MO-Briefe in die Hand gedrückt und sollte sie verteilen. Ich bekam genaue Anweisungen, was ich zu sagen hatte, und wie ich mich überhaupt zu verhalten und zu geben hatte. Einer von den beiden war laufend in Reichweite. Wenn mein Gesichtsausdruck mal nicht so erfreulich war, wurde ich gleich gerügt. So konnte man ja nun die Liebe Gottes nicht weitergeben. Es wurde dann sofort in der Bibel gelesen und gebetet. Ich wurde damit beruhigt, daß Gott nun alles für mich erledigen werde. Am Nachmittag ging es dann nach Frankfurt/M. Nun war mir das eigentlich doch noch ganz schön mulmig. Wie würden die anderen Leute in der ›Familie‹ sein? Aber auf der Fahrt wurde ich mit Bibellesen beschäftigt, so kam ich auch nur recht wenig zum Nachdenken. Von der ›Familie‹ wurde ich dann aber sehr nett aufgenommen. Man umarmte sich und sagte, Gott liebt dich, preise Gott. Als Neuling wurde ich genauso wie längere Mitglieder empfangen.
Dann wurde gefragt, was ich beruflich machen würde, wie alt ich sei, wie ich zu den ›Kindern Gottes‹ gefunden hätte. In der ›Familie‹ wurde so gut wie nie deutsch gesprochen. Am Abend war dort Disco-Abend; es wurden einige Sketchs vorgeführt, die mich alle sehr beeindruckten. Ich unterhielt mich ganz gut mit anderen der ›Kinder Gottes‹. Als dann der ganze Rummel vorbei war, haben wir noch zusammen gebetet. Am Sonntagmorgen bin ich durch Singen wach geworden. Der Morgen fing auch gleich wieder mit Lesen, Beten an. Am Nachmittag wurde ich dann gefragt, ob ich nicht eintreten wollte. Ich sollte mir dazu die MO-Regeln durchlesen und dann ein Formular ausfüllen. Nun war ich das erste Mal an dem Wochenende allein. Die MO-Regeln waren ganz schön hart. Ich mußte demnach alles aufgeben.
Doch ich wollte ja leben wie sie. Ich war das ewige Arbeiten und Lernen leid. Also habe ich unterschrieben. Nachdem ich unterschrieben hatte, fühlte ich mich etwas leichter. Nun mußte ich ja auch noch meine Arbeitsstelle kündigen. Vor diesem letzten Schritt hatte ich ganz schöne Angst. Doch ich wurde genau eingewiesen, wie ich es zu machen hatte, was ich zu sagen hatte. Auch wurde mir gesagt, wann ich es meinen Eltern sagen sollte. Am Montagmorgen sind wir dann zurück nach Wiesbaden. Kurz vor meinem Arbeitsbeginn bin ich zur Schulschwester, um ihr zu sagen, daß ich kündigte und so schnell wie möglich weg wollte. Das wurde von ihr in Form eines Schocks aufgenommen; wir wollten nochmals darüber reden, doch jetzt sollte ich erst einmal arbeiten gehen. Mit meinen Eltern hatte ich immer noch nicht geredet.
Als ich am Abend vom Dienst kam, war mein Bruder von der Schulschwester alarmiert worden. Ich mußte mich mit ihm ausein-

andersetzen, ob ich wollte oder nicht. Es kam aber nicht viel dabei heraus. Am Anfang hörte ich ihm einfach nur zu, es war, als ob im Hintergrund ein Plattenspieler laufen würde. Ich war mit meinen Gedanken gar nicht dabei. Ich merkte auch immer mehr, wie ich am Schwanken war. Ich wollte mich aber nicht umstimmen lassen und bin trotzig geworden. Wie kam er daher, mich in meinem Entschluß zu erschüttern. Ich wollte zu den ›Kindern Gottes‹ und nicht er. Ich wollte nun endlich meinen Willen einmal durchsetzen. So glücklich war ich bei der Vorstellung ja nicht mehr.
Am andern Tag bin ich dann mit ihm in die Stadt gegangen. Wir wollten die Unterschrift von ihnen wieder haben. Doch das ginge nicht. Der Zettel wäre nicht mehr in ihren Händen. Eine Gegenunterschrift bekam ich nicht, mit der Ausrede, daß ein ›Kind Gottes‹ nichts unterschrieb. Das war natürlich ein Schlag für mich, da ich ja eine Unterschrift gegeben hatte. Dann wurde mir noch von einem kompetenten Mann aus Frankfurt der Aufbau der ›Kinder Gottes‹ erklärt, auch wie sie arbeiten. Ich konnte und wollte das einfach nicht verstehen, daß so viel Gegensätze da waren. Bei den ›Kindern Gottes‹ wurde immer gegen Leute, die aus dem System stammen, argumentiert, und nun hörte ich das Gegenteil von ihnen. Ich bin noch ein paarmal zu Besuch bei den ›Kindern Gottes‹ gewesen, wobei ich immer – wie das erste Mal – lieb und nett aufgenommen wurde. Mir ging es nach solchen Besuchen nur nicht immer sehr gut, da ich dann immer sehr ins Wanken geriet, wer nun die Wahrheit sprach. Was auch eventuell wichtig war, mir taten die ›Kinder Gottes‹ leid. Was hatten sie denn schon von ihrem Leben. Ihnen ging es ganz gut, und sie fühlten sich auch wohl in ihrem neuen Leben, doch von jeder Seite bekamen sie Schlechtes nachgesagt.
Mein letzter Besuch war dann sehr ausschlaggebend für mich. Ich ging zu ihnen, weil mir zu Ohren gekommen war, daß MO – der Führer – aufgeben und sich zurückziehen wollte. Ich wollte wissen, was da nun Wahres dran war. Von einem mir noch neuen Mitglied wurde mir dies widerlegt. Ihr MO würde so etwas nie tun. Sie gab mir auch einen neuen Rundbrief, in dem MO den ersten widerlegte. Die ›Kinder Gottes‹ waren auch sehr davon überzeugt. Sie schoben es auf die Leute von außen. Es kam zu heißen Diskussionen. Dann kam ich auf die Prostitution. Was war nun wahr daran? Zuerst wurde geleugnet, doch nachher kam sie doch mit der Sprache heraus. Das wäre schon wahr, nur mit dem Unterschied, daß sie nicht mit den Männern ins Bett gingen, um mit ihnen zu schlafen, sondern um ihnen so die ganze Liebe Gottes weiterzugeben. Das konnte ich nun irgendwie gar nicht verstehen. Es kam an dem Abend auch oft vor, daß meine Gesprächspartnerin, wenn ihr ein paar Fragen unangenehm waren, einfach wegging oder ganz schnell das Thema

wechselte. Sie kannte mich auch noch nicht und wußte auch nicht, daß ich schon öfter bei ihnen zu Besuch war. Viele Fragen wurden so auch nicht wahrheitsgetreu beantwortet. Nach diesem sehr aufschlußreichen Gespräch unterhielt ich mich noch sehr lange mit dem Leader. Auf die Frage, was nun der wahre Glaube sei, meinte er, man müßte beten und der Rest ginge dann ganz von alleine. Die Gruppe hat dann noch für mich gebetet und mich nachher ganz erwartungsvoll angeguckt, als wie: hat sich schon etwas getan? Das war nun nicht der Fall.

Danach habe ich mich verabschiedet. Ich wurde noch gebeten, recht bald wiederzukommen. Der letzte Besuch war für mich recht von Bedeutung. Erstens konnte ich mich nicht mit dem Gedanken anfreunden, mich mit jemanden ins Bett zu legen, um ihm die ganze Liebe Gottes weiterzugeben. Dann fand ich es nicht richtig, daß man dem Mädchen Anweisungen gegeben hatte, wie sie sich mir gegenüber verhalten sollte. Zwar möchte ich noch manchmal alles hinschmeißen, vor allem das verdammte Lernen, doch ich glaube kaum, daß ich mich dann zu den ›Kindern Gottes‹ flüchten würde. Irgendwie tun mir die ›Kinder Gottes‹ sehr leid. Ich bin auch noch heute sehr gern bei ihnen. Ich habe mich bis jetzt noch immer sehr wohl bei ihnen gefühlt.

Was mein eigentlicher Grund war, zu den ›Kindern Gottes‹ zu gehen, war meine Suche nach dem Glauben; den habe ich nun gehofft, in so einer Gruppe zu finden. Doch das war ein Trugschluß. Den wahren Glauben weiß ich bis heute nicht. Was Glaube ist, weiß ich nun auch nicht.«[2]

Zwei Erfahrungsberichte, Begegnungen einer 25jährigen jungen Frau mit der *Vereinigungskirche* und eines 19jährigen Mädchens mit den *Kindern Gottes* (heute: *Familie der Liebe*). Beide Male nur verhältnismäßig kurze Kontakte, die sich wieder lösen, beidemale das gleiche Schwanken: auf der einen Seite die Erfahrung von Gemeinschaft, das neue Leben, eine überzeugende Aufgabe; auf der anderen Seite Warnungen, eigenes Zögern, Ernüchterung. Keiner der Berichte endet mit einem Verriß. Eher mit echtem Bedauern: Schade, es schien so hoffnungsvoll. Und eigentlich meinen sie ja auch das Richtige ...

Mun und Mo

Die *Vereinigungskirche* des Koreaners San Myung Mun und die *Familie der Liebe* des Amerikaners »Mose« David Berg (»Mo«) sind die beiden Gruppen, auf die am ehesten der Begriff

»neue Jugendreligionen« zutrifft. Sie entsprechen etwa jener Sammelbeschreibung des Bonner Familienministeriums: »Autoritäre, patriarchalische Führergestalt – Totaler Gehorsam der Anhänger – nach strengem Reglement ausgerichtetes Gemeinschaftsleben – kompromißlose Ablehnung der ›alten Gesellschaft‹ – mit moralischem Rigorismus gepaartes elitäres Sendungsbewußtsein der ›Jünger‹.« MUN und MO mit ihren Anhängern reizen deshalb zur vergleichenden Darstellung.
Die gemeinsamen Strukturen und Motive lassen sich noch deutlicher profilieren. MUN und MO haben sich vom Beginn ihres Auftretens in der westlichen Welt an und seither immer eindeutiger an die Jugend gewandt. Ihr Appell zur religiösen Revolte fand ein beachtliches Echo. Es faszinierte junge Menschen, obwohl die wenigsten von ihnen MUN und MO je gesehen oder gar näher kennengelernt haben. Programm und Erfahrungsgehalt der beiden Gruppen muß also, unabhängig von den Führern, wichtige Elemente enthalten, auf die junge Menschen heute unmittelbar ansprechen. Diese Elemente lassen sich verhältnismäßig leicht benennen.
Da ist erstens die religiöse Aussage. Sie deutet die komplizierte Wirklichkeit überraschend einfach. Auf einmal ist alles klar. Ein Bereich des Heils wird scharf von der Welt des Unheils unterschieden. Das erlaubt persönliche Identifizierung und ungeteiltes Engagement für die gute und notwendige Sache. Die Botschaft gibt sich zudem als die wahre Gestalt des Christentums. Sie nimmt einerseits die jugendliche Ablehnung der Kirche auf, spricht aber andererseits die vertrauten Inhalte der christlichen Religion ab. ›Endlich den Glauben erleben, von dem in der Kirche bloß geredet wird!‹ Da ist zweitens die Erfahrung der Gemeinschaft in der Gruppe. In der Zuwendung und Geborgenheit, die sie bietet, liegt die eigentliche Glaubwürdigkeit des Programms: ›Die sind so liebevoll, also muß ihre Sache doch gut sein.‹ Disziplin innerhalb der Gruppe ist um des großen Zieles willen notwendig. Sie ist zudem gerechtfertigt durch Druck und Feindschaft von außen. Da ist drittens die Möglichkeit, das alles unmittelbar und sofort zu erleben. Ohne den immer erdrückenderen Apparat gesellschaftlicher Vermittlung, der jede Spontaneität erstickt und das Leben zu einer Reihe programmierter Verwaltungsakte reduziert, bietet sich direkte Erfahrung und persönlicher Einsatz. Der Ausbruch aus der verwalteten Welt in das Abenteuer der Pionierzeit, wo man ums Überleben kämpft, aber die Zukunft auf seiner Seite weiß, ist ein wichtiges Motiv. Da ist schließlich viertens die Person des Führers. Nicht abstrakte Anonymität, sondern ein Mensch mit

Abb. 5: Missionare der Vereinigungskirche (Mun) in Düsseldorf
(Photo: Hans Lachmann, Düsseldorf)

Namen und Profil, in dem sich die Wahrheit verkörpert und dessen Charisma man sich hingibt. Der patriarchalische Führungsstil unterstreicht bloß seinen heilsgeschichtlichen Rang: prophetische Autorität statt der Beliebigkeit einer skeptisch pluralistischen Erwachsenenwelt. Zur Illustration einige Sätze aus einem Erfahrungsbericht:

»... Auch als ich heranwuchs und dann das Gymnasium besuchte, konnte mir mein Glaube nicht genommen werden. Im Gegenteil, er vertiefte sich mehr und mehr. Beten konnte ich nicht vergessen. Jesus war das Vorbild meines Lebens. Ich begann, mir viele Gedanken zu machen, wie man denn diese Welt verändern könne. Immer mehr wurde mir klar, daß ich mein Leben für Gott und die Menschen leben muß ...

Als ich dann die Missionare der Vereinigungskirche traf und sah, wie lebensnah, einsatzfreudig und lebendig sie für Gott arbeiteten und die Menschen aufmerksam machten, wußte ich, daß ich das eigentlich auch tun sollte. Der direkte Einsatz, den diese jungen Leute leisteten, fühlte ich, sei genau das richtige. Das sollte auch mein Handeln sein. Die ›Göttlichen Prinzipien‹, die mir gelehrt wurden, begeisterten mich sehr. Auf alle Fragen fand ich eine klare Antwort. Endlich hatte ich ein Betätigungsfeld gefunden, in dem ich mich ganz einsetzen konnte. Die ›Göttlichen Prinzipien‹ erschienen mir als eine hoffnungsvolle Möglichkeit, die Menschen zu verändern. Weil ich immer schon so leben wollte, warum sollte ich mich dann nicht anschließen? Es konnte für mich keinen Grund mehr geben, diesen Entschluß nicht zu fassen, auch nicht Ablehnung und Widerstand. So gab ich meine Berufslaufbahn als Maler auf und wurde Missionar der Vereinigungskirche. Nach nun 2½ Jahren Tätigkeit in der Kirche kann ich sagen, daß meine Beziehung zu Gott sich sehr vertieft und gefestigt hat. Meine Hoffnung, daß unsere Arbeit den Menschen einen neuen Sinn in ihrem Leben zeigen und Anregung geben kann für ein bewußtes Leben, hat sich durch die vielen Erfahrungen vergrößert. Natürlich werde ich auch weiterhin nach vielen Möglichkeiten suchen, die Menschen wieder mit Gott und einer göttlichen Lebensweise zu verbinden.«

Obwohl die inneren Strukturen der beiden Gruppen viele Ähnlichkeiten aufweisen, sind Mun und Mo keineswegs eine Art geistiger Zwillingsbrüder. Schon ihre Herkunft ist völlig verschieden. Die Ziele, die sie mit ihrer Gefolgschaft ansteuern, ebenfalls. Mun ist Koreaner, Mo stammt aus den Vereinigten Staaten. Für Mun sind die USA das Bollwerk der »freien Welt«, die sich zum letzten Kampf gegen den satanischen Kommunismus zu rüsten hat. Für Mo sind die USA Inbegriff des »Systems«, dessen widergöttliche kapitalistische Gesellschaftsordnung sich im rapiden Verfall befindet. MUN hat zur Finanzierung seiner *Vereinigungskirche* ein wirtschaftliches Großunternehmen aufgebaut. Mos Bewegung lebt, so weit man das weiß, vor allem von den Spenden, die für die *Mo-Briefe* auf der Straße erbettelt werden, sowie davon, daß neue Mitglieder der *Familie der Liebe* ihr gesamtes Vermögen samt Erbansprüchen überschreiben müssen. MUN will mit Massenveranstaltungen, internationalen Kongressen und Banketts eine breite Öffentlichkeit erreichen. Mo dagegen scheut das Licht der Öffentlichkeit. Er liebt das Fluidum des Geheimen und lebt – wie er sagt: aus Sicherheitsgründen –, nur durch Briefe und Kuriere mit der Außenwelt verbunden, an einem Ort, den keiner kennt. Schließlich muß man die unterschiedliche Größenordnung berücksichtigen. MUN hat, vor allem auf Korea, Japan und die USA konzentriert, ein internationales Imperium von erheblichem Gewicht und Einfluß geschaffen, das seine Zentrale in einem 43stöckigen Wolkenkratzer in Manhattan hat. Mo hat zwar in guten Zeiten (Februar 1976) auch rund 5000 Vollzeitmitglieder in siebzig Ländern gehabt, doch blieb er immer im Getto der religiösen Subkultur stecken.

Göttliche Prinzipien

SAN MYUNG MUN hat seine Lehre in den sogenannten *Göttlichen Prinzipien* zusammengefaßt. Sie wurden ihm, wie er sagt, nach langen, leidvollen Kämpfen geoffenbart. So kann man MUNS Ideologie nicht verstehen, wenn man nicht ein paar Daten seiner Lebensgeschichte kennt.
MUN wurde im Jahr 1920 als Sohn buddhistischer Eltern geboren. Als er zehn Jahre alt war, trat die Familie zum Christentum über. Er sei von Kindheit an »hellsichtig und hellhörig« gewesen, behauptet MUN. In Tokio studierte er Elektrotechnik, brach aber sein Studium vorzeitig ab, um einer Vision zu folgen, die er mit sechzehn Jahren gehabt hatte. »Als er am Ostersonntag bei Sonnenaufgang in ein Gebet vertieft war, hatte er eine großartige Vision.« So schildert eine legendenhaft ausgeschmückte Biographie dieses Ereignis. »Jesus Christus erschien ihm und teilte ihm mit, daß er dazu bestimmt sei, jene Mission zu Ende zu bringen, die Jesus 2000 Jahre zuvor begonnen, aber nicht vollendet hatte.« Die Zeit seines Studiums, wird da des weiteren erzählt, sei gleichzeitig die Periode eines großen inneren Kampfes gegen die bösen Mächte dieser Welt gewesen, in

dem sich alle Teufel und Dämonen gegen den künftigen neuen Messias verschworen. Nach neun Jahren erfolgte der Durchbruch:

»Die Wahrheiten Gottes lagen in seinen Händen. An diesem Punkt wurde er unumschränkter Sieger von Himmel und Erde. Die gesamte geistige Welt beugte sich am Tage seines Sieges vor ihm. Satan ergab sich an jenem Tage völlig, denn San Myung Mun hatte sich zu einem reinen und vollkommenen Sohn Gottes emporgekämpft. San Myung Mun wurde als Sieger des Universums und als Herr der Schöpfung anerkannt.«

Aus nicht ganz geklärten Gründen wurde MUN, der inzwischen seine ersten Anhänger gesammelt hatte, vom kommunistischen Regime in Nordkorea zu fünf Jahren Zwangsarbeit verurteilt, jedoch 1950 von den Streitkräften der Vereinten Nationen befreit. Aus dieser Zeit stammt sein Haß gegen den Kommunismus, den er als »Instrument des Satans« bezeichnet.

Vor diesem sowohl religiösen wie auch politischen Hintergrund ist das Sendungsbewußtsein zu verstehen, mit dem MUN die Weltbühne betrat und 1954 seine Glaubensgemeinschaft gründete: die *Holy Spirit Association for the Unification of World Christianity.*

Gott und Satan, das Gute und das Böse, die in einem unausweichlichen Kampf stehen, und dazwischen der Sieger MUN – das ist der Grundgehalt dessen, was der neue Retter der Menschheit aus dem Heiligen Land Korea zu verkündigen hat. Darum geht es auch in den *Göttlichen Prinzipien.* In einem komplizierten dogmatischen System, das voll ist von biblisch-christlichen Elementen und zugleich durchtränkt von fernöstlichem Gedankengut, wird die ganze Wirklichkeit in große elementare Gegensätze aufgegliedert: Gott und Mensch, Subjekt und Objekt, Männliches und Weibliches, Herz und Körper. Sie drängen zur Ergänzung und sind eingespannt in den die Zeiten durchziehenden Kampf des Bösen gegen das Gute. Es beginnt mit der Geschichte vom Sündenfall: Luzifer verführte Eva, und dadurch wurde die von Gott geplante reine Ehe und Familie vereitelt. Auch Abraham ist es nicht gelungen, in diesem Kampf den Sieg zu erringen. Selbst Jesus versagte. Denn Jesus, der als Zweiter Adam kam, »sollte eine Braut nehmen, die in Evas Position stand. Wenn die Ehe Jesu verwirklicht worden wäre, dann wären Jesus und seine Braut die Wahren Eltern der Menschheit geworden.«[3] Aber die Juden kreuzigten ihn, und so wurde diese Chance verspielt. MUN aber ist es gelungen. Als Vater der neuen Menschheit, als »Herr der Wiederkunft« und Herrscher der künftigen Welt hat er als erster Mensch auf

Erden die, wie es heißt, »vollkommene Ehe« und damit die erste Zelle der »Wahren Familie« verwirklicht. Daß die neue Eva freilich seine um 22 Jahre jüngere, dritte oder vierte (das ist nicht ganz geklärt) Frau ist, bleibt ein Schönheitsfehler an den Anfängen der neuen Menschheit.

Ein »christlich-faschistoider Kampfbund«

Wer sich der *Vereinigungskirche* anschließt, gehört ebenfalls zur »Wahren Familie« und darf in MUN und seiner Frau seine neuen »geistigen Eltern« erkennen, denen gegenüber die leiblichen Eltern bedeutungslos werden. Nicht nur bedeutungslos, sondern lästig und – unter Umständen – feindselige Instrumente des Satans.

»Als meine Eltern vor der Tür standen, um mich abzuholen, da kamen Claus und Gerhard und redeten auf mich ein: Jetzt hätte ich die schwerste Stunde zu bestehen und jetzt käme es darauf an, dem Satan eine Schlacht zu schlagen, ihn abzuweisen. Satan, so wollte man mir deutlich machen, spräche aus meinen Eltern. Wenn ich jetzt versagen würde, dann würden Generationen meiner Familie dem Satan als Beute für immer anheimfallen. Viele Generationen vor und nach mir. Und ich natürlich auch. Gerade durch die engsten Angehörigen spräche Satan am stärksten.«[4]

Aus einem anderen Erfahrungsbericht:

»Meine ersten Kontakte verursachten gleich ziemliche Verwirrung in mir. Man sagte mir zum Beispiel, ich sei eine spirituell offene Person und ziehe allen bösen Geist auf mich. Als sie von meinem Studium hörten und von dem Projekt, an dem ich arbeitete, sagten sie: ›All das ist Unsinn, denn es gehört noch zur Welt Satans. Deshalb wollen wir, daß du hier für uns arbeitest.‹ Ich nahm dann an einem Wochenende von ihnen teil und hörte den Vorträgen zu; ich war jedoch ziemlich müde, weil wir kaum sechs Stunden Schlaf bekamen und auf dem Boden schlafen mußten; zusätzlich bekam ich noch eine Erkältung. Sie sagten zu mir, mein Schnupfen sei eine geistliche Sache, überhaupt bezeichneten sie sehr viele Dinge als ›geistlich‹, ohne irgendeine weitere Erklärung dazu abzugeben ...

Ich war mir zu dieser Zeit dessen nicht bewußt, daß man die geistliche Erfahrung eines anderen Menschen ziemlich leicht mißbrauchen kann, und daß es dann nicht mehr besonders schwer ist, jemanden vollends verrückt zu machen. Ich meinte dann, daß all dies bedeutend genug sei, um all meine Probleme zu lösen. Ich

stellte mir vor, daß die Leute von der Vereinigungskirche mir genau sagen würden, was ich nach dem Willen des Messias in ihrer Organisation zu tun haben würde ... Hugh sagte zu mir: ›Wenn du jemals die Vereinigungskirche verläßt, wäre es besser, du wärest überhaupt nicht geboren, anstatt das göttliche Prinzip zu verlassen. Wenn du es in der Vereinigungskirche nicht schaffst, wirst du es auch draußen nicht schaffen.‹ Doch zu dieser Zeit schaffte ich es auch in der Vereinigungskirche nicht, ich hatte einfach vollkommen durchgedreht.
Insgesamt hatte ich inzwischen einundzwanzig Trainingstage hinter mir. Sie nahmen zu dieser Zeit alle meine Sachen aus meiner Wohnung und verkauften das meiste meines Besitzes. Ich gab die Einwilligung dazu, weil sie zu mir sagten: ›Entweder du verkaufst alles und gibst uns das Geld, oder du gehst, aber dann bist du von Satan beeinflußt und dann wirst du es sowieso nicht mehr ohne uns schaffen.‹ Sie machten mich dann darauf gefaßt, daß meine Eltern und Freunde versuchen würden, mich dazu zu bringen, aus der Vereinigungskirche wieder auszutreten. Doch wenn sie so redeten, seien sie von Satan beeinflußt. Meine einzige Hoffnung könne sein, daß meine Eltern gerettet werden durch meine Arbeit in der Vereinigungskirche.«

In solchen Erfahrungen wird etwas von der Härte sichtbar, mit der sich dem einzelnen Mitglied gegenüber der Gruppenegoismus durchsetzen kann, und von den üblen Praktiken psychischer Verunsicherung und Bedrohung, mit denen man offenbar gelegentlich operiert. Die ideologisch-religiöse Polarisierung zwischen Gott und Satan wird zum psychologischen Druckmittel, um Kritik abzuwehren und Gefügigkeit zu erreichen.

Die *Vereinigungskirche* will den Kern einer neuen Gesellschaft darstellen, deren Prinzipien Liebe, Güte des Herzens und ein Leben für andere sind. Grundmodell ist die Familie. Aber in der Praxis kann gerade dieses Modell keine ernsthafte Rolle spielen. In dem mobilen Missionsunternehmen *Vereinigungskirche* ist alles auf den unabhängigen Jugendlichen abgestimmt, der asketisch auf die Erfüllung aller persönlichen und sexuellen Wünsche verzichtet, weil er »noch nicht reif« ist und von seinem Dienst total beansprucht wird.

Es gibt jedoch noch ein anderes Modell: Die *Munies* bilden eine weltweite Armee, die den Kampf des Guten gegen das Böse auf ihre Fahnen geschrieben hat. Dieses Modell trifft die Wirklichkeit viel genauer. Einen »christlich-faschistoiden Kampfbund« nennt ein Kenner die *Vereinigungskirche*.[5] Die Entscheidung zwischen der neuen, idealen Welt und dem Bösen, das sich im Kommunismus verkörpert, wird in Korea fallen. Korea ist das

Heilige Land, von dem die neue Geschichte und die neue Kultur ausgehen wird. Dazu zwei autorisierte Aussagen der *Vereinigungskirche*:

- Morgens sprechen die *Munies* in einer Art Gottesdienst ein Gelöbnis. Es heißt darin zum Schluß: »Ich bin stolz auf die eine Herrschaft, stolz auf das eine Volk, stolz auf die eine Sprache und Kultur, die Gott als Mittelpunkt haben. Ich bin stolz, das Kind des einen Wahren Elternpaares zu werden; stolz auf die Familie, die die eine Tradition ererben wird; stolz darauf, als Arbeiter mitzuwirken bei der Errichtung der einen Welt des Herzens. Ich werde unter Einsatz meines Lebens kämpfen. Ich werde verantwortlich sein, meine Pflicht und meine Mission zu erfüllen. Das gelobe ich und schwöre ich.«
- In der Auseinandersetzung mit der *Vereinigungskirche* spielt der Vorwurf eine Rolle, Mun erwarte den Dritten Weltkrieg oder arbeite gar darauf zu. In einer im September 1978 veröffentlichten Stellungnahme der *Vereinigungskirche* heißt es dazu: »Die Vereinigungskirche sieht die geschichtliche Notwendigkeit, den atheistischen Kommunismus auf weltweiter Ebene ideologisch zu überwinden. Wenn die christliche, Gott bejahende Gesellschaft sich unfähig zeigt, die geistige Auseinandersetzung zu führen und die christlichen Werte durchzusetzen, besteht die große Gefahr, daß anstelle einer geistigen eine physische, militärische Auseinandersetzung stattfindet. Diese hoffentlich rein geistige Auseinandersetzung bezeichnen wir als den Dritten Weltkrieg. Das Bestreben Rev. Muns und aller Mitglieder der Vereinigungskirche ist darauf ausgerichtet, zur geistigen Lösung beizutragen, um den wahrscheinlich sonst drohenden Krieg zu verhindern.«[6]

Die Perspektive ist eindeutig, die Verbindung von religiöser Überzeugung und politischer Ideologie vollkommen. Am 7. Juni 1975 hielt Reverend Mun vor 1,2 Millionen Koreanern in Seoul eine »Internationale Kundgebung für die Freiheit Koreas« ab, die ein dramatischer Aufruf zum Kreuzzug gegen den Kommunismus war. Die *Vereinigungskirche* ist dabei »Vorkämpfer und Bannerträger«. Sie steht in der »Endschlacht zwischen Gott und Satan« in vorderster Front, ihre Mitglieder in aller Welt werden für Korea, das sie als »ihre religiöse Heimat« betrachten, ihr Leben einsetzen.

Die *Munies* werden vom ersten Kontakt mit der *Vereinigungskirche* an Schritt für Schritt in diese religiös-ideologischen Antagonismen hineingeführt. Ein wichtiges Instrument sind dabei die Schulungskurse, die am Wochenende oder eine ganze Woche lang in den Trainingszentren durchgeführt werden. In Deutschland sind es die *Neumühle* bei Camberg im Taunus und die *Regelsmühle* in der Nähe von Nürnberg. Ziel der Kurse ist die Aneignung der *Göttlichen Prinzipien* sowie die Einübung in das Gemeinschaftsleben und die Zielsetzung der Gruppe. Dazu ein Ausschnitt aus einem Erlebnisbericht:

»Darauf folgte das erste Wochenseminar in Camberg. Das hieß: Frühsport, Frühstück, Vorträge über die Prinzipien, Mittagessen, kurze Pause, in der man sich am Küchendienst oder an ähnlichen Diensten zu beteiligen hatte und wieder Vorträge bis zum Abendessen. Abends gab es dann organisierte Freizeit, mit Liedersingen. Am Wochenende wird meistens ein Film über die Little Angels gezeigt, ein Ballett aus neun- bis zwölfjährigen Mädchen, das von Reverend Mun, dem sogenannten Messias, ins Leben gerufen und der koreanischen Regierung zum Geschenk gemacht wurde ... Ansonsten wurden Leute gelehrt, Lieder gesungen und Prinzipien studiert; vor 24 Uhr kamen wir nicht ins Bett und um sechs hieß es dann wieder aufstehen. In einem sogenannten Gebetszimmer war ein Bild des Ehepaares Mun aufgestellt. Man durfte dieses Zimmer nur ohne Schuhe betreten und mußte sich vor dem Gebet tief verneigen. Gebetet wurde dann in einer Demutshaltung, d.h. auf den Knien, ähnlich wie bei den Moslems. Und immer wieder war die Rede von Wiedergutmachung und Bezahlung, die sich in Fasten bis zu sieben Tagen oder im Verzicht auf ein bestimmtes Nahrungsmittel (z.B. Zucker) über einen längeren Zeitraum äußert.«[7]

Zu den gesundheitlichen, seelischen und sozialen Konflikten, die unter so extremen Lebensbedingungen bei Jugendlichen gar nicht ausbleiben können, schreibt die *Vereinigungskirche* rechtfertigend:

»Das Leben in der Vereinigungskirche stellt bestimmte ethische und moralische Anforderungen. Mitglieder verzichten auf Nikotin- und Alkoholgenuß und enthalten sich des vorehelichen Geschlechtsverkehrs. Das Zusammenleben in einer religiösen Gemeinschaft unter diesen Voraussetzungen erfordert eine große gegenseitige Achtung und Rücksichtnahme. Für Menschen, die nicht unter solchen Bedingungen aufgewachsen sind oder gelebt haben, stellt die Mitarbeit in einem Missionszentrum eine enorme Umstellung dar. So hat es hier auch einige wenige Fälle gegeben, bei denen Probleme verschiedenster Natur auftraten. Erschwerend wirkte sich bei den meisten dieser Personen aus, daß ihre Angehörigen starke Kritik an dem neuen Lebensweg zeigten und sogar Druck ausübten.«[8]

So geschult, werden die *Munies* in einem der Organisationszweige oder Projekte der Bewegung eingesetzt. Es gibt deren eine kaum noch überschaubare Zahl.

– Als eine Art Dachorganisation fungiert die *Unification Church International (U.C.I.)*. Die *Vereinigungskirche e.V.* mit Sitz in Frankfurt bildet die deutsche Zentralorganisation. Leiter ist seit Ende 1977 Rainer Vincenz.
– *International One World Crusade (I.O.W.C.)* nennt sich die mobile Missionstruppe der *Vereinigungskirche*. Missionsarbeit geschieht auf der Straße, in erster Linie auf den belebten Passagen und Zentren der Großstädte und vor Universitäten. Durch sie werden potentielle neue Mitglieder kontaktiert. Darüber hinaus organisiert die *I.O.W.C.* Missionsfeldzüge großen Stils in der ganzen Welt.
– Die *Föderation für Weltfrieden und Vereinigung e.V.* ist der deutsche Zweig der *International Federation for Victory over Communism (I.F.V.C.)*, einer politischen Vereinigung.
– Die *Collegiate Association for the Research of Principles (C.A.R.P.)* wurde bereits 1962 in Japan als Studentenorganisation gegründet. In der Bundesrepublik ist vor allem dieser Zweig Träger der ideologisch-politischen Aktivitäten.
– Die *International Cultural Foundation (I.C.F.)* ist ein »internationales kulturelles Austauschprogramm«, zu dem beispielsweise das Volksballett *The Little Angels* gehört, das aber auch internationale wissenschaftliche Symposien unter der Schirmherrschaft Muns veranstaltet.

Diese Aufzählung ist bei weitem nicht vollzählig. Sie nennt nur die wichtigsten Organisationen. Immer wieder kommen neue Projekte und Aktionen hinzu. So wurde Ende 1977 der frühere deutsche Leiter, Paul Werner, nach Amerika beordert. Nach Aussage eines ehemaligen Mitglieds bekam er den Auftrag, eine Schiffswerft aufzubauen und zu leiten. »Um diesen Schiffsbau zu betreiben, werden ab Januar '78 jedes Jahr zehn Prozent der deutschen Mitglieder nach Amerika gehen.« Seit Juni 1977 erscheint *Der Report*, der sich als »unabhängige Wochenzeitung« bezeichnet. Die Redaktion behauptet zwar, die Zeitung habe nichts mit der *Vereinigungskirche* zu tun, doch sind die personellen und praktischen Verbindungen offenkundig. So geschieht beispielsweise der Vertrieb des im übrigen gut aufgemachten Blatts weithin über die örtlichen Zentren und durch *Munies*.

Die Mitglieder von Mos *Familie der Liebe* leben in einer anderen Welt. Nicht ein militant antikommunistischer Kampfbund, sondern eine kapitalismuskritische Endzeit-Familie, deren Prophet sich zu einem »freiwilligen christlichen Kommunismus« bekennt. Nicht der Drang zur öffentlichen Macht und Anerkennung, sondern das isolierte Inseldasein ausgeflippter Kommunarden. Nicht das Operieren mit Sexualangst und entsprechenden Schuldgefühlen, sondern propagierter Sex bis zum *Flirty Fishing*, der Prostitution als Missionsmethode.
Ein deutscher Pastor hat das Persönlichkeitsbild bei Mitgliedern der *Familie* (früher: *Kinder Gottes*) untersucht. Er machte seine Beobachtungen hauptsächlich in Bremen, Athen, Istanbul und Teheran. Hier sein Bericht, leicht gekürzt:
»Trifft man die Mitglieder der Kinder Gottes auf den Straßen oder besucht sie in den Kolonien, fällt einem die Freundlichkeit und Herzlichkeit auf, mit der sie auf den Besucher zugehen. Ich hatte beim Besuch der verschiedenen Kolonien immer den Eindruck, in ein ›Land des Lächelns‹ zu treten. Die Atmosphäre in den einzelnen Kolonien ist zum Verwechseln ähnlich, wenngleich auch die Unterkünfte je nach der finanziellen Lage der Gruppe erheblich verschieden sind.
Im Gespräch mit den Mitgliedern tritt ihre eigene Persönlichkeit in den Hintergrund zugunsten ihrer Gruppe, von der sie berichten. Man gewinnt dabei den Eindruck, als ob sie selbst nur Marionetten seien, in die erst Leben kommt, wenn sie von woanders her bewegt werden. Wünsche oder Äußerungen, die nichts mit der Gruppe zu tun haben, waren nie zu hören. Es schien so, als ob sämtliche Lebensprobleme für sie gelöst seien. Nur, wenn sie auf ihr Leben vor dem Eintritt in die Gruppe befragt wurden, ließen sie sich als individuelle Persönlichkeiten erkennen. Im allgemeinen wird gerne über das sogenannte alte Leben berichtet, und diese Erzählungen enden dann stets mit dem ›Bekehrungserlebnis‹, das zum Eintritt in die Gruppe führte. In den Schilderungen jener Zeit traten besonders häufig zwei Typen von Lebensläufen auf.
Der erste Typ ist gekennzeichnet durch Schwierigkeiten der jungen Menschen, sich in der Gesellschaft zurechtzufinden. Das fängt an in den Familienverhältnissen, die häufig als zerrüttet dargestellt wurden. Die angefangene Berufsausbildung wurde abgebrochen; Erfolgserlebnisse am Arbeitsplatz blieben aus, und immer wieder wurde die Einsamkeit, das Fehlen von Freunden als starke Belastung betont. Die offensichtlich gestörte Kommunikationsfähigkeit ist meines Erachtens die Hauptbelastung, die das Versagen im

beruflichen Bereich nach sich zog. Ein gestörtes Selbstwertgefühl und mangelnde Identität mit sich selbst machten diese Jugendlichen bereit, den Kindern Gottes beizutreten, da ihnen hier erst einmal Gemeinschaft und Anerkennung zuteil wurden.
Die zweite sehr typische Biographie beschreibt jene jungen Menschen, die objektiv den Anforderungen der westlichen Gesellschaft gewachsen waren, das heißt sie hatten eine abgeschlossene Berufsausbildung hinter sich und waren häufig bereits in einem Arbeitsprozeß integriert. In den Erzählungen ihrer damaligen Existenzform berichten sie dann von einer inneren Leere. Ihnen sei nicht klar gewesen, welchen Sinn ihre berufliche Existenz habe und wie sie überhaupt ihr Leben sinnvoll gestalten könnten. Sie hätten in sich eine Sehnsucht verspürt, den letzten Sinnfragen des Lebens auf die Spur zu kommen, und für sich selbst suchten sie ein Betätigungsfeld außerhalb ihres beruflichen Bereiches. In den auf englisch geführten Gesprächen beschrieben sie den Inhalt ihrer Sehnsucht oft mit dem Begriff ›commitment‹, was soviel wie eine völlige Hingabe an eine Sache oder eine Person meint. Dieses innere Unausgefülltsein veranlaßte sie, ihre gewohnte Umgebung zu verlassen in der Hoffnung, das, was sie suchten, woanders zu finden. Aus dieser Gruppe rekrutierten sich viele der sogenannten World Traveller, deren bevorzugte Route der Weg nach Indien ist. Der neue Erfahrungsbereich östlicher Religionen, der Reiz, eine Bewußtseinserweiterung durch Drogen zu erfahren, macht diese Reiseroute besonders attraktiv. Erfahrene Enttäuschungen auf der Reise, dazu das Angebot eines ›commitment‹ bei den Kindern Gottes machte die Sekte bei diesen Menschen interessant.
Die Struktur der Kinder Gottes kommt dem Empfinden und Vorstellungen der Menschen, die eine dieser beiden beschriebenen Lebenserfahrungen gemacht haben, entgegen; insofern, als innerhalb der Gruppe den Mitgliedern die Aufgabe abgenommen wird, ihr Leben eigenverantwortlich zu gestalten. Gleichzeitig wird dabei dem Leben durch eine strenge Ideologie eine Verbindlichkeit gegeben. Durch eine Reduktion von Wirklichkeit erscheint der Lebensvollzug ganz einfach zu werden. Spannungen und Ängste, die bestimmend waren für die jungen Leute vor ihrem Zusammentreffen mit der Gruppe, fallen in dem Moment des Eintritts weg, denn es gibt bei den Kindern Gottes die Vorstellung von heiler Welt, die das Böse der Außenwelt unterstellt und für sich allein das Gute reklamiert.
Durch dieses Denken verwischt sich das persönliche Profil der einzelnen Mitglieder. Keiner hebt sich besonders ab von anderen Gruppenmitgliedern. Es entsteht der Eindruck, einer uniformierten Menge gegenüberzustehen. Ihre individuelle Geschichte ist mit

dem Eintritt in die Gemeinschaft beendet. Deshalb enden auch hier alle Gespräche über die Lebensgeschichte der Mitglieder. Sogar die Zeit hört auf, ein relevanter Faktor zu sein. Es spielt keine Rolle, ob man zwei Jahre oder vielleicht erst zwei Wochen dabei ist; denn das Leben ist an sein Ende gekommen. Für mich als außenstehenden Betrachter drängt sich das Gefühl auf, in ein Schattenreich geblickt zu haben.«[9]

»Jesus Revolution« für Vater Mo

Die *Kolonien* bzw. *Heime*, in denen jeweils etwa ein Dutzend Mo-Anhänger leben, sind der Idee nach gar nichts Neues. Sie haben ihre geschichtlichen Vorbilder in den amerikanischen religiösen Kommunebildungen des 19. Jahrhunderts, die DAVID BERG zum Teil kannte. Er selbst, im Jahr 1919 in Kalifornien geboren, stammt aus einer Familie von Erweckungspredigern mit bewegter religiöser Vergangenheit.
Ende der sechziger Jahre fand er in den kalifornischen *Hippies* die vom Herrn Erwählten, aus denen sich jetzt, wo das Ende der Welt unmittelbar bevorsteht, die wahre Jesusgemeinde bilden würde. Sie waren aus dem korrupten »System« ausgestiegen; sie waren die von der Gesellschaft Verachteten, die »Armen«, denen die endzeitlichen Verheißungen des Evangeliums galten und die DAVID BERG nun um sich sammelte. Die kalifornische *Jesusbewegung*, damals bereits mitten im Aufbruch, war eine fruchtbare Mischung aus *Hippie*-Kultur und amerikanisch-evangelistischem »revivalism«, deren Wellen bis in die Bundesrepublik herüberschwappten. Es machte einen tiefen Eindruck, als FAITH DIETRICH, BERGS Tochter, im Herbst 1971 beim ersten großen *Jesus-Festival* in Herne in Westfalen auftrat, eine »lebende Fackel, bereit, für Jesus zu brennen und zu sterben«. Kein Wunder, daß die Bewegung in ihren Anfängen breite kirchliche Unterstützung fand und beispielsweise jahrelang beim Essener *CVJM* ihr deutsches Zentrum hatte. Damals lag die eigentliche Pionierzeit bereits hinter der Gruppe: ein »langer Marsch« über Tausende von Kilometern kreuz und quer durch die Vereinigten Staaten in einer großen, herumziehenden Lebensgemeinschaft, durch die jeder in seiner Abwendung von der Gesellschaft bestätigt wurde und sich in einer Art permanenter Jesus-Revolution einüben konnte. Das Bewußtsein, alle Brücken zur Gesellschaft abgebrochen und in der bindungslosen Existenz des *drop-out* das wahre Leben gefun-

den zu haben, gehört seither zu den stärksten Motiven der Mo-Gemeinschaft. Am Ende dieser Wanderzeit stand der Gedanke der *Kolonien*, die in alle Welt hinausziehen und Jugendliche für die Endzeit zusammenbringen sollten. Seit 1970 begann dann DAVID BERG, sich äußerlich von der Bewegung zurückzuziehen, der inzwischen der Name *Kinder Gottes* zugewachsen war.

Zwei Kerngedanken machten damals die Lehre BERGS aus und bestimmten das Leben seiner Jünger: »Kind sein« und »Jesus Revolution«. »Du mußt ein Baby sein, du mußt ein Baby sein, du mußt ein Baby sein, um in den Himmel zu kommen.« So singen die Leute von der *Family of Love* bis heute gerne. Den Kindern gehört nach Jesu Worten das Himmelreich. Wer Kind ist, kann liebhaben und sich beschenken lassen, er ist nicht vom »System« verdorben. Kinder leben in der sorglosen Abhängigkeit wie die Vögel unter dem Himmel und die Blumen auf dem Felde. Und sind glücklich in dieser Abhängigkeit. Gott und *Vater Mo* sind ja für sie da. Der Vater läßt sie nicht im Stich, er sorgt für sie und leitet sie. Revolution der Kinder. Nicht die verhaßten »Systemiten« – und alle Kirchen, diese »Gräber voller toter Menschenknochen«, gehören mit zum »System«, wie Politik, kapitalistische Wirtschaft, Bildung, Kultur; nicht die »Systemiten« also, sondern die Aussteiger bilden die Endzeitgemeinschaft. »Jesus war der drop-out aller drop-outs. Er mußte aus dem Himmel aussteigen, um aus Maria auszusteigen, um aus dem System auszusteigen, um aus diesem Leben auszusteigen, um uns alle aus der Hölle aussteigen zu lassen!« Revolution ist nicht die Veränderung der gesellschaftlichen Verhältnisse. Die Gesellschaft kann nur gehaßt und ihrem Verderben überlassen werden. Revolution ist »Aussteigen«, ist die reine Antiwelt. Die »Jesus Revolution« der Kinder Mos war nichts als Eskapismus und ist es bis heute geblieben.

Mose BERG, Prophet und Vater der *Familie der Liebe,* hat unbeschränkte Autorität. Zwar wird daran festgehalten, daß die Bibel bis in jeden Buchstaben hinein wörtlich zu verstehen und ernst zu nehmen sei. Bibellesen und Auswendiglernen von Bibelsprüchen ist eine der Hauptbeschäftigungen in den Kolonien. Aber die Anweisungen und Prophezeiungen BERGS, in den sogenannten *Mo-Briefen* verbreitet, haben die Aussagen der Bibel faktisch längst in den Hintergrund gedrängt. Und in der Organisation seiner Gruppe hat Mo dafür gesorgt, daß sich seine Autorität ungebrochen durchsetzt. In den letzten Jahren hatte er eine streng gegliederte Hierarchie aufgebaut. Offenbar wurden ihm aber diese mittleren Führer, die »Bischöfe«, »Erzbischöfe« und »Minister«, zu mächtig. Deshalb schaffte er im Februar 1978 die ganze Hierarchie kurzerhand ab. Es gibt nur noch die zentrale Führungsspitze, das *KQC* (*King, Queen and Council*): Mo selbst, seine Freundin MARIA und eine kleine Gruppe von Vertrauten. »Mit anderen Worten: Der König nimmt die Zügel der Regierung wieder an sich, und wir kehren zu einer unmittelbaren Diktatur zurück ... Wir meinen, die Kolonien können ihre eigenen Angelegenheiten besser regeln unter unserer direkten und persönlichen Oberaufsicht, von der Spitze her! Ich denke, die Briefe werden die Führer sein, und sie werden besser befolgt werden, wenn sich nicht irgendwelche höheren Leiter einmischen.«[10] Das ist eindeutig. Im übrigen stehen die Mitglieder unter strenger Kontrolle durch den Kolonieleiter, der über jeden einzelnen wöchentlich an die Zentrale Bericht erstattet.

Die *Mo-Briefe* waren ursprünglich lediglich interne Rundschreiben. Heute sind sie nach innen das entscheidende Führungsinstrument und nach außen, pfiffig aufgemacht und mit Comic-Zeichnungen versehen, zum wichtigsten Werbemittel geworden. Die Bilder sind bewußt »sexy«, um Interesse zu wecken, die Sprache eine seltsame Mischung zwischen amerikanischer Erweckungspredigt und derbem Jugendjargon. Die Briefe werden nach einem bestimmten Schlüssel an die Mitglieder und nach außen weitergegeben:

GP = *General Publication: Mo-Briefe,* die zum Verkaufen und Verteilen auf der Straße bestimmt sind.
DFO = *Disciples and Friends only:* nur für Mitglieder und ausgesucht »vertrauenswürdige« Freunde.
DO = *Disciples only:* nur für Mitglieder, die länger als drei Monate bei den »Kindern Gottes« sind.
LTA = *Leaders, Trainees, read to all:* nur für Leiter und Leiterschaftsanwärter; ausgewählte Teile der Briefe sollen allen Mitgliedern vorgelesen werden.
LTO = *Leaders and Trainees only:* nur für Leiter und Leiterschaftsanwärter
LO = *Leaders only:* nur für Leiter

Mos Gedankenwelt hat heute vor allem drei Schwerpunkte:
Erstens ein fanatischer Anti-Amerikanismus. Er führte unter anderem zu einer zeitweiligen Verbindung der *Kinder Gottes* mit dem libyschen Staatschef GHADAFI sowie zu einer ebenso extremen anti-israelischen wie pro-arabischen Haltung. Die ideologisch-politischen Orakel Mos, eingewickelt in apokalyptische Spekulationen, sind freilich längst nicht so ernst gemeint wie die politischen Zielsetzungen MUNS. Amerika ist für Mo

Symbol des verhaßten »Systems«, nicht aber Objekt konkreter Pläne.
Zweitens die Forderung, Mo absolut zu gehorchen. Ist er doch der Prophet, dem alle seine Visionen und Offenbarungen – und es sind merkwürdige darunter! – unmittelbar von Gott eingegeben sind. Mo kann seine Forderung sehr massiv vorbringen und reagiert gereizt, wo seine Autorität angezweifelt wird. Als im Sommer 1977 ein gefälschter *Mo-Brief* die Runde machte, in dem der Prophet angeblich ein umfassendes Sündenbekenntnis ablegte und die *Kinder Gottes* auflöste, veröffentlichte er ein wütendes Dementi: »Nur die törichtsten Tölpel könnten möglicherweise dieses lächerliche, kleine, verleumderische Flugblatt geglaubt haben – oder unsere Feinde, die es gern glauben würden! – Und ich kann nur annehmen, daß sein teuflischer, krimineller, hirnverbrannter Autor zur Hölle gehen wird, wo er hingehört ... Uns folgen radikale, fanatische, vollkommen hingegebene, ausverkaufte und inspirierte junge Gläubige, die mir und ihrem Gott mit ihrer unüberwindbaren Botschaft von Gottes Liebe, die niemand je wird aufhalten können, bis ans Ende der Erde folgen! ... Ich werde euch niemals ›Lebt wohl‹ sagen, nicht einmal auf meinem Sterbebett. Ich habe vor, für immer zusammen mit meinen Millionen von Nachfolgern hinter euch her zu sein. Halleluja! Danket Gott! Amen.«
Drittens eine in Wort und Bild unmißverständliche Aufforderung zu sexueller Freizügigkeit. »Hügelige Maid«, »Revolutionäres Lieben«, »Sex klappt« – die Liste der *Mo-Briefe* mit ähnlichen Titeln ist lang. Bilder und Sprache sind bis zur Pornographie erotisiert. Ein Beispiel über die Jesusliebe: »Eine Berührung, und du schmilzt! – Ein Kuß, und du bist weg! – Eine Umarmung, und du liegst! – Ein Stoß, und du bist fertig! – Du hast diesen liebenden Mann hereingelassen, und er gibt es dir wirklich, und alles, was du tun möchtest, ist, weiter, weiter, weiter, bis du explodierst! Was spielt sonst eine Rolle? Er bringt dir Liebe, er macht dein Leben aus und gibt dir Glück und alles, was du jemals gewollt hast und mehr! Du brauchst noch nicht einmal seinen Namen zu kennen! – Aber es ist Jesus ... Flipp aus und habe Spaß mit ihm! Er ist deine Elektrizität! Er ist es, der dich antörnt! Er ist es, der dir solch eine Ladung gibt.«
In diesen Zusammenhang gehört auch das *Flirty Fishing.* Unter der Parole, nur der sei ein wirklicher Jünger Jesu, der ihm alles opfere, auch seinen Körper, werden die Mitglieder zur Prostitution aufgefordert. In erster Linie geht es darum, auf diese Weise neue Mitglieder zu werben und an die Gruppe zu binden. Aber die Prostitution scheint auch zum Gelderwerb praktiziert zu

Abb. 6:
»Gottes Lamm – das Gesetz der Liebe«
Aus Mo-Brief DO 302 C vom 21. 3. 1974 *(Entnommen aus* Friedrich Haack, *Die neuen Jugendreligionen, Teil II, München 1978, S. 120)*

werden. Dies und eine sehr rigorose Sexualmoral innerhalb der Gruppe – nur Verheiratete dürfen zusammen schlafen und sie sollen möglichst viele Babys kriegen (Verhütungsmittel sind verboten) – zeigt, daß es Mo keineswegs um echte sexuelle Freiheit geht, sondern daß der angebliche Libertinismus in der Verachtung der Sexualität und des menschlichen Körpers seinen Grund hat und lediglich eine Spielart von Askese ist.

Leben in der Familie der Liebe

Aus Erfahrungsberichten:

- »Am 27. Dezember wurde ich von einem Mädchen der ›Kinder Gottes‹ angesprochen. Ich war fasziniert von ihrer liebevollen Ausstrahlung. Sie bot mir an, mit mir zu beten. Nach kurzem Zögern willigte ich ein, wir reichten uns die Hände, schlossen die Augen und ich sprach ihr nach: ›Bitte Jesus, komm in mein Herz, vergib mir meine Sünden und gib mir deinen Heiligen Geist.‹ Ich öffnete die Augen und fühlte mich irgendwie glücklich. Das Mädchen, sie war hochschwanger, gab mir einen Kuß auf die Wange und sagte: ›Du bist ein Kind Gottes, wir lieben dich, besuch uns doch mal.‹ Am folgenden Sonntag ging ich in die Kolonie. Das Mädchen lebte dort mit ihrem Mann zusammen in einer Kellerwohnung. Sie erzählten mir, daß sie nicht arbeiteten. Gott würde für ihre Bedürfnisse sorgen und Menschen zu ihnen führen, die ihnen Lebensmittel und Klei-

dung schenkten. Wir lasen in der Bibel, besonders die Stellen, wo über die Bedingungen der Nachfolge Jesu gesprochen wird: ›Wer Vater oder Mutter mehr liebt denn mich, der ist meiner nicht wert‹, oder: ›Wer nicht verläßt Vater und Mutter um meiner willen, kann nicht mein Jünger sein‹, oder: ›Ihr könnt nicht Gott dienen und dem Mammon‹. Man erzählte mir weiter, daß die ›Kinder Gottes‹ eine Revolution für Jesus machten, eine Revolution der Liebe, und daß man da nicht viel brauche, ein wenig Geld und ein paar Kleidungsstücke. Wir kamen überein, daß unsere Gesellschaft krank und kaputt sei, es sich nicht lohne, für Geld zu leben, und daß die Wissenschaft einen Anspruch erhebt, der nur Gott allein gebührt. Ich glaubte, endlich eine Gruppe gefunden zu haben, die die Probleme dieser Zeit erkannt hat und weiß, was der eigentliche Sinn des Lebens ist und danach lebt und versucht, den Menschen durch das Wort Gottes zu helfen.
Am 2. Januar kündigte ich meine Arbeitsstelle und begann meine Sparbücher aufzulösen und das Geld den ›Kindern Gottes‹ zu überweisen. Mir wurde immer wieder gesagt, Gott könne nur solche Leute gebrauchen, die allem absagten und im Glauben auf Gott vertrauten. Ich mußte jeden Tag zwei Bibelverse auswendig lernen, in der Bibel lesen und vor allen Dingen mußte ich mindestens zwei Mo-Briefe lesen. Außerdem mußte ich bis zu acht Stunden auf die Straße gehen und diese Mo-Briefe verteilen und dafür Geld verlangen. Der Tag war total ausgefüllt, ich war nie mehr richtig allein, ich hatte keine Zeit mehr, nachzudenken über das, was ich machte und ob es wirklich Arbeit für Jesus war. Ich kam mir irgendwie schlecht vor, Leute auf der Straße um Geld anzubetteln für eine Jugendarbeit, die nicht stattfand, denn das Geld wurde abends vom Kolonieleiter eingesammelt und dann weggebracht. Es waren noch andere Dinge, die Zweifel in mir aufkommen ließen. Ich versuchte, darüber zu reden, aber mir wurde gesagt, Zweifel seien mangelnder Glaube und Versuchungen des Teufels. Ich sollte darüber beten, Gott würde mir helfen. Ich hatte Angst, die Liebe Gottes zu verlieren. Ich wollte zweimal die ›Kinder Gottes‹ verlassen, aber der Kolonieleiter schaffte es beide Male durch ein langes Gespräch, mich davon abzuhalten. Bei diesen Gelegenheiten merkte ich ganz deutlich, daß ich in mein bisheriges Leben nicht mehr zurückkehren konnte. Ich hatte es aufgegeben, weil ich es in dieser Form nicht mehr ertragen konnte, und war immer mehr bereit, die Ideologien der ›Kinder Gottes‹ zu übernehmen, mich anzupassen und willenlos zu werden.«[11]

● »Nach drei Tagen wurde uns ein Zettel vorgelegt, der in 5facher Ausführung, jeweils mit Paßbild, auszufüllen und zu unterschreiben war. Folgende Angaben waren zu machen: Name, Alter, Beruf, künstlerische Talente, Impfungen, Krankheiten, sämtliches Eigentum, Adresse der Eltern. Die Unterschrift sollte die Übergabe des Eigentums bestätigen, daß man keine Schulden hat und nicht auf Fahndungslisten steht. Außerdem muß der Name desjenigen, der das neue Mitglied geworben hat, aufgeführt werden.«[12]

● »Wir mußten um 7.00 Uhr mit einem kurzen Gebet aufstehen: ›Thank you Jesus, thank you Lord.‹ Einige von uns hatten Frühstück zu machen, während die anderen etwa 30 Minuten lang die Räume säuberten. Von 8.00 bis 8.30 Uhr hatten wir Frühstück, nach dem wir meistens Mo-Briefe lasen. Aber generell sollten wir um 9.30 Uhr auf der Straße sein, um Geld zu betteln bis 13.30 Uhr. Das sind vier Stunden. In fast allen europäischen Städten gibt es Mensen. Um zu essen, mußten wir dorthin gehen. Um 14.00 Uhr gingen wir gewöhnlich zurück ins Haus, um Mo-Briefe und die Bibel zu lesen. Wenn neue Mitglieder da waren, die Babies genannt werden, sollten sie Unterricht über die Doktrin der ›Kinder Gottes‹ haben. Um 16.00 Uhr, wenn die Straßen wieder voller Menschen sind, mußten wir wieder für vier Stunden raus. Es kommt darauf an, ob du deine Quote erfüllt hast. Gewöhnlich sollten alle wieder um 20.00 Uhr zu Hause sein. Das Wichtigste nun ist, einen Tagesreport zu schreiben. Man muß aufschreiben:

1. Wie viele Mo-Briefe hast du rausgegeben?
2. Wieviel Geld hast du gemacht?
3. Wieviel Geld hast du ausgegeben?
4. Wofür?

Du mußt alles Geld, was du gemacht hast, dem Kolonie-Hirten übergeben. Das kann vor oder nach dem Essen geschehen, aber auf jeden Fall, bevor du ins Bett gehst. Während des Essens muß jeder seine Tageserlebnisse den anderen mitteilen. Danach müssen die Babies Mo-Briefe lesen oder ins Bett gehen, während die Führer ihre Berichte an die Distrikt-Hirten gaben, meistens durch ein Telefongespräch, und sie füllen die notwendigen Berichtblätter aus.«[13]

Zum Schluß einige Sätze aus einer Selbstdarstellung, die die Bremer Kolonie der *Kinder Gottes* zur Jahreswende 1977/78 vorgelegt hat:

»Die Kinder Gottes sind heiß. Sie brennen und leuchten für Jesus. Die Kirchen sind lau. Der Materialismus ist kalt. Die Kinder Gottes sind so glücklich, selbst wenn sie Haß und Verfolgungen erleiden müssen, weil sie überaus reichlich beschenkt sind durch Jesu Liebe mit der herrlichsten Freiheit, die es gibt; sie wissen, sie sind nicht besser als andere. Nur das wunderbare Liebesangebot Jesu hat sie verwandelt. Gott selbst machte sie neu, nachdem sie durch seinen Geist zu restloser Hingabe aufgefordert wurden.«[14]

Die Aussagen sind eindeutig, die Schizophrenie perfekt. Die Vokabeln in der Selbstaussage stimmen, aber Jesus und sein Evangelium sind pervertiert zur ideologischen Absicherung einer religiösen Aussteigergruppe. Sie lebt von den ungelösten Schwierigkeiten, die junge Menschen mit ihrer Umwelt haben und die sie ansprechbar machen für die angeblich totale Alternative. In welchem Maße die *Familie der Liebe* degeneriert ist, wird offenkundig, wenn man sich noch einmal an die Anfänge der kalifornischen Jesusbewegung erinnert. Damals war es das in der *Hippie*-Szene durch die *Drogenkultur* initiierte, aufgestörte und aufgesprengte Bewußtsein gewesen, das die Einbruchstelle für die religiöse Erfahrung der *Jesus People* bildete. Die von dieser neuen Erfahrung Überwältigten versuchten, einen ihr entsprechenden neuen Gemeinschafts- und Lebensstil in emotionaler Wärme und sensibler Offenheit füreinander zu praktizieren. Beides ist verkommen zur äußerlichen Schablone, aus der die innere Wirklichkeit verschwunden ist: Die religiöse Erfahrung ist zum pseudoreligiösen Überbau, der neue Lebensstil zum funktionierenden Machtinstrument in der Hand eines autoritären »Propheten« pervertiert. Der einzige Lichtblick: Es gibt nicht mehr als 150 bis höchstens 200 Mo-Jünger in der Bundesrepublik.

Die Welt der Gurus
›Divine Light Mission‹ und ›Hare Krishna‹

Der Aufbruch der westlichen Jugend zu neuen religiösen Erfahrungen war weithin eine Entdeckung der großen Religionen des Ostens: des *Hinduismus* und des *Buddhismus*. Die Begegnung mit diesen Religionen gehörte von Anfang an zu jener großen Protestbewegung, die sich in den sechziger Jahren gegen die produktions- und leistungsorientierte, auf Bemächtigung der äußeren Welt gerichtete westliche Gesellschaft formierte. Die Religionen Asiens boten der gegen ihre Umwelt revoltierenden Jugend den Schlüssel zu einer neuen, ganz anderen Welt, die sie mit Bestürzung und Staunen entdeckte: zur Welt ihres eigenen Inneren. Der *Guru*, Vermittler uralter mystischer Erfahrung, wurde für sie zum Führer und Deuter in dieser neuen Welt. Deren meditative Erforschung eröffnete eine Selbstfindung, wie sie draußen auf den genormten Bahnen des Profits und Konsums nicht mehr möglich schien. Und so traf man die jungen Asienpilger auf der religiösen Reise, die über die Türkei und Persien nach Kabul führte und von dort weiter in die Himalajatäler Nepals und an die Palmenstrände Goas.
Heute gibt es die Entdeckungsreise in die religiöse Welt Asiens und damit in die Welt des eigenen Inneren so nicht mehr. Die Pionierzeit ist vorbei. Ein religiöser Tourismus hat sich etabliert, und der unersättliche Markt hat sich auch der religiösen Bedürfnisse wie aller Bedürfnisse des westlichen Menschen angenommen, um daraus sein Kapital zu schlagen. Seit die Reise zum Guru schick geworden ist und Filmschauspielerinnen mit ihren »Erlebnissen« in indischen *Ashrams* – spirituellen Wohngemeinschaften – die Blätter der Illustrierten füllen, ist das religiöse Urerlebnis, das mit dem Geheimtip »Asien« noch vor wenigen Jahren verbunden war, abhanden gekommen.
Es gibt allerdings noch einen weiteren Grund, der zum Versiegen des Stroms westlicher junger Asienpilger geführt hat. Asien ist selbst ins Abendland gekommen. In einer verwirrenden Vielfalt präsentiert sich heute das alte Wunderland im Westen und breitet seine religiösen Schätze aus; breitet sie aus vor einer Jugend, die ehrlich auf der Suche ist, frustriert und enttäuscht

von der Alten Welt, sensibel geworden für ihre Deformierungen und für die Notwendigkeit einer tiefen Umkehr; einer Jugend also, die religiös leicht ansprechbar ist. Freilich ist es zugleich eine Jugend – und das ist das Problem –, die nicht fähig ist zur kritischen Unterscheidung, weil sie keine Möglichkeiten zum Vergleich hat. Sie kennt weder innere Maßstäbe noch ist sie in der Lage, das spirituelle Programm, das sich ihr da so geheimnisvoll verlockend bietet, an den gesellschaftlichen Realitäten Asiens zu prüfen. Es ist eine bunte Fülle: von *Hare Krishna* bis zum tibetischen *Buddhismus*, von der japanischen *Zen-Meditation* bis zu den esoterischen Zirkeln von *Ruhani Satsang*. Es sind seriöse und hochqualifizierte Beispiele asiatischer Religion darunter. Aber wie jeder große Strom seinen Schlamm mit sich trägt, so auch dieser: schillernd Ambivalentes und eindeutige religiöse Scharlatanerie.

Versucht man, nach inneren Merkmalen zu ordnen, dann kristallisieren sich zwei Typen östlicher Religion im Westen heraus: die *Guru-Bewegungen* und die *Meditations-Bewegungen.* Sie sind nicht klar voneinander unterschieden, die Übergänge sind fließend und beide Elemente, die Führung durch den Guru und die meditative Praxis, einander immer auch sachlich zugeordnet. Es kann sich also jeweils nur um Akzentuierungen handeln.

Zu den Guru-Bewegungen sind die *Hare-Krishna-Gesellschaft*, die *Divine Light Mission*, der bereits geschilderte *Ananda Marga*, *Radha Soami Satsang* und seine Ableger sowie die Anhängerschaft des BHAGWAN RAJNEESH zu rechnen.

Meditations-Bewegungen sind die zahllosen *Yogaschulen*, die *Transzendentale Meditation*, die *Self Realization Fellowship* und die buddhistischen Meditationswege, besonders das japanische *Zen*, aber auch die aus der islamischen Mystik weiterentwickelte *Sufi-Bewegung* im Westen.

Der Guru

Guru ist der religiöse Lehrer und Meister, der Wahrheit vermitteln und zur Erleuchtung hinführen kann.[1] Er kann dies, weil er das Ziel bereits erreicht hat, dem der Jünger erst zustrebt. Deshalb ist der Guru für den Jünger eine Manifestation des Göttlichen, mehr noch: Gott selbst. Er schuldet ihm totale Selbstauslieferung und völligen Gehorsam. Für kritische Beobachter – etwa besorgte Eltern, die ihr Kind unter den Einfluß

eines solchen Guru geraten sehen – erweckt das leicht den Eindruck entmündigender Abhängigkeit.
In der Tat gibt der Gurujünger seine Autonomie, die individuelle Selbstbestimmung auf. Autonomie aber ist in der freiheitlich-demokratischen Tradition des Westens einer der höchsten Grundwerte. Hier liegt also von vornherein ein menschlich-gesellschaftlicher Konfliktstoff von erheblicher Brisanz. Doch wie weit, so muß man natürlich zurückfragen, ist denn überhaupt jemand in dieser westlichen Gesellschaft »autonom«? Ist nicht jedermann durch Erziehung und gesellschaftlichen Anpassungsdruck, durch die Massenmedien und andere Meinungsmacher, durch Werbung und wirtschaftliche Abhängigkeiten so total konditioniert und gesteuert, daß die Rede von Autonomie und Selbstbestimmung sowieso reine Illusion ist? Gerade junge Menschen sind da oft sehr skeptisch. Sie sind häufig nicht bereit, sich solchen inneren Konditionierungen und äußeren Zwängen noch länger zu fügen. Gesellschaftliche »Integration« in diesem Sinn ist für sie keineswegs erstrebenswert, und die Hingabe an einen Guru trägt nach ihrem Empfinden vielleicht viel humanere Züge.
Der Guru gilt heute insbesondere als Manifestation der Liebe. »Die Menschen heute sehnen sich nach Liebe«, sagt zum Beispiel der zwanzigjährige Inder Guru Maharaj Ji, Meister der *Divine Light Mission*, der seine Botschaft als esoterisches »Wissen« bietet. »Ich kann euch wahrhaftig und ernsthaft sagen, daß dieses Wissen von Liebe überhäuft ist. Ich kann gar nicht beschreiben, wieviel Liebe es enthält. Da ist so viel Liebe, daß wenn ihr das Wasser aller Seen nehmt, und auf eine Seite nehmen wir all diese Liebe und auf die andere Seite setzen wir alle Seen, die Seen werden klein sein. Die Liebe wird stets mehr sein.« Seine Anhänger werden denn auch nicht müde, davon zu reden, wie unendlich viel ihnen diese Liebe bedeutet. »Du hast, du gibst Liebe und Leben, Dich will ich rühmen, Dir will ich dienen, zu Deiner Wohnung mache mein Herz.« So singen sie – oder auch ganz schlicht: »Falling in love with you ...« Das Medium, durch das diese Liebe vermittelt wird, ist in erster Linie das Bild: entweder die unmittelbare Anschauung, wenn der Guru »Darshan« – die persönliche Audienz – gibt, oder das Foto. In jedem Auto, das ein Mitglied der *Divine Light Mission* fährt, gibt es das Foto Guru Maharaj Jis. Die Zeitschriften der Bewegung bringen seitenweise Bilder des Guru in den verschiedenartigsten Situationen und Haltungen. Das Verhältnis zum Guru ist also visuell bestimmt. Der Vergleich zum Starkult der westlichen Jugendszene legt sich nahe. Ist der Guru ein religiö-

ser Popstar? Oder ist der Starkult umgekehrt eine säkularisierte Form der visuell erfahrenen göttlichen Lebensmächte, die im Gurukult eine so große Rolle spielen?
Verliebte wirken auf Außenstehende immer peinlich und lächerlich. Das gilt auch für das Verhältnis zwischen dem Guru und seinem Jünger. Das Eingehen auf die Launen des Guru wird schon in der indischen Tradition als ein wesentlicher erzieherischer Bestandteil der Jüngerschaft eingeschätzt. Wenn Guru Maharaj Ji eine besondere Vorliebe für teure *Rolls Royces* und ein Leben im Stil des *Jet Set* hat – soll er doch! Die Hingabe erweist sich gerade darin als echt, das Anstößige dieses Lebensstils zu überwinden, ihn zu akzeptieren und durch das eigene Opfer sogar zu ermöglichen. Damit wächst die Liebe nur um so mehr.
Die Gefahren des Guru-Jünger-Verhältnisses sind in Indien wohlbekannt. Darum wird betont, daß der Guru seine Jünger nicht in Abhängigkeit halten, sondern zur Reife führen und in die Selbständigkeit entlassen soll. In den westlichen Guru-Bewegungen sind solche Gefahren doppelt verstärkt. Einmal dadurch, daß es weithin junge Menschen sind, die sich ihnen anschließen. Frustriert von der Orientierungslosigkeit der pluralistischen Gesellschaft, sind sie auf der Suche nach Autorität und rasch bereit, sich einem »Führer« bedingungslos anzuschließen. Zweitens fehlt im Westen die heilsame Kontrolle der religiösen »Konkurrenz«, der gegenüber sich im östlichen Mutterland jeder Guru durchsetzen muß und die ihn zu einer bestimmten persönlichen und religiösen Qualität zwingt. Weil die Konkurrenz fehlt, kann sich in den USA oder Europa einer zum »perfekten Meister« stilisieren, der in Indien allenfalls auf den hinteren Rängen auftauchen würde. Ein guter Guru, so sagt man dort, geht sowieso nicht in den Westen.
Um zu große Abhängigkeit zu verhindern, nimmt der Guru sich selbst und seine Autorität immer wieder zurück. »Wer ist schon Guru Maharaj Ji? Guru Maharaj Ji ist nichts. Es ist alles in dir. Ich gebe dir nichts. Ich zeige dir nur, was du schon hast.« In jedem Menschen ist das göttliche Bewußtsein vorhanden. Es muß lediglich geweckt werden. Dann setzt ein dialektischer Prozeß zwischen innen und außen, zwischen dem äußeren und dem »inneren Guru« ein, der zur Reifung führt. Wenn dieses Verhältnis gestört wird, weil der Guru entweder autoritär ist und total dominieren will oder weil er umgekehrt den Jünger zu sehr sich selbst und seinen Phantasien überläßt, dann treten die Schwierigkeiten auf. Statt zur Reifung kommt es zu Regressionen in infantile psychische Stadien, zur Abhängigkeit und Le-

bensuntüchtigkeit. Der Guru wird zur »Ersatzdroge«, alte Abhängigkeiten werden gegen eine neue Hörigkeit eingetauscht. Und dann wird die Kernfrage aller westlichen Gurubewegungen vollends unlösbar: Wenn der Guru alles kontrolliert, wer kontrolliert dann den Guru? Soweit muß es aber keinesfalls kommen.

Meditation

Meditation ist der andere Brennpunkt östlicher Religion im Westen. Wer meditiert, sieht sich immer wieder dem Vorwurf ausgesetzt, das sei nur ein Rückzug in die Innerlichkeit, der der praktischen Lebensbewältigung ausweiche. Vor allem für eine aufklärerische Publizistik ist Meditation gleichbedeutend mit Irrationalismus, Flucht aus der Wirklichkeit, Absinken in die Passivität. Man muß sich aber nur ein wenig damit beschäftigen, wie Meditation geübt wird, in welcher körperlichen und geistigen Disziplin sie geschieht, welche Ziele sie hat, wie sie den ganzen Menschen beansprucht und in Gang bringt, und man wird erkennen, daß es sich hier keineswegs um eine Flucht aus der Realität handelt. Im Gegenteil, Meditation ist – recht praktiziert – ein besonders intensiver und umfassender Zugang zur Wirklichkeit. Ein Zugang, bei dem geduldig und mutig alle Vorurteile und Blockierungen des ichbezogenen Bewußtseins losgelassen werden, damit das wahre Wesen der Wirklichkeit unverstellt zum Vorschein kommen und wahrgenommen werden kann. Das ist ein langer, oft schmerzlicher Prozeß der Klärung und inneren Wandlung, in dem das alte »Ich« mit seinen selbstgemachten Vorstellungen und seinen Verhärtungen sterben muß, damit das wahre Selbst sich entfalten kann. Wer sich selbst so gefunden hat, ist in neuer Weise offen für seine Umwelt und frei zu konzentrierter Aktivität. Jede echte Meditation ist ein religiöser Vorgang, der die Tiefen des Menschseins anrührt und alle Dimensionen menschlicher Existenz umfaßt.

In den asiatischen Religionen drückt sich diese ganzheitliche Erfahrung der Meditation in der Überzeugung aus, daß die göttliche Kraft, welche der innerste Wesenskern der Welt ist, mit dem Selbst, dem tiefsten Kern des einzelnen Menschen, identisch ist. »Atman«, das menschliche Selbst, ist eins mit »Brahman«, dem Urgrund des Seins. Alle Wege und Techniken der Meditation, welche Asien in Jahrtausenden entwickelt hat, vom klassischen Yoga Indiens bis zum buddhistischen Zen

in Japan, haben letzten Endes dieses eine Ziel: durchzustoßen durch die beschränkte, fragmentarische, in Illusion gefangene Vereinzelung des Daseins zur Erfahrung der umfassenden, göttlichen Gesamtheit; oder, anders ausgedrückt: sie bezwekken, die tiefe Entfremdung des Menschen von seinem eigenen Wesen wieder aufzuheben.
Es ist begreiflich, daß immer mehr Menschen, die sich mit der Isolierung und Zersplitterung, mit den Abhängigkeiten und Fremdbestimmungen, mit der Funktionalisierung und den konkurrierenden Rollenerwartungen, kurz: mit der Entfremdung des Lebens in einer Industrie- und Massengesellschaft herumschlagen, zu solchen Wegen und Techniken greifen. Es ist noch weniger verwunderlich, daß das hauptsächlich junge Menschen tun, die noch nicht festgefahren und mit allen Fasern verfilzt sind mit dieser Gesellschaft. Und so blühen die Yogaschulen; die Meditationskurse sind ausgebucht. Asiatische Formen der Meditation dominieren, doch greifen viele Lehrer auch auf abendländisch-christliche Traditionen zurück. Es hat sich quer durch alle Kirchen, religiösen und weltanschaulichen Gruppen hindurch eine neue Gemeinde gebildet: die Gemeinde der Meditierenden. Die Meditationsbewegungen sind kaum organisiert, statistisch nicht greifbar. Aber sie sind alle auf dem gleichen Weg: dem Weg zur Mitte.
Zwei Gefahren tauchen dabei auf. Einmal die, daß man nun wirklich meint, seinen kritischen Verstand außer Kraft setzen zu können – oder sogar zu müssen. Daß man in einem mystischen Dunkel versinkt, in dem alle Katzen grau sind, in dem also das christliche oder westliche Erbe einerseits und die östlichen Überlieferungen andererseits zu schemenhaften Umrissen verschwimmen. Es herrscht heute in vielen Köpfen ein chaotisches west-östliches Durcheinander, in dem die unterschiedlichsten Traditionen zu einem ununterscheidbaren Brei vermischt sind. Kein Wunder, daß er für viele schwer zu verdauen ist.
Die andere Gefahr ist die, daß man die Meditationstechnik aus ihrem religiösen Wurzelboden löst und sie zu einem neutralen, beliebig anzuwendenden Instrument macht. Meditation wird dann zur »Psychotechnik«. Diese Gefahr liegt aus einem doppelten Grund nahe. Zum einen ist der westliche Mensch so tief geprägt vom wissenschaftlich-technischen Denken, daß alle Lebensbereiche und -erfahrungen einem offenbar unwiderstehlichen Sog der Verwissenschaftlichung und Instrumentalisierung ausgesetzt sind. Zum anderen bietet sich als Ausweg aus der unbewältigten Konfrontation zwischen östlicher und

westlicher Kulturtradition eine möglichst konsequente »Neutralisierung« an. Am weitesten in dieser Richtung ist die *Transzendentale Meditation* des Hindumönchs MAHARISHI MAHESH YOGI gegangen. Sie sei, so heißt es in einem seiner Werbetexte, »keine Religion, keine Mystik, keine Weltanschauung und keine Philosophie, sondern eine vollkommen ideologiefreie praktische Methode, die auf einer sehr einfachen Grundgesetzmäßigkeit des menschlichen Geistes beruht«. Meditation ist aber ihrer Absicht nach immer mehr als eine seelische Trimm-dich-Technik zur Entspannung und Lebenssteigerung.

Divine Light Mission

Es ist für unsere »aufgeklärte« Zeit eine fast unglaubliche Vorstellung: nahezu zehntausend junge Menschen, hingerissen in der Verehrung eines zwanzigjährigen Inders, in dem sie die Verkörperung und Erscheinung Gottes erleben. Ein Gefühlsausbruch, der die konventionelle Maske von den Gesichtern reißt und die Tiefen des Menschlichen schutzlos preisgibt. Selbstvergessene Seligkeit, ausgelöst von der schillernden Person eines indisch-amerikanischen »Guru«. Religiöse Elementarerfahrung in einer Zeit, die karg ist an tiefen Erfahrungen, der sich alles in die Mechanismen des Profits verwandelt und die deshalb auch hier nur so deuten kann: »Ein Guru kassiert seine Jünger ab« – so die Überschrift eines dpa-Berichts. Das *Guru-Puja-Festival* der *Divine Light Mission*, das vom 29. September bis zum 1. Oktober 1978 in der Dortmunder Westfalenhalle stattgefunden hat, war ein vielschichtiges *happening*. Schon immer war es das besondere Geschick der *Divine Light Mission* gewesen, durch religiöse Großveranstaltungen, arrangiert um die Person GURU MAHARAJ JIS, ihre Anhängerschaft zu sammeln, Impulse zu vermitteln, neue Kräfte zu mobilisieren. *Guru Puja*, das alljährliche Fest des Offenbarers, ist eine dieser Gelegenheiten.

BALYOGESHWAR PARAM HANS SATGURUDEV SHRI SANT JI MAHARAJ, abgekürzt GURU MAHARAJ JI genannt, wurde am 10. Dezember 1957 in Hardwar am Fuße des Himalaja in der Familie von SHRI HANS MAHARAJ geboren, der 1960 die Bewegung der *Divine Light Mission* (Botschaft des göttlichen Lichts) gegründet und im Norden Indiens zahlreiche Anhänger gewonnen hatte. Im Jahr 1966 starb der Vater. In Delhi waren Tausende zur Trauerfeier versammelt, als der Achtjährige den Thron des

Meisters bestieg und der Menge zurief: »Kinder Gottes, warum weint ihr? Habt ihr nicht gelernt, was euer Meister euch gelehrt hat? Wißt ihr nicht, daß der vollkommene Meister niemals stirbt? Maharaj Ji ist hier und jetzt unter euch. Erkennt ihn, folgt ihm und versteht ihn!« Sie taten es. Eine erste »Welt-Friedensreise« führte den jungen Guru 1971 nach England und in die USA. Weitere Tourneen in den Westen folgten, 1972 auch in die Bundesrepublik Deutschland. Die kleine Schar westlicher Jünger schwoll, vor allem in den Vereinigten Staaten, zum Heer gläubiger Verehrer an. Die Mischung zwischen Popstar und indisch-religiöser Offenbarergestalt, in der sich der Guru einer von den westlichen Ideen und Realitäten frustrierten, religiös aufgerissenen Jugend präsentierte, machte die Bewegung rasch zum Welterfolg.
Im Jahr 1975 erschütterte eine schwere Krise die *Divine Light Mission.* GURU MAHARAJ JI hatte sich immer hemmungsloser die üppige Lebensweise eines amerikanischen Playboys mit Luxusvilla, Privatjet und einem Stall voll teurer Superautos angeeignet. Als er schließlich seine amerikanische Sekretärin heiratete, kam es zum Bruch mit der Familie und der indischen Anhängerschaft. Der schrille Streit um Macht und Geld zwischen dem Guru und seiner Mutter dezimierte aber auch die Zahl der westlichen *Premies* (Liebende – so nennen sich die Jünger). Ein rapider Auflösungsprozeß setzte ein, den der Guru nur durch die Konzentration nach innen stoppen konnte: Die poppig-exotischen Auswüchse wurden beschnitten, die Bewegung gestrafft und in der *Divine United Organisation (DUO-International)* neu strukturiert. Was übrigblieb, war ein verhältnismäßig kleiner, aber fester Stamm von *Premies,* die in der Gemeinschaft mit dem Meister und untereinander ihre religiöse und menschliche Heimat gefunden haben. In Deutschland sind es gegenwärtig fünf- bis sechshundert aktive Mitglieder. Sie sind inzwischen teilweise seit vielen Jahren dabei – keine »Jugendlichen« mehr, sondern junge Erwachsene zwischen 25 und 35 Jahren.
So scheint sich der Mitgliederbestand zu stabilisieren. Relativ wenige wirklich Junge rücken nach. Natürlich sieht man auf dem Treffen in Dortmund eine ganze Menge an Treibgut der jugendlich-religiösen Subkultur, doch fällt auf, wie viele der Teilnehmer einen durchaus »etablierten« Eindruck machen. Junge Familien mit Kindern sind da, dazwischen immer wieder auch ältere Menschen – meistens wohl Eltern, die mit ihren Söhnen und Töchtern das Festival besuchen. Die Mehrzahl sind eher brave, auf *happening* und Erleben eingestellte junge

Leute. Soziale Schichten, Berufe? Alles ist vertreten, es gibt keinen einheitlichen »Typ«; doch herrscht das bürgerlich-akademische Milieu vor.
Die äußere Szene in Dortmund ist gut vorbereitet: Großzelte zum Übernachten, vegetarische Küche, in den Wandelgängen Büros und Infostände usw. – alles vom eigenen Organisations- und Versorgungsdienst arrangiert. In der Halle ist eine große Bühne aufgebaut, ganz in Blau und Weiß, mit Kameras, Lautsprechern und Videoanlage bestückt; mitten darauf, im Scheinwerferlicht gleißend, ein breit ausladender, weiß ausgeschlagener Thron in Form einer Muschel. Blumen. Zwei Musikbands, deren Repertoire von gelegentlichen harten Rocktönen bis zum gefühligen Soul reicht – man singt viel bei der *Divine Light Mission*, einfache Lieder der Verehrung und Liebe für den göttlichen Guru. Das Programm der drei Tage hat einen doppelten Höhepunkt: »Darshan« am Samstag und der Auftritt Guru Maharaj Jis am Sonntagabend. »Darshan« ist die Audienz, die der Meister den Seinen gewährt. Stundenlang geduldig Schlange stehend, ziehen die Gläubigen an ihrem *Lord*, dem »Herrn« vorüber, fallen vor ihm zu Boden, berühren mit der Stirn seine göttlichen »Lotosfüße« und bringen ihm ihre Verehrung dar. Das Programm am Sonntag steigert sich allmählich bis zur abendlichen Aufgipfelung.
Um die Mittagszeit ist die Halle halbvoll. *Satsang*, von Initiatoren (durch den Guru autorisierte, regionale Mitarbeiter) gegeben, wechselt mit Musik und gemeinsamen Liedern ab. *Satsang* ist eine Mischung aus Erweckungspredigt und persönlichem Glaubenszeugnis. Eines ist der Inhalt dieser Predigt: Guru Maharaj Ji. Seine Liebe, seine Schönheit, seine Kraft. Das unerschöpfliche Glück, ihn wiederlieben zu dürfen. Ein Leben aus der Fülle seiner Gnade, im Licht seiner Wahrheit, unter seiner Führung. Liebe und Wahrheit, Erfahrung des Wesentlichen, erschließen sich in dem Maß, wie der *mind*, der kritische Verstand, dieser Inbegriff westlicher Wirklichkeitsverfälschung und Zivilisationskrise, seine beherrschende Rolle verliert. So spitzt sich die Botschaft auf eine Bekehrung zu: weg vom *mind*, hin zur *Liebe*. Jeder erlebt diese »Liebe« anders, aber für jeden wird sie zum zentralen Element seines Lebens. Durga Ji, die Frau des Guru und Mutter seiner Kinder, schildert sie in einer perfekt inszenierten Selbstdarstellung mit geradezu kreatürlicher Betroffenheit: Er ist mein Geliebter, mein Vater, meine Mutter, mein Schöpfer. Sie erzählt, wie ihr Kind in seine Gegenwart hineingeboren wird. »So ihr nicht werdet wie ein Kind ...« Anderen erschließt sich die »Liebe« anders.

Immer jedoch wird die Sehnsucht spürbar: durchzustoßen durch Konventionen und Vorurteile und zur wahren »Wirklichkeit«, zum Eigentlichen vorzudringen. Das Eigentliche aber ist nicht mit dem *mind* zu erfassen, sondern nur im unmittelbaren, emotionalen Erleben. Der *mind* wird zum großen Feind, Irrationalismus schlägt immer hemmungsloser durch.
Was geschieht hier? Die Antwort deutet sich an im abendlichen Auftritt des Guru. Es ist – nicht mehr und nicht weniger – die Epiphanie eines Gottes. GURU MAHARAJ JI betritt im dunkelblauen Maßanzug die Bühne und gibt *Satsang*. Was er sagt, ist weder neu noch besonders bedeutend. Aber er hat eine ganz spontane Art der Kommunikation mit seinen Zuhörern: einfach, locker, direkt.
»Zuallererst will ich klarstellen, daß wir keiner Religion folgen, weil wir das nicht nötig haben. Durch Guru Maharaj Ji, durch das Knowledge, begeben wir uns weit über die Erfahrung hinaus, die auch nur irgendeine Religion uns geben kann. Und ganz gewiß sind wir keine Sekte, weil wir nicht unserer eigenen Interpretation folgen.
Wir folgen der Sache, der Erkenntnis, die bereits existierte, als es weder Buchstaben noch Zahlen gab und auch keine dieser dummklugen Gehirne, welche in der Lage sind, alles in Anführungszeichen oder Klammern einzuengen und in Kategorien zu verpacken. Dieses Wissen war vor dem Menschen da; zu einer Zeit, bevor es überhaupt irgendeine Wahrnehmung gab. Das ist die Erkenntnis, der wir folgen.
Und wir folgen Guru Maharaj Ji. Wir folgen dem Meister der Vollkommenheit ...
Könnt ihr euch vorstellen, Premies, welche Höhen, welche Berge wir erklommen haben, wenn wir dieses Wissen erhalten? Wir sind auf die höchsten Berge, die es nur geben kann, hinaufgestiegen. Wir haben die größtmögliche Leistung vollbracht. Ja! Wenn euch das in Staunen versetzt, dann laßt das Staunen sein. Wenn ihr jemals Knowledge erfahren habt, habt ihr in der Tat das erlebt, was in Tausenden und Abertausenden von Leben niemals erfahren werden kann. Ihr habt die höchsten Berge erstiegen, wie hoch ein Mount Everest auch immer sein mag. Der Mount Everest würde wie ein mikroskopischer Zahn aussehen, wenn man ihn aus der Höhe betrachtet, die ihr erreicht habt. Das alles ist nur durch Guru Maharaj Jis Gnade geschehen.
Guru Maharaj Ji hat euch nicht einfach stehen lassen und gesagt: ›Dies ist dein Pfad, alter Freund; den mußt du gehen.‹ Er hat euch statt dessen über alle diese Berge, alle Taten angehoben und euch ganz und gar in den Himmel des Knowledge gebracht. Und hier sind die Menschen. Naiv. ›Nein, ich möchte es von mir aus tun‹ ...«

Während dieser Rede ist er nur Vermittler des Göttlichen. Deshalb spricht er immer in der dritten Person: »Guru Maharaj Ji sagt und tut ...« Dann verläßt er die Bühne wieder. Die Musikbands intonieren Lied um Lied:

»Jai Gurudeva Maharaj Ji
Dein Ruhm erfüllt die ganze Welt
Du bist der Schutz der Schwachen dieser Welt
Du machst unsern Bindungen ein Ende
Du bringst unserem Geist wahre Freiheit
Hilf uns aus dem Meer der Illusion
Jai Dev, Jai Satgurudev.
Mein, Dein, Reichtum, Kraft und Macht
Gib sie dem Herrn der Liebe hin
Gib sie hin den Lotosfüßen des Herrn
Gib dich selbst dem Satguru
Sei stets mit Glückseligkeit vereint
Jai Dev, Jai Satgurudev ...

Dann erscheint GURU MAHARAJ JI wieder in orangenen Pluderhosen, den nackten Oberkörper bedeckt mit Blumengirlanden, Ketten, Schmuck. Er läßt sich auf dem Thron nieder, DURGA JI setzt ihm eine hohe gold- und edelsteinfunkelnde Mütze, eine Art Tiara, aufs Haupt, wirft sich vor ihm nieder, küßt ihm die Füße. Dann sitzt er da – regungslos, schweigend. Nichts weiter, als daß er dasitzt. Aber jeder von den Tausenden in der riesigen Halle spürt und weiß: Jetzt ist Gott da. Der Schleier ist weggezogen, die göttliche Liebe und Schönheit offenbart sich. Alles steht, wiegt sich im Rhythmus der Musik, die einen fast intimen Klang annimmt, das Singen wird leiser, Kerzen werden entzündet, Schalen mit Blumen hochgehoben, winkende Arme. Und allmählich öffnet sich das Gesicht des Guru in einem immer strahlenderen Lächeln – der Jubel bricht auf: »Jai Dev, Jai Satgurudev.«

Es gibt verschiedene kritische Deutungsmöglichkeiten für das, was bei dieser *Guru Puja* in Dortmund geschieht. Und Kritik ist notwendig. In der Westfalenhalle wurde, so läßt sich argumentieren, mit den Mitteln moderner Medien- und Showtechnik eine gefühlsgeladene, pseudoreligiöse Atmosphäre aufgebaut, die gleichwohl nur dürftig die handfesten materiellen Interessen des Großunternehmens *Divine Light Mission* überdecken konnte. Wenn zehntausend Teilnehmer einen Eintrittspreis von je 110 Mark bezahlen (Verpflegung usw. nicht inbegriffen), dann lohnt sich der Einsatz. Man kann auch tiefenpsychologisch deuten. Der Guru hat ein paar Urworte aufgegriffen: Liebe, Frieden, Glück, Schönheit. Sie bleiben aber so offen und seine Person ist selbst so wenig profiliert, daß alle möglichen psychologischen Übertragungsmechanismen in Gang kommen. Der jugendliche Gott, der das Leben ungebrochen genießt und Liebe um sich verbreitet: Ein längst vergessenes Symbol wacht auf, bietet sich zur Identifikation an. Im geistigen und gesellschaftlichen Haushalt unsrer Zeit – das ist eine weitere Erklärungsmöglichkeit – werden elementarste menschliche Grundbedürfnisse nicht mehr erfüllt. Überlastet und überreizt, in die anonymen Zwänge der technokratischen Zivilisation hineingestoßen, fühlen sich gerade jüngere Menschen um ihr ganz persönliches Leben und Glück gebracht. Die Revolte des Gefühls gegen den *mind* ist begreiflich. Aber sie ist gefährlich, weil sie die Kritikfähigkeit schwächt und damit anfällig macht gegen Verführer aller Art.

Knowledge

Die Dortmunder Schau ist freilich nur die eine Seite. Die andere und wichtigere ist das, was beim einzelnen *Premie* geschieht, in seiner persönlichen Erfahrung und inneren Entwicklung. Diese Innenseite ist verbunden mit dem *Knowledge*, dem geheimen »Wissen«, das der Aspirant in einer Einweihungszeremonie von einem der Initiatoren erhält. Das Wissen ist die innere Wahrnehmung, die der Guru vermittelt hat; das Bewußtsein jenes inneren Wesenskerns, der die Klischees und Verzerrungen des *mind* durchbrechen soll. »Es kommt darauf an, das Wesentliche zu zeigen, beiseite zu treten und diesem kleinen bißchen in einem, diesem kleinen bißchen Realität eine Chance zu geben, rauszukommen.«
Konkret ist das *Knowledge* eine bestimmte Meditationstechnik mit vier Aspekten: Licht, Klang, Nektar und Wort. Ein Aspirant wird erst initiiert, wenn ihn der Initiator für reif hält. Es gibt dafür kein klares Kriterium, die Wartezeit kann sehr lang sein. Ein *Premie* berichtet von der Initiationszeremonie: Der Initiator kam dann auf den eigentlichen Vorgang zu sprechen. Die Grundinhalte waren, daß man sein Leben abgibt an den Guru, daß man die Verantwortung abgibt an ihn als Vertretung Gottes auf Erden, daß man diesem Guru aus Dank dafür, daß er einen lenkt, zu dienen habe. Dann wurde das Licht ausgemacht. Er ging zu jedem einzelnen und drückte ihm die Finger auf die Augen. Er flüsterte einem ein, daß man nun das Licht sähe. Die Empfindungen der einzelnen waren recht unterschiedlich.

Dann kam die Musikmeditation. Man hält sich die Ohren zu und lauscht auf die innere Musik ...« Die Technik, »Nektar« zu schmecken, ist eine schwierige Yogaübung. Man rollt die Zunge nach hinten und schiebt sie hinter das Zäpfchen in die Verbindung zur Nase. Wenn man die Zunge sehr weit in den Rachen schiebt, schmeckt man etwas süßlich. Die vierte Technik – das »Wort« hören – ist die eigentliche Meditation. Sie ist eine Atemübung. Man konzentriert sich auf das Auf und Ab des Atmens und schwingt dabei ein in jene Urschwingung, das »Wort«, das die Welt schuf und erhält.
Diese vier Techniken sind einzeln in der indischen Yogatradition altbekannt. Sie dienen zur Vorbereitung der Konzentration auf die eigentliche Meditation. Ungewöhnlich ist ihre Kombination und die Auffassung, diese Techniken, die ja viel mit rein physiologischer Manipulation zu tun haben, seien das eigentlich Wesentliche und selbst bereits eine Gotteserfahrung. So einfach sie sich ausmachen, so unbestreitbar ist dennoch die Wirkung bei vielen Meditierenden. »Ich spüre, irgendwie bin ich jetzt anders als die Leute, ich kann einfach nicht drauflos mitmachen und weiß, daß es auf die Dauer ziemlich schlecht für mich wäre, den Lebensstil der anderen mitzumachen. Es fällt mir unheimlich schwer jetzt, mit anderen Leuten zusammenzusein, die nicht meditieren. An einem bestimmten Punkt geht es nicht mehr weiter. Und in letzter Zeit frustriert es mich immer mehr, so daß ich wieder dabei bin, mir zu sagen: jetzt lasse ich mal ganz den Kontakt mit Leuten und ziehe mich wieder voll ins Meditieren zurück.« So ein *Premie* über seine Kontaktschwierigkeiten mit der Alltagswelt, in der er vorher lebte.
Ein anderer, überzeugter Anhänger: »Am Anfang, wenn man das Knowledge praktiziert, da kommen aus allem heraus Reaktionen und Impulse, die so lange tief gefesselt waren, da ist so ein Wust von Dingen, die vorher unbewußt waren, daß man einfach flippt. Aber danach legt sich das Ganze wieder, es wird wieder übersichtlicher.«
Für seine indische Familie ebenso wie für die große Mehrheit der indischen Anhänger ist Guru Maharaj Ji erledigt. Durch seine Verwestlichung und sein verwöhntes Luxusleben ist er spirituell disqualifiziert. Sie stehen nicht allein mit diesem Urteil. Swami Prabhupada, der Guru der *Hare-Krishna-Bewegung,* nannte ihn unverblümt einen *»cheap cheat«*, einen billigen Betrüger. Aber er hat einen unschätzbaren Vorzug: Er gibt offenbar ein ideales Objekt ab für die Projektionen seiner Anhänger. Er ist der typische Katalysator, der Prozesse in Gang

setzt, ohne sich an ihnen zu beteiligen. Und diese Prozesse sind echt. So ist die beste Gabe des Guru für seine Anhänger, daß er in ihnen eine Dynamik der Selbst- und Wirklichkeitserfahrung in Gang setzt. Bei manchen führt die wachsende Sensibilisierung zur Gefahr der Isolierung von einer allzu grobschlächtigen Umwelt. Viele kommen in den harten Konfrontationen des Alltags nur mühsam zurecht. Gravierende psychische Schädigungen sind aus dem Umkreis der *Divine Light Mission* jedoch bisher nicht bekannt geworden und auch kaum zu erwarten. Dazu ist der äußere und innere Spielraum in der Bewegung viel zu groß. Umgekehrt jedoch bieten die warme Gemeinschaft und die meditative Haltung auch manchen die Chance einer überraschenden menschlichen Vertiefung und Bereicherung. Es gibt *Premies*, deren Freundschaft man nicht missen möchte.

Zwei Erfahrungsberichte zum Schluß dieser Darstellung der *Divine Light Mission.* Beide stammen von jungen Menschen, die längere Zeit engagierte *Premies* waren. Beide zeigen menschliche Reife und Urteilskraft. Der eine übt die distanzierte Kritik des Ehemaligen, der andere identifiziert sich ebenso vehement mit der Bewegung und ihren spirituellen Möglichkeiten.

● Zunächst die Kritik eines ehemaligen Mitglieds der *Divine Light Mission*:

»Ich war zweieinhalb Jahre sehr engagiert in der Gruppe, habe mitgeholfen, ein Ashram aufzubauen und war wohl das, was man fanatisch nennt.

Wenn ich von mir ausgehe, so muß ich sagen, daß vieles, was ich dort erlebt habe während der Meditationen, mehr oder weniger Träumereien waren. Ich habe viele Yogabücher gelesen und mir nun in den Meditationen eingebildet, diese Dinge zu erleben und zu begreifen. Aber ich glaube schon, daß ich auch einige wenige echte Erfahrungen gemacht habe. Nur, das meiste spielte sich wohl auf der ›astralen‹ Ebene ab. Überhaupt fehlt bei den jungen Menschen die richtige Grundlage für echte geistige Erfahrungen. Ich meine damit eine gefestigte Persönlichkeit und eine gesicherte Stellung in dieser materiellen Welt, d. h. mit beiden Füßen fest auf dieser Erde zu stehen und dort verankert zu sein.

Sie fragen, ob es die Botschaft Maharaj Jis ist, die die jungen Menschen anzieht, oder mehr die direkte persönliche Bindung an den Guru. Ich glaube, es ist beides. Viele der Jugendlichen haben sich mit indischen Religionen, mit Geschichten von Gurus beschäftigt und sind wirklich auf der Suche, nur sind ihre religiösen Vorstel-

lungen noch sehr verschwommen und in gleicher Weise die Sache mit dem Guru. Ich glaube, daß hierbei sehr viel Romantik mitspielt und ebenso auch das Unvermögen, allein in dieser Welt fertig zu werden. Vielen fehlt es auch an Geborgenheit, und so kommt ihnen ein Guru gerade recht, der sie auf allen Wegen begleitet und ihnen alle eigenen Entschlüsse abnimmt. Ich sprach einmal mit einem Mädchen, die im Ashram lebte, und sie sagte mir, wie wunderbar es sei, seinen eigenen Willen aufzugeben und sich ganz von Maharaj Ji führen zu lassen. Über soviel Naivität und Gutgläubigkeit und auch nebelhafte Wunschträume mußte ich staunen. Das war eigentlich die Sache, die mir nie ganz gelungen ist und die auch letztlich der Anlaß für mich war, der DLM den Rücken zu kehren.
Als ich zu der DLM stieß, war ich psychisch am Ende durch ein Erlebnis, das ich einige Monate zuvor hatte, außerdem war ich in meiner Persönlichkeitsstruktur (ein Mädchen aus wohlbehütetem Hause, zur Unselbständigkeit erzogen,) ideal für die DLM. Ich beschäftigte mich fast den ganzen Tag mit der Frage nach dem Sinn des Daseins, warum alles so sei, wie es ist, woher ich gekommen sei und was nach dem Tode geschehen würde, träumte dahin, vernachlässigte meine Studien und glaubte in Maharaj Ji die Lösung gefunden zu haben, vor allen Dingen auch jemand, der mir meine Entscheidung und Verantwortung für mich selbst abnähme. So waren die Phrasen, mit denen der Guru warb, nämlich Friede, Liebe, das Göttliche Licht etc., genau das, was ich suchte, und ich ging sehr schnell darauf ein. Ich glaube, daß es vielen ähnlich so ergangen ist.
Für mich ist diese ganze Jugendlichenfrage nur eine Frage der Religiosität des Elternhauses. Wie kann ein Kind wirklich ausgerichtet werden, wenn die Eltern völlig ohne innere Einsicht, ohne echtes Lebensziel, ohne Glauben sind. Und die Kinder sind ja nun Spiegelbilder (in großem Maße) der Eltern. Das Weltbild der Eltern ist zu eng, meist gehen die Ziele nicht über materialistische Interessen, gesellschaftliche Positionen, die zu erstreben sind, hinaus. Der Wille des Kindes, der zu einem wegweisenden Willen werden müßte, wird nicht entwickelt, indem ihm zu wenig Ziele geboten werden.«

● Dieser harten Kritik steht das folgende leidenschaftliche Bekenntnis zur *Divine Light Mission* konträr gegenüber:

»Seit fünf Jahren bin ich nun Mitglied dieser spirituellen Bewegung, die in der Öffentlichkeit unter dem Namen DLM bekannt wurde.
In der Mission hat sich in den letzten Jahren sehr viel geändert. Am deutlichsten spüre ich diese Veränderung bei mir selbst, denn auch ich war ja immer den jeweiligen äußeren und inneren Veränderungen unterworfen. Das Grundanliegen der Gemeinschaft ist und

bleibt bis heute kein Materielles, keine Gewinnsucht, kein Personenkult, kein Götzen- oder Gottkult, sondern ist das reine Anliegen der Selbsterkenntnis, der inneren spirituellen Erfahrung, der Lebenskraft an sich, der Erweckung der Nächsten- und Gottesliebe durch Erfahrungen im täglichen Leben, durch Erfahrungen im Zustand der tiefen und echten Meditation, durch Erfahrungen im Dienen und nicht zuletzt durch das Erleben einer immer größer werdenden inneren Klarheit, die sich ergibt auch aus dem Sprechen über gemachte Erfahrungen. Wir nennen das Satsang, Gemeinschaft mit Wahrheit. Die Grundanweisungen des Lehrers sind durch alle Jahre genau dieselben geblieben. Alle Schüler sollen die Meditation praktizieren, Satsang geben und Service tun. Sie sollen öfters den Lehrer selbst sehen und hören und versuchen, das ihnen gegebene Wissen zu erkennen als die Essenz allen Lebens, als die Essenz dieser Schöpfung.
Nun ist es nicht so einfach wie es scheint, dieses Wissen zu praktizieren. Die Erfahrungen der Schüler in den vergangenen Jahren beweisen dieses. Auch ich selbst habe immer und immer wieder versucht, dieses Wissen richtig in die Tat umzusetzen. Wir alle haben unsere eigenen Schwächen und Unzulänglichkeiten erkennen müssen, den starken Zug zur Äußerlichkeit, zur Bequemlichkeit, zur Vernachlässigung. Aber wenn ich aus allen mir zur Verfügung stehenden Willenskräften eine Anstrengung unternommen habe, habe ich die herrlichsten Dinge erleben dürfen. Eine starke Motivation läßt mich dieses hohe Wissen auch heute noch üben, trotz aller Turbulenzen in der Bewegung selbst, trotz aller Veränderungen in meinem persönlichen Leben, trotz aller Zweifel der öffentlichen Meinung und der sogenannten Gelehrten dieser Welt. Wer einmal aus dem großen Topfe der Wahrheit und des Lebens gegessen hat, der wird sich immer danach richten und das nicht mehr verlassen können. So habe ich vieles leichter ertragen können, was an äußerlichen Veränderungen vor sich ging. Die Schüler, die in den Ashrams der DLM gelebt haben, sind mittlerweile aus einer spirituellen Unmündigkeit herausgewachsen und haben zum Teil starke Persönlichkeiten aufgebaut.
Diese Mission ist nicht tot, sondern das Lebendigste überhaupt, ständigen Wandlungen unterworfen, bis ins äußerste flexibel und biegsam, immer der persönlichen Situation der Mitglieder angepaßt, weil entspringend aus dem innersten Leben, aus der Tiefe unseres Menschseins.«

Trommeln dröhnen, Zimbeln klirren, stampfende Füße, Arme fliegen in die Höhe; vor und zurück wogt es zum auf- und abschwellenden Rhythmus des Gesangs, gibt in der Mitte Raum frei für einen wirbelnd um sich selbst kreisenden Körper, schließt sich wieder, steigert sich zur Ekstase, erstirbt in ehrfürchtiger Verneigung vor dem Gott; gebeugte Rücken, die Stirn am Boden; erhebt sich, kreisendes Tanzen, hoch und höher, rascher, hart der Rhythmus der Trommeln, wilde Sprünge dazwischen, Lachen, Verzückung. *Kirtan*, der kultische Tanz der Jünger Krishnas, vor dem Altar des Gottes in der Frühe vor Morgengrauen und am Abend vollzogen, ist das Herzstück einer ekstatischen Frömmigkeit, deren rückhaltlose Hingabe alle Schranken des Gewohnten durchbricht. Es ist eine Begeisterung, die die Herzen mitreißt und die Hemmungen der Vernunft fortspült. LORD KRISHNA, der göttliche Liebhaber, erfüllt die Seele.

Schloß Rettershof, ein neugotisches Anwesen aus der Gründerzeit, eine halbe Autostunde von Frankfurt entfernt im Taunus gelegen, ist die deutsche Zentrale der *Internationalen Gesellschaft für Krishna-Bewußtsein* (*ISKCON*). Ringsum die Requisiten wohlstands- und freizeitbewußter Bürgerlichkeit: Reitstall, Restaurant, Spazierwege; Wohngegend der Arrivierten, die Erfolg hatten in der nahen City. Um so fremdartiger die asketische Welt der KRISHNA-Mönche. Die hohen Räume sind kahl und unwohnlich, Möbel gibt es so gut wie keine. Man schläft im Schlafsack auf dem Boden, die paar Habseligkeiten, die man braucht, kommen in einem schmalen Spind unter.

Die KRISHNA-Bewegung präsentiert sich als totale Alternative zu der sie umgebenden Welt. Das ist ihre Chance und ihre Gefahr und macht sie für manche jungen Menschen so faszinierend. Die radikale Hinwendung zur Transzendenz, der eine ebenso radikale Abwertung der materiellen Welt korrespondiert, kehrt alle Maßstäbe und Perspektiven um. Die aus Askese und Ekstase sich aufbauende Frömmigkeit formt sich zu einem dualistischen Lebensprinzip, das alle Erfahrungen von vornherein einordnet. »Wir sind hier, weil wir die negativen Erfahrungen, die wir im materiellen Leben gemacht haben, diesen bitteren Geschmack des materiellen Lebens, den wir durchaus erfahren haben, einfach nicht mehr erleben möchten«, sagt einer der jungen »Gottgeweihten«. Wer »KRISHNA-bewußt« ist, gehört zu einer spirituellen Avantgarde, während

die große Masse gott- und selbstvergessen in den Tag lebt. Er hat sich dem einzig Lebens- und Erstrebenswerten hingegeben: Gott, während die Menge der Menschen, vor allem im Westen, ihrem Bauch dient und damit ihre Seele verrät. Diese »Drinnen-Draußen«-Perspektive, die unverkennbare Züge eines elitären Bewußtseins trägt, begegnet auf Schritt und Tritt im Reden und Verhalten der Krishna-Mönche.
Es beginnt mit der äußeren Erscheinung. Jeder kennt inzwischen die bis auf einen Schopf kahlgeschorenen Schädel und die schmutzig-weiße oder orangene Gewandung, deren Exotik oft so komisch wirkt, wenn die Tracht des indischen Bettelmönchs dem nordisch rauhen Klima in Gestalt wattierter Anoraks und dicker Wollsocken Tribut zahlen muß. So ist sie zum Markenzeichen geworden. Neuerdings, seit die Öffentlichkeit den »Gottgeweihten« immer feindseliger gegenübersteht, verbergen sie sich allerdings häufig unter Armeeparkas und Blue jeans.
Die Distanz, die die Tracht zwischen den Mitgliedern der Gemeinschaft und der übrigen Welt schafft, ist schwerlich zu überschätzen. Wo immer der Krishna-Mönch auftaucht, er ist unverwechselbar. Er trägt die Kennzeichen seiner Außenseiterexistenz mit sich herum und ist allen psychologischen Mechanismen ausgesetzt, die sie bei ihm selbst und bei den anderen auslösen. Oft trägt er sie mit Stolz und Glück in dem Bewußtsein, dazuzugehören, einer der Erwählten zu sein und eine einzigartige Mission zu haben. Sie können aber auch zum Kainszeichen des Isolierten werden. »Dieser ungeheuere Wechsel der äußerlichen Erscheinung«, erinnert sich ein ehemaliges Mitglied, »und die negative Uniformierung hatten zur Folge, daß mein Kontakt zur Umwelt durch eine sichtbare Barriere bis auf ein Minimum reduziert wurde.«

Es ist nicht nur die sichtbare Barriere. Tiefer noch ist die innere Kluft zwischen der Binnenwelt der »Gottgeweihten« und den Menschen draußen. »Sobald man anfängt, Krishna-Bewußtsein zu praktizieren, löst man sich mehr und mehr von der materiellen Welt«, schildert einer der Mönche den Prozeß der inneren Distanzierung. »Man spürt, wie man weniger und weniger beeinflußt wird von all diesen Dingen wie z. B. Politik. Eines der wichtigsten Prinzipien im Krishna-Bewußtsein ist, daß man die Gemeinschaft, die nicht förderlich ist, um Krishna-Bewußtsein zu bilden, einfach aufgeben muß. Und das geschieht auch ganz automatisch. Alte Freunde, Eltern, auch wenn sie unglücklich sind, weil das ganz unbegreiflich für sie ist

– wenn man diese Verbindungen für Krishna aufgibt, dann ist das gerechtfertigt. Man kann nicht mit einem Bein da stehen und mit dem anderen dort.«

Aus der Sicht einer Mutter, die versucht, ihren Sohn vom Eintritt in die Bewegung abzubringen, muß das freilich anders aussehen: »Allerdings, sagt sie, hätte sie schon überhaupt keinen Kontakt und keinen Draht mehr herstellen können zu ihrem Sohn, denn er war offensichtlich darauf gedrillt und darauf vorbereitet, sämtliche Kontakte zu Angehörigen abzubrechen. Bei jedem Versuch, ihn anzusprechen, hat er angefangen, diese Hare-Krishna-Formel vor sich hin zu sprechen, das heißt, er hat einfach eine Wand aufgebaut und war nicht mehr ansprechbar.«[2]

Tracht, mönchische Lebensordnung, Riten und Kult, das Erlebnis einer intensiven Gemeinschaft, ein klares missionarisches Ziel, all das verklärt von mystisch-ekstatischer Hingabe an die jenseitige Gottheit – die Alternative ist total, Bewußtsein und Lebenspraxis stehen in schroffem Gegensatz zur Umwelt.

Gründer und Guru der KRISHNA-Bewegung im Westen ist A. C. BHAKTIVEDANTA SWAMI PRABHUPADA. Er wurde 1896 in Kalkutta geboren. Nach erfolgreicher Laufbahn als Direktor eines Chemieunternehmens zog er sich im Alter von der Welt zurück und wurde Mönch. Im Jahr 1965 kam er nach New York, um den spirituellen Auftrag seines Meisters zu erfüllen und das KRISHNA-Bewußtsein im Westen zu verbreiten. 1966 gründete er die *Internationale Gesellschaft für Krishna-Bewußtsein.* Der kompromißlose alte *Swami* fand in Nordamerika und Europa rasch Sympathien unter Jugendlichen, die damals aus dem *Establishment* ausgestiegen waren, denen aber gleichzeitig der immer offenkundigere Zerfall der *Hippie*-Gegenkultur zu schaffen machte und die deshalb nach fundierten religiösen Gemeinschaften suchten. Doch blieb der Mitgliederbestand, gemessen an der Ausstrahlung, immer gering. In Deutschland gab es selbst in den besten Zeiten nie mehr als zweihundert Mönche. Gegenwärtig dürfte ihre Zahl ein knappes Hundert nicht übersteigen. SWAMI PRABHUPADA starb Ende 1977. Heute ist die *ISKCON* regional gegliedert. In Europa ist sie außer in der Bundesrepublik vor allem in England, Frankreich und den Niederlanden vertreten. Neben den »Tempeln«, zentralen Ashrams in den Großstädten wie Amsterdam, London und Paris, gibt es eine Reihe von KRISHNA-Kommunen auf dem Land mit Farmbetrieb.

Abb. 7: Seine Göttliche Gnade A. C. BHAKTIVEDANTA SWAMI PRABHUPADA vor Schloß Rettershof/Taunus
(Photo: KNA-Bild, Frankfurt)

Bücher für Krishna

Entschlossener als andere religiöse Gruppen asiatischer Herkunft sucht die KRISHNA-Bewegung ihre ununterbrochene Kontinuität mit der klassischen hinduistischen Tradition nachzuweisen. KRISHNA-bewußt leben, wird einem gesagt, sei nichts anderes als die uralte, ewig gültige Religion bewahren, die in den heiligen Schriften der indischen Überlieferung (*Veda*) festgeschrieben ist. Verbreitung von KRISHNA-Bewußtsein ist deshalb Verbreitung der vedischen Literatur. Immer ausschließlicher hat sich die Bewegung in den letzten Jahren auf diese missionarische Aufgabe konzentriert. Buch um Buch wird produziert und in Millionenzahl unter die Leute gebracht: fast alles Übersetzungen und umfangreiche Kommentare klassischer Texte.
Zu diesem Zweck gründete SWAMI PRABHUPADA den *Bhaktivedanta Book Trust (BBT)*, Verlagshaus und heute »der Welt größter Produzent für Bücher über indische Philosophie, Religion und Kultur«. Allein- und Universalautor des inzwischen

über siebzig Titel umfassenden Programms ist SWAMI PRABHUPADA, der in einer immensen Arbeitsleistung ein literarisches Erbe hinterlassen hat, von dem die KRISHNA-Bewegung auf lange hinaus zehren kann und durch das seine Lehre unaufhaltsam weiter verbreitet wird. So jedenfalls legt es die Erfolgskurve des *BBT* nahe. Im Jahr 1966 fing der Verlag mit 1000 Büchern an, in der Jahresproduktion 1971 wurde zum ersten Mal die Millionengrenze überschritten, 1974 waren es über 10 Millionen Bücher, und 1977 stellte der *BBT* 13 Millionen her – insgesamt wurden bis zum Jahresende 1977 etwa 66 Millionen Bücher produziert.[3] Allen voran der Spitzenreiter *Bhagavadgita – wie sie ist*, von dessen englischer Ausgabe der *BBT* allein im Jahr 1977 eineinhalb Millionen drucken ließ. Dieser unerreichte Klassiker der hinduistischen Religion ist heute im Westen mit Abstand am weitesten in der Version und mit dem eigenwilligen Kommentar PRABHUPADAS verbreitet. Die zweite Stelle in der Produktion nimmt das *Srimad-Bhagavatam* ein, von dem bisher 23 Bände publiziert sind und das in der Religionswissenschaft unter dem Namen *Bhagavata-Purana* bekannt ist. Es ist eine Kompilation verschiedener Texte, in deren Mitte die Geschichte KRISHNAS und der liebenden Hingabe an ihn steht.

Die Verbreitung der massenweise produzierten Leinenbände, Paperbacks, Taschenbücher, Zeitschriften, Kalender, Bilder und Schallplatten wird so hemmungslos betrieben, daß man ohne zu übertreiben die KRISHNA-Gesellschaft als groß angelegte internationale Vertriebsorganisation mit kapitalistisch-expansivem Zuschnitt charakterisieren kann. Das gilt, auch wenn sich der *Bhaktivedanta Book Trust* ausdrücklich als »*Non-Profit*-Unternehmen« bezeichnet. Alles geschieht natürlich im Dienste der höheren Sache. »Da *ISKCON*-Mitglieder Schüler Srila Prabhupadas sind, studieren sie seine Bücher täglich, und so sind sie besonders gut geeignet, um Leute anzugehen und sie zu überzeugen, diese Bücher seien es wert, daß man sie besitzt und liest. Wegen der Aufrichtigkeit und Hingabe der Schüler Srila Prabhupadas haben die BBT-Bücher ihren Platz in Millionen von Heimen in der ganzen Welt gefunden. Allein in Amerika kauft alle fünf Sekunden jemand ein BBT-Buch.« So weiß es die *ISKCON*-Zeitschrift *Back to Godhead*.[4]

In der Öffentlichkeit dagegen werden seit Jahren Berichte von Aufdringlichkeit, Anrempeleien, üblen Tricks und Betrug beim Straßeneinsatz der »Gottgeweihten« kolportiert. Die Mönche hätten der KRISHNA-Gesellschaft durch ihre rüden Bettelmethoden Riesensummen ergaunert. So berichtet die *Süddeutsche*

Zeitung noch am 16./17. September 1978 von einem Münchner Polizisten, den ein KRISHNA-Jünger mit Faustschlägen und Fußtritten krankenhausreif geschlagen habe, weil er ein ihm mit den Worten »Das schenke ich Ihnen« überreichtes Buch einfach so behalten wollte. Solche Vorwürfe führten bereits im Dezember 1974 zu einer Polizeirazzia im *Rettershof*, bei der über 700000 Mark beschlagnahmt wurden. In einem aufwendigen Prozeß vor der 17. Strafkammer des Landgerichts Frankfurt bemühte sich die Staatsanwaltschaft, diese Anklagen zu erhärten. Obwohl derlei Praktiken vielfach geschildert worden waren, blieb der konkrete Nachweis schwierig. Das Urteil vom 28. April 1978: Bettelbetrug war nach Ansicht des Gerichts nicht nachzuweisen; dagegen wurden Geldbußen wegen Verstoßes gegen die Sammlungsgesetze verhängt, der konfiszierte Betrag ging an die *Deutsche Welthungerhilfe*.
Der Prozeß war von allen Seiten hochgespielt worden. Nicht zuletzt von der Presse, die ihre Sensation hatte und sich im übrigen in der Pose des Aufklärerischen gefiel. Aber auch der Staatsanwalt hatte seine Anklage hochgeschraubt, indem er den zehn angeklagten Mönchen kriminelle Vergehen anzulasten und den religiösen Charakter der KRISHNA-Bewegung überhaupt in Frage zu stellen versuchte. Die Angeklagten stilisierten sich umgekehrt zu Märtyrern einer von Staat und Kirche verfolgten religiösen Minderheit hoch. All das ist gleichermaßen verkehrt und geht an den wahren Problemen vorbei, die sich im übrigen, wie der Prozeß eindrucksvoll demonstrierte, weitgehend der rechtlichen Beurteilung entziehen. So mußte das Gericht schließlich über Verstöße gegen das Sammelgesetz befinden, obgleich im Grunde ganz andere Fragen zur Entscheidung gestanden hatten: Wurde hier nicht das Recht auf Religionsfreiheit mißbraucht, um dahinter mancherlei Ungereimtes – etwa die Ausnützung von Gruppenmitgliedern – zu verbergen, und wurde nicht – ebenfalls unter dem Deckmantel von Religion – die Öffentlichkeit massiv hintergangen?

»Gott muß ›Boß‹ sein«

Eine einzige Botschaft ist es, die die Jünger *Krishnas* verkünden: *Bhakti*, die Gottesliebe. KRISHNA »sucht die Liebe seiner Verehrer und gibt sich ihnen selbst. Er ist das Wesen der Liebe, das Haus aller Seligkeit. Seine höchste Wonne ist in der Liebe. Nur durch Liebe und Hingabe kann man ihn erlangen.« *Bhakti* hat eine lange und große Tradition in Indien. Sie gewann ihre Inspiration vor allem aus dem monumentalen religiösen Lehrgedicht der *Bhagavadgita* sowie aus den Mythen und Legenden der Göttergeschichten. Bis ins siebzehnte Jahrhundert hinein prägte die gefühlsbetonte, oft in schrankenlose Ekstase ausbrechende Religiosität der *Bhakti*-Kulte den Hinduismus, und bis heute ist sie, vor allem im Süden Indiens, weit verbreitet und ungebrochen lebendig.

Obwohl nicht auf die Verehrung KRISHNAS beschränkt, ist KRISHNA, der jugendliche, strahlende Held, der Liebhaber der Hirtenmädchen von Vrindaban, zur beherrschenden Gestalt der *Bhakti* geworden. Wie keine andere hat die Geschichte seiner Epiphanien, im *Srimad-Bhagavatam* erzählt, die Frömmigkeit weitester Volksschichten geprägt und die Phantasie der Dichter und Künstler inspiriert. KRISHNAS Liebesspiel mit den Hirtenmädchen (*Gopis*), besonders die sehnsüchtig gefühlvolle Romanze mit der Favoritin RADHA, ihre Hingabe an den Gott, voll sinnlicher Erotik vorgestellt oder zur sublimen Mystik verklärt, ist Inbegriff aller *Bhakti* geworden. Einer der glühendsten Verehrer KRISHNAS war der Bengale CAITANYA (1485–1533). Die von ihm begründete Bewegung entwickelte sich rasch zu einer der größten *Bhakti*-Gemeinschaften mit eigenen Tempeln und eigener Lehrtradition. Gegen Ende des 19. Jahrhunderts nahm sie mit der Gründung der *Gaudiya Vaishnava Mission* einen neuen Aufschwung. Deren wichtigster Leiter wurde BHAKTI SIDDHANTA GOSWAMI. Er war der Guru von SWAMI PRABHUPADA. Doch hat *ISKCON* keine formelle Beziehung zur gegenwärtigen *Gaudiya Vaishnava Society*.

Die *Krishna*-Bewegung ist also eingebunden in die alte indische *Bhakti*-Tradition, deren religiöse Inbrunst sie wiederbeleben und deren Lebenshaltung sie ohne den geringsten Kompromiß einer fremden, aus anderem kulturellen und religiösen Erbe gestalteten, nach anderen Gesetzen lebenden Welt als Heilsweg anbieten will. So versucht sie die überlieferten Elemente der *Bhakti*-Frömmigkeit im Westen zu praktizieren.

Am wichtigsten davon ist jener Sprechgesang, der in endlosen, melodisch einfachen Wiederholungen die Namen Gottes nennt und als ein wirkungsmächtiges Mittel zur »Realisierung« der Einswerdung mit KRISHNA gilt. Ist doch in seinem Namen Gott selbst gegenwärtig. »Im Kaliyuga (dem bösen Zeitalter, in dem wir leben.) ist das Singen des Namens das große Heilmittel. Durch ›*Samkirtan*‹ wird die Sünde der Welt hinweggenommen, das Herz gereinigt, *Bhakti* entfacht. Wann immer man den ›Namen nimmt‹, ob man ißt oder sich hinlegt, und wo auch

Abb. 8: Hingabe an Lord Krishna *(Photo: EBA, Stuttgart)*

immer es sei, ohne Einfluß von Zeit, Platz oder Regel – der Erfolg ist unfehlbar sicher.«[5] SWAMI PRABHUPADA und seine Jünger haben diesen Sprechgesang zum »Chanten« weiterentwickelt: mit einem Rosenkranz von 108 Perlen in einem kleinen, um die Schulter gehängten Leinenbeutel ausgerüstet, absolvieren sie mit Virtuosität und entnervender Monotonie ein enormes tägliches Pensum im Wiederholen des »Hare Krishna Rama«, mit dessen suggestivem Sog LORD KRISHNA die Seelen seiner Anhänger in seinen Bann schlägt.

Der Bilderdienst der »Gottgeweihten« tritt nach außen wenig in Erscheinung, doch spielt er in der Frömmigkeitspraxis der KRISHNA-Bewegung eine wichtige Rolle. Zwei der jungen Mönche in *Schloß Rettershof* sind als Priester ausgebildet und versehen den Tempeldienst. Der Altar, in mehreren Marmorstufen aufsteigend, von einem geschnitzten Holzbaldachin überdeckt, ist Thron und Behausung der *deities*, der Götterbilder. In kostbare Gewänder gekleidet, von den Attributen ihrer mythisch-paradiesisch-bukolischen Welt umgeben – Pfauen, Kühen, Muschelhörnern, Blumengestecken, Girlanden usw. –, haben KRISHNA mit der Flöte und seine Gespielin RADHA ihren Platz auf der obersten Stufe. Da Gott Person ist, gilt ihm die gleiche verehrungsvolle Pflege wie einer hochgestellten, fürstlichen Persönlichkeit. Morgens um drei Uhr werden die *deities* geweckt, gebadet und angekleidet, ebenso nach der Mittagsrast, um zehn Uhr abends werden sie zur Ruhe gebettet. Dazwischen werden ihnen Speisen geboten, Weihrauch, Kampferlicht und Blumen dargebracht, während die Gemeinschaft der Mönche dem göttlichen Paar mit dem Kirtan huldigt. Sieben Opferungen sind es jeden Tag, pünktlich auf die Minute müssen sie vollzogen werden.

Die KRISHNA-Bewegung ist ausgesprochen traditionalistisch in ihrer Haltung. Auf die Frage etwa, ob nicht die indische Lebensweise der Gemeinschaft stärker an westliche Gewohnheiten angeglichen werden könne, um Mißverständnisse und unnötige Konflikte aus dem Weg zu räumen, antwortet der *ISKCON*-Europasekretär: »Das sind Gebote, die durch die Schriften gegeben sind, durch Gott. Es ist eine Frage des Gehorsams. Niemand kann das ändern.« Vor allem die vier Grundprinzipien des mönchischen Lebens – kein Fisch, Fleisch und Ei, keine Rauschmittel, keine unerlaubten sexuellen Beziehungen, kein Glücksspiel – sind unverrückbares, in sich gültiges »Wort Gottes«.

Doch nicht nur im eigentlich religiösen Bereich erweist sich die *Internationale Gesellschaft für Krishna-Bewußtsein* konservativ, oder besser: traditionalistisch. Ihre Grundhaltung insgesamt steht konträr zu Aufklärung, Emanzipation und Rationalität. Das ist begreiflich in einer religiösen Gemeinschaft, die so ausschließlich aus einer vorgegebenen, autoritativ verstandenen Tradition lebt. Es bringt sie aber überall dort in Konflikte, wo jene Werte, die in der europäisch westlichen Kultur wurzeln, ihre Gültigkeit haben.

Eine dieser offenen Fragen ist die autoritäre Struktur der KRISHNA-Organisation. Sie wird metaphysisch begründet:

»Es gibt eine natürliche Hierarchie. Der Kopf ist wichtiger als die Hand. Die Frau kann dem Mann nicht gleichgestellt sein ... Jawohl, die Krishna-Gesellschaft ist diktatorisch, Krishna ist der größe Diktator. Gott muß ›Boß‹ sein. Und der nächste ›Boß‹ ist der, der Gott repräsentiert. Demokratie ist Unsinn. Wenn tausend Blinde einen Blinden zum Führer wählen, fallen sie alle ins Loch.«

Es ist schwer zu entscheiden, wie weit diese Haltung den jugendlichen Mitgliedern zu einer Lebensordnung wird, der sie sich aus Überzeugung einfügen. Zweifellos suchen viele eine solche klare Autorität, die ihnen Halt, Entlastung und Weisung gibt. Freilich, der Preis ist hoch, die Gefahr der Indoktrination und inneren Entmündigung groß. Die Fähigkeit und Möglichkeit zu einer eigenständigen, kritischen Auseinandersetzung jedenfalls haben die Mitglieder, einmal eingetreten, kaum mehr. Wo der innere Widerstand einsetzt, bleibt nur die Flucht. Und es scheint, daß mehr »Gottgeweihte« diesen Ausweg wählen, als die Gesellschaft wahrhaben will. Es gibt Schätzungen, nach denen sich die deutsche Mannschaft im Lauf von fünf Jahren weitgehend erneuert habe. Die Wiedereingliederung der Abgesprungenen in ein »normales« Leben ist ein langwieriger, äußerst mühsamer Prozeß, wenn er überhaupt gelingt. Zu tiefe Spuren hat das Leben im Dienste KRISHNAS hinterlassen.

Die traditionalistische Haltung wird vielleicht am deutlichsten an der Rolle, die den verhältnismäßig wenigen Frauen in der Bewegung – etwa ein Sechstel – zugeteilt wird. Sie stehen im Hintergrund: die asketische Leibfeindlichkeit der KRISHNA-Theologie, Pendant der spiritualisierten Liebesmystik, kann ihnen dem Mann gegenüber nur eine mindere Qualität zubilligen. Die Frau muß beschützt werden, sie soll nicht zu viele Entfaltungsmöglichkeiten, nicht zu viel Bildung haben. Sie dient KRISHNA durch den Mann, dem sie sich unterordnet. »Ihre Funktion ist, Kinder zu haben. Dann ist sie glücklich.« Doch »das ganze System der Ehe besteht darin, Sexualität so weit wie möglich zu vermeiden ... Eheleben ist eine Art Lizenz für Sexualität – mit der Bedingung, daß man Krishna-bewußte Kinder aufzieht.« Kein Wunder, daß die Gesichter der jungen Frauen nicht sehr glücklich aussehen, auch dann nicht, wenn sie gehorsam allen Emanzipationsideen abgeschworen haben.

Kommt die Rede auf die Wissenschaft, so wird SWAMI PRABHUPADA ausfällig. Die Wissenschaftler sind allesamt Halunken und Dummköpfe. »Das ist das Unsinnige an den heutigen Wissenschaftlern. Sie haben sich selbst gegenseitig alles bewiesen, außer – wer sie selbst sind.« Sie leugnen den Schöpfer, selbst aber können sie kein Leben machen. Sie sind wie Kinder, die im Sand ein Haus zu bauen versuchen und die keiner ernst nimmt. Diese schroffe Wissenschaftsfeindlichkeit verbindet sich mit allerhand magisch-esoterischen Theorien über Natur und Kosmos, etwa wenn der Swami, gestützt auf die Veden, Sonnen- und Mondfinsternis damit erklärt, daß der unsichtbare Planet Rahu an Sonne und Mond vorbeiziehe. Dieses vorwissenschaftliche Weltbild, gedeckt durch die Autorität des Meisters, ist verbindlich; kritisches Denken wird lächerlich gemacht.

Die HARE-KRISHNA-Bewegung macht aus einem bestimmten Strang der indischen Religion eine Alternativideologie zur westlichen Gesellschaft. Der Versuch ist eindrucksvoll in seiner Geschlossenheit und Kompromißlosigkeit – um so mehr, als die gesellschaftlichen Schäden auf der Hand liegen. Doch es gibt auch gute Gründe, der KRISHNA-Bewegung kritische Fragen zu stellen. Die wichtigste ist die nach dem menschlichen Weg der jungen Leute, die sich ihr anschließen, sei es, weil sie im bisherigen Leben scheiterten oder weil ein echtes religiöses Engagement sie treibt. Werden sie nicht in eine Haltung gedrängt, die sie abhängig macht, unfähig zu kritischer Selbständigkeit und letztlich blind für ihre Umwelt? Doch hat man es sich bisher oft zu leicht gemacht mit der Frage nach den religiösen Motiven der KRISHNA-Bewegung sowie mit den kritischen Rückfragen, die ihr Auftreten unsrer Gesellschaft stellt. So kommt es zu Vor- und Fehlurteilen. Jedenfalls ist es zu billig, die KRISHNA-Mönche als Spinner lächerlich zu machen oder als Extremisten abzutun.

Der »Pfad der Meister«

Divine Light Mission und *Internationale Gesellschaft für Krishna-Bewußtsein* sind Guru-Bewegungen. An der Spitze steht eine Führergestalt mit hochkarätiger spiritueller Autorität. Das Meister-Jünger-Verhältnis hat eine hohe Wertigkeit und ist entsprechend emotionalisiert und ritualisiert. Hinzu kommt die Gruppenerfahrung innerhalb der Jüngergemeinde. Zusammengebunden durch die Liebe des Meisters und das ihnen gemeinsame geheime »Wissen«, bilden die Guru-Gläubigen eine nach innen gewandte Gemeinschaft von starker Kohäsions- und Integrationskraft. Man »gehört dazu«, bezieht sich auf dieselben esoterischen Erfahrungen, benützt denselben sprachlichen Code. All das bindet nach innen und stößt gleichzeitig nach außen ab. Dem Außenstehenden, mag er sich noch so gutwillig um Verstehen bemühen, fehlt der entscheidende »Schlüssel«. So gesehen gewinnt das Initiationsritual erhebliche Bedeutung. Es markiert die Grenze zwischen »drinnen« und »draußen«; eine Grenze, die weder von der einen noch von der anderen Seite übersprungen werden kann.
In einer versachlichten, ausgenüchterten Welt stellt die Guru-Bewegung den Jugendlichen Möglichkeiten bereit, Grundmodelle menschlicher Beziehungen zu erleben, die sie sonst vergeblich suchen. Von daher ist es eher verwunderlich, daß die östlichen Gurus nicht mehr Zulauf bekommen. Doch mögen

die geringe religiöse Substanz der *Divine Light Mission* einerseits und das strenge Reglement des Mönchslebens in der KRISHNA-Gesellschaft andrerseits schuld daran sein, daß die Mitgliederzahlen geringer bleiben, als zu erwarten wäre. Es gibt noch eine ganze Reihe anderer Gruppen und Grüppchen, die sich auf den einen oder anderen indischen Guru berufen. Im ersten Kapitel beispielsweise war bereits ausführlich von SRI ANANDAMURTI und der »sozio-spirituellen« Bewegung *Ananda Marga* die Rede. Manche dieser Gurus haben in Indien Hunderttausende von Anhängern, andere sind dort fast unbekannt. Da sie das publizistische Spektakel, das allein einer Guru-Bewegung im Westen zum Erfolg verhelfen kann, entweder nicht beherrschen oder ablehnen, treten sie kaum in Erscheinung. Doch ist ihr Einfluß im Hintergrund durchaus beachtlich. Unbemerkt und deshalb von öffentlichen Kampagnen ungeschoren, wirken sie vor allem durch persönliche Werbung und durch die Ausstrahlung des Meisters selbst, der in Vortragsreisen und spirituellen Seminaren seine Botschaft und – das gehört regelmäßig zusammen – seine meditative Praxis verbreitet. Viele von ihnen pflegen eine mehr oder weniger hochgespielte Esoterik.

Zu den qualifizierteren gehören *Radha Soami Satsang* (*Beas*), der »Pfad der Meister«, im letzten Jahrhundert in Indien entstanden und besonders im Punjab bis heute weit verbreitet, sowie der durch den »Meisterheiligen« SANT KIRPAL SINGH (gestorben 1974) davon abgespaltene *Ruhani Satsang*. Ihre religiöse Weltschau ist mystisch-esoterisch. In jedem Menschen, so verkünden sie, liegt das Göttliche verborgen. Durch die Initiation, die allein der gottgesandte Meister geben kann und in der »die Seele des Meisters die Verbindung mit der Seele des Anwärters aufnimmt«, erwacht das göttliche Selbst im Innern des Menschen. In der Meditation, die als »Yoga des Klangstroms« *(Surat Shabd)* bezeichnet wird, wird es immer bewußter erlebt, so daß das Individuelle allmählich ins Göttliche überhöht wird und in die Harmonie höherer Sphären einschwingt. SANT KIRPAL SINGHS besonderes Interesse war es, hinter den verschiedenen geschichtlichen Religionen die eine mystische Urwahrheit aufzudecken und zur religiösen Vereinigung der Menschen beizutragen. Zu diesem Zweck gründete er die *World Fellowship of Religions*, erweitert durch die Solidaritätsbewegung *Unity of Man*. Der Lebensstil der Adepten von *Ruhani Satsang* und *Radha Soami* ist karg. Regelmäßige Meditation, nicht unter zwei Stunden täglich, ist verbunden mit strengem Vegetarismus und hohen moralischen Forderungen:

Aufrichtigkeit, Selbstlosigkeit und vor allem Gewaltlosigkeit (ahimsa, keinem lebenden Wesen Schmerz oder Schaden zufügen). Die Anhängerschaft der Meister – SANT THAKAR SINGH präsentierte sich 1976 auf einer Rundreise durch Deutschland als Nachfolger des verstorbenen KIRPAL SINGH – ist gering, doch werden besonders junge Leute angezogen. Das Unternehmen ist seriös, ohne Zweifel, Indoktrination und Ausbeutung sind kaum denkbar. Doch kommt es, meist an kritischen Punkten der Lebensweise, zu Spannungen und Brüchen mit der Umwelt. Daran, daß ihre Kinder den Sonntagsbraten zurückweisen, merken manche Eltern erst, daß etwas Ernsthaftes im Gange ist. Wenn die dann fälligen Gespräche nicht behutsam geführt werden, ist verstärkter Rückzug die Reaktion, und esoterische Tendenzen kommen gefährlich zum Durchbruch.
Mit *Ruhani Satsang* sind bereits die eigentlich meditativen Bewegungen im Blick. Sie sind nicht grundsätzlich von den Guru-Bewegungen verschieden, aber die Akzente verschieben sich: Nicht mehr der Guru steht im Mittelpunkt, und auch die feste Gruppenbildung tritt zurück; dafür gewinnen die Meditation selbst und die durch sie eröffneten inneren »Erfahrungen« vorrangige Bedeutung. Auch der mystisch-universalistische Zug ist für die meisten Meditationsbewegungen typisch.

Die ganze Wirklichkeit
Chancen und Gefahren der Meditation

Meditation ist der zentrale Begriff der »neuen Religiosität«. Meditation markiert die Wende von außen nach innen: weg von einem außengesteuerten, außenorientierten Leben, hin zum Binnenbereich der vorbewußten Tiefenschichten des eigenen Wesens. Diese Kehrtwende von außen nach innen ist die eigentliche religiöse Revolte, die die junge Generation in den letzten zehn oder zwanzig Jahren vollzogen hat, bei der sie mindestens die Führung übernommen und mit der sie sich von der Generation ihrer Eltern losgesagt hat. Die Wende nach innen muß nicht in Introvertiertheit und Regression enden, wie eine verständnislose Öffentlichkeit pauschal argwöhnt, für die alles, was nicht ins Kategoriensystem eines rationalistischen und gesellschaftsorientierten Wirklichkeitsbildes paßt, Flucht aus der Wirklichkeit bedeutet. Meditation, richtig praktiziert, kann ein hervorragender Weg zu Selbstverwirklichung und ganzheitlicher Wirklichkeitserfahrung sein. Daß aber die Parole *Meditation* tatsächlich auch und oft sogar in erschreckendem Maß Ausbrüche in illusionäre Traumwelten und Fluchtbewegungen in reduzierte, unreife Stadien der Bewußtheit abdekken muß, das ist ebensowenig zu verkennen.

»A-Bewußtsein«

Was ist *Meditation*? Daß sich einer wie ein BUDDHA im »Lotossitz« auf dem Boden niederläßt, die Beine schmerzhaft im Schneidersitz verschränkt, mit geschlossenen Augen vor sich hinlächelnd? Ja und nein. Meditation kann das sein – abgesehen davon, daß der Lotossitz, der sich in Jahrtausenden asiatischer Meditationserfahrung bewährt hat, eine äußerst disziplinierte Haltung darstellt, die genau jene Mischung aus gesammelter Konzentration und gelöster Offenheit verkörpert, die das Wesen der Meditation ausmacht. Aber Meditieren ist nicht an den Lotossitz gebunden. Es gibt viele Möglichkeiten und Techniken, Körper und Geist einander zuzuordnen und zu

»versammeln«. Bei allen spielt das rechte Atmen eine wesentliche Rolle. Nirgends ist die leib-seelische Einheit des Menschen stärker erlebbar als im Atmen. Je natürlicher der Atem fließt, desto besser. Überhaupt ist Meditieren nicht irgendeine künstliche, verkrampfte und verschrobene Angelegenheit, sondern etwas ganz »Natürliches«.

Es ist fast nicht möglich, über den inneren Vorgang der Meditation angemessen zu reden. Und zwar deshalb, weil das, was in der Meditation geschieht, aus dem Bereich der Begriffe und der sprachlichen Logik hinausgeht. Viele weigern sich deshalb prinzipiell, darüber zu reden. Sie sagen, wer selber meditative Erfahrungen hat, der weiß, wovon die Rede ist, und braucht keine Worte. Und wer diese Erfahrungen nicht hat, der versteht sowieso nichts, für den klingt alles irgendwie sonderbar. Aber, wie gesagt, Meditieren ist nichts Unnormales. Deshalb kann man trotz der sprachlichen Schwierigkeiten das innere Erleben mitteilen. HILDEGUNDE WÖLLER, eine Theologin und Publizistin, die den Aufbruch der Jugend in eine neue religiöse Erfahrungswelt intensiv miterlebt hat, schildert die Einsichten und Impulse, die sie in der Begegnung mit dem jugendlichen *Underground* der frühen siebziger Jahre, speziell auch der Drogenszene jener Zeit der *Hippie*-Kultur, gewonnen hat:

»Ich verdanke der Begegnung mit diesen Menschen im Underground viel: die Entdeckung der Wirklichkeit der inneren Welt. Denn auch ich litt unter einem Realitätsverlust: Ich hatte die Realität, in der zu leben ich gewohnt war, für die einzige gehalten. Obwohl ich, seit ich denken konnte, nicht damit einverstanden war, daß dies so sein sollte, hatte ich nicht gewagt, meinem Widerstand dagegen mehr zu trauen als den Meinungen und Tatsachen, mit denen ich zu tun bekam. So hatte ich mir unrecht gegeben und den anderen recht – gegen mich selbst. Es war mir nun, als wäre ich aus einem bösen Traum geweckt worden. In jüngster Zeit mehren sich Berichte, aus denen hervorgeht, daß die meisten Zeitgenossen dieses Aufwachen erst in ihrer Sterbestunde erleben, in dem Augenblick also, der für das normale realistische Denken der schrecklichste ist, den ein Mensch zu bestehen hat.

Menschen, die durch einen Unfall oder eine Krankheit dem klinischen Tod nahe waren, durch die Kunst der modernen Intensivmedizin aber wieder ins Leben zurückgeholt worden sind, berichten übereinstimmend die merkwürdigsten Erlebnisse: sie erzählen, wie ihr Bewußtsein sich im Sterben aufspaltete, in, sagen wir, ein A- und ein B-Bewußtsein. Ihr B-Bewußtsein, das war im Körper, ihr A-Bewußtsein aber löste sich davon und ihr Ich mit ihm. Viele beschreiben, wie sie ihren Körper und die Menschen, die sich um ihn

bemühten, von außen, von oben sahen, während sie, frei von Raum und Zeit, Licht, Farben, Harmonie und Seligkeit erlebend, darüberschwebten, mit gelassener Neugier zusehend, was aus ihrem Körper wurde. Übereinstimmend berichten sie und ihre Ärzte, wie widerstrebend, wie unglücklich sie waren, wenn das Herz wieder zu schlagen beginnt und das A-Bewußtsein gleichsam gezwungen wird, wieder in den Körper, in das B-Bewußtsein zurückzukehren. Wer sterbend dies erlebte, lebt nachher anders weiter als zuvor. Entweder widerstrebend und unglücklich oder mit dem Bewußtsein einer neuen Identität und Freiheit. Die Menschen, von denen wir diese Berichte haben, sind keine religiösen Genies, sondern Kaufleute und Polizisten, Angestellte und Hausfrauen.
Aus ihren Berichten und aus Gesprächen mit Menschen, die aus Drogenerfahrungen den Weg zurück in die äußere Realität gefunden haben, schließe ich, was neue Religiosität, die diesen Namen verdient, ist: die aus eigener Erfahrung gewonnene Gewißheit von der Wirklichkeit des A-Bewußtseins und eng damit verbunden die Anerkennung, daß damit ein Auftrag verbunden ist. Es geht darum, vom A-Bewußtsein her die äußere Realität zu durchdringen, sie transparent zu machen. Wenn über den Sinn des Lebens auf dieser Erde etwas ausgesagt werden kann, dann scheint er mir darin zu liegen, in dieser Durchdringung. Und wenn es über irgend etwas lohnt, nachzudenken und sich untereinander zu verständigen, dann darüber, wie diese Durchdringung vor sich gehen kann. Über die Voraussetzung dafür wird man sich immer wieder klarwerden müssen: Ohne den Glauben, daß in uns das A-Bewußtsein angelegt ist, können wir nicht wirklich lebendig sein. Ohne das bewußte Annehmen, daß wir in einem B-Bewußtsein zu existieren haben, können wir nichts bewirken.«[1]

Es gibt heute im Westen eine Fülle von meditativen Angeboten und Bewegungen. Es kann nicht der Sinn dieser Darstellung sein, sie alle aufzuzählen und zu beschreiben. Der Interessierte sei auf die reiche Literatur zu diesem Thema hingewiesen. Doch ein Faktum, das man heute leicht übersieht, ist hier nachdrücklich zu betonen: Meditation ist kein Privileg der Jugend. Wenn irgendwo, dann wird an der gegenwärtigen Meditationsbewegung offenkundig, wie fragwürdig der Begriff der »Jugendreligionen« und die Eingrenzung des religiösen Aufbruchs der letzten Jahre auf ein Phänomen jugendlicher Psychologie und Soziologie ist. Ein Beispiel: Es gibt heute etwa ein Dutzend *Yoga*-Schulen in der Bundesrepublik Deutschland, die *Yoga* im strengen, klassischen Sinn lehren. Dazu kommen etwa 1100 Volkshochschulen, die *Yoga*-Kurse anbieten, sowie eine Unzahl kleiner *Yoga*-Zirkel verschiedenster Qualität. Schaut man die Kundschaft für dieses überreiche Angebot an, so bildet sie einen Querschnitt durch alle Altersstufen mit einem deutlichen Übergewicht der 25- bis 40jährigen. Ähnlich steht es in Meditationskreisen und Kursen, die das japanisch-buddhistische *Zen* praktizieren oder Verbindungen östlicher Techniken mit christlichen Traditionen versuchen. Die Meditationsbewegung ist ein Phänomen, das alle Altersgruppen und sozialen Schichten erfaßt hat. Andrerseits ist es gar keine Frage, daß sie durch das Interesse und das engagierte Einsteigen der Jugend enorm an Schubkraft gewonnen hat. Die Offenheit und Kompromißlosigkeit jugendlicher Teilnehmer – ihre *vibrations* (Ausstrahlung), wie man in der religiösen Subkultur manchmal sagt – können eine Meditationsgruppe zu viel intensiveren Erfahrungen führen.

Mit der westlichen *Sufi*-Bewegung wird im folgenden das Modell eines stark mystisch gefärbten Meditationswegs vorgestellt. Die im nächsten Kapitel ausführlich diskutierte *Transzendentale Meditation* stellt den rationalisierenden Gegentyp dar.

»Dem Einen entgegen«: Sufis im Westen

In vielem mit der Esoterik des am Schluß des vorigen Kapitels geschilderten »Pfades der Meister« verwandt, doch in der Ausstrahlung auf die Jugend ungleich wirkungsvoller ist die westliche *Sufi*-Bewegung. Sie verbindet sich heute vor allem mit dem Namen von Pir Vilayat Inayat Khan, einem der faszinierendsten Magier in der religiösen Subkultur.

Sufismus in seiner klassischen Form ist islamische Mystik. Mit der Ausbreitung des Islam über den indischen Subkontinent kam der *Sufismus* in intensiven Kontakt mit den religiösen Systemen und meditativen Übungswegen des Hinduismus. So bildete sich schließlich ein fruchtbarer religiöser Humus, in dem sich mediterrane, persische und indische Traditionen, angereichert durch westliche und östliche esoterische Elemente, miteinander vermischten und der seither zum Nährboden für vielerlei universalistische Religionsgemeinschaften und esoterische Weltanschauungsbewegungen geworden ist. Auch Pir Vilayats Wurzeln liegen dort. Sein Vater Hazrat Inayat Khan, Mitglied eines indischen *Sufi*-Ordens, der Musik und Tanz als Medium mystischer Entrückung pflegte, kam bereits 1910 als einer der ersten östlichen Lehrer nach Amerika und

Europa und ließ sich in *Suresnes* am Rand von Paris nieder. HAZRAT INAYAT KHAN faßte Ziele und Gehalt seiner Mission so zusammen:

»Die Sufi-Botschaft richtet sich nicht an eine besondere Rasse, Nation oder Kirche. Sie ist ein Aufruf zur Vereinigung in Weisheit. Die Sufi-Bewegung wird von einer Anzahl Menschen getragen, die zu verschiedenen Religionen gehören, aber nicht ihre Religion verlassen, sondern sie besser zu verstehen gelernt haben. Ihre Liebe ist Gottes Liebe für die ganze Menschheit, nicht nur für einen besonderen Teil davon. Es ist das wichtigste Werk, das die Sufi-Bewegung zu vollbringen hat, ein besseres Verstehen zwischen Ost und West und zwischen den Völkern und Rassen dieser Welt zu erreichen. Und der Ton, den die Sufi-Botschaft in dieser Zeit anschlägt, ist der Ton, der die Göttlichkeit der menschlichen Seele erklingen läßt ... Kurz, es ist eine Bewegung, von Gott ausersehen, um die Menschheit in Bruderschaft und Weisheit zu vereinen.«

Fand diese Botschaft schon damals Anklang, so gewinnen unter der Führerschaft PIR VILAYATS die universalistischen Ideen und der mystische Geist der Bewegung heute unter der westlichen Jugend zunehmend an Resonanz. Die großen religiösen Institutionen verlieren ihre Haltekraft, der interreligiöse Austausch wird immer intensiver. In einer solchen Zeit liegt der Gedanke in der Luft, daß hinter allen Religionen in ihrer Verschiedenheit das eine, göttliche Absolute durchscheint, und daß darum jeder Suchende auf dem Weg zu einer einzigen universalen Wahrheit ist. *Toward the One* – Dem Einen entgegen – heißt das Hauptwerk PIR VILAYATS.

Er hat weitgespannte Aktivitäten entfaltet. Zentrum seiner Arbeit in den USA ist die 1975 gegründete Wohngemeinschaft *The Abode of the Message* in New Lebanon im Staat New Jersey, einer früheren Quäkersiedlung. »Die Gemeinschaft hat das Ziel, ein lebendiges spirituelles Zentrum zu sein, das die Einheit aller Religionen fördert und dem Dienst für die Botschaft des Neuen Zeitalters gewidmet ist.« Von New Lebanon aus werden Vorträge, Meditationsseminare und die sogenannten *New Age Meditation Camps* organisiert. Entsprechend der Tradition des väterlichen *Sufi*-Ordens spielen in allen Aktivitäten Musik, Tanz und Schauspiel eine wichtige Rolle; es gibt ein eigenes *Sufi-Zentrum für Esoterische Künste.* PIR VILAYAT selbst hat eine »Kosmische Messe« entwickelt, ein universales Weihespiel, »das die Einheit aller Religionen und spirituellen Wege feiert und sieben Stufen höheren Bewußtseins wiedergibt«. In Europa liegt der Schwerpunkt – neben dem Internationalen Zentrum in Suresnes – auf einem Sommerlager, das

PIR VILAYAT in den letzten Jahren regelmäßig in den französischen Alpen hoch oben über Chamonix abhielt. Das *Camp des Aigles* führt, Tausende von Fuß über Mensch und Zeit, vor allem junge Menschen für mehrere Wochen zur spirituellen Erfahrung zusammen. Kernstück sind jeweils über eine Woche gehende, mit Schweigen und intensiven Meditationsübungen verbundene *Retreats.* Ein Erfahrungsbericht artikuliert plastisch die Empfindungen jugendlicher Teilnehmer bei einem solchen *Retreat*:

»Am nächsten Morgen beginnen wir um fünf Uhr mit dem Aufstehen. Um sechs kommt Pir Vilayat. Er setzt sich etwas oberhalb von uns auf einen Felsen und lehrt uns eine Reihe von Übungen, die dafür bestimmt sind, das Bewußtsein mit höheren Ebenen in Verbindung zu setzen. Er möchte uns zu einem ›Zustand des Nicht-Seins‹ bringen. Schließlich gibt er uns ein Mantra zum Gehen und schickt uns nach draußen, um es dort zu praktizieren. Wir werden uns dann wieder versammeln, wenn er ruft: ›Allahu Akbar‹ (Gott ist groß). Dann stehe ich draußen. Unglaublich! Die gestrigen Schleier sind weggerollt, um ausgezackte schneebedeckte Berggipfel zu enthüllen, die wie einsame Riesen im klaren Sonnenlicht des Morgens emporragen ...

Plötzlich verstehe ich auch, daß mein Aufstieg gestern mehr als nur eine physische Bedeutung hatte. Dies ist wirklich ein Ort der Macht, der Höhe, der jenen zuwinkt, die die Bahnen menschlicher Gedanken und Begrenzungen überschreiten und dem Universum auf einer grundlegenden Ebene begegnen wollen. ›Es gibt nur eine Heilige Schrift, das ist das Heilige Buch der Natur, die einzige Schrift, die ihren Leser zur Erleuchtung führen kann‹, zitiert Pir Vilayat seinen Vater, als wir zu ihm und dem Mont Blanc hingewendet wieder sitzen. ›Die Schönheiten der Natur können zu Anfang eines Retreats sehr groß sein‹, fährt er fort, ›aber sie neigen leicht dazu, später als Zerstreuung zu wirken. Aus diesem Grunde leben Sufis in Höhlen. Aber auch euer eigenes Wesen ist wie eine Höhle.‹ Weitere Übungen und Techniken folgen, die Mittagssonne strahlt gnadenlos auf uns herab. Ich bedecke meinen Kopf, weiß aber, daß es bereits zu spät ist: morgen wird mein Gesicht geschwollen und rot sein.

Zum Glück folgt nun eine Pause. ›Geht und übt, nichts zu sein, aber empfindet keine Freude dabei!‹ weist Pir Vilayat uns an, ›ihr müßt dazu kommen, eure Aufregung über die Erfahrungen göttlicher Zustände anzuhalten und einen Zustand des Friedens zu erreichen. Sonst werdet ihr diese Erfahrung wieder verlieren, weil eure Gefühlsbewegung sofort das Ego beeinflußt, und dann seid ihr ziemlich rasch wieder zu eurem irdischen Bewußtsein zurückgekehrt.‹

Um fünf kehrt Pir Vilayat zurück, um Fragen (in geschriebener Form) zu beantworten. ›Hier oben können wir den ganzen Tag damit verbringen, um unsere individuellen Übungen und Meditationen auszuüben‹, so fragt jemand, ›wie aber kann sich dies damit verbinden, um Gruppenbewußtsein in der Welt entstehen und wachsen zu lassen?‹
Pir Vilayat lächelt: ›Stellen wir uns einmal vor, daß es einen unendlichen Frieden inmitten der Welt gäbe – wäre das allein nicht schon eine große Hilfe? Stellen wir uns vor, ihr habt hinter die Handlungen der Menschen geblickt – wäre auch das nicht schon eine große Hilfe? Stellen wir uns vor, ihr hättet ein großes Licht und starkes Zutrauen in eure eigenen Kräfte entwickelt – wäre nicht auch das eine große Hilfe in der Welt?... Um dazu in der Lage zu sein, alle diese Dinge zu entwickeln, müßt ihr auch dazu in der Lage sein, sie zu erfahren. Habt ihr sie einmal erfahren, kehrt ihr bereichert in die Welt zurück... Euer Ziel muß darin liegen, vollkommenere Instrumente zu werden, wodurch sich das Wesen der höheren Welten auf diesem irdischen Plan manifestieren kann.‹...«[2]
Die westliche *Sufi*-Bewegung benützt eine reiche Palette verschiedener Meditationsübungen und spiritueller Praktiken. Im Mittelpunkt steht die klassische *Dhikr*-Übung. Das Wort bezeichnet eine alte sufische Technik, bei der das Grundbekenntnis des Islam »La illaha illa 'llah 'hu« – Es ist keine Gottheit außer Gott – mit einer kreisenden Bewegung des Kopfes gesprochen oder innerlich nachvollzogen wird. Daneben gibt es eine lange Liste anderer Übungen: Licht-, Klang- und Atemübungen, Techniken für Paare, hermetische Übungen, hinduistische und buddhistische Praktiken. Die musischen, dramatischen und künstlerischen Erfahrungs- und Ausdrucksmöglichkeiten machen die Variationsbreite noch größer.
Die innere Reise, die den *Sufi* seinem Ziel näherbringen soll, ist ein Weg spiritueller Wandlung, auf dem die Erkenntnis der Wahrheit und die Läuterung des eignen Wesens Hand in Hand gehen. Sie ist geprägt von dem Gesetz aller mystischen Erfahrung, daß das Glück der Erfüllung nur zu haben ist um den Preis eines schmerzhaften Abbaus des eigenen Ich. »Zerstöre dein Haus«, sagt JALALUDDIN RUMI, einer der klassischen persischen *Sufi*-Dichter, »und mit dem Schatz, der sich darin verbirgt, wirst du tausend neue Häuser bauen können.« Der Suchende braucht einen Führer auf seinem Weg: den Meister, dem er sich mit der Initiation völlig überantwortet. Unter der Anleitung des Meisters wird er Stufe um Stufe die in ihm verborgene Kraft des höheren, wahren Selbst entdecken. Und jede dieser neuen

Stufen entspricht einer höheren kosmischen Initiation, begleitet vom Jubel der Sphären. So tritt er schließlich ein in die universelle Bruderschaft aller erleuchteten Wesen.

»Kognitiv-emotionale Grenzerfahrungen«

Das alles klingt, von außen betrachtet, reichlich verblasen. Nebulose Verschwommenheit, eine bilderreiche Sprache und viel esoterisches Drum und Dran erschweren den Zugang zu dem, was sich möglicherweise an echter Erfahrung hinter dem mystifizierenden Sperrfeuer verbirgt. Und das ist einiges. Es ist zuerst die faszinierende Persönlichkeit PIR VILAYAT INAYAT KHANS selbst, dessen vitaler Ausstrahlung man sich schwer entziehen kann. Es ist weiter die Entdeckung, daß sich mit der sufischen Tradition einige der schönsten Blüten der Religionsgeschichte erschließen. Nicht nur spirituelle Gourmets kommen da auf ihre Kosten. Es ist schließlich ein Element der neuen Religiosität, das immer wieder durchschlägt und das heute ein ganz wichtiges Ingrediens für die religiöse Erfahrung junger Menschen zu sein scheint: der Zug zu einem mystisch gefärbten Universalismus. *Toward the One*, der einen universellen Bruderschaft entgegen, in der alle Wesen sich zur kosmischen Harmonie vereinen. Alte oder neue Naturmystik, Pantheismus, triebhafte Entgrenzung und Auflösung des Ich – wie immer man diesen Drang bezeichnet: Er zieht sich als roter Faden durch die Selbstaussagen der jugendlichen religiösen Szene.

Der Durchbruch dieses Drangs zum Universalen und Ganzen ist ein Stück Protest. Es ist die Rebellion des »ozeanischen« Gefühls, von dem der Dichter ROMAIN ROLLAND in der Diskussion mit SIGMUND FREUD sprach, gegen die Diktatur der objektivierenden und sezierenden Distanz, die im wissenschaftlich-technischen Zeitalter der einzig anerkannte Zugang zur Wirklichkeit geworden ist und die viele heute als Verarmung und Verfälschung oder sogar Zerstörung der Wirklichkeit empfinden. Die Wissenschaft arbeite begrifflich, sagte CARL FRIEDRICH von WEIZSÄCKER einmal in einem Gespräch. Ihre Methode sei es, »mit dem Begriff die Wirklichkeit zu zerschneiden und das Zerschnittene wieder zusammenzufassen«. Demgegenüber sei Meditation die Schulung zu einem anderen Verhalten, »das mit dem Geltenlassen des Unzerschnittenen beginnt«.[3] Der *Sufi*-Weg PIR VILAYATS ist wie alle qualifizierten Meditationswege eine solche Schulung, auch wenn sich das Curriculum manchmal seltsam ausmacht.

Die Hinwendung zum Ganzen, das die sezierende Begrifflichkeit der Wissenschaft nicht mehr duldet, ist immer auf Chiffren und Bilder angewiesen. Der Publizist Reimar Lenz, seit vielen Jahren ein engagierter und kritischer Begleiter der »neuen Religiosität«, artikuliert in dieser Hinsicht das Selbstverständnis der besten unter den Jüngeren:

»Mystische Erlebnisse sind kognitiv-emotionale Grenzerfahrungen der Erkenntnis, die der Mensch machen kann, wenn er sich versuchsweise mit all seinem Wahrnehmungsvermögen auf das Seiende im Ganzen bezieht. Diese Erlebnisse entspringen dem selbstevidenten Phänomen und Faktum eines unaussprechlichen Staunens angesichts des Seins alles Seienden ...

Beschäftigung mit den Details und Elementen unserer Erfahrungswelt sowie ihren Zusammenhängen und Gesetzen gibt der rationalen Orientierung einen gewissen Halt, Besinnung aber auf Zusammenhang schlechthin versetzt uns in einen Geheimniszustand des Bewußtseins. Das Fragewissen ist wesentlicher als das Tatsachenwissen.

Die Frage nach Sein und Sinn des Ganzen ist, obwohl begrifflich nicht zu beantworten und scheinbar eine Scheinfrage, doch die entscheidende und bleibende, denn erst in ihrem Bewußtseinsraum konstituiert sich wirklich freies Denken ...

Da der Mensch Mythologien, Religionen, Philosophien und Utopien zu seiner vorläufigen Selbstverständigung produziert, bleibt er verantwortlich für diese seine wertvollsten Kreationen und ihre immer neu zu erfassende Bedeutung. Da wir vom Ganzen und Absoluten nur in Hinweisen, Chiffren und Bildern – bestenfalls – sprechen können, dürfen und müssen wir wieder Polytheisten sein – in andächtig-kritischer Auseinandersetzung mit der Pluralität der historischen Chiffren und hervorragenden Gestalten ...

Nicht die Hybris des kleinen Ich zählt, nicht einmal sein ozeanisches Gefühl, sondern das Gebot des großen Ich, des ›mind at large‹, des Überbewußtseins. Es geht etwas durch uns hindurch, das in uns ans Licht will; aber wir wagen nicht, es zu benennen.«[4]

Die Sprache, die hier geredet wird, ist abstrakt und esoterisch. Die Erfahrung aber ist sehr wirklichkeitsnah und praktisch. Das ist besonders bei den Meditationstechniken und -wegen der Fall, die im *Buddhismus* entwickelt wurden und heute im Westen angeboten werden. Der *Buddhismus* ist Anleitung zur Lebenspraxis, erwachsen aus der Einsicht ins Wesen menschlicher Existenz. Dieser Zug ins Praktische charakterisiert auch

die buddhistischen Formen der Meditation. Sie haben im allgemeinen nur wenig religiösen Überbau bei sich. So ist es nicht verwunderlich, daß sie sich im Westen besonders verbreitet haben. Auch unter Jugendlichen.
Das japanische *Zen* ist in den USA und Europa inzwischen fast schon zur Selbstverständlichkeit geworden. Die *Zen*-Welle ist gelaufen. Es haben sich die kleinen Zirkel der wirklichen *Zen*-Fans herausgebildet. Viele Junge sind darunter, denen die Stringenz und Konsequenz der *Zen*-Meditation imponiert. Seit zwei, drei Jahren findet jedoch eine andere Tradition immer mehr Zuspruch: Meditationsübungen aus dem *tibetischen Buddhismus.* Tibetische Lamas reisen durch Europa und die Staaten, tibetische Zentren werden gegründet. Dahinter steht nicht zuletzt die gezielte Strategie des im nordindischen Exil lebenden DALAI LAMA, der im Westen für die tibetische Tradition einen neuen Lebensraum erschließen will. Dahinter steht aber auch das zunehmende Interesse der westlichen Jugend. Zu diesem allgemeinen Hinweis lediglich *ein* konkretes Beispiel. In Boulder, Colorado, gründete der Tibeter TSCHÖGYAM TRUNGPA RIMPOCHE das *Naropa-Institut,* an dem er einen eigens für den Westen entwickelten Übungsstil praktiziert. Er hat in den USA, speziell unter der akademischen Jugend, weite Verbreitung gefunden. Im Herbst 1978 hat ein von ihm beauftragter Meditationslehrer damit begonnen, in Deutschland diese Form der spirituellen Praxis zu lehren. Ihre drei Grundsätze:
– »Meditationssitzungen stimulieren die intuitive Einsicht in unser eignes Wesen sowie in die Natur aller Erscheinungen,
– Lernen schärft den Geist und verschafft der Intuition größere Genauigkeit,
– Arbeit bietet die handfeste Grundlage, auf der im täglichen Leben Verstand und Intuition zum Einsatz kommen, was uns fähig macht, in der praktischen Anwendung beim Leben in der Welt volle Verantwortung zu übernehmen.«

Wenn Meditation zum Ego-Trip wird

Der harte Kern solcher Erfahrungen wird nicht geschmälert oder geleugnet, wenn auf Gefahren der Meditation hingewiesen wird, die damit verbunden sind. CARL FRIEDRICH VON WEIZSÄCKER redet in dem erwähnten Gespräch davon, »daß Menschen, die an die Meditation gelangt sind, die das Heilsame, was es da gibt, erfahren haben, dann davon gewissermaßen über-

Abb. 9: Meditieren *(Photo: Ananda Marga, Mainz)*

schwemmt sind, und nun auf einmal dieses als etwas Alleinseligmachendes ansehen.«[5] Die »Überschwemmung« kann die Wucht einer Springflut annehmen, die einen Menschen, zumal einen jungen, wenig gefestigten, mit sich fortreißt und ins Bodenlose stürzen läßt. So wie die Droge ebenfalls »kognitiv-emotionale Grenzerfahrungen« erschließt, aber das Risiko in sich trägt, daß man den Rückweg in die raum-zeitliche Realität, ins »B-Bewußtsein«, nicht mehr findet. Meditation ist keine Droge, aber sie kann zur Droge werden und deren verheerende Auswirkungen haben. In außerwestlichen Kulturen, die Drogen kennen und religiös einsetzen, ist ihr Gebrauch mit gutem Grund eingebunden in strenge Rituale und gemeinschaftliche Regeln, d.h. er ist mit Schutzmaßnahmen umgeben. Dasselbe gilt für die Meditation. Sie braucht Rituale und Regeln als Schutzmaßnahmen, damit sie heilsam und nicht zerstörerisch wirkt. Darin hat das kultisch stilisierte Zeremoniell, mit dem in den östlichen Meditationsschulen die meditativen Übungen umgeben werden und das in den Ritualen esoterischer Gemeinschaften – Initiationen, Meistergraden usw. – seine Fortsetzung findet, eine sachliche Berechtigung.

Das Problem der westlich-jugendlichen Hinwendung zur öst-

lichen Meditation und Mystik liegt allerdings noch tiefer. Es hat seinen Kern darin, daß die Meditierenden in einem übermächtigen gesellschaftlich-geistigen Gesamtrahmen leben, der ihre Bemühungen der meditativen Umkehr und Neuorientierung fast notwendigerweise zum Scheitern verurteilt, weil man in diesem Gesamtrahmen jenes »A-Bewußtsein« nicht mehr kennt oder aber ignoriert.
Entweder verschärft die mystische Erfahrung den Konflikt zwischen »Kultur« und »Subkultur« erst recht, statt ihn in einer »Besinnung auf Zusammenhang schlechthin« zu lösen. Die Vermittlung zwischen dem »Fragewissen« und dem »Tatsachenwissen«, zwischen der inneren Tiefendimension der Wirklichkeit und der äußeren Realität, zwischen dem A-Bewußtsein und dem B-Bewußtsein gelingt nicht mehr. Dann gibt es jene gebrochenen Existenzen, die als Außenseiter und Ausgeflippte die Szene der Subkultur bevölkern: Sie haben die Weisheit der Gurus eingesogen, und jetzt sind sie Pflastermaler oder verkaufen Glasperlen und Gürtelschnallen. Sie haben die Kundalinikraft in sich geweckt und nähen Lederarmbänder für einen Alternativladen. Sie wissen von Astralebenen und Erleuchtung zu reden, aber sie wissen nicht den nächsten konkreten Schritt für sich selbst. Sie träumen vom kosmischen Bewußtsein und fürchten den Angsttraum eines Büros. Und sind ständig bedroht vom Abdriften in die Drogen-Szene.
Oder aber – das ist die andere Möglichkeit – die mystische Erfahrung gerät in den Sog des westlichen Marktes, in dem alles zur Ware wird, die produziert, verkauft, gekauft und konsumiert wird. Dann treten die Adepten der Sphärenharmonie als smarte junge Männer auf, die von Mantren, von höheren Bewußtseinszuständen und *Sidhi*-Techniken reden wie die Vertreter einer Autofirma von den neuesten und schnellsten Modellen, die man unbedingt und möglichst eine Nasenlänge vor dem Nachbarn haben muß. Das Geschäft mit der Erleuchtung blüht, seit sie zum Stimulans für höhere Leistung und verfeinerten Genuß zurechtgestutzt ist und im eingetragenen Verein – mit Gemeinnützigkeit, versteht sich – verbreitet wird.
Man weiß nicht, welche der beiden Alternativen die schlimmere ist.
Schaut man genau hin, dann haben diese Gefahren der Meditation ihre Wurzel in zwei typischen – und offenbar nur schwer zu vermeidenden – Fehlhaltungen. HARVEY COX, ein amerikanischer Theologe, hat in seinem Buch *Licht aus Asien* einen differenzierten Bericht seiner eigenen Erfahrungen und Auseinandersetzungen mit der östlichen Religion im Westen vorge-

legt. Er spricht darin vom angeborenen Trieb zum Narzißmus, der die westliche Kultur kennzeichne und in der modernen Psychologie eine Fixierung auf das Selbst mit sich gebracht habe, die durch die östliche Meditation nur noch verstärkt werde. HARVEY COX referiert den amerikanischen Psychologen JAMES HILLMAN[6], der von der Voraussetzung ausgeht, daß zu allem menschlichen Leben ein bestimmtes Maß an Schmerz und Trauer gehört. Er verstehe dieses »Pathos« jedoch nicht als etwas, das vermieden werden soll, sondern als potentielle Quelle für Wachstum und Wandel. »Hillman bedauert, daß durch die Art und Weise, in der viele östliche Techniken und Philosophien im Westen gelehrt werden, der notwendige Schmerz und die notwendige Verwundung der menschlichen Existenz nur noch gesehen werden als ›Teil der zehntausend Illusionen, denen man auf dem Pfad des Lebens begegnen muß, ein Stück der Erscheinung, oder gar eine Bürde des Karma, dem man einen Tribut zollt. Zeichen der niederen, noch nicht aktualisierten Sprossen der Leiter.‹« Damit wird aber Meditation zu einem Instrument der Verweigerung und lockt »in ein Denken, für das Göttlichkeit immer nur auf den Gipfeln der Erfahrung zu finden ist, nicht aber in den Enttäuschungen und schon gar nicht im ›Morast von Depression und Angst, in den Tiefen, in die das konkrete Leben regelmäßig zurückkehrt‹«. Die meditative Suche nach Freiheit von Schmerz und unmittelbarer Heiterkeit schließt ganze Bereiche menschlicher Erfahrung aus. HILLMAN entdeckt »hinter den weithergeholten Versprechungen einiger Gurus die Narkotisierung von Erfahrung«.[7]

Es lohnt sich, diesen Beobachtungen nachzugehen. Sie bieten einen – nicht den einzigen – Maßstab zur Beurteilung von Meditationstechniken. Sind sie Komplizen bei der Flucht aus negativen Erfahrungen oder zwingen sie dazu, die Wirklichkeit in ihrer Tiefe zu erleben? Die *Transzendentale Meditation* beispielsweise hat solche narkotisierenden Tendenzen, während die buddhistische Tradition des Meditierens ein höchst differenziertes Repertoire zur echten Begegnung mit Schmerz, Angst und Tod entwickelt hat. In der amerikanischen Verfassung steht der berühmte Satz vom *pursuit of happiness*: Jeder Mensch habe das Recht, nach Glück zu streben. In der spätkapitalistischen Gesellschaft ist daraus ein flacher Hedonismus geworden, der Glück mit Abwesenheit von Anstrengung und Schmerz verwechselt. Er fragt nicht mehr: Was ist gut? sondern nur noch: Was hilft mir? Die billige Suche nach dem Angenehmen läßt sich psychologisch leicht als »Suche nach der eigenen

Identität« kaschieren und rechtfertigen. Wenn Meditation in diesen Sog gerät, ist sie verdorben und wird zur betrügerischen Flucht aus der Wirklichkeit – bei Erwachsenen wie bei Jugendlichen. Die Gefahr, Meditation zum narzißtischen Ego-Trip zu mißbrauchen, ist jedoch bei jungen Menschen eher größer.
Die andere Fehlhaltung sieht Harvey Cox in der »Verbraucherkultur« und dem psychologischen Individualismus begründet, die den westlichen Menschen unvermeidlich konditionieren. Wie ein Prisma breche diese Schranke das Licht aus Asien und verzerre es in einer schrecklichen Weise: »Von diesem Prisma seiner Farbe und Schärfe beraubt, dient das nunmehr gebrochene orientalische Licht lediglich als weite Verstärkung der Struktur, die es nach der Hoffnung seiner ursprünglichen Lehrer unterhöhlen sollte: das isolierte, westliche, auf Konkurrenz eingestellte Ego.« Das Ergebnis ist eine spirituelle Konsumhaltung, ein meditativer Egoismus, der sich mit derselben Raffinesse und Rücksichtslosigkeit durchsetzt, wie wir das auf dem Felde des materiellen Konsums kennen. Harvey Cox spricht, nicht zu Unrecht, von einer »geistigen Völlerei«.[8]
Die revoltierende Jugend Amerikas und Europas hat im Meditieren eine Möglichkeit entdeckt, den Panzer der Ego-Fixierung und der Konsummentalität aufzubrechen, in dem die westliche Gesellschaft eingeschlossen ist. Die große Aufgabe besteht darin, das Instrument brauchbar zu halten, Meditation also freizuhalten von der Perversion durch die Konditionierungen, die sie überwinden soll. In dem Maße, wie das Meditieren zum interessanten Trip geworden ist, ist die Chance gesunken, daß es zur echten Alternative wird. An diesem Punkt sitzt die Gefahr. Nicht also Meditation ist das Problem, sondern pervertierte Meditation.

Evolution durch Meditation?
Die Bewegung der Transzendentalen Meditation

»Kein Witz: Ich kann fliegen.« Mit diesem Titel führte die »Satirische Monatsschrift« *Pardon* die Titelstory ihrer Nummer vom November 1977 ein: einen großen Bericht über die *Transzendentale Meditation* (*TM*) und deren neueste Entwicklung, die aufgrund einer besonderen Meditationstechnik bei vielen Meditierenden zu Levitations- und Flugerfahrungen geführt habe. Dies sei, fügte das Magazin vorsichtshalber hinzu, ein »unsatirischer« Bericht über »unglaubliche menschliche Fähigkeiten«. Die nächste Nummer brachte eine weitere große Folge, und dann füllten Heft um Heft neue Schilderungen von »Fliegenden«, wissenschaftliche Gutachten, Erfahrungsberichte usw. die Seiten der Zeitschrift. »Beim Üben des Sutras zum Fliegen wurde es vor meinen Augen plötzlich ganz hell.« So berichtet beispielsweise ein Kölner Student. »Mein Atem wurde für kurze Zeit sehr heftig, fiel dann ab und kam beinahe zum Stillstand. Dabei fühlte ich meinen Körper leichter werden, bis er nur noch aus Licht und Luft zu bestehen schien. Das Gefühl war so beglückend, daß ich anfing zu lachen. Dabei geriet mein Oberkörper in Schwingung, und ich fühlte so etwas wie einen Auftrieb, der mich nach oben zog. Ich setzte mich in den Lotossitz und erlebte mich wenige Sekunden später federleicht unter lautem Jubeln durch den Raum hopsen.«
Nicht nur bei *Pardon* und seinen Lesern haben die Flugkünste der *TM*-Meditierenden Aufsehen erregt. Bereits im Sommer 1977 hatte die allgemeine Presse über die sensationsträchtigen Meldungen aus den Meditationszentren berichtet. Im allgemeinen reagierte die Öffentlichkeit skeptisch, häufig auch ironisch, aber doch offenbar ihrer Sache nicht ganz sicher. Wer weiß, konnte man zwischen den Zeilen lesen, vielleicht ist doch etwas dran? Kein Wunder, daß sich das Thema *TM* zum publizistischen Dauerbrenner entwickelte, an dem sich die Gemüter erhitzten. Ganze Leserbriefschlachten wurden ausgefochten. Bauernfängerei und übler Schwindel, so wetterten die einen; Fakten und hundertfache Erfahrung, konterten die anderen.
Im Juni 1978 eröffneten die *TM*-Leute – wieder unter kräftigem Hinweis auf ihre phänomenalen Fähigkeiten – eine breit

angelegte Werbekampagne: »Hamburg – Modellprojekt für eine ideale Gesellschaft in Deutschland.« Wenn es gelinge, so war zu hören, ein einziges Prozent der Hamburger Bevölkerung für die *TM*-Meditation zu gewinnen, dann trete sozusagen ein sozialer Qualitätssprung ein und die Gesellschaft werde »automatisch in eine ideale Gesellschaft übergehen – eine Gesellschaft ohne Krankheiten, ohne Leiden, ohne Arbeitslosigkeit, ohne Inflation, ohne Unfälle, ohne Probleme – oder, um es sehr vorsichtig zu sagen: eine Gesellschaft mit sehr viel weniger Krankheit, sehr viel weniger Leiden, sehr viel weniger Inflation, sehr viel weniger Unfällen, sehr viel weniger Problemen – eine ideale Gesellschaft im Zeitalter der Erleuchtung«. Mitten in diese Anstrengungen, den großen Durchbruch in der bundesdeutschen Öffentlichkeit zu schaffen, platzte die Aufklärungsaktion des *Bundesministeriums für Familie, Jugend und Gesundheit*, die auch *TM* einbezog. Die *Transzendentale Meditation* fand sich unversehens mit den sogenannten »Jugendsekten« in einen Topf geworfen und schwersten Vorwürfen ausgesetzt. Die *TM*-Leitung versuchte, diesen Schlag zu parieren, indem sie Minister ANTJE HUBER den Ärztestand – Inbegriff der Seriosität – ins Haus schickte und ein *Memorandum deutscher Ärzte* überreichen ließ, in dem auf die »segensreichen« Möglichkeiten der *TM* für jeden einzelnen und die »Nation als Ganzes« hingewiesen wurde. Als die Frau Minister die *TM*-Ärzte nicht einmal empfing, beklagte man sich in einem Offenen Brief bei Bundeskanzler HELMUT SCHMIDT persönlich.
Der publizistische *TM*-Rummel geriegt vollends zur Farce, als zwei Hamburger Pastoren eine Geldsumme aussetzten für den Fall, daß ein *TM*-Meditierer unter öffentlicher Kontrolle seine Flugkünste vorführe. Ein Ansinnen, das der Hamburger *TM*-Sprecher zurückwies: es werde »wissenschaftlich der Sachlage nicht gerecht und zielt auf oberflächliche Sensationslust ab«. Immerhin hatten die beiden Pastoren auf einer Pressekonferenz den anwesenden *TM*-Anhängern »sträfliche Scharlatanerie und betrügerische Versprechungen« ihres Meisters vorgeworfen. Inzwischen ist die Hamburger Kampagne ohne den erhofften Ein-Prozent-Erfolg abgeschlossen. Aber die *Transzendentale Meditation* ist zur bekanntesten und umstrittensten unter den neuen religiösen Bewegungen geworden.
Was also hat es mit jenen »unglaublichen menschlichen Fähigkeiten« auf sich, die dem *TM*-Meditierenden angeblich zuwachsen?

Vorweg ist eins klipp und klar zu sagen: Eine »Jugendsekte« ist die Bewegung der *Transzendentalen Meditation* nicht. Es gibt eine interne Statistik, die den Stand vom 14. April 1978 wiedergibt. Bis zu diesem Zeitpunkt waren insgesamt 73526 Personen in der Bundesrepublik Deutschland in die *TM*-Technik eingeführt worden. Davon waren 8476 (11,5 Prozent) zwischen 11 und 20 Jahre, 25378 (34,5 Prozent) zwischen 21 und 30 Jahre sowie 12080 (16,4 Prozent) zwischen 31 und 40 Jahre alt. Die 21–25jährigen, für die keine absoluten Zahlen angegeben sind, machen annähernd 19 Prozent aus, die 15–20jährigen etwa 4 Prozent. »Jugendliche« zwischen 15 und 25 Jahren – wenn man diese Abgrenzung einmal zugrunde legen will – stellen also nur ein knappes Viertel der *TM*-Anhängerschaft. Korrekter ist wohl eine andere Lesart: »Junge Erwachsene« zwischen 20 und 30 Jahren bilden mit einem starken Drittel den eigentlichen Kern der *TM*-Bewegung. Für diese Akzentuierung spricht auch die Tatsache, daß über 16 Prozent der Altersgruppe zwischen 31 und 40 Jahren angehören und immerhin noch fast 10 Prozent zwischen 41 und 50 Jahre alt sind. Die altersmäßige Zusammensetzung der *TM* entspricht also ungefähr anderen Meditationsbewegungen.

Das statistische Bild ist allerdings sofort durch drei Beobachtungen zu korrigieren. Erstens bilden die 21–25jährigen (bzw. 21–30jährigen) nicht nur zahlenmäßig die stärkste Gruppe, sondern sie sind auch am intensivsten für die Bewegung und ihr Programm engagiert. Die auf der allgemeinen Einführung aufbauenden Fortbildungskurse erfordern einen großen Einsatz an Zeit und Geld. Junge Menschen dieser Altersstufe sind von ihrer persönlichen, beruflichen und sozialen Situation her am ehesten in der Lage und bereit, diesen Einsatz zu leisten. So werden Studenten, junge Angestellte und Akademiker die »typischen« *TM*-Anwärter. Zweitens zeigt die Erfahrung, daß sich aus dieser Gruppe auch das Gros der Mitarbeiter, der *TM*-Lehrer und »Gouverneure«, rekrutiert. Da sie zumindest auf der lokalen Ebene das Erscheinungsbild bestimmen, verstärkt sich das Image einer »jugendlichen« Bewegung. Und drittens gehören die »Problemfälle« aus dem Umkreis der *TM*, deren Zahl größer ist, als die *TM*-Leitung wahrhaben will, ebenfalls fast ausschließlich der Altersgruppe zwischen etwa 18 und 30 Jahren an. Gerade wenn man die *TM* von den Gefahren und Schädigungen her sieht, rückt die Jugend in den Vordergrund. So wird es nicht nur verständlich, sondern es ist sachlich durchaus begründet, die *TM* im Rahmen der heutigen jugendlichen Religiosität zu sehen und sie, zumindest in einigen ihrer Aspekte, in einen Zusammenhang mit anderen jugendlichen Gruppierungen zu bringen.

Die Bewegung der *Transzendentalen Meditation*, von dem Hindumönch MAHARISHI MAHESH YOGI im Jahr 1958 in Madras gegründet und seit Ende der sechziger Jahre in den Vereinigten Staaten und Westeuropa zum Massenerfolg geworden, verbreitet eine besondere Meditationstechnik. Wer mit *TM* beginnt, bekommt in einer rituellen Initiation ein *Mantra*, einen wirkungskräftigen Wortklang, mit dessen Hilfe er zweimal täglich etwa zwanzig Minuten lang meditiert. Um das Grundprinzip seiner Meditation zu erläutern, gebraucht MAHARISHI MAHESH YOGI folgendes Bild: »Ein Gedanke entsteht in der tiefsten Bewußtseinsschicht, in der tiefsten Schicht des Ozeans des Geistes, so wie eine Luftblase am Grunde des Meeres entsteht. Im Aufsteigen wird die Blase allmählich größer, und wenn sie die Wasseroberfläche erreicht, wird sie als Blase wahrgenommen. Die Oberflächenschicht des Geistesozeans wird der bewußte Geist genannt. Jeder Gedanke, der die Oberflächenschicht erreicht, wird bewußt wahrgenommen.«[1] Wenn es nun dem bewußten Geist gelingen könnte, diesen Prozeß umzukehren und die Gedankenblase in immer tieferen Schichten des Ozeans, in einem immer früheren Stadium ihrer Entstehung zu erfassen, dann würde damit seine Kapazität gewaltig steigen. Der Geist könnte schließlich dem Gedanken bis zu seinem Ursprung in der tiefsten und feinsten Wesensschicht folgen und, auch diese noch überschreitend, würde er »im transzendentalen Zustand des Seins anlangen«. Den Weg in die Tiefe des Geistesozeans, zur »Quelle Kreativer Intelligenz« und zur »direkten Erfahrung des transzendentalen, absoluten Seins«, weist dem Meditierenden das *Mantra*. Wie es beim Tauchen nur auf den richtigen Eintauchwinkel ankommt, so auch hier: Kraft der ihm innewohnenden Eigendynamik trägt das *Mantra* wie ein seelischer Sessellift den Meditierenden in tiefere Bewußtseinsregionen.

Auf dem Wege der Meditation gelangt der Meditierende zu einem Zustand innerer Ruhe, der sich allmählich immer mehr stabilisiert und in der Tiefe seines Wesens ein unbegrenztes Potential schöpferischer Intelligenz und Harmonie erschließt. Im natürlichen Rhythmus von Ruhe und Aktivität wird dieser unendliche Seinsgrund immer dauerhafter ins Bewußtsein gehoben und bewirkt in der Lebensgestaltung in allen Bereichen positve Entwicklungen. Dem Meditierenden wachsen, so versi-

chern die Vertreter der *TM*, umfassende Möglichkeiten zu: Abbau von Streß, Zunahme von Gesundheit, Ausgeglichenheit, Kreativität und Dynamik, positive und harmonische Beziehungen zur Umwelt – kurz, der *TM*-Meditierende erlebt eine umfassende Lebens- und Glückssteigerung.
Diese positiven Entwicklungen sind mit dem gegenwärtig erreichten Stand der *TM*-Bewegung längst noch nicht abgeschlossen. Das menschliche Bewußtsein hat seine Möglichkeiten noch keineswegs voll realisiert. Eine neue Stufe auf dem Weg zu diesem Ziel ist jedoch mit den Levitations- und Flugerfahrungen erreicht. Demonstrieren sie doch eine »enge, hoch entwickelte Geist-Körper-Koordination« und damit gleichsam das fortschreitende Wachstum des Bewußtseins ins Sein hinein oder, anders gesagt, die zunehmende Gleichförmigkeit des menschlichen Bewußtseins mit den Kräften und Gesetzen der Natur. MAHARISHI MAHESH YOGI spricht in diesem Zusammenhang vom »Heim aller Naturgesetze« und meint damit jenen unbegrenzten Seinsgrund, den »Bereich aller Möglichkeiten«, der zugleich die Quelle der materiellen Natur wie des Bewußtseins ist und aus dem beide ihre grundlegenden Impulse und Gesetze erhalten. Das Ziel des Meditierens muß es dehalb sein, die volle Übereinstimmung des Bewußtseins mit diesem Seinsgrund – traditionell gesprochen: die »Erleuchtung« – zu erreichen. Dann nämlich steht dem Bewußtsein der »Bereich aller Möglichkeiten« unmittelbar offen.
Der MAHARISHI ist nicht zimperlich, wenn es gilt, diese Möglichkeiten zu beschreiben:
»Im Zustand der Erleuchtung, wie er sich aus der vollen Entfaltung des Bewußtseins durch die TM-Technik entwickelt, ist der Mensch ideal. In diesem Zustand wird das menschliche Leben auf dem höchsten Gipfel der Evolution gelebt. Das Bewußtsein ist unendlich und unbegrenzt. Die Bewußtheit des Menschen ist ständig im Feld reiner kreativer Intelligenz verankert, dem Bereich aller Möglichkeiten, dem Heim aller Naturgesetze, im Zustand unendlicher, unbegrenzter Wechselbeziehung. Wünsche werden spontan erfüllt. Das Leben wird in völligem Einklang mit allen Naturgesetzen gelebt und jede Handlung wird von ihnen unterstützt. Jede Phase der Tätigkeit wird von der stillen, unveränderten Ebene unbegrenzter Energie, Intelligenz und Kreativität ausgeführt. Das Leben wird in Glückseligkeit gelebt.«[2]
Allzu vollmundige Werbesprüche? Es kommt noch besser. Denn nicht nur der einzelne Meditierende ist auf dem Weg ins Paradies. Die ideale Fülle strahlt auf seine Umgebung und die ganze Gesellschaft aus. Und zwar setzt hier der sogenannte

Maharishi-Effekt ein: Neuere Studien, so versichert die *TM*-Werbung, hätten entdeckt, daß bereits *ein* Prozent Meditierender in einer Bevölkerung genügen, um den Sprung in die ideale Gesellschaft auszulösen.

»Es werden ein Prozent Menschen, die die Technik der Transzendentalen Meditation ausüben, ideale Gesellschaften, ideale Nationen und eine ideale Welt schaffen. Harmonie und dynamischer Fortschritt werden die Kennzeichen der idealen Gesellschaft sein. Die Erziehung wird ideal sein und voll entwickelte Bürger hervorbringen. Gesundheit wird vollkommen sein. Jede Kultur wird erlebt und in ihrer Integrität bestärkt werden. Die Leistungen und Erfolge einer jeden Regierung werden sich steigern. Nationen werden sich zur Unbesiegbarkeit erheben. Die Natur wird im Gleichgewicht sein – Jahreszeiten werden zur rechten Zeit einsetzen, Ernten werden reichlich sein, es wird keine Naturkatastrophen mehr geben. Friede wird in der Familie der Nationen herrschen. Die ganze Welt wird im hellen Sonnenschein des Zeitalters der Erleuchtung leben.«[3]

»Weltregierung des Zeitalters der Erleuchtung«

Man ist versucht, über solche offenkundig fantastischen Versprechungen weg zur Tagesordnung überzugehen. Doch stellt das Programm des Maharishi Mahesh Yogi eine Verbindung östlicher *Yoga*-Praxis mit westlichem Evolutionsdenken dar, deren Zielsetzung höchst brisant ist und kritische Aufmerksamkeit verlangt.

Das neue Meditationsprogramm, das zur Kunst des »Fliegens« führen soll, nennt sich *Sidhi-Programm.* In der klassischen hinduistischen *Yoga*-Tradition sind *Sidhis* paranormale Kräfte und Fähigkeiten, die der erleuchtete Yogi, der den Zustand des reinen Bewußtseins erreicht hat, unter Umständen erfahren kann. Patanjali, der hinduistische Yogaklassiker, beschreibt im dritten Kapitel seiner *Yoga-Sutras* mehr als dreißig spezifische *Sidhis*, darunter Phänomene wie Wissen von Vergangenheit und Zukunft, Unsichtbarwerden, Fliegen usw. Für den Hinduismus jedoch – und das ist der entscheidende Punkt – ist der Zustand reinen Bewußtseins, in dem die Einheit des Selbst (*Atman*) mit dem Allbewußtsein (*Brahman*) erfahren wird, nur zu erreichen durch asketischen Rückzug aus dem aktiven Leben und meditative Konzentration, die aus den Fesseln der Vereinzelung und den Täuschungen der *Maya* befreit. Im Programm der *Transzendentalen Meditation* dagegen ist die Intention diametral entgegengesetzt. Rückzug in die Ruhe: ja – aber nur, um desto intensiver und effektiver handeln zu können. Reines Bewußtsein: ja – aber nur, um über den »Bereich aller Möglichkeiten« zu verfügen und die Allmacht der Naturgesetze zur Wirkung zu bringen. MAHARISHI MAHESH YOGI: »Die Fähigkeit, ständig von diesem Bereich aller Möglichkeiten aus zu handeln, wird Erleuchtung genannt.«[4]

Eine solche Definition wäre im orthodoxen Hinduismus undenkbar. Sie ist möglich, weil der MAHARISHI die klassische hinduistische Überzeugung, daß das Bewußtsein mit dem eigentlichen Sein identisch ist, auf den Boden des westlichen Evolutionsdenkens verpflanzt und eine positivistisch orientierte Fortschrittsbotschaft daraus gemacht hat.

Man muß noch einen Schritt weitergehen. MAHARISHI MAHESH YOGI hat den Übergang vom »Wissenschaftlichen Zeitalter« zum »Zeitalter der Erleuchtung« proklamiert. Gleichzeitig avancierte *Seelisberg* in der Schweiz, die Zentrale der *TM*-Organisation, zur »Internationalen Hauptstadt« für die *Weltregierung des Zeitalters der Erleuchtung.* Aus dem Kreis seiner engsten Mitarbeiter ernannte der MAHARISHI zehn *Minister der Weltregierung des Zeitalters der Erleuchtung.* Auf nationaler Ebene gibt es entsprechende Ämter: HANS-PETER RITTERSTAEDT, der deutsche Nationale Leiter, führt den Titel »Minister für Bewußtseinsentwicklung«, KLAUS-DIETRICH KNIFFKI, ein anderer Vertreter des deutschen *TM*-Managements, ist »Minister für alle Möglichkeiten: Forschung und Entwicklung«, ILSE EICKHOFF ist »Minister für kulturelle Integrität, Unbesiegbarkeit und Weltharmonie« usw. Wer die Ausbildung zum Lehrer für die Sidhi-Technik absolviert und sich damit als leitender Mitarbeiter einer der *Residenzen für das Zeitalter der Erleuchtung* qualifiziert hat, trägt den Titel *Executive Governor.*

Das alles mag man als bramarbasierende, aber naive Spielerei belächeln. Es ist jedoch keine Spielerei. Noch einmal MAHARISHI MAHESH YOGI: »Wir haben eine neue Schwelle im Bereich des Bewußtseins überschritten: die Entdeckung und Demonstration des Bewußtseins als einen Bereich aller Möglichkeiten. Sogar bevor wir totale Meisterschaft über alle Möglichkeiten erreicht haben, können wir doch schon, ausgehend von den gegenwärtigen Resultaten, die Entwicklung einer idealen Gesellschaft voraussehen, die auf der Grundlage weniger Menschen aufgebaut ist, die ihr volles Potential nutzen.«[5]

Es ist eine einfache Rechnung, die hier aufgemacht wird. Wer das volle Potential seines Bewußtseins nützt, verfügt über den Bereich aller Möglichkeiten und sitzt damit im Schaltzentrum der menschheitlichen Entwicklung. Nicht in den Regierungssitzen und Metropolen entscheidet sich die Zukunft, sondern dort, wo ein paar Pioniere des Geistes ihr Bewußtsein mit den innersten Energien und Gesetzen der Welt koordinieren und zu unfehlbaren »Ministern« der Evolution werden, ausgestattet mit der Allmacht der Natur selbst. Wahrlich, eine apokalyptische Vision, die alle *Science-fiction* überbietet und die Politiker hellhörig machen sollte. Die *Neue Zürcher Zeitung* (10./11.4.1977) meinte in einem Beitrag, angesichts des Maximalanspruchs der Seelisberger »Weltregierung des Zeitalters der Erleuchtung« dürfe man »füglich am gesunden Menschenverstand dieser Leute zweifeln«. Das mag richtig sein. Aber es macht die Gefahr nur schlimmer, wenn solche irrationalen Heilslehren, gegründet auf parapsychologische Überzeugungen und Experimente, sich in den Köpfen festsetzen und zum Erwartungshorizont werden. Allmachtsträume, auch wenn sie sich noch so ideal und segensreich anhören, geben jedenfalls allemale Grund zum äußersten Mißtrauen.

Wissenschaft oder Religion?

Die Bewegung der *Transzendentalen Meditation* verdankt ihren Erfolg großenteils dem ernsthaften und konsequenten Versuch, sich auf die westliche Mentalität einzustellen: nicht nur auf ihre Bedürfnisse, sondern auch auf ihre grundlegenden Überzeugungen, Werte und Zielvorstellungen. Deshalb verleugnet sie sozusagen ihr eigenes Wesen als eine Gestalt östlicher Religion, um sich anhand zweier westlich-neuzeitlicher Grundideen zu interpretieren: Wissenschaft und Fortschritt.

Die *Wissenschaft der Kreativen Intelligenz (WKI)*, wie der theoretische Aspekt der *TM* heißt, wird als Wissenschaft des menschlichen Bewußtseins verstanden, die als Basiswissenschaft allen konkreten wissenschaftlichen Disziplinen zugrunde liegt. Dieser Ansatz imponiert, doch schlägt die propagandistische Absicht allzu deutlich durch, als daß man ihn wirklich ernstnehmen könnte. Mit einem riesigen Aufwand an wissenschaftlichem Vokabular und Inventar soll einer wissenschaftsgläubigen Zeit bewiesen werden, daß *TM* nach ihren eigenen, höchsten Kriterien fundiert und qualifiziert sei. Ein Beispiel solcher Argumentation aus dem bereits erwähnten *Memorandum deutscher Ärzte*:

»Die derzeitige wissenschaftliche Forschung zeigt übereinstimmend, daß der durch die Technik der Transzendentalen Meditation entwickelte Zustand der geringsten Anregung des Bewußtseins durch ein hohes Maß an Geordnetheit und innerer Wachheit gekennzeichnet ist. EEG-Untersuchungen zeigen hohe Grade an Kohärenz und Synchronisation zwischen den verschiedenen Bereichen des Gehirns, die mit wachsender Erfahrung in einer zunehmenden Zahl von Frequenzbändern auftritt. Diese Kohärenz ist in hohem Maße mit größerer neurophysiologischer Effizienz, mit subjektiver Erfahrung von Wohlbefinden und mit besseren Leistungen in Kreativitätstests korreliert. Weitere Untersuchungen zeigen eine beträchtliche Abnahme des streßbezogenen Hormons Cortisol, Veränderungen im Spiegel der Schilddrüsen- und Hypophysenhormone sowie Veränderungen im Stoffwechsel der Neurotransmitter. Unter den Nachweisen praktischer Vorteile der Technik der Transzendentalen Meditation sind besonders erwähnenswert: Besserungen bei psychosomatischen Erkrankungen, Verminderung und Heilung von Drogen-, Alkohol- und Tabakmißbrauch, Abbau von Angst und Aggression, größere sensomotorische Geschicklichkeit, verbesserte Rehabilitation und Resozialisierung von Strafgefangenen und psychiatrischen Fällen sowie bemerkenswerte Verbesserungen im sozialen Verhalten.«

Ähnliche Zusammenstellungen wissenschaftlicher Analysen und Fakten finden sich *en gros* und *en detail*, meist mit eindrucksvollen Statistiken, Diagrammen und Schaubildern visuell aufbereitet und mit dem Hinweis auf zahlreiche Spezialuntersuchungen untermauert, in allen Selbstdarstellungen, beispielsweise in dem Buch, das ein amerikanisches *TM*-Team herausgebracht hat.[6] Der MAHARISHI hat zum Zweck der wissenschaftlichen Untersuchung der *TM*-Technik und ihrer publizistischen Auswertung eigens eine »Universität« gegründet: die *Maharishi International University* (*MIU*) im amerikanischen Fairfield/Iowa, die inzwischen freilich bereits wieder erheblich reduziert ist, und ihre europäische Schwesterinstitution, die *Maharishi European Research University* (*MERU*) in Weggis am Vierwaldstätter See, die sich immer mehr zum propagandistischen Zentrum der Bewegung entwikkelt.

Zum wissenschaftlichen Anspruch und Image der *Transzendentalen Meditation* ist jedoch einiges zu sagen.

Erstens: Zur Wissenschaft, wie sie heute generell anerkannt und praktiziert wird, gehört das Prinzip der Kritik als Grundlage wissenschaftlicher Wirklichkeitserkenntnis. Das bedeutet, daß jedes Denkmodell der kritischen Prüfung unterworfen wird und nur so lange gilt, wie es nicht durch ein angemesseneres ersetzt werden kann (Falsifikation). Die Wissenschaft befindet sich also in einem ständigen, nie abgeschlossenen Prozeß der Annäherung an die Wirklichkeit, der durch das Prinzip der Kritik in Gang gehalten wird. Diesem allgemein gültigen Verständnis von Wissenschaft wird die *Wissenschaft der Kreativen Intelligenz* nicht gerecht. Das psychologische Modell, das ihr zugrunde liegt, und die darauf aufgebaute Erklärung der Funktionsweise von *TM* werden nicht einer kritischen wissenschaftlichen Prüfung unterzogen. Die zahlreichen wissenschaftlichen Experimente und Veröffentlichungen haben statt dessen lediglich die Funktion, das bereits festliegende und nicht mehr hinterfragbare Modell zu bestätigen. In Wahrheit hat die *TM* ein prinzipiell anderes Verständnis von Wirklichkeitserkenntnis: Sie sucht den Zugang zur Wirklichkeit des menschlichen Bewußtseins, indem eine überlieferte *Lehre*, eine durch ihr Alter unantastbare Tradition unverfälscht bewahrt und weitergegeben wird. Nicht, was der Kritik standhält, hat Gültigkeit, sondern was die Tradition der Meister überliefert, die MAHARISHI MAHESH YOGI autoritativ verwaltet und interpretiert. Er hat den Geist als einen Ozean mit bewegten Wellen an der Oberfläche und tiefer Ruhe am Grund beschrieben, darum ist dieses Modell verbindlich. Mit Wissenschaft hat das nichts zu tun. Im übrigen treten die von der *MERU* so aufwendig herausgestellten physiologischen und psychologischen Wirkungen keineswegs allein bei der *TM*-Meditation auf, sondern ebenso bei anderen Entspannungstechniken und Meditationsmethoden.

Zweitens: Wissenschaft ist gut, weil sie dem Fortschritt dient. Und der Fortschritt schreitet unaufhaltsam fort. Mit einer geradezu verblüffenden Naivität verbreiten die *TM*-Leute ihr optimistisches Bekenntnis, als hätten sie nie etwas von einer Krise im wissenschaftlich-technischen Umgang mit der Natur gehört, nie etwas vom *Club of Rome* und der durch ihn ausgelösten Wachstumsdiskussion, nie etwas von ökonomischen, ökologischen und moralischen Neubesinnungen. Aber man kann Krisen auch verdrängen. Der Fortschrittsoptimismus steckt an, die Botschaft von der idealen Zukunft mit *TM* findet dankbare Aufnahme. Die westlichen (und östlichen) Industriegesellschaften haben sich bisher geweigert, die Krise der wissenschaftlich-technischen Zivilisation zur Kenntnis zu nehmen. Statt sich ihr offen und selbstkritisch zu stellen, kennen sie für alle wirtschaftlichen und sozialen Probleme immer noch allein das Rezept kontinuierlichen, wenn auch gedämpften Wachstums. Man ist allenthalben tapfer am Verdrängen. Vielleicht hat MAHARISHI MAHESH YOGI mit seinem goldenen Zukunftsbild deshalb Erfolg, weil er dabei hilft. Keine Sorge, der menschliche Geist birgt noch ungeahnte schöpferische Kräfte in sich, sein Potential reicht weit über das hinaus, was nüchterne Vernunft und soziale Moral heute verantworten können. »Ausdehnung von Glück ist der Sinn des Lebens«, sagt der MAHARISHI.[7] Gewiß, es geht um das Glück der Menschen. Aber im Grunde ist das Glück, wie er es beschreibt, egoistisch, leistungs- und konsumorientiert wie nur irgendein Normenkatalog des westlichen Kapitalismus. Hier zeigt sich ein tiefer Widerspruch in der Botschaft des Guru. Mag er dem einzelnen Steigerung des Lebens- und Glücksgefühls verschaffen, so nur, weil er die Werte der Gesellschaft im ganzen nachbetet, und dadurch aufrechterhält, was zu bessern und zu heilen er vorgab.

Drittens: Daß die *Wissenschaft der Kreativen Intelligenz* keine Wissenschaft ist, wurde inzwischen noch viel direkter, nämlich durch Gerichtsurteil, festgestellt. In den vergangenen Jahren war es den amerikanischen *TM*-Organisationen gelungen, in den USA einige *TM*-Programme in öffentliche Bildungsinstitutionen zu lancieren und dafür auch öffentliche Mittel zu bekommen. Im Februar 1976 kam es deshalb im amerikanischen Bundesstaat New Jersey zu einer gerichtlichen Klage gegen die *TM*: Da sie eine Religion und keine Wissenschaft sei, verstoße es gegen die Verfassung, Steuergelder für den Unterricht der *Wissenschaft der Kreativen Intelligenz* an öffentlichen Schulen zu verwenden. Der mit großem Aufwand geführte Prozeß endete mit einer Niederlage für die *Transzendentale Meditation.* Am 19. Oktober 1977 verkündete der Richter sein Urteil: »Keine andere Schlußfolgerung war möglich außer der, daß die Lehre der WKI/TM und die Puja (das Initiationsritual, d. V.) ihrem Wesen nach religiös sind ... Obwohl die Beklagten über 1500 Seiten an Instruktionen, Erklärungen und eidlichen Aussagen vorgelegt haben gegen den Antrag der Kläger auf ein generelles Urteil, ist es den Beklagten nicht gelungen, auch nur den leisesten Zweifel zu wecken, was die Tatsachen oder das religiöse Wesen der Lehren der Wissenschaft der Kreativen Intelligenz sowie der Puja betrifft.« Auf 82 Seiten begründete das Gericht dieses Urteil mit detaillierten Nachweisen und begrifflichen Klärungen. Zum Beispiel heißt es da: »Diese Vorstellungen von Gott oder einem höchsten Sein irgendeiner Art sind offenkundig religiös, wenn sie als Lehre des Christentums, des Buddhismus oder Hinduismus auftauchen. Diese Vorstellungen verlieren diesen religiösen Charakter nicht einfach deshalb, weil sie als Philosophie oder Wissenschaft vorgestellt werden.«

»Heilige Tradition«

Die Bewegung der *Transzendentalen Meditation* ist viel tiefer im religiösen Mutterboden des *Hinduismus* verwurzelt als es ihre Werbung wahrhaben will. Das läßt sich an vielen Stellen zeigen. Im Grunde will es der MAHARISHI auch gar nicht verbergen. Im Gegenteil. Er ist immer ein guter Hindu geblieben und hat seine Meditationsbewegung bei aller Assimilation an westliche Standards in den entscheidenden Punkten fest an die religiöse Tradition Indiens angebunden. Und es gibt manche Anzeichen, daß diese Tendenz sich verstärkt. Es sind vor allem vier Aspekte, an denen der hinduistische Kern der *Transzendentalen Meditation* zum Vorschein kommt:

- Die *TM*-Bewegung nimmt die *Veden*, das grundlegende heilige Schrifttum des Hinduismus, als Quelle aller Weisheit und Wahrheit. Der Veda ist für MAHARISHI MAHESH YOGI das zeitlos gültige »Wissen« schlechthin, das die Menschheit seit Urzeiten hatte und das allen Kulturen, allen geistigen und religiösen Traditionen zugrunde liegt. Seine erste schriftliche Fixierung hat dieses menschheitliche Urwissen in der vedischen Literatur Indiens gefunden. Sie wird daher zum inneren Maßstab für alle Wahrheit. Diese Auffassung ist gute hinduistische Tradition. Konkret sieht das so aus, daß die *TM*-Theorie zu einer der großen religionsphilosophischen Schulen Indiens gehört. MAHARISHI MAHESH YOGI beruft sich auf SHANKARA, einen der bedeutendsten religiösen Denker des Hinduismus. Er lebte um 800 n. Chr. und ist der wichtigste Vertreter des *Advaita Vedanta*, einer vor allem aus den *Upanishaden* hergeleiteten Einheitsphilosophie.
- Die *TM*-Bewegung hat eine traditionelle hinduistische *guruparampara*, eine Folge autorisierter Lehrer, die ihre ungebrochene und unverfälschte Kontinuität von den Ursprüngen bis zu MAHARISHI MAHESH YOGI garantiert. Die *Tradition der Meister* ist von größter Bedeutung. Sie verkörpert sich für die *TM*-Anhänger im »Guru Dev«, dem Lehrer MAHARISHI MAHESH YOGIS, SWAMI BRAHMANANḌA SARASVATI (1869–1953). Sein Bild wird bei allen wichtigen Anlässen aufgestellt, und der MAHA-

Abb. 10: Maharishi Mahesh Yogi in Düsseldorf
(Photo: Hans Lachmann, Düsseldorf)

RISHI wird nicht müde, auf ihn als die Quelle seines Wissens, seiner Berufung und seiner Autorität zu verweisen. Von ihm reicht die Kette der Meister zurück bis zu SHANKARA und weiter bis zu den Namen der Heiligen und der Götter BRAHMA, VISHNU und SHIVA. Bei jeder Initiation eines neuen *TM*-Meditierenden wird diese Traditionskette angerufen und vergegenwärtigt. »Der tiefere Sinn der Handlung ist der: Durch die Anrufung der Götter und Lehrer sollen diese im Initiator gegenwärtig werden. Es ist nicht ein gewöhnlicher Mensch, der da spricht, sondern Gott selber, der als Ur-Guru dem Neuling sein Mantra übergibt.«[8] In der zentralen Funktion der »Heiligen Tradition« liegt übrigens auch die Wurzel für die Verehrung, die MAHARISHI MAHESH YOGI von seinen Anhängern entgegengebracht, und für den Kult, der mit seiner Person getrieben wird.

● Die *TM*-Bewegung fordert von jedem, der ihre Meditationstechnik praktizieren will, eine geheime Einführung (*diksha*) sowie eine Huldigung an die heilige Tradition (*puja*), wie das bei vielen hinduistischen Gemeinschaften üblich ist. Die Einführung, nach außen in ihrer Bedeutung so weit wie möglich heruntergespielt, ist in Wirklichkeit ein kultischer Initiationsritus, der vor dem Bild des »Guru Dev« mit einer *Sanskrit*-Liturgie und Opferzeremonie vollzogen wird. Nur aufgrund dieses Ritus gewinnt die Meditationssilbe, das *Mantra*, seine innere Kraft. Nur auf dieser religiösen Basis kann erfolgreich meditiert werden.

● Die *TM*-Bewegung benützt für ihre Meditation *Mantren*. *Mantren* sind in der Religion Indiens weit verbreitet. Die Vorstellung von der mystischen Kraft bestimmter Laute geht bis in archaische Zeiten zurück. *Mantren* sind klangliche und sprachliche Formeln für transzendente, göttliche Kräfte. »Der Körper des Gottes geht aus seinen Wortsamen hervor«, sagt ein hinduistischer Text. Die gesamte menschlich-kosmisch-göttliche Wirklichkeit läßt sich so in Sprachlauten repräsentieren und evozieren. MAHARISHI MAHESH YOGI hat diese magisch-okkulte Dimension in der *TM*-Mantrapraxis weithin zurückgedrängt und dem Mantra eine Art Stützfunktion für die Konzentration gegeben. Dem entspricht die Auswahl. Obwohl sie angeblich ganz individuell für jeden Meditierenden in einer Art Intuition durch den Initiator geschieht, werden die *Mantren* faktisch aus einer Liste von 16 Silben ganz schematisch nach Altersgruppen vergeben. Trotzdem bleibt ihre religiöse Qualität: Sie sind mit dem Tabu der Geheimhaltung belegt, und wenn der Meditierende durch Fortbildungskurse höhere Ebenen des Bewußtseins erreicht, so erweitert sich auch sein *Mantra* immer eindeutiger zur religiösen Formel. So berichtet ein früherer *TM*-Lehrer aus den Vereinigten Staaten, er habe zunächst das *Mantra* »aaing« (Aaing ist das *Mantra* einer hinduistischen Gottheit) bekommen, nach der vierten Zusatztechnik jedoch habe es »shri aaing namah« gelautet, was sich übersetzen läßt mit »Allerschönste(r) Aaing, ich verneige mich vor dir«. Das alles paßt wenig zusammen mit der Versicherung, das *Mantra* sei eine reine Klangsilbe ohne jede Bedeutung.

Erfahrungen mit »TM«

Erster Bericht:
»Seit einigen Jahren übe ich die Technik der Transzendentalen Meditation aus, und ich habe meiner Meinung nach durchaus positive Ergebnisse erzielt.
So war ich während meiner Bundeswehr- und Studienzeit mehr oder weniger stark vom Alkohol abhängig, d. h., ich benötigte schon am Morgen eine bestimmte Menge davon. Nachdem ich mit TM begonnen hatte, stellte ich nach einiger Zeit regelmäßiger Meditation (ca. 1½–2 Jahren) fest, daß mein Konsum abnahm, und heute trinke ich keinen Alkohol mehr, ohne daß ich mich dazu gezwungen habe; das Verlangen war einfach nicht mehr vorhanden.
Eine weitere Änderung konnte ich in meinem Verhalten zu Gott feststellen. Leugnete ich zu Beginn meiner Studienzeit in Diskussionen einfach die Existenz Gottes, so ist heute die Gegenwart Gottes für mich eine Realität. Der Umschwung kam spontan, ohne daß ich mich mit dem Problem besonders auseinandergesetzt hätte, und war deshalb für mich auch überraschend. In einem Gespräch verteidigte ich die Existenz Gottes und auch das Leben Jesu, so wie es uns in der Bibel mitgeteilt wird. Diese Wandlung führe ich ebenfalls auf den Einfluß der TM zurück.
Diese und auch andere Änderungen in meinen Einstellungen und Verhaltensweisen haben natürlich Konsequenzen in meinem gesellschaftlichen Leben. So verkehre ich nur noch ganz selten in ›Gaststätten‹, und auch mein Bekanntenkreis hat sich geändert, was nicht bedeuten soll, daß alle TM ausüben oder ich sie davon ›überzeugen‹ will.
Negative Ergebnisse, die durch die TM entstanden sein könnten, habe ich nicht festgestellt. Während des Studiums befand ich mich einmal längere Zeit in einer depressiven Phase, die ich fälschlich auf die TM zurückführte, woraufhin ich diese einstellte. Das Pro-

blem wurde dadurch aber nicht besser. Als ich nach etwa einem Jahr wieder zu meditieren begann, merkte ich dagegen eine deutliche Besserung. Ich führe dieses Beispiel nur an, um zu zeigen, daß ich bei negativen Ergebnissen sofort mit TM aufhören würde. TM ist für mich nur Mittel zum Zweck.
Im ganzen kann ich sagen, daß ich jetzt im Leben besser zurechtkomme und ich Schwierigkeiten und Rückschläge überraschend schnell überwinde. Heute sehe ich viel mehr die positiven Seiten des Lebens als noch vor wenigen Jahren.«[9]

Zweiter Bericht:

»Während des Kurses wurden die Erfahrungen von Glückseligkeitsbewußtsein klarer, intensiver und nicht nur während der Meditation beständiger, sondern auch während der Aktivität. Nun habe ich meistens ein sanftes, aber starkes Gefühl von glückseliger Ausgeglichenheit sowohl im Geist wie im Körper. Dieser Gleichmut ist so tief und stabil, daß er sogar bei großer Aktivität erhalten bleibt. Auch angesichts großer Probleme dauert diese glückselige Ausgeglichenheit von Geist und Körper an. Sie wird täglich stärker und fester. Jeder Ort ist himmlisch, wenn man diese Ausgeglichenheit fühlt. Man ist völlig selbstgenügsam. Nichts kann einen davon abhalten, diese märchenhafte, innere, geistige und körperliche Glückseligkeit zu haben.
Ich bemerkte auch, daß ich während des Kurses in der Aktivität tüchtiger wurde und sich meine Verantwortlichkeiten irgendwie so von selbst ordneten, daß sie mit sehr geringem Aufwand erfüllt werden konnten. So wurde Aktivität immer müheloser und führte gleichzeitig zu größerem Erfolg.«[10]

Dritter Bericht:

»Ich selbst habe 3 Jahre lang sehr intensiv meditiert und alles getan, was die TM-Lehrer, mit denen ich durch Aktivitäten im Center in ständigem Kontakt stand, empfohlen haben: wochenlang von morgens bis abends (unter Aufsicht) meditiert, Körper- und Atemübungen gemacht (›gerundet‹), eine sogenannte Zusatztechnik praktiziert, Kurse besucht, eine Checker-Prüfung abgelegt (*Chekking* = Meditationsüberprüfung, d.V.) und etliche Checkings durchgeführt, einen WKI-Kurs in der Schweiz besucht, selbst viele Checkings gehabt, aber ich kam nicht voran. Im Gegenteil: Ich wurde unruhiger, meine Schlafstörungen von früher tauchten wieder auf, meine Konzentrationsfähigkeit ließ nach, Aggression, Unzufriedenheit und Disharmonie nahmen zu, und es trat keine Besserung der physischen und psychischen Gesundheit ein.
Ich habe den TM-Lehrern keine Ruhe gelassen und bekam Antwor-

ten wie: ›Du bist gut, du entstreßt‹ oder ›Wer weiß, wie schlecht es dir ohne TM ginge‹. Oder ›Wenn du auch subjektiv nichts merkst, objektiv hast du dich bestimmt verändert.‹ Während der vielen Checkings habe ich mich meist äußerst unwohl gefühlt, wie ich auch jedesmal froh war, wenn die Meditationszeit vorüber war.
Meine Ehe wurde immer schlechter, obwohl auch mein Mann meditierte. Inzwischen sind wir geschieden, so auch zwei andere Ehen, obwohl beide meditierten. (Die Scheidungsquote unter Meditierenden ist besonders hoch.)
Ich wandte mich dann, nachdem ich Maharishi Mahesh Yogi schon mehrfach persönlich gesehen hatte, ganz direkt an ihn. Er verwies mich an einen TM-Lehrer zwecks Checking – es war ebenso lang und nichtsbringend wie jedes andere. Meine Verzweiflung wurde immer größer, und ich entschloß mich zu einem ausführlichen Brief an MMY mit der Bitte, sich doch auch einmal um die weniger erfreulichen Aspekte zu kümmern, anstatt sie zu ignorieren, aber ich bekam darauf nie eine Antwort. Außer von zwei Initiatoren, die ich gut kannte und die sich viel Zeit für mich genommen haben, wurden meine Einwände nicht ernstgenommen.«[11]

Vierter Bericht:

»Die Meditation verhalf mir zu einer gewissen Entspannung, vor allem in Streßsituationen; sie verhalf mir nicht zu einer Bewußtseinserweiterung in dem Sinn, daß ich meine damals akut anstehenden Lebensprobleme hätte lösen können. Im Gegenteil, durch die Meditation manövrierte ich mich in eine Scheingelassenheit hinein, die mir meine wahre innere Situation verdeckte. Ich kenne einige Studenten, die aus einer gewissen inneren Not heraus zur Transzendentalen Meditation kamen. Keiner fand die dort angepriesene psychische und physische Gesundheit, die Harmonie mit der Umwelt; die Meditation erwies sich bei ihnen, wie bei mir, als Flucht, als Sackgasse.«[12]

Fünfter Bericht:

»... Nun begann mein Alltag mit Meditieren. Eine Lebensänderung trat ein. Gesteuert von viel Idealismus und Ernsthaftigkeit war ich stets um eine konsequente Erfüllung der Empfehlungen bemüht. Ich meditierte regelmäßig morgens und abends. Anfangs mit Wekker, später ohne. Ich sog die Ruhe nur so in mich hinein. Die erhoffte Ausgeglichenheit trat ein. Ich fing an, mich für die Bewegung zu begeistern, besuchte regelmäßig Centerabende, Vorträge, verteilte Flugblätter, arbeitete im Center, besuchte Kurse ect. Ich kam viel mit Meditierenden zusammen, besuchte Meditationsüberprüfungen, und man bestätigte mir allerseits meine Fortschritte.

Eine tiefe Zufriedenheit stellte sich ein, eine Genügsamkeit und ein gewisses ›laissez-faire-Denken‹. Ich erlebte die Bedeutung des Alleinseins zum ersten Mal als etwas Großartiges. Ich lernte, mich stundenlang mit mir selbst zu beschäftigen. Das Verlangen, ständig mit anderen zusammen zu sein, schwand allmählich. Alles wurde irgendwie harmonisch. Viele Probleme waren wie weggefegt. Alles ging bedächtiger, langsamer. Ich fühlte mich wie von einer Strömung getrieben. Und eigentlich war ich auch mit mir selbst zufrieden. Ich hatte ein gutes Gefühl bei allem, was ich tat. Das ging so die ersten Monate, bis ich durch einige gute alte Freunde häufiger angesprochen wurde wegen meiner sich einschleichenden Zurückgezogenheit und Unzugänglichkeit, wegen meiner Verschlossenheit und der Passivität, die sie an mir beobachtet hatten, seitdem ich TM betrieb. Sie konnten mich zum Nachdenken bringen, zur Reflexion. Ich machte den Versuch, eine Art Zwischenbilanz zu ziehen nach etwa vier Monaten.
Meine Ausgeglichenheit war zu einer Schlaffheit geworden. Ich spürte, wie mein einziges Ziel war, mich selbst zu verwirklichen, dieses Leben zu nutzen, um darin zur Vollendung, zum kosmischen Bewußtsein zu gelangen. Die Gleichgültigkeit gegenüber den Problemen meiner Mitmenschen war gewachsen. Überhaupt hatte ich das Interesse an meiner Umwelt verloren. Meine Welt reduzierte sich immer mehr auf das Center, meine Umgebung waren Gleichgesinnte geworden. Die Isolation hatte mich am Kragen gepackt. Ich mied den Umgang mit Menschen, die mir Schwierigkeiten bereiten konnten ...
Permanent strömten Gedanken durch meinen Kopf. Ich konnte einfach nicht ohne Gedanken sein. Das ist wohl durchaus noch normal, nur bestand das Neue darin, daß alle diese Gedanken völlig ohne Zusammenhang auftraten. Ich konnte einfach keine Kontrolle mehr darüber bekommen. Die Gedanken begannen mich zu beherrschen, anstatt daß ich die Gedanken lenken konnte. Konzentration fiel mir immer schwerer. Ausdauer und Geduld verschwanden langsam ...«[13]

Sechster Bericht:

»Das Wachstum des Bewußtseins in der Aktivität war so stetig und natürlich, daß ich mich kaum daran erinnern kann, wie das Leben in Unwissenheit früher war. Während des ganzen Kurses erfuhr ich Aktivität als etwas ›Virtuelles‹, wie eine durch die Luft gezogene Linie. Man sieht die Bewegung, aber in dem Moment, in dem sie aufhört, scheint sie nie vor sich gegangen zu sein. Aktivität und Zeit waren beinahe schon im Moment ihres Entstehens ausgelöscht; alles war von einer Art Zeitlosigkeit und ewiger ›Gegenwart‹ durchdrungen. Gleichzeitig fühlte ich mich aber in höchstem Maße erfüllt, glückselig und weit. Aktivität und Wahrnehmung waren sehr reich, voll und lebendig, alles war äußerst schön und erfreulich. Ich fühlte und fühle ein ewiges Kontinuum von innerer Stille, Frieden, Harmonie und höchster Zufriedenheit. Ich bin vollständig erfüllt und ohne Wünsche, und doch geschieht alles in der bestmöglichen Weise und scheint die Erfüllung meines unausgesprochenen und sogar unbewußten Wunsches zu sein. Ich fühle mich von der liebenden Macht der Natur völlig umsorgt, und ich fließe mit dem, was meines Weges kommt. Nichts berührt mich unangenehm; nichts ist ein Hindernis; alle Sorgen, Ärgernisse und Probleme sind in der längst vergessenen Vergangenheit verschwunden. Ich bemerke eine ungeheure Flexibilität, und ich kann mich fast sofort jeder Situation anpassen, die da kommen mag. Mein Bewußtsein ist sehr ausgeglichen und unerschütterlich, ungestört und sogar unbeeinflußt von irgendwelchen Dingen.«[14]

Auf ein realistisches Maß reduzieren

Diese sechs Berichte sind eine ziemlich zufällige Auswahl aus einer Fülle von Statements, in denen Meditierende in den letzten Jahren ihre Erfahrungen mit *TM* schilderten. Die große Mehrzahl der Meditierenden zeichnet ein positives Bild von *TM*.

Ausgangspunkt sind vielfach psychosomatische Krankheiten und nervöse Störungen. Ohne religiöse Ambitionen zu haben oder gar ans Aussteigen aus dem gesellschaftlichen »System« zu denken, suchen immer mehr Menschen nach psychophysiologischer Regeneration und allgemeiner Stabilisierung. Die wachsende Skepsis gegenüber der technischen und chemischen Apparatur der Schulmedizin bereitet den Boden für alle möglichen ganzheitlichen und »geistigen« Methoden. Auch für die *Transzendentale Meditation.* Sie bietet sich vielen als geradezu ideales Heilmittel an. In ihren Zielvorstellungen systemkonform, auf die individuellen Erfahrungen und Erwartungen konzentriert, in den geistigen und menschlichen Anforderungen nicht zu hoch, entspricht TM genau dem, was sie brauchen: Abbau von Streß, Entschlackung des Nervensystems, Aufbau von Ausgeglichenheit und innerer Stabilität, Verbesserung von Konzentration und Kreativität.

Daß diese Therapie mit den höheren Weihen einer uralten geistigen Tradition einhergeht und mit den pastellfarbenen

Tönen religiöser Emotion untermalt ist, erhöht zweifellos für viele ihre Wirksamkeit. So hat denn auch auf dieser Ebene die *TM* ihre größten Erfolge. Gesellschaftlich voll integrierte, ganz »normale« Menschen jüngeren und mittleren Alters bilden das Gros der Bewegung.

Nach außen treten diese Meditierenden kaum in Erscheinung. Sie stehen im Beruf, haben ihre Familie, ihre Hobbies, sind meistens in irgendeiner Weise sozial engagiert – kurz, es handelt sich um konstruktive Bürger dieses Landes. Übereinstimmend betonen sie, in dieser Haltung durch die *TM* bestätigt, gefördert und vertieft zu werden. Begründung: ihre persönlichen Erfahrungen mit der *TM*, die durchaus positiv und ermutigend seien. Kein Bruch in der persönlichen Entwicklung, keine Entfremdung in Familie oder Bekanntenkreis, keine weltanschaulichen Konflikte. Auf allzu vollmundige Ansprüche der *TM*-Werbung oder die allgemeinen Ziele der Bewegung angesprochen, wird Distanz bekundet. Die eigene Erfahrung zählt, »Weltplan« und »Weltregierung« sind weit weg. Im internen Gespräch wird sogar Kritik an der offiziellen Linie geübt, jedenfalls bedauert, daß das Bild der *TM* in der Öffentlichkeit von solchem propagandistischen Feuerwerk bestimmt sei statt von der soliden Masse derjenigen, die gute Erfahrungen mit der *TM*-Praxis machen, ohne das gleich zum »Fliegen« oder zum »Weltplan« hochzujubeln.

Man täte dem Gros der *TM*-Anhänger Unrecht, wenn ihre Aussagen hier nicht festgehalten und mit allem Nachdruck bestätigt würden. Wer *TM* pauschal zur »Jugendsekte« und »giftigen Droge« macht, muß sich mit ihnen auseinandersetzen. Es läßt allerdings aufhorchen, wie viele Meditierende betonen, durch die *TM*-Praxis seien vergessene oder verschüttete religiöse Fragen und Bindungen wieder in ihnen wach geworden. Jede Meditation hat eine Affinität zu religiöser Erfahrung. Und so führt das Eigengefälle der meditativen Praxis auch bei der *TM* über die selbstgesteckten Grenzen einer »neutralen Technik« hinaus in die Dimension religiöser Erfahrung.

Hinzu kommt eine weitere Beobachtung. Sogar die freundlichsten *TM*-Partner legen einen geradezu fanatischen Eigensinn an den Tag, wenn man sie auf mögliche negative Wirkungen der *TM*-Technik anspricht oder Zweifel an der Vollkommenheit des Meisters Maharishi Mahesh Yogi andeutet. Die *TM*-Technik hat nur und ausschließlich positive Wirkungen; sie ist hundertprozentig. Und der Maharishi ist die Weisheit und Menschenliebe in Person, weit entrückt über die Ebene normaler Sterblicher. *TM* macht fanatisch und unfähig zur Selbstkritik. Was an Problemen und Schädigungen im Umkreis der Bewegung auftaucht, wird geleugnet oder verdrängt. Und da fangen die Probleme an.

Wer die Aussagen der Seelisberger »Weltregierung« über die Möglichkeiten, mit Hilfe der *TM* eine ideale Welt von idealen Menschen zu verwirklichen, ernst nimmt, sieht vor sich die Erfüllung uralter menschheitlicher Hoffnungen. Mit einer kleinen Gruppe von Menschen, die den Fortschritt des Weltgeistes tragen, ist er auf dem Weg zu einem kosmischen Bewußtsein, das, in völligem Einklang mit den schöpferischen Gesetzen der Evolution, zum Wohl der Menschheit auf dem Instrument der Natur spielt. Das ist eine faszinierende Perspektive, zumal für junge Idealisten, die gleichermaßen intellektuell und in ihrem menschlichen Empfinden für eine solche Utopie ansprechbar sind. Sie ist, das verbürgen ihnen die eigenen positiven Erfahrungen mit der Meditation, keine Illusion, sondern eine sehr konkrete Utopie. Die Gewißheit der Erfüllbarkeit verstärkt sich durch das Trommelfeuer der Erfolgsmeldungen. Und so meditieren sich die Insider der *TM*-Bewegung von Kurs zu Kurs, von Zusatztechniken zur *Sidhi*-Technik, vom *TM*-Lehrer zum *Gouverneur* und weiter zum *Executive Governor.* Und immer weiter ... Der Aufwand an Geld, Zeit und menschlicher Substanz ist enorm, das Ergebnis unkontrollierbar, der subjektive Erfolgszwang desto größer. Viele dieser in die zwanghafte Maschinerie des Aufstiegs zum höheren Bewußtsein geratenen *TM*-Lehrer sind robust genug, sich zu behaupten. Andere aber bleiben mit mehr oder weniger schweren psychischen und sozialen Schädigungen auf der Strecke, von der *TM*-Organisation fallengelassen, Versorgungsfälle für ihre Familie und die Gesellschaft.

Professor D. Langen, Direktor der Klinik für Psychotherapie an der Universität Mainz, setzte sich in einem Beitrag in der Fachzeitschrift *Journal für Autogenes Training und Allgemeine Psychotherapie* kritisch mit der *Transzendentalen Meditation* auseinander. Sein Resümee: Durch mangelhafte Vorauswahl der Interessenten, unsachgemäße Durchführung der Praxis und vor allem ungenügende psychologische Betreuung der Meditierenden häufen sich die »Irrwege«.

»Das läßt sich nun auch bedauerlicherweise aus meiner klinischen Erfahrung gerade in letzter Zeit zunehmend feststellen, wobei sich drei Gruppen von Meditationsgeschädigten herauskristallisieren:

1. Bei jugendlichen Menschen ist die Gefahr, von einer bis dahin

geradlinigen inneren und äußeren Entwicklung abzuweichen, besonders groß. Dabei sind sie besonders gefährdet, die transzendentale Meditation zum alles beherrschenden Prinzip zu machen und dadurch die Verbindung zur Wirklichkeit ganz zu verlieren. So kommt es zu nicht wiedergutzumachenden Abknickungen von Lebensentwicklungen, die dann an einer Stelle enden, die weder in irgendeiner Form vorher geplant war oder vorhergesehen werden konnte.
Aus mehreren, zum Teil erschütternden Beobachtungen sollte man daher allen Eltern raten: Wenn man überhaupt eine transzendentale Meditation befürworten will, sollte diese erst nach abgeschlossener Pubertätsentwicklung, wenn nicht gar nach abgeschlossener Vorbereitung auf einen Beruf hin erfolgen. Das also würde heißen, daß für sehr viele jüngere Menschen eine transzendentale Meditation nicht vor dem 25. Lebensjahr begonnen werden darf …
2. Gerade bei labilen Persönlichkeiten – und diese drängen ja häufig eher zur transzendentalen Meditation als in sich Gefestigte und Gereifte – ist die Gefahr der seelischen Entgleisung durch transzendentale Meditation ganz besonders groß. Mir sind in den letzten Jahren zunehmend Beispiele bekannt, daß entsprechend labile Menschen in eine dann nicht wieder kompensierbare Wahnentwicklung kamen. Gerade bei diesen Krankheitsbildern zeigt sich, daß den Übenden völlig sachunkundig immer wieder geraten wird: Sie müssen noch intensiver, länger und tiefer meditieren!
3. Bei etwas älteren Menschen, die vielleicht auch erst etwas später zur transzendentalen Meditation gekommen waren, zeigt sich der Schwerpunkt der Schädigung mehr im Bereich von Störungen der vegetativen Regulation. Dann kommt es entweder zu sehr unangenehmen körperlichen Beschwerden, wie Schmerzen oder anderen Unregelmäßigkeiten, die sich bis zur Behandlungsbedürftigkeit steigern können. Regelmäßig ist auch bei all diesen so behandlungsbedürftig krank Gewordenen zu beobachten, daß es auch hier zu einem Hochspülen aus den Tiefen der Persönlichkeit kommt, mit dann meist sehr unangenehmen Erlebnissen, deren sachkundige Verarbeitung aber nie erfolgt.«[15]

Solche Erfahrungen darf man nicht verallgemeinern. Aber selbst ihr vereinzeltes Auftreten ist gravierend genug. Sie passen nicht ins Bild einer Bewegung, die sich als Avantgarde auf dem Wege der Menschheit in eine ideale Zukunft versteht. Der universale Anspruch Maharishi Mahesh Yogis als Haupt einer »Weltregierung«, die sich »unbesiegbar in der Kraft der Weisheit, Liebe und Freude zur Pflicht« nennt, ist jedenfalls durch die Wirklichkeit nicht gedeckt.

Es geht nicht darum, die ernsthaften Bemühungen vieler Mitglieder und Lehrer der *TM* um Lebenshilfe durch meditative Praxis in Mißkredit zu bringen. Auch nicht darum, die positiven Möglichkeiten und Wirkungen der *TM*-Praxis in Abrede zu stellen. Viele Menschen erfahren durch die Hinwendung nach innen eine Bereicherung ihres Lebens und eine Harmonisierung im seelischen und psychosomatischen Bereich. Wohl aber ist es an der Zeit, das messianische Pathos der Bewegung und ihres Meisters zu entzaubern und die *Transzendentale Meditation* auf ein realistisches Maß zu reduzieren, das eine gerechte Beurteilung und einen vernünftigen Umgang mit ihr ermöglicht.

Von Esalen nach Poona
Bhagwan Shree Rajneesh und die psycho-religiöse Bewegung

»Die ›Kundalini‹ und die ›Dynamische‹ habe ich leider jeden Morgen verschlafen. Pünktlich um acht Uhr früh rappeln sich meine Mitbewohner aus ihren Schlafsäcken auf, sobald im Nebenraum rhythmisch-monotone Tonbandmusik einsetzt. Sie beginnen ihren Tag bei ›ZIST‹ mit einer Art hochintensiver Morgengymnastik: mit Meditationen nach den Regeln des indischen Großguru Bhagwan, und die sind nicht von der sachten, in sich gekehrten, sondern von der ziemlich motorischen und lautstarken Sorte. Die Frühaufsteher fangen ihre Übungen mit ›chaotischem Atmen‹ an, sogenannter Hyperventilation: Durch verstärkte Sauerstoffzufuhr ins Gehirn entsteht eine Art ›High‹. Die nächsten zehn Minuten ist dann ›Zeit zu explodieren‹. Ein Bhagwan-Merkblatt empfiehlt: ›Werde total verrückt, schreie, tanze, weine, schleudere deinen Körper herum, wenn er es verlangt!‹ Danach stößt die Runde zehn Minuten lang den Laut ›Hu‹ aus, ganz schnell hintereinander und ›ganz tief aus dem Sex-Zentrum‹. Anschließend herrscht für zehn Minuten Stille. Wie beim Figurentwerfen frieren die Körper in einer bestimmten Pose ein: ›Werde eine Statue und fühle, wie der beseligende Strom jede Zelle deines Körpers erreicht.‹ Die dabei entstandenen Gefühle ›überströmender Dankbarkeit und Freude‹ sollen zum Schluß mit Lachen und Singen gefeiert werden.«

So beschreibt die Journalistin Renate Just eine Szene im *Zentrum für individuale und soziale Therapie e. V. (ZIST)* in Penzberg, nicht weit von München. Sie hat für das *Zeit-Magazin* eine Reihe deutscher Psychogruppen besucht und unter der Überschrift *Seele in der Mangel* von ihren Erfahrungen berichtet[1]. Das Angebot von *ZIST* ist reich und zeigt eine deutliche Schlagseite ins Religiöse. *ZIST* bietet »in einem umfangreichen Programm Workshops, Programme, Kurse und Selbsterfahrungsgruppen aus dem Sammelbecken der in Amerika besonders populären ›Humanistischen Psychologie‹ an. Dies ist ein schier unüberblickbares Feld verschiedener therapeutischer Verfahren, die sich in den Staaten gegen die Übermacht des naturwissenschaftlich-positivistischen Behaviourismus und die verhaltenssteuernden Techniken der Lerntheorie entwickelt haben. Ebenso wollen sie ein Gegengewicht zur klinisch orientierten Psychoanalyse, die nur den kranken Patienten ins Auge faßt. Die ›Humanistische Psychologie‹ will die unzufriedenen Normalbürger auf der Suche nach ›einem Kern ihrer Existenz‹ begleiten. Da diese Richtung durch ihre wenig scharfen Begriffe und Zielvorstellungen (beispielsweise ›Wachstum, Kreativität, Persönlichkeitsentwicklung‹) ein erhebliches Stück wissenschaftlichen Anspruchs aufgibt, bietet sie sich als dankbare Domäne für Apostel und Heilslehrer jeder Art an. Auch der ›ZIST‹-Katalog der Gruppenselbsterfahrung hat seine dubiosen Ecken. In meiner Gruppe – sie heißt ›Kontakt‹ – werden erprobte Verfahren wie Gestalttherapie, Bioenergetik, Encounter gekoppelt. Jedoch ist die ganze Palette des ›ZIST‹-Angebots buntscheckiger: Transaktionsanalyse, Psychodrama, Psychosynthese, Massage, Familientherapie nach Satir, Sensory Awareness, Tai Ch'i Chuan, Postural Integration, Biofeedback, Enlightenment Intensive, verschiedene Meditationen.« Soweit RENATE JUST.

ZIST ist nur eines in einer rapide zunehmenden Zahl von Psycho-Zentren, in denen psychische Therapien, meist auf Gruppenprozessen aufgebaut und darauf angelegt, die aufgestauten Gefühle zu befreien und sie mit reinigender Wirkung noch einmal zu erleben, mit religiösen Elementen zu neuen Formen der Selbsterfahrung verbunden werden. Das psychische Durchbruchserlebnis, etwa der »Urschrei« nach ARTHUR JANOVS Methode[2], gerät zur Bekehrung, Meditation wird zur Psychotechnik, der Therapeut übernimmt die Funktion des Guru. Die Grenzen zwischen Religion und Psychotherapie verschwimmen. Die psychoreligiöse Welle ist breit im Anrollen.

»Therapie, die den ganzen Menschen meint«

Das Interesse der Psychologen und ihrer Kundschaft an religiösen – vorwiegend östlichen – Methoden und Erfahrungen kommt nicht von ungefähr. Die klassische Psychologie ist ein Stück Aufklärung. Aufklärung aber tendiert zur rationalistischen Veräußerlichung. Mehr und mehr reduzierten die verschiedenen psychologischen Schulen die Seele zu einem kausal oder triebhaft determinierten, jedenfalls aber positivistisch definierten Forschungs- und Experimentierfeld moderner Wissenschaft. Die gleiche Psychologie aber sollte, therapeutisch angewandt, die Schäden heilen und die Defizite auffüllen, die die aufgeklärte Moderne im Seelenhaushalt der Menschen hatte entstehen lassen. Dieses Unternehmen kann jedoch nicht gelingen, da die Psychologen die Seele isoliert und aus ihren Bezügen auf ein sinnstiftendes Ganzes herausgelöst haben. Münchhausen kann sich nicht am eigenen Schopf aus dem Sumpf ziehen. So ist es kein Wunder, daß auch in der Psychologie die Revolte ausbrach. Sie artikulierte sich in zwei Richtungen: in der *Humanistischen Psychologie* und in einem Ansatz, den man als *Transpersonale Psychologie* bezeichnen kann. Beide Male geht es darum, den reduzierten und blockierten seelischen Erfahrungsbereich wieder zu erweitern und das seelisch-geistige Potential in seiner ganzen Fülle zu erschließen. Dabei stößt die *Humanistische Psychologie* mehr in die emotional-körperlichen Dimensionen vor, während die *Transpersonale Psychologie* psychische Ausnahmezustände wie Ekstase und Erleuchtung sowie Möglichkeiten der Bewußtseinserweiterung untersucht.

Bei diesem Bemühen trifft die Psychologie auf religiöse Traditionen und Methoden, in denen ein reicher Fundus seelisch-ganzheitlicher Erlebnismöglichkeiten aufbewahrt ist. Die Therapeuten von *ZIST* schreiben:

»Therapie, die den ganzen Menschen meint, führt in Erfahrungsbereiche, für die wir im lebendigen Kern der verschiedenen Religionen – nur zum Teil verstandene – Schlüssel finden. Diese Bereiche lassen sich hier so schwer beschreiben, weil uns selbst nur vereinzelte, Hoffnung erweckende Erlebnisse zur Verfügung stehen... Dieses Unvermögen wurzelt zum Teil in dem Vorurteil, daß nur solche Erfahrungen Wirklichkeitscharakter haben, die statistisch oder im Verhalten meßbar nachgewiesen werden können – ein Vorurteil, das mehr über die dogmatische Erstarrung der neuen Religion ›Wissenschaft‹ als über die Wirklichkeit der Erfahrungen sagt. Lebendig praktizierte Religion führt – will man den Erfahrungsberichten vieler trauen – zu einem Bewußtsein, das das Selbst und die Mitwelt als Teil eines größeren Ganzen begreift. Das geht Hand in Hand mit einer umsichtigeren Lebensführung und führt zu intuitiv-schöpferischen Lösungsmöglichkeiten menschlicher Probleme, die die Gesamtheit gegebener Lebenssituationen berücksichtigen. Die Einsicht in die Begrenztheit unseres linearen, analytischen Denkens ist ein weiterer Grund für unser Interesse, in verschiedenen Religionen nach diesem Kern zu suchen und von dem dort vorhandenen Wissen um die Entwicklungsmöglichkeiten zu lernen.«[3]

Amerika ist seit eh und je das Land der Psychologen und Therapeuten. Nirgends ist der Glaube, auf der Couch des Analytikers sei das Glück machbar, so verbreitet wie dort. Es ist nur folgerichtig, daß auch die psychologische Revolte in den Vereinigten Staaten ausbrach. Und zwar – auch das ein Hinweis auf den gemeinsamen Hintergrund – zur selben Zeit wie die politische und religiöse Revolte der Jugend: in den sechziger Jahren.

Wesentliche Impulse gingen von der *human potential*-Bewegung aus, in der sich psychotherapeutische und religiöse Elemente zu einer wirksamen Mischung aus körperlicher Wahrnehmung, Gruppenerfahrung und einem nahezu pietistisch anmutenden Wiedergeburtserlebnis verbinden. Ursprung und Zentrum der Bewegung, fast schon legendär, ist das *Esalen Institute* in Kalifornien, Sitz des psychologischen Altmeisters und Begründers der »Gestalt-Therapie« FRITZ PERLS. Die Esalen-Schule mit ihren inzwischen Hunderten von Instituten bietet ein ganzes Arsenal an Methoden: immer neue Kombinationen von Tanz, Bewegung, Meditation, Massage, Selbsterfahrung, Sensitivity Training, Rollenspiel, Encounter. »Voraussetzung aller Institute ist die Erkenntnis, daß Menschen mit ihren sozialen, persönlichen und religiösen Problemen viel weniger verbal-reflexiv als psychologisch-emotional vorankommen, und daß der Ansatz bei der Emotionalität in engem Zusammenhang mit allen Formen von sinnlicher Wahrnehmung und psycho-somatischem und körperlichem Ausdruck steht.« So stellt der Psychologe und Theologe GERHARD M. MARTIN in einem Bericht fest und verweist sodann auf die spezifisch religiösen Komponenten der *human potential*-Bewegung. Er sieht sie zunächst in dem »ziemlich radikal alternativen Erfahrungs- und Kommunikationsstil«, dem sich Menschen dabei aussetzen und der zu einer echten Neuorientierung, zu konsequenten Schritten »auf dem Weg aus der verpanzerten Bürgerlichkeit in neue Verletzbarkeit und Sensibilität« führen könne. Darin aber liege eine strukturelle Ähnlichkeit zu pietistischer Religiosität. Auch der Pietismus »betonte vor allem innere Erfahrung und praktizierte intime Kleingruppenarbeit mit gegenseitiger Seelsorge, Bekenntnis- und Zeugnisablegung. Über allem stand der geistige Durchbruch, die Erfahrung der Wiedergeburt, die neue Kontaktaufnahme mit der Tiefe des göttlichen Lebens, öfter unterstützt durch naturphilosophische Spekulationen. Und nicht anders als die ›human potential‹-Bewegung forderte der Pietismus verschiedenster Herkunft, daß der Neueinstellung des Bewußtseins, daß der neuen Erfahrung und der Wiedergeburt ein neuer Lebensstil, ein neuer Lebensausdruck, ein neues Sozialgefüge der Gruppe folgen müsse.«[4]

Die Vereinigten Staaten von Nordamerika sind nicht Europa.

Die amerikanische Gesellschaft ist unterschwellig immer religiös geblieben; man ist stets bereit, sich der neuesten Erwekkungsbewegung hinzugeben. Auch die psychoreligiöse Welle ist zunächst ein Produkt des amerikanischen *revivalism*, das nicht einfach auf die hiesigen Verhältnisse übertragbar ist. Gleichwohl ist die Welle in den letzten Jahren voll nach Europa herübergeschwappt.

Zunächst bescherte sie uns die Gruppenbewegung mit allen ihren Spielarten, den nützlichen ebenso wie den problematischen. Gruppendynamische Selbsterfahrung in zahllosen Varianten und unter verschiedensten Etiketten ist seither landauf, landab en vogue. Dazu der Münchner Diplompsychologe Wolfgang Schmidbauer:

»Der Gruppenprozeß vermittelt vielen Teilnehmern das Gefühl, von diesen Menschen, die ihnen noch vor zwei Tagen völlig fremd waren, nicht abgelehnt, sondern verstanden, nicht kritisiert, sondern angenommen zu werden. Diese Erfahrung kann das Selbstgefühl so stärken, daß soziale Ängste und Beziehungsprobleme, aber auch andere Konflikte des Alltagslebens außerhalb der Gruppe erfolgreicher angegangen werden. Freilich ist dieser Gewinn neuen Selbstvertrauens kein Heilmittel für alle Probleme, keine Garantie, daß die alten Konflikte nicht in der nächsten Zeit wiederkehren. Solche Über-Erwartungen an die Gruppendynamik führen sogar eher zu einer Enttäuschung als einer mehr skeptischen, realitätsorientierten Einstellung. Wenn in der Gruppe nur mehr gefühlt, umarmt, befreit wird, wenn die Reflexion über das Geschehene und die verbale Bearbeitung vollständig zurücktreten, kann die Gruppenerfahrung zu einer religionsähnlichen Sektenbildung führen – ›nur wer auch dieselben Erfahrungen machte, kann mich verstehen!‹ Die Gruppe wird zu einer Art Droge.«[5]

Zusammen mit der Gruppenbewegung und in ihrem Gefolge kam der ganze Reigen neuer therapeutischer Methoden und Heilslehren, seriöser und solcher aus den »dubiosen Ecken«. Die amerikanischen Väter der neuen Psychologie bekamen auch hierzulande den bevorzugten Platz im Herrgottswinkel der Therapeuten: Kurt Lewin, Carl Rogers, Abraham Maslow, Fritz Perls, Alexander Lowen, Arthur Janov und wie sie heißen. Wer mitreden will, muß mindestens einige Jahre in den USA gewesen sein und in einem jener »emotionalen Backöfen«, wie man böswillig gesagt hat, seine therapeutischen Erfahrungen gesammelt haben. Unter den etwa dreißig Mitarbeitern von *ZIST*, um bei diesem Beispiel zu bleiben, findet sich kaum einer, der nicht in den biographischen Hinweisen seine

Ausbildungszeit in den Staaten unterstreicht. Das Ergebnis sind außergewöhnlich vielschichtige, ganzheitliche Ansätze, die eine Fülle von Möglichkeiten enthalten, den Teufelskreis von angelernten und verinnerlichten Vorstellungen, Interpretationen und Vorurteilen zu durchbrechen und die Qualitäten zu entwickeln, die *ZIST* als »spezifisch menschlich« bezeichnet: »Spontaneität, Entschlußkraft, Kreativität, Liebe, Mut, Echtheit, Mitmenschlichkeit, Dialog, Transzendenz.« Die *ZIST*-Mitarbeiter beschreiben in ihrem Programmheft Grundlagen und Ziele ihrer Gruppenarbeit. Das Spektrum ist weit, die feinen Trennungslinien zwischen psychotherapeutischen Techniken und religiösen Exerzitien zerfließen immer wieder. Einige Proben zur Anschauung:

- *Gestalt und Psychosynthese*: »Die Arbeit in meinen Gruppen ist wie Tanz, der darstellt und verdeutlicht, wie ich ›hier und jetzt‹ mein Leben lebe. Immer wenn wir unsere Art und Weise, mit unserem Leben umzugehen, unser Leben zu gestalten, von innen heraus ganz erfahren, wird ein Schritt nach vorne möglich. Die Erfahrung meines Selbst im Hier-und-Jetzt verschafft mir festen Boden unter den Füßen, einen klaren Ausgangspunkt, ›ich bin mehr da‹. Die wichtigen Fragen sind: ›Wo bin ich jetzt in meinem Leben?‹, ›Was ist die Richtung, in die ich gehe?‹ und ›Was ist mein nächster Schritt?‹ Gestalttherapeutische Ansätze helfen, diese Fragen zu beantworten. Die Ansätze der Psychosynthese erleichtern es, den Weg in jenen stillen inneren Ort zu entdecken, aus dem sich lebensbejahende Antworten entfalten, und an dem ich klar spüren kann, wer ich bin.«
- *Bioenergetik*: »Für mich ist Bioenergetik eine Art, sich zu spüren und sich durch seinen Körper erzählen zu lassen, welche Wege und Gefühle man im Laufe seines Lebens abgeschnitten hat. Und es ist für mich eine Möglichkeit, zusammen mit Massage, ›energyreading‹ und der Begegnung mit dem anderen, alte Wege wiederzufinden, zu verarbeiten und nach neuen Wegen zu suchen.«
- *Yoga und Gestalt*: »Mit Hilfe der Gestaltmethode streben wir nach Integrierung der einzelnen abgespalteten Persönlichkeitsteile des Ichs. Durch Streck- und Konzentrations-Übungen des Hatha-Yoga-Systems kann gleichzeitig das Zentral-Ich-Bewußtsein gefördert und damit das Ziel der Gestalttherapie unterstützt werden. Hatha-Yoga und Gestalt sind im wesentlichen ähnlich, so daß sich diese beiden östlichen und westlichen Methoden verschmelzen lassen.«
- *Tai Ch'i Chuan*: »Tai Ch'i Chuan ist ein altes chinesisches Übungssystem auf der Grundlage der Philosophie des Tao, des

Yin und Yang. Die äußere Form sind fließende harmonische Bewegungen, ausgeführt in einer langsamen, mühelosen Weise. Tai Ch'i Chuan hat vielfältige Aspekte. Es wird hauptsächlich zur Gesundheit, Meditation und Selbstverteidigung praktiziert. Tai Ch'i Chuan steigert die Möglichkeit physischen, spirituellen und geistigen Wohlbefindens. Es hilft die Mitte zu entwickeln, läßt die Energie durch den ganzen Körper zirkulieren, löst Spannung, bringt Körper und Geist in Harmonie und lehrt natürliches Atmen.«

● *Von innen nach außen tanzen*: »In alten Zeiten pflegten die Menschen zu bestimmten Zeiten zusammenzukommen und zu tanzen. Jede Kultur hat ihre eigenen Rituale und Zeremonien, die ihrem Geist entsprechen, und jeder Mensch konnte seinen eigenen Tanz in ihnen finden. Heute tun wir das nicht oft. Dieses Wochenende wollen wir arbeiten, um unsere eigenen Rituale und Feiern zu entdecken und zu schaffen – wir benützen dazu Tanz-Vorlagen, gemeinsame Kreativität, Körperarbeit, Phantasie, Bewegung, Meditation, Totems ... wir bewegen uns dabei von der Stille zu höchster Energie, vom einzelnen zur ganzen Gruppe. Tanzen ist Freude, Heilung, Spiel, Kunst, Feier... Du mußt nicht wissen, ›wie man tanzt‹ – ich arbeite, um den natürlichen Tänzer in dir zu entdecken. Komm und entdecke deinen eigenen Lebenstanz.«

Modelle des Überbewußtseins

Im Frühjahr 1975 traf sich die *Internationale Gesellschaft für Tiefenpsychologie* bei einer Tagung zum Thema »Neue Religiosität und Tiefenpsychologie« in der Evangelischen Akademie in Hofgeismar. Die auf dieser Tagung vorgelegten Beiträge umkreisten recht verschiedene Aspekte der »Neuen Religiosität«. Der wohl interessanteste war ein Versuch des Berliner Publizisten Reimar Lenz, unter der Überschrift *Konzeptionen des Überbewußtseins* den Erfahrungen und Modellen einer möglichen Bewußtseinserweiterung nachzugehen[6]. Damit kommt die zweite Perspektive der psychologischen Revolte in den Blick: jener *transpersonale* Ansatz, dem es um psychische Grenzerfahrungen und damit um die Frage geht, ob und wie weit der Mensch über bisherige Schranken hinaus zu höheren Ebenen und umfassenderen Horizonten der Bewußtheit vordringen kann.

Reimar Lenz hat beides im Blick: sowohl die durch meditative

Techniken wie auch die chemisch-medikamentös initiierte Intensivierung der Gehirnfunktionen. Dabei stellt er faszinierende Modelle der Bewußtseinssteigerung vor. Es sind weniger die metaphysisch orientierten Entwürfe SRI AUROBINDOS[7], JEAN GEBSERS und TEILHARD DE CHARDINS, die ihm wichtig erscheinen, als einige bahnbrechende psychologische Theorien über höhere Bewußtseinsformen, die teils psychedelischen, teils meditativen Erfahrungen entsprangen und bisher kaum bekannt geworden sind. Aus dem reichen physiologischen, psychologischen und geistesgeschichtlichen Material seien die beiden wichtigsten Konzeptionen herausgegriffen: die des amerikanischen Psychiaters ROLAND FISCHER und des französischen Anthropologen EDGAR MORIN. ROLAND FISCHER hat im Jahr 1971 eine *Kartographie der ekstatischen und meditativen Bewußtseins-Zustände* erstellt, in der er empirische Untersuchungsergebnisse über psychedelische, drogenbedingte Bewußtseinszustände mit denen der Meditation zu vergleichen und damit die großen neuen Erfahrungen der religiösen Subkultur aufeinander zu beziehen versucht. Seine Theorie: »Um eine Landkarte des inneren Raumes zu zeichnen, möchte ich Ihr Reiseführer sein und Sie auf zwei Reisen einladen: einmal entlang des Wahrnehmungs-Halluzinations-Kontinuums wachsender ergotroper Erregung, das schöpferische, psychotische und ekstatische Erfahrungen einschließt, zum anderen entlang des Wahrnehmungs-Meditations-Kontinuums wachsender trophotroper Erregung, welche die unter-erregten Stadien des Za-Zen und Yoga-Samadhi einschließt.« In beiden Richtungen, referiert REIMAR LENZ weiter, nehme mit steigender Entfernung vom Normalzustand, der »Realität«, der Sinn für eine Unterscheidung von Subjekt und Objekt ab. Es komme zu mystischen Einheits-Erlebnissen, wobei der *Peak* des LSD-Erlebnisses oder anderer Ekstasen formale Ähnlichkeit mit der tiefsten Meditationserfahrung aufweisen könne. Offenbar komme es dabei sehr stark auf eine richtige Zuordnung von Bewußtseinsform und Bewußtseinsinhalt an.
Doch ist Kritik am Platze: »Es handelt sich um das Verständnis der Erfahrungen einer erweiterten Subjektivität; aber ebensowenig wie Subjektivität weltlos sein kann, kann sie partnerlos sein. Wo wird in den Theorien vom Überbewußtsein die Andersartigkeit konkreter Mitmenschen, die Interaktion mit ihnen, thematisiert?« Diese Frage führt zu EDGAR MORINS Überlegungen hinüber, die sich um den Begriff einer »Hyperkomplexität« des Bewußtseins gruppieren. Zur Bewußtseinserweiterung, formuliert REIMAR LENZ, gehöre ein soziales

Milieu, das Komplexitäts-Zuwachs erlaubt und prämiert, nicht abdrängt oder ausschließt, gehöre also die Gruppe. Damit eröffnet sich eine weite Perspektive: »Die neue Aufgabe für das Bewußtsein ist, jene Hyperkomplexität, welche die Voraussetzung unseres Lebens, unserer geistigen und sozialen Tätigkeiten ist, auch zu thematisieren, um sie gestalten zu lernen. Wir müssen versuchen, uns der Gesamtwirklichkeit zu stellen, und wir spüren bereits, daß wir uns in dieser Konfrontation selbst verwandeln, neue Bewußtseinsformen erreichen müssen, die das wenigstens einholen, was wir, als zersplitterte Menschheit, bei mangelnder Bewußtheits-Klarheit, bereits tun. Will der Mensch, wie oft emphatisch auf der Linken gefordert wird, Subjekt seiner Geschichte werden, so muß er die Formen seiner Subjektivität, also die Komplexität seines Bewußtseins, der Komplexität seiner Geschichte annähern.«
Reimar Lenz erweist sich als Vertreter des progressiv-kreativen Flügels der neuen Spiritualität. Bewußtseinserweiterung schließt erhöhte Gewissensschärfung und Mitverantwortung für die Weltgesellschaft ein. Die Überlegungen zum Überbewußtsein zielen auf die Entwicklung einer Art »Weltsensorium«. Es könnte, mit dem amerikanischen Philosophen Oliver Reiser zu sprechen, Medium eines »kosmischen Humanismus als neuer Weltreligion« werden. Die religiöse Dimension schlägt durch; am Ende steht die Hoffnung auf »eine Wiedergeburt der Andacht, mit Hilfe der Werkzeuge und Errungenschaften der Wissenschaften, der Technologien und Künste, in der Frische neuer Bedürfnisse und Begeisterungen«.

AAO: »Selbstdarstellung« und Emanzipation

Was hat das alles mit der religiösen Revolte der Jugend zu tun? Vordergründig vielleicht nicht viel, hintergründig eine Menge. Die Psycho-Zentren, in denen *Gestalttherapie* und *Bioenergetik* mit *Yoga* und *Tai Ch'i Chuan* gekoppelt werden, sind nicht nur von Jugendlichen bevölkert. Die kommen auch: Studenten, angehende Sozialarbeiter, junge Lehrer, vor allem Vertreter sozialer Berufe. Aber die psychoreligiöse Bewegung ist nichts Jugend-Spezifisches. Und noch weniger sind es die subtilen Modelle eines erweiterten Bewußtseins, in denen Psychologen die psychedelischen und meditativen Erfahrungen der beiden letzten Jahrzehnte zu erfassen versuchten. Aber es waren – und sind – vorwiegend junge Menschen, die diese Erfahrungen machen. Die den riskanten Schritt ins Experiment tun, der vorgeprägte Denk- und Verhaltensmuster unwiderruflich durchbricht und ins menschliche Neuland führt. Und es ist das gleiche Motiv, das hinter den Bemühungen der einen wie der anderen Seite steht: eine biographische und gesellschaftliche Situation aufzusprengen, die den innersten Kern des eigenen Wesens deformiert; die immer massiver empfundene Entfremdung aufzuheben und das eigene Selbst zu verwirklichen. Eine der entscheidenden Blockierungen in dieser Situation ist offensichtlich das positivistische Vorurteil, das die spirituelle Seite der menschlichen Wirklichkeit verdrängt, indem es sie negiert. Das ist die gemeinsame Überzeugung der neuen Seelenärzte und der jugendlichen Sucher nach Transzendenz.

Die psychoreligiöse Welle ist deshalb so erfolgreich, weil sie erlaubt, dieser neugewonnenen Überzeugung Raum zu geben, ohne daß man sich gleich offen als »religiös« deklarieren muß. Weil das Angebot sich unentschieden zwischen Psychologie und Religion, zwischen wissenschaftlicher Therapie und spirituellen Exerzitien hält, ist es attraktiv und willkommen. Es bietet einen Rahmen, den der aufgeklärte und der Wissenschaftlichkeit verpflichtete Zeitgenosse akzeptieren kann, in dem sich aber gleichwohl »Bekehrungserlebnisse« und Neuorientierungen religiöser – oder zumindest: spiritueller – Art ereignen können. Diese Zwischenlage scheint besonders für viele Jüngere typisch, die in der Reform- und Emanzipationsbewegung der sechziger und frühen siebziger Jahre ihre entscheidenden Impulse gewonnen haben.

Dieter Duhm, Psychologe und Soziologe und über Jahre weg einer der Sprecher der Studentenbewegung, ist einer von ihnen. »Besinnung auf verspottete, aber notwendige Inhalte einer ganzheitlichen Theorie der Befreiung. Kritik am Marxismus. Beiträge zur Korrektur.« So heißt der umständliche Untertitel seines Buches *Der Mensch ist anders.* Es signalisiert einen Weg vom einseitig gesellschaftlichen Ansatz des Marxismus zu einer »ganzheitlichen Theorie der Befreiung«. Dieter Duhm schreibt:

»Die geschichtliche und gesellschaftliche Zerstörung des ganzheitlichen Lebens ist weder in den Begriffen des Marxismus noch in denen der bürgerlichen Psychopathologie hinlänglich beschreibbar. Sie zeigt sich u. a. in der Ausschaltung der religiösen und in der Unterdrückung der animalischen Dimension unseres Lebens. Wiederherstellung der Ganzheit bedeutet, daß beide wieder zurückgeholt und auf einer neuen menschlichen Ebene aufgehoben und entfaltet werden. Sowohl der animalischen wie der religiösen Seite menschlicher Existenz wohnt eine mystisch-sinnliche Kraft inne, auf die wir nicht mehr verzichten wollen. Animalische Sinnlichkeit und religiöse Mystik werden auf der Ebene einer neuen Einheit von Geist und Sinnlichkeit zusammenfallen, wenn es uns gelingt, sie von den kapitalistisch-gesellschaftlichen und den marxistisch-ideologischen Fesseln zu befreien.«[8]

Mit einiger Folgerichtigkeit führte dieser Weg in die *Aktionsanalytische Organisation bewußter Lebenspraxis (AAO)* des Wieners OTTO MUEHL. In ihr sind die alten sozialistischen Ziele mit den therapeutischen Methoden der neuen Psychologie zu einer Totalkonzeption verbunden, die einen Rundumschlag gegen alle bürgerlich-gesellschaftlichen Normen bedeutet. Besondere Merkmale: Leben in der Kommune (gemeinsames Eigentum, gemeinsame Arbeit) und freie Sexualität (Aufhebung der Zweierbeziehung zugunsten ›besitzfreier‹ Sexualität). Die *AAO* »hat eine funktionierende Alternative zur kapitalistischen Gesellschaft und ihren ideologischen Ausschüttungen reaktionärer und revolutionärer Art geliefert. Politik und Lebenspraxis wurden dasselbe ... Sozialismus im 20. Jahrhundert schließt nicht nur die Vergesellschaftung der Produktionsmittel, sondern die gesamte Umwälzung des ›Kleinfamilienmenschen‹ mit ein... Die AAO insgesamt kann durchaus als sozialistische Avantgarde gelten. Ihre Lebenspraxis antizipiert alle bisherigen sozialistischen Ziele und darüber hinaus noch die Ausweitung des Sozialismus um die biologische Dimension der freien Sexualität.«[9]

Die Mitglieder der *AAO* rekrutieren sich zum größeren Teil aus der jugendlichen Alternativ- und Kommunebewegung sowie der linken Szene. Durch entschlossenen Kampf gegen die verkrüppelnden Folgen der »Kleinfamilien«-Struktur soll der Weg ins gelobte Land der genitalen und sozialen Identität gefunden werden. »Selbstdarstellung« ist der Hammer. Er ist das Mittel, die Panzerungen aufzubrechen und den ganzen »Kleinfamilienschleim« durch »energetische Explosionen hinauszupulvern«. Die Psychologie WILHELM REICHS, vor allem seine *Charakteranalyse*[10], gab den theoretischen Rahmen dafür ab, OTTO MUEHL brachte seine Erfahrungen als Aktionskünstler ein. So wurde aus der Analyse die Selbstdarstellung, in der die aktive Darstellung – und damit Bewältigung – der Schädigung im Kreis der ganzen Gruppe in einem ungehemmten Akt emotioneller Erregung und körperlicher Ekstase geschieht. DIETER DUHM: »Eine Verbindung von Psychodrama, Bioenergetik und Urschrei, deren gewaltige Wirksamkeit darin besteht, daß kein Tabu mehr gilt, keine Grenze mehr heilig ist, keine Ausrede mehr benutzt werden kann, um vor den eigenen Angst-, Scham- und Ekelschranken stehenzubleiben. Das seelische Neuland, das erfahren werden muß, die sexuellen, emotionalen, ethischen und sozialen Grundlagen einer neuen Gemeinschaft liegen hinter diesen Schranken.«[11]

Sicher ist die *AAO*-Diagnose ein Stück weit richtig, daß »Privatsexualität, Privateigentum und kapitalistische Gesellschaftsorganisation« zusammengehören. Es ist deshalb begreiflich, daß DIETER DUHM nach dem politisch-ökonomischen Sozialismus »die Neuordnung unserer sexuellen und emotionalen Beziehungen« fordert. »Beides zusammen erst läuft auf jene neue Form des Sozialismus hinaus, in der das Individuum stark genug ist, seine Individualität nicht mehr durch die alten Zäune von Privateigentum und Intimsphäre schützen zu müssen.«[12] Es gibt indes massive Zweifel, daß in der *AAO* der ideale neue Sozialismus bereits realisiert sei. Ein 26jähriger Lehrer berichtet von seinen Erfahrungen:

»Ja, wirklich nur so 'ne Maschinensexualität kriegst du da. Da wirst du so umerzogen und das dauert halt ziemlich lange... Dann hast du allerdings den Hierarchie- und Konkurrenzkram drauf und dann kannst du die freie Sexualität da eben ausüben. Du, und eben die Frauen, die haben das in der ersten Zeit sehr viel leichter... Wenn jetzt 'ne Frau unheimlich aufdreht und den Typen dann noch total ankratzt in seiner Männlichkeit, du, da streikt alles. Ist klar, das sind natürlich die Macken auch, die man selbst hat. Aber irgendwie die Art, wie das in der AA da angegangen wird, daß da wirklich die ganze Negativität da rausgelassen werden kann. Oder umgekehrt, wenn ein Typ stark ist, der ficken kann, der kann auch jede Frau damit irgendwie ... hat er in der Hand oder so... Das ist eben dieses ganze Machtspiel da, das wirklich alle Bereiche durchzieht, die ganze Kommunikation und auch die sexuelle Kommunikation ist total damit durchfressen.«[13]

Das ist deutlich genug: Sexualität quantitativ, nicht qualitativ aufgefaßt. Und vor allem: Sexualität als Konkurrenz- und Machtinstrument; Ausbeutung des anderen für die eigene Karriere in der Hierarchie. So mußte sich die *AAO* schon bald den Vorwurf gefallen lassen, faschistisch zu sein. Es waren vor allem die linken K-Gruppen und die Frauengruppen, aber auch einzelne mit einschlägigen Erfahrungen in der Kommunebewegung und der jugendlichen Subkultur, die mit Angriffen nicht sparten. In der Tat gibt es ausgesprochen faschistoide Züge in der *AAO*-Ideologie und -Praxis.

Da ist die Einteilung in »positive« und »negative« Menschen. Drinnen sind die Positiven, draußen sind sie alle »Trottel«.

Deshalb ist Kritik von außen auch belanglos. Dieses Bewußtsein – oben Menschen, unten Trottel – setze sich in der *AAO* fort, berichtet ein Abgesprungener. Es entstehe eine Hierarchie des »biologischen Werts« je nach der Fähigkeit, »emotional« zu sein. Das »echte AA-Bewußtsein« hätten allerdings »nur die Leute um Otto Muehl«. Wenn die Wiener Führungsgruppe »sich als Götter feiern ließen, uns dazu brachten, vor ihnen in die Knie zu fallen und sie anzubeten, dann konnte das nur ein Spiel sein, das inszeniert wurde, um uns unsere ›Projektionen‹ auf sie zu zeigen. Wir kamen damals nicht auf die Idee, daß sie es ernst meinen könnten und uns tatsächlich den ›Unterschied‹ zwischen ihnen und uns beibrachten.«[14]
Anderes Denken und Empfinden, Kritik oder Opposition kann jederzeit als Projektion, als Ausdruck der Schädigung entlarvt werden, und der so Ertappte saust in der Hierarchie auf die untersten Ränge. Das kann eine gezielte therapeutische Maßnahme sein, notwendige Härte, um die Panzerung zu durchbrechen. Es könnte aber auch ein skrupelloser »Psychotrick« sein, um Macht auszuüben und eine autoritäre Über- und Unterordnung aufrechtzuerhalten. Folge ist, daß »immer diese Angst da ist, diese Drucksituation, daß du immer einen drauf kriegen kannst, wenn die jetzt von denen oben sind«. Weitere Folge: »Ich habe ziemlich schnell durchgeblickt, wie ich mich verhalten mußte, um nicht angegangen zu werden. Ich war brav, manchmal zu schleimig und habe mir von den Kommunarden alles gefallen lassen. Dafür habe ich mich in der ›dritten Gruppe‹ ausgelebt. Ich war gefürchtet bei den Männern und beliebt bei den Frauen ... Die Männer waren fast alle impotent, so daß ich oft tagelang im voraus ausgebucht war.«[15]
Die destruktiven Wirkungen der *AAO*-Ideologie liegen auf der Hand. Sie haben ihre Wurzel in einer ähnlichen Verkrüppelung der menschlichen Wirklichkeit, wie die *AAO* sie der bürgerlichen Gesellschaft vorwirft, bloß mit umgekehrten Vorzeichen. Die »ganzheitliche Theorie der Befreiung« endet praktisch wieder in der Abhängigkeit. DIETER DUHM über das »beschränkte Menschenbild der AA-Bewegung«:

»... die Nüchternheit verwandelt sich dort in Blindheit, wo die Alltagsrealität für die ganze erklärt wird und das Bewußtsein ganz in ihr aufgeht; wo über den Alltagsereignissen schlicht vergessen oder bestritten wird, daß der Mensch noch in ganz anderen Zusammenhängen steht. Ich meine die Zusammenhänge biologischer, kosmischer, geistiger und schicksalhafter Art ... Es gibt heute in der Alternativbewegung immer mehr Gruppen, die sich auf diesen ›geistigen Weg‹ gemacht haben und die damit eine Perspektive und

Abb. 11: »Was ist Leben? Was ist Tod? Was ist Gott? Was ist Schicksal?«
(Photo: EBA-KNA, Stuttgart)

eine Wahrheit vertreten, für die die AA-Kommunarden zur Zeit keine Antenne haben ... Was ist Materie? Was ist Bewußtsein? Was ist Leben? Was ist Tod? Was ist Gott? Was ist Schicksal? Hinter diesen Fragen stehen Realitäten, Phänomene und Rätsel, die der moderne Mensch nicht länger ungestraft aus seinem Selbstverständnis ausblenden kann.«[16]

Bhagwan Shree Rajneesh: »Ich bin eins mit dem Leben«

Die *AAO* markiert den einen möglichen Endpunkt in der psychoreligiösen Bewegung: die geschlossene, ideologisch festgelegte Gruppe. Von Religion ist darin nichts mehr enthalten. Der ganzheitliche Ansatz der *Humanistischen Psychologie* ist verlorengegangen, die Therapie zum Herrschaftsinstrument umfunktioniert. So ist es auch nach einer raschen Expansion in den Jahren 1976 und 1977 still geworden um die *AAO*-Kommunarden. Das Experiment ist mißglückt, die Gruppe befindet sich in der Auflösung.
Das andere, entgegengesetzte Extrem in der Psycho-Bewegung

verkörpert der Mann, der mit seiner Persönlichkeit, seinen Ansichten und Praktiken wie kein anderer heute die von der Revolte des Bewußtseins Aufgerissenen in seinen Bann schlägt: BHAGWAN SHREE RAJNEESH. Bei ihm und in seinem Ashram in der indischen Stadt *Poona* nahe Bombay hat sich die Verbindung westlicher Psychotechniken und Therapien mit der religiösen Tradition und spirituellen Praxis des Ostens zu einem hochexplosiven Gemisch verbunden, das nach allen Erfahrungen und Berichten viele in die äußersten Bezirke des Bewußtseins hinauskatapultiert. Kein Wunder, daß Tausende zu dem Guru nach Poona pilgern: Zivilisationsgeschädigte, die sich in ihrer Menschlichkeit blockiert und bedroht fühlen von der seelenlosen Maschinerie einer funktionalisierten Gesellschaft; Aussteiger, deren Frustrationen sich, oft mitten in einer erfolgreichen westlichen Karriere, zur Lebenskrise verdichtet haben; dazu eine Art »Schickeria der Seele«, die auch noch ihre spirituellen Bedürfnisse nach der neuesten Mode zu tragen weiß. Und BHAGWAN RAJNEESH gehört fraglos zur *Haute Couture* unter den Gurus. Der Meister weiß das auch, und es ist ein gefährliches Spiel, das er mit seiner Gururolle spielt und spielen läßt. Er will, sagt er, die Menschen nicht an sich binden, sondern sie sollen »auf dem Marktplatz« bleiben. Aber Projektionen bauen sich auf, Abhängigkeiten entstehen, und für viele scheint nur noch ein Leben in der Gegenwart des Meisters und in der sanften Atmosphäre des Ashrams erträglich.

RAJNEESH CHANDRA MOHAN, 1931 geboren, ist ein außergewöhnlicher Mensch und ein brillanter Geist. Den Dienst als Universitätsprofessor für Philosophie mußte er quittieren, weil er allzu provozierende Ansichten über Politik, Religion und Sex im puritanischen Indien äußerte. Das war im Jahr 1966. Damals hatte er sein religiöses Erleuchtungserlebnis schon lange hinter sich, von dem er letztlich seinen Anspruch und seine Autorität herleitet: »Ich bin gar nicht da. Mich gibt es nicht mehr. Ich habe mein Ego fallenlassen und damit die Abgrenzung zum Universum. Ich bin eins mit der Existenz, dem Leben selbst. Rede ich, spricht nicht mein Ich, sondern durch mich das Universum.«[17]

Wer zu BHAGWAN RAJNEESH kommt, erhält ein einfaches Versprechen: »Was mir geschehen ist, kann auch euch geschehen.« Der Weg dorthin ist ebenfalls einfach – wenigstens einfach zu sagen: Abbau des Ego. »Wenn du vollkommen geöffnet und empfänglich bist, ist das Ego nicht mehr vorhanden. Du wirst zu einem hohlen Bambus, in dem niemand wohnt. Werde ein hohler Bambus, innen leer, und du wirst sehen: auf einmal sind die Lippen des Göttlichen an dir, der hohle Bambus wird zur Flöte und die Existenz beginnt, ein Lied zu singen.« Das ist alles. So einfach ist die Sache. Einfach wie das Leben. Sie ist das Leben.

Da kommen diese kaputten Produkte der westlichen Kultur, unter Leistungsdruck stehende, verkrampfte Menschen, von klein auf dahin erzogen und gedrillt, ihr individuelles Ego zu betätigen, zu stärken und durchzusetzen. Auch die westliche Psychologie hat bis heute nur das eine Ziel, wie man das Ego festigt, verwurzelt und zum Mittelpunkt macht. Dabei ist genau dieses Ego das Übel selbst. Das ist die Einsicht des Ostens. Das Ego ist nicht Wirklichkeit, sondern Wunsch. Es ist nicht Existenz, sondern Denken. Es ist nicht Leben, sondern entliehenes Leben, Illusion.

»Deshalb rebelliert die junge Generation im Westen ständig gegen alles. Diese Rebellion ist keine Erfindung der jüngeren Generation, sondern das Resultat der Lehren Freuds, Jungs, Adlers und wie sie alle heißen. Diese Leute haben den Boden vorbereitet. Durch Kampf wird das Ego gestärkt, man gibt seiner Individualität schärfere Umrisse. Also kämpfen sie mit der Mutter, dem Vater, den Lehrern, der Gesellschaft: ›Das Leben ist ein Kampf!‹ Und Darwin hat diesen ganzen Trend in Gang gesetzt, als er sagte: ›Der Stärkste überlebt. Das Leben ist ein Überlebenskampf, aus dem der Stärkere jeweils siegreich hervorgeht.‹ Das bedeutet demnach: Je stärker du in deinem Ego bist, desto größer sind deine Überlebenschancen. Der Westen lebt dieser Politik entsprechend. Der Osten nimmt eine völlig andere Haltung ein. Er sagt: Es gibt keine Individualität, kein Ego, keinen Kampf; verschmelze mit dieser Existenz, werde eins. Es gibt keinen Feind und es ist keine Frage der Eroberung. Die Haltung der westlichen Wissenschaft gleicht eher einem Angriff, einem Kampf mit den Naturkräften: Wie kann man der Natur ihre Geheimnisse entreißen, wie bricht man das Schloß auf und zwingt die Natur, ihre Geheimnisse preiszugeben? Das östliche Bewußtsein sieht die Dinge vollkommen anders. Das östliche Bewußtsein sagt: Das Ego ist das ganze Problem. Laßt es nicht stärker werden; laßt keinen Kampf entstehen ... Und nicht der Stärkste überlebt, sondern der Demütigste, der Ehrfurchtsvollste, der, der mit dem Strom des Lebens fließt.«[18]

BHAGWAN RAJNEESH setzt auf verschiedenen Ebenen an, um seine westlichen Klienten vom Egokrampf zu kurieren und zum wirklichen Leben zu erwecken. Die erste ist die intellektuelle Ebene. Es ist fast grotesk zu sehen, wie dieser Mann seinen überlegenen Intellekt dazu benützt, um die Nutzlosigkeit des Intellekts darzutun. Jeden Morgen um acht Uhr hält er vor

mehreren hundert Zuhörern einen anderthalbstündigen spontanen Vortrag. In druckreifer Rede handelt er, monatlich zwischen Englisch und Hindi wechselnd, den gesamten Kosmos des menschlichen Geistes ab, um »Dimensionen zu offenbaren, die jenseits der Worte liegen«. »Mit stupendem Gedächtnis zitiert er Jesus, Buddha, Mahavir, Lao-tse, Sufis und alte Zen-Meister, interpretiert sie mit einer Frische und Direktheit, als sprächen sie heute, als trügen sie Jeans. Er schlägt dabei mühelos Brücken zu Einstein, Sartre, Maslow und Wilhelm Reich, zu Hitler und Breschnjew, zur Atomphysik und zu Vietnam.«[19]
Was der Meister so von sich gibt – inzwischen nahezu 2000 Vorträge –, wird vom Tonband abgeschrieben und unverändert als Buch publiziert: Bis zur Frankfurter Buchmesse 1978 waren es 69 Bücher in Englisch und 65 in Hindi, jeweils 300 bis 500 Seiten stark und mit einer Auflage von 5000 Stück herausgebracht. Hinzu kommen sogenannte Tagebücher, die aus den nachmittäglichen Audienzen des Meisters entstehen.[20] Im Jahr 1977 produzierte die *Rajneesh Foundation* auf diese Weise über 100000 Bücher, 1978 sollen es weit über 150000 geworden sein. Und Bhagwan Rajneesh wird, nebenbei, zum reichen Mann.
Aber dieser ganze Aufwand an Worten, Reden, Büchern, an Denken und Geistesschärfe dient nur dazu zu zeigen, daß das Eigentliche nicht auf der verbalen und intellektuellen Ebene, sondern dazwischen, in den Pausen, im Schweigen geschieht.
Einer seiner Jünger fragt:
»Bhagwan, wenn ich dich morgens sprechen höre, dann sind es die Pausen, die Räume zwischen zwei Sätzen, die mir wie Donner in den Ohren rollen und mich aufbrechen und in Stücke reißen. Was geschieht mit mir?«
Bhagwans Antwort:
»Ich geschehe dir. Laß es geschehen. Manchmal wird es dich ängstigen, erschrecken; denn du gerätst in Bereiche, in denen du dich nicht auskennst. Du gerätst jenseits deiner selbst ... Und ich kann dir nur in den Pausen geschehen. Die Wörter dienen überhaupt nur dazu, die Pausen möglich zu machen, nicht umgekehrt. Ich rede zu euch nur, um euch eine Erfahrung von Stille zu vermitteln. Diese Pausen sind das eigentlich Bedeutsame, das euch vermittelt wird, das auf euch übergeht. Seid voll gegenwärtig in diesen Pausen.«[21]

»Hindurchzugehen ist der einzige Weg, darüber hinauszugehen«

Doch das Ego sitzt tiefer als der Intellekt. Die Therapie muß umfassender ansetzen. Es ist das Besondere von BHAGWAN RAJNEESH, in sein Programm das ganze Arsenal der westlichen Gruppenbewegung und der *Humanistischen Psychotherapie* aufgenommen und mit den uralten Meditationstechniken Asiens verschmolzen zu haben. Sein Ansatz: nur was erfahren wird, kann transzendiert werden. »Unterdrückung ist nicht der richtige Weg. Eine radikale Verwandlung wird durch Verstehen herbeigeführt, und Verstehen kommt aus der Erfahrung. Ich gebe euch totale Freiheit, alles zu erleben, was euer Körper und euer Verstand erfahren wollen. Aber mit einer einzigen Bedingung: seid aufmerksam, seid wach, seid bewußt.« Rund vierzig verschiedene Therapiegruppen werden angeboten, zu relativ niedrigen Preisen übrigens – die Menge macht's auch hier. In einer ersten Phase werden Blockierungen angegangen, damit unterdrückte Gefühle wie Zorn, Eifersucht, Furcht und Lust ungehindert herauskommen können. Das geht, beispielsweise in den *Encounter-Gruppen*, nicht auf die sanfte Art; Ausbrüche psychischer und auch physischer Gewalttätigkeit gehören dazu. »Aber das ist ja das Gute an der Encounter-Therapie«, sagt eine gepflegte Amerikanerin, »man wird seine Aggressionen los, der ganze Eiter, die ganze Scheiße kommt heraus, und hinterher fühlt man sich wie neugeboren.«[22] Also neugeboren, können in anderen Gruppenerfahrungen die Energien frei auf allen Seinsebenen fließen, der physischen, emotionalen und geistigen. Die höchste Phase jedoch, auf die alles hinzielt, ist rein meditativer Art: Die Teilnehmer sitzen, in entspanntem Schweigen isoliert, in der buddhistischen *Vipassana-* oder *Zen-*Tradition meditierend; oder sie üben in der Gruppe *Yoga*, *Tai Ch'i Chuan* und *Sufi-*Tanz.

Der Apparat für dieses Gruppenprogramm ist beträchtlich. An die fünfzig Therapeuten werden in einer offiziellen Auflistung genannt: Über zwei Drittel von ihnen sind zwischen 25 und 35 Jahre alt, die Mehrzahl kommt aus den USA oder Großbritannien, die meisten hatten eine akademische Ausbildung oder ein Training in einem der westlichen Psycho-Zentren, bevor sie nach Poona gingen. Inzwischen ist der Ashram zum größten Zentrum für Gruppentherapie in der Welt geworden. Über tausend Menschen nehmen monatlich an den Kursen teil.

»Der fundamentale Unterschied zwischen Gruppen, die im Westen laufen, und denen im Shree Rajneesh Ashram ist die Gegenwart

Bhagwans und seine erleuchtete Einsicht in die Natur des menschlichen Ego. Für die westliche Psychologie bleibt das Ego der letzte Seinszustand; es kann erweitert und bereichert werden durch Teilnahme an Therapiegruppen, aber es kann nicht transzendiert werden. Für diesen letzten Schritt braucht man die Führung eines spirituellen Meisters.«[23]

Mit diesem Statement ist die tiefste Ebene und der Kernpunkt im *Experiment Poona* erreicht: die religiöse Autorität, die Bhagwan Rajneesh beansprucht und die ihm von seinen Jüngern zuerkannt wird. Sie läßt sich religionsgeschichtlich ein Stück weit verifizieren. Bhagwan Shree Rajneeshs Prinzip, daß man nicht durch Unterdrückung, sondern nur durch Erfahrung zur Transzendenz gelange, ist die alte Botschaft des indischen *Tantrismus.* An den beiden umstrittensten Punkten seines Therapieprogramms läßt sich das demonstrieren: Sex und Gewalt.

Im Sommer 1978 ging in der deutschen Publizistik, ausgelöst durch einen etwas hysterisch klingenden Bericht der Filmschauspielerin Eva Renzi, eine der abenteuerlichsten Pressela-winen zu Tal: Der *Ashram* in Poona wurde zur Brutstätte wilder Sexorgien und sadistischer Gewalttätigkeit stilisiert. Die Hysterie, die dadurch in der deutschen Öffentlichkeit entfacht wurde – es war nicht lange nach dem öffentlichen Alarmruf des Bundesfamilienministeriums gegen die »Jugendsekten« –, ließ die wirklichen Probleme vor schierer Sensationsgier überhaupt nicht mehr sehen. Die Instinktlosigkeit der Journalisten und Redaktionen, wo es um Religion und Ansätze menschlicher Erfahrung geht, die dem gängigen Klischee fremd sind, kann zur Verzweiflung treiben. Dabei wäre qualifizierte Information für die Schreiber gar nicht schwer zu erhalten und für die Leser dringend vonnöten. Statt dessen werden Emotionen angeheizt, eine Atmosphäre von Hexenjagd wird erzeugt und jeder Versuch einer Differenzierung zunichte gemacht. Im allgemeinen wirkt die aufklärerisch sich gebende Publizistik in Sachen Religion geradezu mittelalterlich. Der »Fall Renzi« ist ein lehrreiches Beispiel dafür.

Sowohl der *Yoga-* wie der *Tantra*-Weg, sagt Bhagwan Rajneesh, haben das Ziel der Vereinigung mit dem Göttlichen. Aber *Yoga* ist ein Weg des Kampfes, *Tantra* ein Weg der Unterwerfung. *Yoga* produziert Stolz, *Tantra* macht demütig, weich und liebevoll. »Hindurchzugehen ist der einzige Weg, darüber hinauszugehen – aber mein Ziel ist es, euch darüber hinauszuführen.« Dieser Satz beschreibt den klassischen Ansatz des Tantrikers. Er gilt für alle Lebensbereiche. Keine

Dimension menschlicher Erfahrung darf ausgeblendet und verdrängt werden. Am wenigsten die beiden Urkräfte: Sexualität und Tod. BHAGWAN RAJNEESH meint, die Furcht vor der Sexualität und die Furcht vor dem Tod seien die grundlegenden Tabus in der menschlichen Gesellschaft. Bevor sie nicht aufgebrochen sind, lebe der Mensch nicht wirklich. »Ich möchte, daß ihr euren Sex in seiner Totalität und euren Tod in seiner Totalität erfahrt. Ein Mensch lebt erst in der Wahrheit, wenn er fähig ist, Sex und Tod ohne jede Hemmung zu erleben.« Die *Encounter*-Gruppe im Therapieprogramm des *Ashrams* konfrontiert mit der Furcht vor der Gewalt und dem Tod, die *Tantra*-Gruppe mit der Furcht vor dem Sex. Über die Therapie emotionaler Lockerung und Reinigung hinaus will also der Meister religiöse Urerfahrung wecken. Deshalb ist ihm Sex außerordentlich wichtig. Aber: »Sexualität und Spiritualität sind zwei Enden *einer* Energie.« Es geht ihm wirklich um Transzendenz. Wie viele von seinen westlichen Schülern das wohl merken?

Das ist eine der Bruchstellen, wo zwischen dem indischen Meister und seinen westlichen Jüngern Welten zu liegen scheinen. Welcher Europäer oder Amerikaner, gleichgültig, ob durch eine sexfeindliche Erziehung oder durch die angebliche sexuelle Emanzipation programmiert, vermag in der Tiefe seines Wesens Sexualität als Überstieg zur Transzendenz zu erfassen? Muß es nicht notwendig zu Mißverstehen oder neuer Frustration kommen? Was BHAGWAN sagt, hört sich gut an. Geheime Sehnsüchte werden wach. Aber die Kraft reicht nicht, um das Geröll der Konditionierungen beiseite zu räumen. Und deshalb wird der Guru zum Verführer. »Bald beneidet man die Insassen um die Natürlichkeit, mit der sie sich körperlich ausleben«, schreibt ein scharfer Beobachter, »bald aber regen sich auch Zweifel an ihrem Glück, weil der Exhibitionismus, dem sie dabei frönen, auf einen ständigen Beweiszwang schließen läßt.«[24]

Eine andere dieser Bruchstellen ist der Kult um die Person des Meisters. Man ist von indischen Gurus in dieser Hinsicht vieles gewöhnt, aber BHAGWAN RAJNEESHS exzentrischer Habitus ist schlicht geschmacklos. Freilich, er durchbricht die sorgfältige Liturgie, mit der er sich in Szene setzt, immer wieder selbst durch kritische Ironie. Da fragt eine Jüngerin nach der *mala*, der Perlenkette mit dem Bild des Meisters, die jeder um den Hals trägt: »Ich nehme allen Mut zusammen, um diese Frage zu stellen. Kein Buddha hat je sein Bild um den Hals seiner Jünger gehängt – Du aber tust es. Steckt dahinter irgendeine Absicht?« Antwort: »Jeder Buddha hat seine Ticks und Verrücktheiten –

das hier ist die meine! Und ich brauche nicht die Ticks irgendeines anderen zu wiederholen – ich darf meine eigenen haben. Und merke: Es steckt keine Absicht dahinter.«[25] BHAGWAN SHREE RAJNEESH scheint die psychologischen Mechanismen, die bei einer charismatischen Persönlichkeit wie ihm unvermeidlich in Gang kommen, zu durchschauen. Er nimmt die Projektionen bewußt an – und zerbricht sie immer wieder durch sein unerwartetes Verhalten. Ein Besucher des Ashram spricht von der »paradoxen Dialektik von Nähe und Distanz«, mit der der Meister die Erwartungen seiner Schüler zugleich erfülle und enttäusche. Das sei »beste Tradition östlicher Gurus«, die seit je »weniger Vorbilder als Projektionswände« gewesen seien. Am erleuchteten Gegenüber des Meisters arbeite der Schüler seine eigenen Illusionen und Sehnsüchte ab und komme allmählich zur wahren Begegnung mit sich selbst.[26]

Für die menschliche und geistige Elite, die eine schmale Oberschicht in der Anhängerschaft BHAGWAN RAJNEESHS ausmacht, mag das Guru-Spiel richtig sein. Für sie ist er, in der richtigen Balance zwischen Hingabe und Distanz, zweifellos ein hoch qualifizierter Führer auf ihrem spirituellen Weg. Ebenso für die etwa dreihundert *Sannyasins*, die in einer Art Ordensgelübde sich der Sache BHAGWANS ganz verschrieben haben und ständig im Ashram leben. Aber nicht dreihundert, sondern zweitausend meist jüngere Menschen bevölkern Poona, ein nicht abreißender Strom von Besuchern, angeschlagen und in die Krise geraten, die Heilung von der westlichen Krankheit suchen. Was finden sie? »Das sind jüngere Menschen, die hier gefunden haben, wonach sie sich am meisten sehnen: das totale Freiheitserlebnis und die überwältigende Autorität einer charismatischen Führergestalt; Weltflucht und die Befriedigung eines unausgesprochenen Gehorsamsbedürfnisses; Abkehr von der Gesellschaft, Geborgenheit in der Gemeinschaft.« So schreibt der Jounalist CARLOS WIDMANN[27], und er charakterisiert: »Die meisten haben hier eine Art Paradieserlebnis, das sie um keinen Preis mehr aufgeben wollen.« Die Welt ist aber kein Paradies. Deshalb finden sich viele im Leben draußen nicht mehr zurecht, nachdem sie das Paradies verschmeckt haben. ULRICH MERKEL, Leiter des deutschen *Goethe-Instituts* in Poona, weiß davon zu berichten:

»In einer Reihe von Therapiegruppen kann sich der Jünger entspannen, bis, und dies gilt sicher für die Mehrheit der 17- bis 30jährigen, ihm der letzte Ich-Trip vergeht und er nun restlos dem Meister gehört, das heißt von der Gruppe abhängig ist. Schon vorher ›Ich-schwach‹ und mit der Angst vor Selbständigkeit und

Verantwortung, wollen die meisten nun für immer bleiben und sind in der Tat nach wenigen Wochen im Ashram zur Integration in der westlichen Heimat unfähiger, als sie es jemals zuvor waren. Wer aber nicht mehr zahlungskräftig ist, den läßt der Ashram gnadenlos fallen; sich in Indien eine berufliche Existenz aufzubauen, gelingt nur ganz wenigen. Endstation für viele ist psychische und physische Krankheit, in einigen Fällen Selbstmord..., in einigen Fällen auch der Rücktransport in die Heimat auf Kosten des Steuerzahlers.«[28]

Die große Freiheit
Im Psychoboom: Scientology, SLS, Eckankar und Co.

Bhagwan Shree Rajneesh mit seinem psychoreligiösen Großunternehmen ist nur ein besonders markantes Beispiel. Der Guru aus *Poona* steht jedoch keineswegs allein da. Der Psychomarkt weitet sich aus. Offenbar wächst das Bedürfnis, durch emotionale Lockerungsübungen den gesellschaftlichen und individuellen Panzer aufzusprengen und zu einem intensiveren Leben zu kommen; oder, umgekehrt, sich durch Psychotraining zum kontaktfrohen, selbstbewußten Erfolgsmenschen zu entwickeln. Die Zahl der Angebote entspricht der Nachfrage. Es gibt seriöse darunter, aber auch allerhand Wildwuchs.

Diesen zu beschneiden oder wenigstens zu kennzeichnen ist eine der Aufgaben, die sich der *Sensus-Freundeskreis* gestellt hat, ein gemeinnütziger *Verein zur Förderung der persönlichen Entfaltung und offenen Begegnung* mit Sitz in *Frankfurt.* Er hat sich Ende 1977 gebildet und versteht sich als deutschsprachigen Zweig des *Human Potential Movements.* Viele hätten, heißt es in einer Selbstdarstellung[1], durch die Erfahrungen in einer Gruppe gespürt, »daß in ihnen verschüttete Möglichkeiten eines intensiveren Lebens wieder erfaßbar werden«. Doch was kommt hinterher? »Wird der triste Alltag in den eigenen vier Wänden, am alten Arbeitsplatz nachher nicht um so frustrierender erlebt?« Was bleibt, sind Erinnerungen oder der Ausweg, »wieder und wieder neue Gruppentrainings zu besuchen, um – beinahe suchtartig – wieder diese intensive Erfahrung zu erleben«. Solche und ähnliche Fragen beschäftigen den *Sensus-Freundeskreis.* Er gibt eine Zeitschrift *Sensus-Kommunikation – Zeitschrift für humanistische Psychologie* heraus. Die Lektüre macht es vollends offenkundig: Die psychoreligiösen Bedürfnisse verdichten sich zur weltanschaulichen Bewegung, die Gemeinde der Psychogläubigen ist am Entstehen.

Die *Sensus*-Leute werden genug zu tun bekommen mit dem Wildwuchs, der in vielen Ecken des Psychomarktes ins Kraut schießt. Einiges davon ist in diesem Kapitel zu kennzeichnen. In erster Linie ist da auf das Unternehmen *Scientology* aufmerksam zu machen. *Scientology* will freilich nichts mit Psychologie zu tun haben, der diese Organisation und ihr Gründer LAFAYETTE RON HUBBARD vielmehr mit äußerstem Mißtrauen gegenüberstehen. In der Tat, *Scientology* hat schlechterdings nichts mit Psychologie zu tun, weder mit der klassischen Psychoanalyse noch mit der humanistischen Psychologie noch mit Psychiatrie. Wohl aber mit den Bedürfnissen ungezählter heutiger Menschen nach seelisch-geistiger Klärung, nach mehr Selbstsicherheit, nach innerer Freiheit und Überlegenheit.

Dianetics und Scientology

»Man wäre töricht, für einen Penny auch nur ein Wort zu schreiben. Wenn man wirklich eine Million Dollar verdienen will, wäre der beste Weg, seine eigene Religion zu gründen.« So dozierte der bisherige Science-fiction-Autor L. RON HUBBARD 1949 vor amerikanischen Schriftsteller-Kollegen[2]. Heute hat *Scientology*, die von ihm gegründete Kirche, nach Schätzungen allein in den USA ein Einkommen von mehr als 100 Millionen Dollar pro Jahr[3]. HUBBARD hatte also recht mit seiner Beurteilung der Lage.

Im Jahr 1950 veröffentlichte HUBBARD *Dianetics: The Modern Science of Mental Health* (Dianetics: die moderne Wissenschaft der geistigen Gesundheit). Das Buch wurde zum Bestseller und zum Startschuß für die erfolgreiche Laufbahn L. RON HUBBARDS als Schöpfer einer »*religiösen Philosophie*« und Kirchengründer. Für die Scientologen markiert sein Erscheinen eine Zeitenwende. Die Erschaffung von *Dianetics* – der Begriff *Dianetics* ist heute ebenso wie *Scientology* als Warenzeichen eingetragen – ist »ein Meilenstein für den Menschen, der Entdekkung des Feuers vergleichbar« (HUBBARD). »Nachdem der Mensch jahrtausendelang über sich selbst, über seinen Sinn und das Universum nichts wußte, ist jetzt ein Durchbruch gelungen... Das gesamte Wissen von 50000 Jahren menschlichen Denkens wurde durchforscht und durch neue Entdeckungen über den Menschen erweitert.«[4]

Dianetics ist, etwas verkürzt gesagt, die Lehre vom menschlichen Verstand (das englische Wort *mind* ist im Deutschen schwer wiederzugeben) und ihre praktische Anwendung im *Auditing*, einem Frage-und-Antwort-Verfahren, das als »geistliche Beratung« bezeichnet wird. Nach HUBBARD ist der *mind* aufgeteilt in den *analytischen* – bewußten – *mind* und den *reaktiven mind*, der nicht unter der Kontrolle des Menschen steht, also etwa dem Unterbewußtsein entspricht. Im reaktiven mind haben sich die Spuren von Augenblicken der Bewußtlosigkeit, nämlich Momenten körperlichen Schmerzes oder schmerzlicher Emotionen und Wahrnehmungen als sogenannte *Engrams*, »mentale Eindrucksbilder«, niedergeschlagen. Sie sind die Ursache emotionaler und persönlicher Probleme sowie aller psychosomatischen Krankheiten. Im *Auditing* hilft ein *Auditor* dem *Preclear*, dem *Scientology*-Klienten, durch ein festgelegtes Fragesystem diese Lebensknorpel aufzuarbeiten und so die *Engrams* nach und nach zu löschen. Ziel ist der *Clear-Status*, in dem alle *Engrams* aufgearbeitet sind und der *mind* volle Selbstbestimmung über sich erreicht hat. »Ein ›Clear‹ hat in bezug auf sich selbst die ›Fähigkeit, Ursache zu sein über mentale Masse, Energie, Raum und Zeit‹. Das heißt, ›der Dianetic Clear verhält sich zum gewöhnlichen normalen Individuum wie der gewöhnliche Normale zum Geisteskranken‹ (Hubbard), denn ein Clear ist völlig frei von Komplexen, frei von fast allen Krankheiten; ein Clear besitzt einen überdurchschnittlichen Intelligenzquotienten, er hat volles Erinnerungsvermögen; kurz, er ›gehört zu den wertvollsten Menschen der Welt‹«[5].

Im Jahr 1954 überhöhte L. Ron Hubbard sein kühnes Gebäude noch einmal durch die Proklamation der neuen Wissenschaft: *Scientology*. In einem Report vor britischen Parlamentsmitgliedern im Dezember 1968 erläuterten die Scientologen:

»Die grundlegende Entdeckung der Dianetik war die genaue Anatomie des menschlichen mind und die Macht mentaler Eindrucksbilder von Erlebnissen, die Schmerz, Bewußtlosigkeit und echte oder imaginäre Bedrohung des Überlebens enthielten. Diese nannte Hubbard Engrams. Es wurden Verfahren zur Auslöschung von Engrams entwickelt. Darüber hinaus machte Hubbard die Entdeckung, daß allein den mind anzusprechen ein beschränktes Verfahren war, da es sich bei einem Individuum um mehr als Körper und mind handelt. So entstand Scientology, die das anspricht, was den mind belebt. Scientology befaßt sich mit dem Sein (Being). In der Scientology wird es Thetan genannt. Es ist die Person selbst, nicht ihr Körper, Name oder mind; es ist das, welches sich bewußt ist, daß es bewußt ist; das, was das Individuum *ist.* Hubbard entwikkelte eine Technik zur Wiedererlangung des Seins als geistiges Sein...«[6]

Mit den Erkenntnissen der *Scientology* hat L. Ron Hubbard die Mauern von Raum, Zeit und Materie beiseite geschoben, und dem menschlichen Blick öffnen sich schwindelnde Perspektiven in unvordenkliche Zeiten und kosmische Räume. Jeder

Preclear, wir alle also sind in Wahrheit unsterbliche *Thetans*. *Thetan* ist reiner, schrankenloser Geist. Er hat absolute Kontrolle über das physikalische Universum *MEST* (Materie, Energie, Raum, Zeit). Die *Thetans* lebten einst glücklich und vollbewußt auf dem Planeten Heletrobus. Doch vor 35 Billionen Jahren kamen sie auf die Erde[7]. In ihrer seitherigen Selbstvergessenheit denken sie nun, sie seien Körper, und sind darum dem *MEST*-Universum unterworfen. Jedesmal, wenn ein Körper stirbt, muß der *Thetan* in einen neuen Körper eintreten, und er bringt die ganze, in Billionen Jahren angehäufte Summe von *Engrams* mit. Darum ist er nicht mehr frei, sondern ins materielle raumzeitliche Universum gebunden. Aber nichts ist verloren: durch *Scientology*-Prozesse, in erster Linie durch *Auditing*, kann der *Thetan* seine Freiheit und Selbstbestimmung als geistiges Wesen wiedererlangen. Es gilt, die ganze Zeitspur über Millionen und Milliarden Jahre zurückzuverfolgen, um die *Engrams* zu löschen. Dann kann der *Thetan* nicht nur den *Clear-Status* erreichen, sondern den Status des *Operating Thetan (OT)*: er wird frei und gewinnt die volle Kontrolle über *MEST* zurück; nicht an einen Körper gebunden, ist er umgekehrt Schöpfer von Materie, Energie, Raum und Zeit. Der *Preclear* muß acht Stufen bis zum *Clear* durchlaufen; darüber gibt es dann neun *OT*-Stufen, deren höchste freilich nur HUBBARD selbst erreicht.

Erfahrungen mit dem Auditing

Totale Freiheit von jeglicher Beschränkung, Unsterblichkeit, Beherrschung von Raum, Zeit und Materie – das sind faszinierende Ziele. Um ihretwillen lohnt sich mancher Aufwand. Und so macht sich der *Preclear (PC)* auf den Weg, den ihm die *Scientology Organisation* weist. Wahrscheinlich will er aber gar nicht so hoch hinaus. Er ist wohl eher ein normaler, leicht gestreßter junger Mann, der Probleme mit sich hat oder der etwas für seine Persönlichkeitsentwicklung tun will. Eine *Scientology*-Werbung hat ihn angesprochen, etwa diese: »Warum müde sein? Warum Schmerzen haben? Warum sich schlecht fühlen? Auditing kann Ihnen Wohlbefinden und Lebensfreude bringen.«[8]
Jedenfalls wartet ein kaum überschaubares Angebot an Kursen, Seminaren, *Auditing*-Stunden auf den Interessenten. Es ist ein ganzes Arsenal, bezeichnet als *Standard-Technologie*, un-

terteilt in *Processing* und *Training. Processing* ist die Weiterführung und der Ausbau des *Dianetic-Auditing, Training* heißen alle Kurse, die die *Scientology* zusätzlich bietet. »Während Auditieren Sie freier, bewußter und fähiger macht und Sie schließlich zu Clear hinführt, sind die Kurse allgemein dafür bestimmt, Wissen zu vermitteln, a) das Ihnen helfen soll, den Alltag besser oder noch erfolgreicher zu gestalten und b) wie diese Auditierstufen erreicht werden und von Ihnen praktisch nachvollzogen werden können.«[9] Ein Kurs baut sich auf den anderen auf und – da es bei *Scientology* außer einem kostenlosen Persönlichkeitstest zu Beginn der Prozedur so gut wie nichts ohne Bezahlung gibt – ebenso türmen sich die finanziellen Aufwendungen. Wie das laufen kann, dazu einige Passagen aus einem Erfahrungsbericht:

»... Ich leide seit Jahren an Schwindelgefühl, was sicher psychosomatisch ist. Da mir Ärzte kaum helfen konnten, suchte ich weiter.

So fand ich im August 1975 in der Zeitschrift ESOTERA eine Anzeige über das Buch ›Dianetics – die moderne Wissenschaft der geistigen Gesundheit‹. Ich ließ mir das Buch kommen und las es. Da man aber durch die Lektüre des Buches allein nichts erreicht, wurde mir geraten, in Stuttgart in der Neuen Brücke (Straße) den Kommunikationskurs zu machen. Da wurde mir gesagt, das sei Voraussetzung für das Auditing, welches dann meine gesundheitlichen Probleme meistern sollte. Der Kurs in Stuttgart kam mir komisch vor, doch ich machte weiter, denn alles war eifrig dabei und lobte das spätere Auditing in München.

So schloß ich dann den Kurs ab und bekam Auditing in München. Auch dieses Auditing fand ich von Anfang an blöd. Doch da die anderen Leute (meist Personen mit Abitur oder Realschule, meist junge Leute) eifrig bei der Sache waren, und ich mir eine Verbesserung meines Gesundheitszustandes erhoffte (was mir auch bei der Einzahlung des Geldes – 7200 DM – versprochen wurde), machte ich immer weiter.

Ich sollte für 7200 DM bis Grad IV bekommen, also inklusiv Dianetics, das heißt, ich sollte dann gesund sein, denn bei Dianetics steht auf der Gradkarte: ›a well and happy human being‹.

Dieses ›Gesundsein‹ ging aber nicht so schnell, ich mußte immer mehr einzahlen und war jedesmal enttäuscht, wenn ich wieder abreiste. Doch die Scientologen machten mir immer wieder Mut...

Ich selbst war oft überrascht, daß ich eine Stufe abgeschlossen hatte und dann nach den Gewinnen gefragt wurde. Ich mußte zuerst immer überlegen, was denn ein Gewinn hätte sein können. Ich sagte aber jedesmal, daß mein Hauptübel (Schwindel, Kopf-

weh, Benommenheit) bisher nicht beseitigt sei, obwohl es im Auditing immer angegangen worden sei.
Nun hieß es, es sei eine unterdrückerische Person am Werke. Da eine solche nicht gefunden werden konnte, mußte ich letzten Weihnachten den PTS/SP-Kurs machen (für 1100 DM oder 1400 DM). Außerdem brauchte ich als Voraussetzung für diesen Kurs den BSM und den Mini-Tonbandkurs. Darauf kam man aber erst, als ich schon für den PTS/SP gezahlt hatte.
Ich mußte über 10 Tage täglich rund 10–14 Stunden studieren, damit ich mit den Kursen fertig wurde. Erst nach Bestehen der Kurse sollte ich wieder Auditing bekommen, was ich ja wollte, denn ich konnte es nicht erwarten, meine Krankheit loszuwerden.
Die Scientologen in meiner Umgebung glaubten alle daran und sie machten mir Mut, weiterzumachen. Dies war aber mit immer mehr Kosten verbunden, denn schließlich wurden die Preise für Auditing monatlich 5 Prozent teurer.
Nun hieß es außerdem, der große Boom komme, man müsse sich schnell auditieren lassen und Geld einzahlen, denn sonst könnte man eventuell nicht mehr drankommen, da angeblich immer mehr Leute die ›Dienstleistungen‹ von den Auditoren wollten.
Mir wurde im Februar gesagt, was ich noch alles machen müsse, bis eventuell mein Gesundheitszustand wiederhergestellt sei. Ich überschlug und siehe da, mindestens nochmals 20000 DM hätte ich anlegen müssen. Sie wollten nun, daß ich in den Osterferien 5000 DM mitbringe, so würde ich auch Geld sparen, da ja immer alles teurer würde. Inzwischen hatte ich mich aber bei den Kirchen und bei der ABI erkundigt. So kam ich im April wieder nach München und wollte mein restliches noch nicht verbrauchtes Geld. Dies war jedoch nicht so einfach ...«[10]

Die *ABI-Aktion Bildungsinformation* in *Stuttgart*, an die dieser Bericht ging, hat noch andere einschlägige Erfahrungen vorzuweisen. Sie hat gegen die Scientologen-Vereine in Stuttgart und München insgesamt sieben Prozesse geführt. Zuletzt stellte das Oberlandesgericht Stuttgart (2U 171/75) am 30. Mai 1976 fest, die Werbung der *Scientology*-Vereine für Bücher und Kurse durch Ansprechen von Straßenpassanten sei anstößig und aufdringlich und daher nach dem Gesetz gegen den unlauteren Wettbewerb sittenwidrig und unzulässig.[11] Der *ABI* wurde außerdem durch rechtskräftigen Beschluß des Landgerichtes Stuttgart (AZ 170321 und 121/75) gestattet, die folgende Feststellung einer australischen parlamentarischen Untersuchungskommission zu verbreiten: »... Die Scientology-Kirche ist in Wahrheit nicht der Welt größte Organisation für seelische Gesundheit, sondern der Welt größte Organisation aus unqualifizierten Leuten. Ihre Praxis ist eine ernste Bedrohung der Gesellschaft, medizinisch, moralisch und sozial. Ihre Anhänger sind bedauernswerte Verführte und vielfach seelisch krank.«[11a]

Jener *Scientology*-Adept, dessen Schwindelgefühl nicht kuriert werden konnte, fand das *Auditing* schlicht »blöd«. Einem anderen Herrn, dem von seinem Chef nahegelegt worden war, zur *Scientology*-Zentrale nach München zu fahren, wurde dort eine Art »Management Paket« für Aufsteiger in der Wirtschaft vorgeschlagen. Es wurde ihm eine Kursfolge angeboten, »die etwa vier Wochen gedauert und ca. 15000 DM gekostet hätte. Doch dies war erst die unterste Grundausbildung.« Er entschloß sich nach längerem Zaudern, einmal mit einem Kurs zu beginnen. »Was mir dort widerfuhr, war so abnorm, daß ich kurz vor Ende des Kurses davonlief«, schreibt er in einem persönlichen Brief.[12]

Schließlich noch einige Sätze aus einem dritten Erfahrungsbericht:

»... Dann begann der Kurs. Er war strapazierend läppisch. Man mußte ziemlich alberne Texte lesen und wurde dann von einem anderen über den Inhalt befragt... Die Übungen in dem Kurs waren so simpel, z.B. setzten sich zwei Personen einander gegenüber und guckten sich an, evtl. über Stunden; später ging das so weiter, daß der eine allerlei Unsinn erzählte und der andere dabei ganz gelassen bleiben mußte. Das war manchmal lustig. Tatsächlich gab es allerlei unerwartete psychische Erfahrungen...«[13]

Blöd, abnorm, läppisch – das sind harte Urteile. Doch da ist auch noch die Sache mit dem *Hubbard-Elektro-Meter*, abgekürzt *E-Meter*. Es ist, sagt die *Scientology Kirche*, »ein religiöses Gerät, das dazu bestimmt ist, dem Auditor beim Auditieren des Preclears zu helfen«[14]: mit einer Art Hautgalvanometer werden die Schwankungen des elektrischen Hautwiderstands gemessen, die durch Gefühlsregungen hervorgerufen sind. Das Gerät soll dem *Auditor* in erster Linie helfen, die *Engrams* auf der Zeitspur des *Preclear* zu orten. Ein Beispiel aus dem Buch *Have you lived before this life?*, in dem HUBBARD 42 Fallstudien beschreibt:

»Engram: Der Zwischenfall, der auf dem E-Meter den größten Zeigerausschlag auslöste, fand vor 1 Million 15 Tausend 550 Jahren statt. Er fand auf einem anderen Planeten statt. PC hatte zunächst keine Vorstellung von dem Zwischenfall und fand dann heraus, daß er ein Raum-Pilot mit einem Roboter-Körper war. Etwas ging schief und sein Körper brannte aus.«[15]

Das Psychologische Institut der Universität Tübiungen hat unter dem Datum des 2. November 1976 ein Gutachten über das *E-Meter* herausgebracht. Darin kann man lesen, daß es sich um ein recht »mangelhaftes Gerät« handle: »Das E-Meter entspricht in der Technologie bei weitem nicht den heute üblichen wissenschaftlichen Geräten zur Messung von Hautwiderständen ...« Abschließend heißt es in dem Tübinger Gutachten: »Aus einer auftretenden Änderung des Hautwiderstandes in einer Frage-Antwort-Situation, wie zum Beispiel ein ›Auditing‹ der Scientologen, kann nicht auf irgendwelche spezifischen Gedanken oder spezifischen emotionalen Änderungen geschlossen werden. Es ist aber durchaus möglich, durch geschickte Frageformulierungen informierte oder fehlinformierte Personen zur Preisgabe von Informationen zu bringen, die am Beginn der Befragung diese Personen nicht geben wollten.«[16] Im Bericht einer Untersuchungskommission der Südafrikanischen Republik aus dem Jahr 1972 heißt es über das *E-Meter* noch eindeutiger: »Es ist nicht mehr als eine Hilfe für den Auditor, um dem Verstand einer Person, die dem Auditing unterzogen wird, Beeinflussungen einzuflößen... Geschickt gebraucht oder mißbraucht, kann es verschlossene und persönliche Geheimnisse ans Tageslicht bringen.«[17]

Scientologen-Disziplin

Allmählich wird deutlich, woran sich die Kritik am Freiheitsprogramm der *Scientology* entzündet. Macht es Menschen wirklich frei? Die Kritik ist inzwischen weltweit. Das Parlament des *australischen Bundesstaats Victoria* setzte 1963 einen Untersuchungsausschuß ein, dessen Ergebnis zu einem jahrelangen Verbot der *Scientology* führte. Auch in *England* wurde ein umfangreicher Untersuchungsbericht erstellt, aufgrund dessen ausländische Scientologen erheblichen Beschränkungen unterworfen wurden. Ähnliches gilt für *Rhodesien.* »Wohl nicht von ungefähr«, schreibt der Journalist Hermann Lammert in der *Frankfurter Rundschau*[18], »beschäftigen sich FBI, CIA, Interpol, Scotland Yard und das Bundeskriminalamt immer wieder mit Scientologen. Diese wiederum bestätigen das Ausmaß der Konfrontation, indem sie in einem ihrer Berichte feststellen, daß die Kirche eine Milliarde Dollar in Zivilprozessen gegen diese Institution zahle, und zwar nach Scientologen-Auffassung ›wegen des Verbreitens von Gerüchten und Falschberichten‹.«

Kritik ist offenbar das, was die Scientologen am schlechtesten vertragen. »Fürchte dich niemals, jemanden in einer gerechten Sache zu verletzen.«[19] Dieser Grundsatz steht nach vielen Erfahrungen nicht bloß auf dem Papier. »Wir sind keine Halte-die-andere-Wange-hin-Religion«, erklärte jedenfalls ein *Scientology*-Sprecher dem amerikanischen Magazin *Time* (5.4.1976). Im Gegenteil: die Scientologen schlagen zurück.

Es gibt in ihrer Organisation, der sogenannten *Sea-Org*, zwei Strukturen. Die eine ist die *Org* selber, deren Mitglieder, die *Staff-Officers*, für die unterschiedlichen Belange der *Scientology Organisation* zuständig sind. Daneben gibt es das *Guardian-Office*. Friedrich-Wilhelm Haack schreibt darüber:

»Neben der ›Org‹ arbeitet das ›Guardian office‹, das dem Guardian-System untersteht. Dieses Guardian (Wächter)-System ist eine Art Sicherheitsdienst. Seine Mitglieder kümmern sich darum, daß eine ›gesicherte Umgebung‹ besteht und befassen sich mit Kritikern, Feinden etc. An der Spitze dieses Systems steht der ›Guardian World Wide‹. Hubbard lobt das Guardian-System als die erfolgreichste Gruppe, die es ›je in den Weiten der Geschichte‹ gegeben hätte.«[20]

Die Methoden, die im Umgang mit Kritikern und Feinden der *Scientology* anzuwenden sind, hat Hubbard in zahlreichen Anweisungen beschrieben. Viele davon sind im *Scientology*-Bericht der englischen Regierung abgedruckt. Die *Stuttgarter Aktion Bildungsinformation (ABI)* hat das Kapitel »Scientology und ihre Feinde« übersetzt. Hier zwei Auszüge[21]:

»Sobald jemand beginnt, zu drohen, gewinnst du einen Scientologen oder mehrere Scientologen, um geräuschvoll zu untersuchen. Du findest heraus, wo er oder sie arbeitet oder gearbeitet hat, Arzt, Zahnarzt, Freund, Nachbarn, einfach jeden und rufst sie an und sagst: ›ich untersuche Herrn/Frau... ob er/sie kriminelle Aktivitäten entwickelt und versucht hat, die Freiheit der Menschheit zu verhindern und meine religiöse Freiheit einzuschränken, und die meiner Freunde, Kinder etc.‹ Du sagst dann und wann: ›ich habe bereits einige erstaunliche Tatsachen etc. etc.‹ (benutze eine Verallgemeinerung). Es macht nichts aus, wenn du nicht viele Informationen erhältst. Sei nur *GERÄUSCHVOLL...*«

»Diejenigen, die jemanden kritisieren, weil er Scientologe ist, können einer persönlichen Überprüfung früherer Motive und Handlungen nicht standhalten. Das ist zufällig eine glückliche Tatsache für uns. Der Verbrecher scheut das Tageslicht. Und wir sind das Tageslicht... Jedesmal, wenn wir den Hintergrund eines Scientology-Kritikers ermittelt haben, haben wir Verbrechen gefunden, für welche diese Person oder Gruppe nach bestehenden Gesetzen eingesperrt werden könnte. Wir haben keine Scientology-Kritiker ohne kriminelle Vergangenheit gefunden. Wir haben dies noch und noch bewiesen.«

Am schärfsten freilich gehen die Scientologen gegen ihre eigenen Leute vor, wenn sie lasch, ungehorsam oder gar abtrünnig erscheinen. »Da Scientology jetzt *TOTALE* Freiheit bringt, muß sie auch die Macht und Autorität haben, totale Disziplin zu fordern, oder sie wird nicht überleben.«[22] Diesem Grundsatz entsprechend haben sich die *Org*-Mitglieder dem strengen Reglement der *Sea Org* zu unterwerfen, wie es die *HCOBs (Hubbard Communication Organization Bulletins)* und *HCOPLs (Hubbard Communication Organization Policy Letters)* festsetzen. Es gibt einen eigenen *Ethics-Officer*, dem eine ganze Batterie von Belohnungen und Strafen zur Verfügung steht. Die *Org*-Mitglieder werden in verschiedene *Ethikzustände* eingestuft, drei positive und sieben negative. Die Strafzustände *Notstand* und *Gefahr* zum Beispiel müssen zusätzlich zur normalen Arbeit in ihrer Freizeit Wiedergutmachungsarbeit leisten, weitere Strafen sind Urlaubs- und Auditingsperre, Entzug der Vergütung und schließlich Ausstoßung.

Als schlimmste Strafe setzte ein *HCOPL* vom 18.10.1966 die Verhängung des »fair game« fest, eine Art Vogelfrei-Erklärung: »Darf des Eigentums beraubt oder durch jedes Mittel von jedem Scientologen verletzt werden ohne irgendeine Disziplin von seiten des Scientologen. Darf getäuscht, verklagt oder belogen oder vernichtet werden.« Zwei Jahre später widerrief Hubbard allerdings: »Die Praxis, Leuten das fair game zu erklären, wird aufhören ... Sie verursacht schlechte Public Relations.«[23]

Was soll man zu einer solchen »Kirche« sagen? Ein Arbeitskreis der *Vereinigten Evangelisch-Lutherischen Kirche Deutschlands* hat eine Beurteilung aus christlicher Sicht erstellt. Nach dem üblichen Sprachgebrauch wird mit dem Wort *Kirche* das Christentum assoziiert. Es ist zweifellos auch für den religiös neutralen Beobachter nützlich zu erfahren, wie ein offizieller Arbeitskreis einer christlichen Kirche über die *Scientology Kirche* urteilt. Hier einige Auszüge:

»Scientology ist eine späte modernistische Weltanschauung mit geringen religiösen Elementen. Religion wird als ›Studium der Weisheit‹ verstanden. Der Gründer Ronald Hubbard hat eine individualistische Bewußtseinsphilosophie mit vergröberten psychotherapeutischen Praktiken, Science-fiction, einer östlichen Diastase von Geist und Materie und einem entsprechend abgestuften Seinsbegriff zu einer Lebensphilosophie verbunden. Die Persönlichkeit soll zum vollen Ich vergeistigt, ja vergöttlicht werden, so daß sie nicht mehr reagiert, sondern selbst frei und zur Wirkursache wird …

Die Anthropologie von Hubbard ist individualistisch und optimistisch. Das Glaubensbekenntnis sagt, ›daß der Mensch grundsätzlich gut ist‹. Der Mensch kann selbst für seine Freiheit, clearness, sorgen. Die zwischenmenschlichen Beziehungen – zur Familie, zum Ehepartner – werden u. U. der Ichentfaltung geopfert. Die Unterscheidung von active mind und reactive mind kann die komplexen Strukturen menschlicher Antriebe und Erfahrung nicht erklären. Die Anwendung des Auditing zur Tilgung der widerfahrenden Prägungen der emotionalen Seite des Menschen zugunsten der bewußten Willensbestimmung kann tatsächlich zur Destruktion der Persönlichkeit oder zur Entwicklung moralisch enthemmter Menschen führen. Von der biblischen Anthropologie mit ihrer Freiheit zur Weltgestaltung durch den Menschen und seiner Gebundenheit und Erlösungsbedürftigkeit läßt Scientology nichts erkennen. An die Stelle der Liebe zum Nächsten tritt die kompromißlose Durchsetzung der eigenen Freiheit.

Die Scientology Kirche gibt sich zunächst wie eine Art Unterrichtssystem, das seine Anhänger bei ihrem Bedürfnis nach Selbstverwirklichung und Selbstbefreiung abholt und sie dann durch kostspielige Fortsetzungskurse bindet. Die kultischen Veranstaltungen sind wohl eher als unbeabsichtigte Zugeständnisse und Nebenwirkungen hinzugetreten. Wohngemeinschaft und überwachtes Strafsystem ermöglichen eine scharfe Kollektivkontrolle, bei der wohl auch die Gewinnbeteiligung mitspielt. Mit der Gemeinschaft von Glaube, Hoffnung und Liebe in der christlichen Kirche hat dieses so gut wie nichts zu tun.

Die Scientology Kirche ist also den christlichen Gemeinschaften nicht zuzurechnen. Ihre Technologie ist seelsorgerlich höchst bedenklich. Das Auditing entspricht nicht den kirchlich üblichen Seelsorgestandards und ist nicht geeignet, seelische Schäden zu beheben. Das oft hohe Selbstbewußtsein der Scientologen in dieser Beziehung ist nicht in der Qualität des Verfahrens begründet.«[24]

Esoterische Perspektiven

Scientology ist nicht das einzige Lebenshilfeprogramm, das mit einem Schuß *Science-fiction* gewürzt ist. Es gibt deren viele. Im Grunde sind ja auch die Astronautengötter Erich von Dänikens nichts anderes als verkappte Seelenhelfer, die dem in

seiner Erdgebundenheit und Endlichkeit verknoteten Zeitgenossen wohltun, indem sie seinen Blick auf das kosmische Reich der Freiheit richten, aus dem sie kommen und dem er mit seiner besseren Hälfte ebenfalls angehört. Dieses jenseitige Reich nie gesehener Galaxien und höherer Sphären ist nicht nur die Arena der *Science-fiction*-Fans oder der *Ufo*-Gläubigen. Es ist auch das Reich all derer, für die die empirische Wirklichkeit nur Vordergrund einer umgreifenden, magisch oder geistig erfaßbaren Gesamtwirklichkeit ist.
Im 19. und besonders im 20. Jahrhundert blühten die *Okkultbewegungen* in ungeahntem Maße auf. Die wichtigste Ursache liegt zweifellos darin, daß sie für die Menschen, die unter der Enge und Dunkelheit ihres Daseins leiden, eine befreiende Botschaft bereithalten: es sind Wege, die über die Grenzen der sichtbaren Welt hinausführen in eine überweltliche Lebensbühne von unbegrenzten Perspektiven. Je enger der wissenschaftliche Rationalismus die Wirklichkeitserfahrung in den Mauern von Raum, Zeit und Kausalität einschloß, um so unwiderstehlicher wurde offenbar das Bedürfnis, aus diesem Gefängnis auszubrechen und in den phantastischen Weiten kosmischer Sphären umherzuschweifen, in deren ewiger Harmonie – so meint man zu spüren – Ursprung und Heimat auch der menschlichen Seele liegen. Woher sonst hätte sie ihre Ahnung jener Welten? Woher ihre unstillbare Sehnsucht nach den himmlischen Sphärenklängen? Woher das Gespür für die geheimnisvolle Korrespondenz zwischen dem Makrokosmos des Alls und dem Mikrokosmos des menschlichen Daseins?
Theosophie, *Spiritismus*, *Astrologie*, *Magie*; der Markt der *Horoskopsteller* und die Verborgenheit *esoterischer Orden*; *Psi-Welle*, *Geistheiler* und eine bunte Zeitschriftenliteratur von der *»Wunderwelt an den Grenzen unseres Wissens«* – alle diese Botschaften und Aktivitäten blühen und breiten sich aus. Dem aufgeklärten Zeitgeist zum Trotz, möchte man sagen; aber es verhält sich umgekehrt: nicht ›trotz‹, sondern ›wegen‹.
Die Diktatur eines allzu positivistischen und pragmatischen Denkens, dessen Oberflächlichkeit an allen tieferen Lebensproblemen frustrierend zutage tritt, fordert die Revolte heraus: es muß doch noch mehr dahinterstecken. Carl Gustav Jung ging in seiner Psychoanalyse diesem »mehr« nach und zeichnete das Diagramm einer Seelenlandschaft, deren archetypische Bilder- und Erlebniswelt weit hinter das individuelle Dasein zurück in die Tiefenschichten eines kollektiven Unbewußten hinabreicht und dessen Gestalten er in den Mythen und Religionen der Völker wiederfand. Was in diesen Tiefen der

Seele lebt und wirksam wird, ist auch das Material, aus dem die okkulten Weltanschauungen und Bewegungen gemacht sind. Nicht von ungefähr hat sich C. G. JUNG gegen Ende seines Lebens intensiv mit der *Astrologie* beschäftigt.

Wer über die religiöse Revolte der Jugend berichtet, muß diesen Bereich wenigstens streifen. Okkulte Strömungen und esoterisches Gedankengut reichen weit hinein in die junge Generation und ihre Versuche alternativer Bewußtseinsmodelle und Lebensstile. Ein instruktives Beispiel dafür ist die Zeitschrift *Middle Earth.* Herausgegeben von WOLFGANG JÜNEMANN, einem der Kämpen der frühen Jahre, und unter Mitarbeit vieler jugendlicher Vertreter der religiösen Szene gestaltet, erschien im Mai 1972 die erste Nummer. Inzwischen hat die Zeitschrift eine Auflage von 8000 Exemplaren erreicht und ist damit eine der am weitesten verbreiteten Publikationen der neuen Religiosität. Die graphische Aufmachung ist von bemerkenswerter Qualität, obwohl man – fast unnötig zu erwähnen – auf Recycling-Papier druckt. Ornamente, Vignetten und Symbole, Illustrationen nach mittelalterlichen Holzschnitten oder östlicher Grafik, Bilder von mystischem Tiefsinn sind ein immer wieder geglückter Versuch, die Welt des Inneren und jene geheimnisvollen Entsprechungen zwischen dem menschlichen Organismus und den kosmischen Allkräften sichtbar zu machen. Diese Gestaltung ist nicht Beiwerk, sondern selbst ein Stück Aussage. Auch dort, wo sie in die Naivität lebensreformerischer Folklore und spätromantischer Idylle abrutscht. Die Texte bieten eine bunte Palette: *tibetische Mystik* und *Kabbala, Gralslegende* und *hinduistische Äonenlehre, Makrobiotisches* und *Alternatives, Naturheilkunde* und *Ökologie, kosmische Religiosität* und die Weisheit geheimer Traditionen, *Astrologie* und *Psychologie.* Sicher taugt diese Esoterik nicht für jeden Geschmack – man kocht gleichsam auch im Geistigen streng vegetarisch; aber in der Spannweite von Mystik und Lebensreform, klassischen Texten und aktuellen Berichten spiegelt *Middle Earth* die Bedeutung esoterischer Tradition im psychoreligiösen Haushalt der jüngeren Generation.

ECKANKAR oder die Kunst des Seelenreisens

Nicht immer tritt die okkultistische Weltanschauung so qualifiziert und seriös auf. Jene überweltliche Lebensbühne, auf der die Kontrolle der kritischen Vernunft an ihre Grenzen kommt, wird leicht zum Tummelplatz für alle möglichen Abenteurer des Geistes. Weil es dabei um tiefe seelische Sehnsüchte und Bedürfnisse geht, finden sie auch immer ihr Publikum. An einem typischen Fall sei das illustriert.

»ECKANKAR ist weder eine Philosophie, Metaphysik, noch ein okkultes System, sondern einfach eine Lebensweise. Aber auch die Wissenschaft der totalen Bewußtheit. Sie wird nur durch Seelenreisen erreicht. Das Ergebnis: Absolute Freiheit, Allwissen und ein Blickwinkel von 360 Grad.« So stellt sich *ECKANKAR* selbst dar. Dem kritischen Beobachter erscheint die Bewegung, die sich auch in Deutschland auszubreiten beginnt, eher als eine Mischung aus okkultistischer Weltanschauung, suggestiver Psychotechnik und marktgerechtem Lebenshilfeprogramm.[25]

Anfang Juli 1978 trafen sich in *Aachen* etwa 1500 *ECKisten* zu einem Europatreffen mit ihrem Meister, dem Amerikaner Sri Darwin Gross. »Ein buntes Gemisch der verschiedensten Typen in ungewohnter Harmonie«, »wirklich individualistische Menschen«, die eine »sanfte unaufdringliche Freundlichkeit« an sich haben, so schildert ein Reporter der Zeitschrift *esotera* die Versammlung[26]. Auffallend viele Jüngere sind darunter. *ECKANKAR* ist die Lehre von der Kunst des Seelenreisens. Für *ECKisten* ist dies eine völlig natürliche Angelegenheit, ein fast alltägliches Erlebnis: eine »realer als real« erlebte Reise in »psychische Welten« – von der physischen über eine astrale, kausale und mentale Ebene bis hin zur »Seelenebene«. Grundlage dieses psychischen Reiseprogramms ist eine typisch okkulte Weltanschauung:

»Die ECK-Lehre kennt fünf Körper jedes Menschen, die gleichzeitig auf fünf Ebenen existieren. Die Körper werden von Ebene zu Ebene feinstofflicher:

Der physische Körper auf der ersten, der physischen Ebene.

Der Astralkörper lebt auf der zweiten, der Astralebene; auch als Emotionskörper, Sternenkörper oder strahlender Körper bezeichnet.

Der Kausalkörper bewohnt die dritte, die Kausalebene. Bekannt als der keimtragende Körper. Hier sind Erinnerungen und karmische Zusammenhänge gespeichert. Der Seelenreisende kann in dieser Ebene seine Akasha-Aufzeichnungen, die alle Gedanken und Handlungen seiner physischen Existenz enthalten, lesen, übersetzen und negatives Karma abbauen.

Der Mentalkörper existiert auf der vierten, der Mentalebene, der letzten psychischen Ebene...

Der Seelenkörper. Seine Heimat ist die fünfte, die Seelenebene, die erste Ebene jenseits von Zeit und Raum. Wer sie betritt, erreicht Selbst-Realisation. Das letzte Ziel eines ECKisten ist die Gott-Realisation, um ein Mitarbeiter Gottes zu werden. Damit erreicht der ECKist Überleben in alle Ewigkeit bei vollständiger Wahrung der Identität und absoluter Freiheit.«[27]

In der *ECKANKAR Zeitung* (Juli 1975) heißt es: »Der Seelenkörper ist der wahre Körper des Menschen und der einzige, der sich jenseits von Zeit, Raum und Materie befindet, der einzige, der vervollkommnet werden kann, der beständig, real und frei ist.« Die Seele ist der eigentliche Akteur. Nach den Gesetzen von Karma und Wiedergeburt ist sie eingebunden in die illusionären Welten der Körperlichkeit und sammelt in der karmischen Folge von Existenzen Erfahrungen. Alle menschliche Erfahrungssehnsucht ist nur unbewußte Hingabe an den Trieb der Seele, die bemüht ist, zu ihrer ursprünglichen höchsten Ebene zurückzufinden. Alle Gefühle, Gedanken und Taten sind nur Äußerungen des seelischen Antriebs. Im Verlauf der Seelenreisen werden die Erfahrungen nicht nur dieses Lebens, sondern auch aller vergangenen gleichsam aufgearbeitet, bis alles Unbefriedigtsein jeglicher Art erloschen und die Seele befreit sein wird. Das ist freilich eine seltsame Interpretation der Karmalehre der asiatischen Religionen.

Wie aber funktioniert die hohe Kunst des Seelenreisens? Dazu braucht man den *Mahanta*, den *ECK-Meister*. Sri Darwin Gross ist der heute lebende – genau: der 972. – Vertreter einer uralten, ununterbrochenen Kette von Meistern, die *ECKANKAR* seit den sagenhaften Zeiten von *Lemuria* und *Atlantis* weitergaben. Erst unserer Generation freilich blieb es vorbehalten, die bisher geheime Tradition öffentlich zu verbreiten: 1965 begann der damalige *ECK-Meister* Paul Twitchell damit. Der *ECK-Meister* ist voll realisierter Gottmensch, der in absoluter Freiheit – Gross: »Ich arbeite in sechs Körpern, manchmal in allen gleichzeitig« – zugleich äußerlich und im Innern seiner Schüler wirkt und sie allmählich mit sich aus den niederen, raumzeitlich gebundenen Ebenen in die höheren Sphären hebt. Konkret geht das so, wie Sri Darwin Gross für *esotera* erklärte:

»›... bequem hinsetzen, auf einen Stuhl, auf den Fußboden, egal wohin, Hauptsache bequem. Hände in den Schoß ...‹ Während Sri Darwin Gross die Übung erklärt, macht er sie gleichzeitig vor ›... Augen zu – oder auch nicht, wie es jeder am besten kann. Und nun das geistige Auge auf den inneren ›Bildschirm‹ richten ...‹ Dieser befinde sich zwischen den Augen, etwas oberhalb der Augenbrauen. Sind alle Bilder des ›mind‹ (Bewußtsein, Verstand) verschwunden, erscheine auf dem leeren Bildschirm des Inneren das Bild des Mahanta. Damit sei die Seele bereit, den physischen Körper zu verlassen. Die Übung solle aber nicht länger als 8 bis 10 Minuten praktiziert werden. Also keine Anstrengung, kein Druck und vor allem keine Schuldgefühle! Der Mahanta: ›Man muß lernen, daß Seelenreisen nicht schwierig ist. Die Botschaft von ECK ist einfach: ›Warten, bis es soweit ist.‹«

Das alles klingt phantastisch, aber harmlos. Gut, kann man sagen, wenn sich jemand eine solche Blüte andienen läßt, ist er selber schuld. Das ist richtig, aber nicht der springende Punkt. Immerhin hat die Bewegung nach eigenen Angaben etwa 2 bis 3 Millionen Sympathisanten und etwa 50 000 echte *Studenten der Wissenschaft von ECKANKAR*. In der Bundesrepublik gibt es Studiengruppen in München (deutsche Zentrale), Berlin, Krefeld, Wiesbaden und Karlsruhe, dazu noch eine ganze Reihe weiterer Kontaktstellen. Was bringt die Leute zu *ECKANKAR?* Was erwarten sie? Die positiven Wirkungen des Seelenreisens sind nach Aussage der *ECKisten* unermeßlich. Die Werbung verheißt – darin der *Scientology* ganz ähnlich – Meisterung der Lebensprobleme, Entfaltung einer erfolgreichen Persönlichkeit, geistige Entwicklung bis zum Übermenschentum. Seelenreisen läßt Vergangenheit und Zukunft schauen, Verkehrssituationen wie vom Hubschrauber überblicken (die vom Leib getrennte Seele schwebt über den Dingen und funkt Eindrücke an den im Leib verbliebenen Körper), Leber-, Gallen-, Magenstörungen, Unkonzentriertheit, Leistungsabfall, Prüfungssituationen, Finanzprobleme und politische Entscheidungen meistern, macht dynamisch, widerstandsfähig, erfolgreich, allgegenwärtig und allwissend.

Wer wollte nicht das alles? Wer hätte nicht, vom Leistungsdruck gestreßt und in der grauen Masse einer Großstadtbevölkerung bis zur Unkenntlichkeit nivelliert, »Selbst-Realisation« nötig? Keine Frage, das angepriesene Seelenreisen ist die typische Fluchtbewegung. Aber sie weist auf die psychischen Mangelerscheinungen und Defiziterfahrungen. Der *ECK-Meister* hat mit seiner Mischung aus Pseudowissen, Erfolgsorientiertheit, praktischer Verwertbarkeit und allumfassendem geistigen Anspruch die psychoreligiöse Marktlücke genau geortet. Und er macht sein Geschäft. Genau so wie unzählige andere Psychotechniker, Seelenführer und Lebenshelfer auch. Da ist beispielsweise das Unternehmen *SLS*, das ins Gerede kam, obwohl es sicher nicht problematischer ist als manche andere Psycho-Firma auch.

SLS ist schnell beschrieben. Es geht zurück auf das von dem Psychologen R. Daniels in Kalifornien gegründete *Daniels Institute of Successful Living.* Seine Tochter Rannette Daniels machte sich mit dem von ihr entwickelten Trainingsprogramm *The SLS-Experience* (»die SLS-Erfahrung«) selbständig und betreibt nun mit einem Mitarbeiterteam und mit unternehmerischer Effizienz gruppendynamische Kurse »meditativer Selbsterforschung«. Die Initialen *SLS* werden dabei verschieden gedeutet. Zunächst standen sie für *Successful Living Seminar* (Seminar für erfolgreiches Leben), heute werden sie meist mit *Satisfaction, Love, Success* (Befriedigung, Liebe, Erfolg) gleichgesetzt. Außerdem hat die Gründerin ihrem Programm noch den ziemlich unklaren Namen *Earthplay* (Erdenspiel) gegeben. In Werbetexten liest man, Ziel des Trainings sei es, »die Grenzen des eigenen Potentials zu erweitern« und »die Barrieren, die zwischen den Menschen und ihrer Erfahrung von Erfolg und Befriedigung stehen, zu übersteigen«. Summa: »Ziel des SLS ist eine Transformation Ihrer Fähigkeit, klare und kreative Kommunikationen mit sich selbst und mit anderen zu erreichen, so daß Sie eine spontane Steigerung von Gesundheit, Liebe, Zufriedenheit und Erfolg erfahren.«
Der Grundkurs, der einmal im Monat in München abgehalten wird, dauert viereinhalb Tage. Die *SLS-Erfahrung* beginnt zunächst einmal mit der Entrichtung der Kursgebühren von 680 Mark in bar. »Mit Bargeld für die SLS-Erfahrung zu bezahlen, erlaubt eine ganz andere Erfahrung von Geld und Wert, als dies mit einem Scheck oder einer Banküberweisung möglich ist.« Geld spielt überhaupt eine wichtige Rolle im ganzen Trainingsprogramm: »Liebe Geld und das Geld wird dich lieben«, sagt Rannette Daniels. Die *SLS-Erfahrung* findet in einem hermetisch abgeschlossenen Raum statt, gleichsam symbolisiert durch das obligatorische Abgeben aller Uhren und die Bewachung der Türen. Keiner darf pausieren, davonlaufen oder aufs Klo gehen, wann er will. »Jeder Versuch, den Raum zu verlassen, wird schon im Ansatz von der Seminarleitung geschickt psychologisch-rhetorisch unterlaufen und als ›Flucht vor sich selbst und seiner eigenen Wirklichkeit‹ angeprangert«, bemerkt kritisch ein ehemaliger *SLS*-ler. Peter Brügge hat im *Spiegel* (7. 2. 1978) seine *SLS-Erfahrung* geschildert:

»... mittlerweile sind sämtliche Seminaristen miteinander und mit sich selber vertrauter geworden. In suggestiven ›Prozessen‹ befehligte sie die gnadenlose Sergeantenstimme des Trainers ... Mit

geschlossenen Augen haben sie wieder wie kleine Kinder geplärrt und entsprechende Szenen aus der Vergessenheit herausgeholt. Wie in einem Tollhaus rasten sie gegen Vater, Mutter und Welt, um dann tränenblind eine Hand auszustrecken, in welche SLS-Helfer ein Kleenex schieben.
Einer spielt dem anderen in stummer Pantomime vor, wie er ihn empfindet. Paarweise starren wir uns durch Papierrollen ins Antlitz, bis dessen Züge sich magisch auflösen. Endlos lange lehnen wir mit der Nase an großen Spiegeln und starren uns selber an...«

Fast alle Teilnehmer hätten schon Bekanntschaft mit Psychotherapie gehabt, berichtet PETER BRÜGGE, jeder zweite nach Urschrei-Methode ARTHUR JANOVS. Zu den geistigen und therapeutischen Vätern des *SLS*-Programms gehören, wie ein Gespräch mit Verantwortlichen ergab, der *Scientology*-Schöpfer L. RON HUBBARD, ferner WERNER ERHARD, »der Oberbefehlshaber der machtvoll um sich greifenden amerikanischen Enthemmungsbewegung ›EST‹ und vor allem Ayn Rand, die literarische Fanatikerin eines faschistoiden Licht- und Kraftmenschentums made in USA...« Und BRÜGGE fährt fort:

»Auch Rannette Daniels entfernt von ihren Kunden die Skrupel, bis ein blankes Ego zum Vorschein kommt. Sie schreibt (im Münchener Kurs) eine Schultafel voll mit Impulsen und erlernten Inhalten, welche sich zwischen das Leben und den Lebenden schieben, und verkündet demgegenüber ihre absolute Wahrheit: ›Jeder hat schon immer gekriegt, was er wollte!‹ Es komme also darauf an, wirklich zu wollen, vielmehr: zu wollen, was man wirklich will.«

Das ist nun wahrhaftig nicht mehr harmlos, weder therapeutisch noch politisch. Es ist zu schweren psychischen Zusammenbrüchen und Bewußtseinsstörungen gekommen, und am 11. Dezember 1978 durchsuchte die Polizei in einer Großaktion das *SLS*-Hauptquartier in der Münchener Hohenzollernstraße. Bei der Staatsanwaltschaft waren eine Reihe von Strafanzeigen von Teilnehmern eingegangen, die Körperverletzung, Nötigung, Freiheitsberaubung und Betrug betreffen.[28]

Psycho-Heimwerker und Seelenmanager

Die Welle steigt. Psychoreligiöse Selbstverwirklichung und Selbstertüchtigung in allen Formen: mal aktivistisch, auf Durchsetzung des Ego gestimmt, mal emotional und gruppenorientiert, das Glück im Ich-Verlust suchend, mal westlich psychologisch stilisiert, mal östlich religiös gewandet, mal als Versandartikel im Do-it-yourself-Buch oder als Psycho-Urlaub im Touristikprogramm angeboten, mal im exklusiven Seminarstil des höheren Managements verkauft.

Es gibt ungezählte Varianten. Von den fernöstlichen Methoden wäre zu reden: vom Boom der Kampftechniken, von *Aikido*, einer im japanischen Zen entwickelten Körpertechnik, oder vom chinesischen *Tai Ch'i Chuan*, der immer beliebter werdenden »Gymnastik für den denkenden Menschen«. Andere Angebote geben sich exotisch: in München wird das *Arica*-Training des Bolivianers Oscar Ichazo angeboten, und man braucht einige Zeit, bis man hinter der *»Metagesellschaft« Arica* ein ganz solides, mit Elementen aus der *Sufi*-Tradition angereichertes Programm ausgemacht hat. Geheimnisvolle Initialen versprechen Besonderes: »*Zagt* – lebendiger denn je!« liest man in einem Prospekt; die Ankündigung der Programmschwerpunkte – natürliche Ernährung, die Kunst des Sterbens, Partnermassage, Autogenes Training – und die Aufschlüsselung *zentrum für angewandtes ganzheitstraining* machen skeptisch. Die Hobbybücher für Psycho-Heimwerker sind inzwischen Legion: *Anti-Angst-Training, Kommunikationstraining, Die erfolgreiche Kontakt-Schule, Das Selbstbehauptungs-Training* – so und ähnlich lauten die einschlägigen Titel.

Und das alles fasziniert in erster Linie die Jungen. Noch einmal das *Arica*-Training. Der Prospekt ist reichlich bebildert, lauter strahlende junge Leute: allein oder in Gruppen, meditierend, Gymnastik treibend, in allen Formen der Kommunikation. Die Zielgruppe ist eindeutig: Jugend. Vielleicht nirgendwo ist die Revolte gegen die üblichen gesellschaftlichen Bahnen so ambivalent wie im Bereich der psychoreligiösen Bewegung. Flucht oder Aufbruch? Oder ist das alles gar keine Revolte, sondern nur die neueste Mode, systemimmanent, den Status quo nicht aufbrechend, sondern zementierend?

Modelle für eine Alternative
Neues Bewußtsein – Neuer Lebensstil

Der *stern*-Redakteur MICHAEL JÜRGS startete einen Frontalangriff. Unter der Überschrift »Alternatives Leben oder Die Flucht aus der Verantwortung« machte er sich so richtig zum Sprecher der verantwortungsbewußten, strebsamen, gesellschaftstragenden Kräfte in diesem Land, denen die »neudeutsche Ohnemichel-Bewegung« der Alternativen nicht nur ein Dorn im Auge ist, sondern »für die Republik gefährlicher als Terrorismus und Umweltschmutz« erscheint.[1]

»Sie gehen aufs Land und nähren sich redlich. Sie schmeißen den Kram im Büro hin und verkaufen Gürtel auf dem Markt. Sie hören auf zu schimpfen und kreuzen dem Guru zu Ehren ergeben die Hände über der Brust. Sie werfen ihre Protestplakate in den Müll und lieben ihren Nächsten wie sich selbst.

Solche Abläufe, Stimmungen und Zustände sind bekannt unter dem Begriff ›Alternatives Leben‹. Die heranwachsende Turnschuhgeneration geht meilenweit für eine solche Alternative, denn was wir ihr, trotz bester Vorsätze, vorgestreßt haben, scheint ihr kein gangbarer Weg mehr zu sein. So heißt denn auch die schickste Losung des Jahres '78: Adieu der Wirklichkeit, hin zur Alternative...

Wenn's nur so einfach wäre. Die Flucht aus der Wirklichkeit ändert nichts an der Wirklichkeit. Die Alternativ-Bürger ziehen zu lassen und zur Tagesordnung überzugehen hilft nicht weiter. Denn viele von denen, die ganz bewußt und ohne englische Möbel aufs Land oder ins eigene Innere trampen, sind nicht Flippies mit Alltagskoller und indischen Träumen. Wir haben es vielmehr mit einer ernst zunehmenden Bewegung bislang kritisch engagierter Mitbürger zu tun, die sich nun vom System verabschiedet. Gerade seine mündigen Kinder sagen dem ungeliebten Vater Staat ein müdes Tschüs und retten sich zur Mutter Erde.«

Adieu der Wirklichkeit, hin zur Alternative. Ja, wenn's nur so einfach wäre. Wenn man so sauber aufteilen könnte. Hier die Verantwortungsvollen, die die Mühsal des Alltags auf sich nehmen und eine bessere Zukunft für alle bauen, und dort die Realitätsflüchtigen, die sich in eine bequeme Innerlichkeit oder ein idyllisches Landleben zurückziehen. Hier die Wirklichkeit und dort – ja was denn nun: Un-Wirklichkeit? Traumwelt? Nichts? Schon die Tatsache, daß da einer für sich unbefragt die Wirklichkeit reklamiert und die abziehenden Alternativ-Bürger schlicht in die Irrealität verbannt, entlarvt seine freiheitlich-demokratische Attitüde als leere Pose.

Was ist alternativ?

Man wird sich die Beantwortung der Frage, was überhaupt »alternativ« ist, nicht zu leicht machen dürfen. Sonst schießt man solche Eigentore wie der *stern*-Redakteur. In Wahrheit geht es bei dieser Frage um tiefgreifende existentielle und denkerische Grundentscheidungen. Zunächst jedoch die Selbstdefinition einer alternativen Gruppe, die sich mehr als andere darüber Gedanken machen muß.
Es gibt seit ein paar Jahren in *Ober-Olm* in Rheinland-Pfalz eine Redaktionsgemeinschaft, die ein *alternatives adreßbuch* herausbringt. Die neueste Ausgabe ist im Mai 1978 erschienen: »mit über 500 selbstdarstellungen von selbsthilfegruppen, produktionskommunen, kooperativen, informations- und kommunikationszentren, zeitschriften, verlagen, händlern, läden ...«
Was ist der gemeinsame Nenner für alle diese Gruppen und Initiativen? Im Vorwort geben die Adreßbuchmacher Rechenschaft:
»Was heißt eigentlich alternativ? ...: die jeden tag anstehende entscheidung für oder gegen bestehende wertsysteme, die schaffung neuer maßstäbe und verhaltensweisen, abkehr vom politischen wahn- und schwachsinn hin zum ökologisch-gesellschaftlich sinnvollen. so verschieden die wege der in diesem buch sich vorstellenden sein mögen, sie alle suchen eben dieses neue zeitalter, suchen den menschen – in sich und im andern – der ›anders geboren‹, ›natürlich entstanden‹ ist oder entsteht (wörtliche Übersetzungen des wortes ›alter-nativ‹).«
Die Beschreibung ist weniger zufällig, als sie sich zunächst anhört. Da ist der Entscheidungsdruck, in den viele junge Leute offenbar durch ein System geraten, das sie, gemessen an ihren Vorstellungen vom Menschsein, als widersinnig empfinden müssen. Wesentliche Erfahrungsbereiche, in denen ihnen das Entweder-Oder entgegentritt, sind der politische und der ökologisch-gesellschaftliche. Sehr bewußt wird davon gesprochen, daß die Alternative eine innere Umkehr – religiös gesprochen: eine Wiedergeburt – einschließt. Vor allem, da ist nichts

Abb. 12: Umkehr zu einem neuen Lebensstil
(Photo: EBA-Wiese, Stuttgart)

von Rückzugsmentalität. Neue Maßstäbe, ein neues Zeitalter, ein anderer Mensch: wer so redet, befindet sich nicht auf der Flucht, sondern in einer positiven Bewegung. Die Definition ist dann freilich doch zu kurz. Man muß tiefer ansetzen.

In einem geistesgeschichtlich weit ausholenden Essay diskutiert der Theologe HANS BOLEWSKI gegenwärtige Erscheinungsformen alternativer Gruppen[2]. Er sieht ihr Entstehen im Zusammenhang mit dem Zerfall der beiden großen Deutungsmöglichkeiten, in denen der Mensch in der Neuzeit sich selbst und seine Welt verstehen und legitimieren konnte: Religion und Wissenschaft. Religion sei – BOLEWSKI zitiert hier den Soziologen FRIEDRICH H. TENBRUCK – mit allen anderen Autoritäten und Legitimitäten von der Wissenschaft entthront worden; diese aber müsse sich angesichts der von ihr hervorgebrachten Welt und ihrer Probleme gleichzeitig außerstande erklären, irgendwelche normativen Ordnungen und letzten Werte aufzustellen. »In diesem Zusammenbruch des eigentlichen Anspruchs, aus dem die abendländische Wissenschaft einmal hervorgegangen war, des Anspruchs nämlich, die Fragen nach der Wahrheit und der Ordnung der Welt beantworten zu können, zeigt sich ein einstweilen unabsehbares und unauflösbares Dilemma. Wir müssen mit den Fragen nach der Wahrheit und der Legitimität weiterexistieren, ohne sie beantworten zu können. In diesem Vakuum sind die Menschen mehr oder weniger wehrlos alten und neuen Weltanschauungen, alten und neuen Utopien und Heilserwartungen ausgeliefert. In besonderer Weise ausgeliefert ist diesem Dilemma die Intelligenz, und zwar ›die sozial noch nicht verortete Jugend‹ ebenso wie ›jene Kulturintelligenz, die beruflich mit geistigem Kulturgut umgeht und folglich Sinn und Orientierung anbieten muß‹. In diesem Milieu begegnen wir darum auch jenen Gruppen, denen angesichts des Verlustes einer sinnvoll gedeuteten Welt nur drei Möglichkeiten zur Wahl stehen: ›Der Rückzug in das Reich der privaten Abseitigkeit ..., die Kulturkritik‹ und schließlich der Anschluß an ›religiöse und politische Heilsbewegungen‹.«

BOLEWSKI greift in seinen Überlegungen zum Verständnis des Alternativen bis auf ARISTOTELES zurück, der in seiner *Nikomachischen Ethik* im Unterschied zum gesicherten Erkenntnisbereich der Wissenschaft den Erfahrungsbereich der Kunst (*techne*) und der Klugheit (*phronesis*) als das bezeichnet, »was sich so oder auch anders verhalten kann«. ARISTOTELES geht also noch von einem Seinsverständnis aus, in dem das Gewußt-Wirkliche und das Mögliche nebeneinander liegen. Die Neuzeit dagegen habe auch das menschliche Handeln und Hervorbringen, also den Bereich von *techne* und *phronesis*, immer mehr zum Gegenstand von Wissenschaft gemacht, die damit zugleich immer mehr zum ausschließlichen Kriterium für das eigentlich Wirkliche wurde. »Damit aber bekam das menschliche Miteinander den Charakter des bloß Zufälligen oder es geriet in die Zwanghaftigkeit des Machbaren bzw. Verwaltbaren.« *Ich* und *Du* sowie *Welt* als Raum der Kommunikation wurde zunehmend problematisch. »Alternative Gruppen sind in diesem Verständnis der Welt und des Wissens von Welt solche, die ›die Möglichkeit des Andersseins‹ wieder ernst nehmen, sei es, daß sie sich aus einer determinierten Welt ohne Alternativen zurückziehen, sei es, daß sie gegen diese Welt mit dem verzweifelten Wissen anrennen, daß ihr Menschsein in einem entscheidenden Sinne bedroht ist.«

Nun hat ARISTOTELES in gewisser Weise selbst diese Entwicklung vorbereitet, indem er in einer geistesgeschichtlichen Entscheidung von nicht auszulotender Bedeutung der Wirklichkeit die seinsmäßige Priorität gegenüber der Möglichkeit zugesprochen hat. »Der denkende und handelnde Mensch orientiert sich tatsächlich bis heute am Wirklichen. Das Wirkliche ist ihm so etwas wie das Sein schlechthin. Auch die Kontingenz ist für ihn im Wirklichen enthalten: es könnte so oder auch anders sein. In unserem alltäglichen Sprachgebrauch, der ›das Wort *‚seiend'* nicht kennt und dafür einfach *‚wirklich'* sagt‹, ist das ›Mögliche noch kein eigentlich Seiendes‹ (Nicolai Hartmann). Wenn aber das Sein des Möglichen entdeckt wird, dann hat eine solche Entdeckung so weitreichende Folgen, daß kein Lebensgebiet davon ausgeschlossen werden kann. Das, was wir landläufig Wirklichkeit nennen, wird dadurch immer stärker in seiner Bedeutung als Orientierungsbereich entwertet. Das Mögliche tritt in das menschliche Denken ein, bedrohlich, herausfordernd in einem radikalen Sinne. Es gehört hinfort zur Lebensfähigkeit, sich dieser Herausforderung gewachsen zu zeigen.«

In diesen Erwägungen bekommt »alternativ« einen umfassenden, provozierenden Sinn: es ist »der Versuch, Mensch zu sein in einer Welt, die auch radikal anders, also auch gar nicht sein könnte«. Oder, noch schärfer: es ist die »Entdeckung der Möglichkeit als Provokation der Wirklichkeit«. Diese Deutung erfaßt nicht zuletzt die wichtige Tatsache, daß es sich bei der Alternativbewegung ja nicht um das gesellschaftliche Abseits einer jugendlichen Subkultur oder eines wie auch immer gearteten Gettos handelt. »Alternativ« ist eine Lebensform, die überall präsent ist, wenn sich ihr auch keineswegs alle anschließen.

Zunächst freilich bringt diese tiefsinnige Deutung nicht viel Ordnung in die Vielfalt der alternativen Szene, die sich in einer verwirrenden Fülle verschiedenartigster Elemente präsentiert. Das Sachregister des erwähnten *alternativen Adreßbuches* zum Beispiel umfaßt, gerafft und gebündelt, die folgenden Rubriken:

- Selbsorganisationsformen aller Art, Männergruppen, Mieterkollektive, Mitfahrerzentralen, Einkaufskooperativen, Indianerhilfe, Umweltschutzgruppen, Frauenselbsthilfe, Gruppen mit Gemeinschaftseigentum und gemeinsamer Sexualität
- Kommunikations- und Informationszentren, Teestuben, Freizeithäuser, Kulturläden, Übernachtungsmöglichkeiten, Zeitungen, Info-Dienste, Adreßkarteien
- Werkstätten für Textilien, Töpferwaren, Holz, Druck und Grafik, Sonnenenergie und Windgeneratoren, Autos und Musikinstrumente
- Biologisch-dynamischen Landbau, natürliche Lebensmittel, Gartenbau, Kleintierzucht, Landkommunen und solche, die es werden wollen
- Gruppen, Zentren, Zeitschriften und Ideen zu: Anarchismus, Anthroposophie, Astrologie, Gemeinschaftseigentum, Meditation, Parapsychologie, Selbstbestimmung, Spiritualität, linkes Christentum, Yoga, Zivilisationsentwürfe.

Was ist der gemeinsame Nenner in diesem Sammelsurium – außer der Tatsache, daß sich diese Gruppen, Aktivitäten und Experimente eben selbst als »alternativ« verstehen?

Indessen heben sich deutlich drei Perspektiven in der Alternativbewegung heraus, die jeweils einen besonderen Zielpunkt haben und sich dadurch voneinander unterscheiden: die *politisch-ideologische,* die *ökologisch-lebensreformerische* und die *transzendental-religiöse Perspektive.* Das sind abstrakte Typisierungen, die in dieser reinen Form sicher nirgends in Erscheinung treten, sondern immer in Mischungen und Verbindungen. Aber sie erlauben, wenigstens bis zu einem gewissen Grad, eine Zuordnung der einzelnen Gruppen und Projekte. Und sie markieren so etwas wie Fluchtpunkte, in denen der Einbruch des Möglichen in den scheinbar geschlossenen Herrschaftsbereich der Wirklichkeit geschehen könnte – vielleicht sogar, wenn die Alternative gelingt, sich da und dort tatsächlich ereignet.

In einem Bericht über die religiöse Revolte geht es in erster Linie um die *transzendental-religiöse* Perspektive. Doch die innere Nähe zu den ökologisch-lebensreformerischen Modellen und Experimenten liegt auf der Hand. Und selbst politisch-ideologische Gruppierungen, meist »links« beheimatet und daher religionskritisch eingestellt, haben bei näherem Zusehen oft einen religiösen Akzent. Das ist nicht verwunderlich, denn alternatives Leben heißt vor allem anderen: ganzheitliches Leben. Die zerstückelte, parzellierte, funktionalisierte Wirklichkeit des »normalen« Lebens wird provoziert durch die Möglichkeit ganzheitlichen Bewußtseins und Lebens. Obwohl also immer das Ganze der Alternativbewegung im Blick sein muß, liegt der Schwerpunkt dieses Berichts trotzdem auf einer Teilperspektive.

Es gibt eine ganze Reihe von eindrucksvollen Alternativmodellen, die ihre Motivation und Gestalt dem Erbe des Christentums entnehmen. Hier ist etwa die *Ökumenische Initiative Eine Welt* oder die *Integrierte Gemeinde* in München zu nennen. Im Blick auf den christlichen und kirchlichen Bereich gilt in besonderem Maß die Feststellung, daß die Alternativbewegung nicht in irgendeinem abgeschlossenen Raum abseits der Gesellschaft zu suchen, sondern als eine andere, eben alternative Lebensform überall in ihr gegenwärtig ist. Es gibt ungezählte Zellen, Basisgruppen, Einzelaktionen, Hauskreise usw. im Großraum der christlichen Kirchen, in denen ein alternativer Lebensstil recht und schlecht eingeübt wird. Er ist – gerade im christlichen Bereich – getragen von einer Grundhaltung der Weltverantwortung, die sich in den beiden Empfindungen artikuliert: »So kann es doch nicht weitergehen« und, entschieden auf die eigene Person zurückgebogen, »So kann ich doch nicht weiterleben«. Der katholische Publizist Walter Dirks schreibt im Blick auf alternative christliche Lebensformen:

»Stellt man Vermutungen an, aus welchen Schichten sich Initiativen, die auf neue Lebensformen gerichtet sind, rekrutieren könnten, so kommen einem zunächst die aktiven Protestanten in den Blick; die Landeskirchen und ihre aktivsten Minderheiten haben ja auf den Kirchentagen und in ihrer Mitarbeit am Weltkirchenrat denen, die es hören wollten, schon lange im Hinblick auf die Dritte Welt, aber auch auf die Gefahren der Wohlstandsgesellschaft kritische Gedanken nahegelegt. Eingestimmt sind auch die sozusagen konziliaren Katholiken. Es ist aber keineswegs so, daß das unruhige Suchen nach alternativen Lebensweisen spezifisch christlich wäre... Doch mag sich zeigen, daß das im Evangelium so dominierende Wort ›Metanoeite – Sinnet um!‹ eine starke Disposition schafft, im Hinblick auf die Weltlage und das Zeitbewußtsein praktische Konsequenzen zu ziehen.«[3]

Getragen wird der christliche Strang in der Alternativbewegung von denselben beiden Altersgruppen, die in der religiösen Szene immer wieder in Erscheinung treten: da sind junge Erwachsene, die ihre entscheidenden Impulse durch die Reformbewegung der sechziger Jahre bekommen haben; da sind andererseits Jugendliche, die heute – etwa durch das *Konzil der Jugend* in *Taizé* aufgeweckt – hellhörig werden, wenn von »anders leben« die Rede ist.

Östliche Religionen und Urkulturen

Auch wenn also der christliche Anteil an der religiösen Alternativszene nicht unterschätzt werden darf, die lebendigsten und nachhaltigsten Impulse kommen doch aus anderen Religionen, in erster Linie aus den asiatischen. Bisher wurde der *Buddhismus* in diesem Überblick kaum erwähnt. An dieser Stelle ist nun aber auf seinen wachsenden Einfluß unter der Jugend Westeuropas und besonders der Vereinigten Staaten hinzuweisen. Er ist freilich eigentümlich ambivalent.
Auf der einen Seite macht es der Buddhismus der westlichen Jugend ausgesprochen schwer. Geistig und ethisch anspruchsvoll, individualistisch orientiert, ist der Weg BUDDHAS etwas für Einzelgänger, für intellektuell und moralisch herausragende Menschen, die ein hohes Maß an Selbstverantwortung besitzen. Ihm fehlt, was die hinduistischen Impulse oft zu breiten Bewegungen werden läßt: der gefühlsmäßige Kitt und die Gurufigur, die die einzelnen zur Gruppe zusammenbindet.
Ein weiteres kommt hinzu. Es gibt Buddhisten, die den Buddhismus als Anweisung zu einem nüchternen, verantwortlichen Leben schätzen, ihm aber die religiöse Qualität absprechen. Daran ist sicher richtig, daß die religiösen Momente im Weg des BUDDHA nicht so offen zutage liegen. Das kommt zweifellos einem religionskritischen westlichen Denken entgegen. Deshalb scheinen sich auch die in der buddhistischen Tradition entwickelten Meditationsweisen den westlichen Bedürfnissen und Möglichkeiten am ehesten einzufügen. Doch sind umgekehrt in der jugendlichen Subkultur heute ausgesprochen religiöse Erwartungen und Erlebnisformen aufgebrochen. Wo der Buddhismus auf der religiösen Ebene ansetzt, etwa in der Vermittlung tibetischer Mystik und Liturgie, gewinnt er einen viel unmittelbareren Zugang zur westlichen Jugend.
Auf der anderen Seite kommt jedoch der Zuschnitt des Bud-

dhismus auf die persönliche Eigenverantwortung den einzelgängerischen Neigungen und dem Subjektivismus einer ruhelosen, aus dem Strom der Gleichgeschalteten ausgestiegenen Jugend entgegen, die die alternative Szene bevölkert. Das war schon bei der *Beat*-Generation so, die JACK KEROUAC in seinem Buch *The Dharma Bums*[4] schildert: *Japhy Ryder*, der »größte Ober-Dharma-Gammler von allen«, jene paradoxe Mischung aus Drop-out, Naturapostel und Zenmönch, zwischen Suff, Romantik und Tiefsinn schwankend, ist sicher für jeden ernsthaften Jünger BUDDHAS eine ärgerliche Figur. Und doch verdichten sich in dieser Gestalt Züge einer lebendigen Alternative, die für diese Jugend und ihre Nachfahren die Hoffnungslosigkeit und Totenstarre des Systems aufbrach und die ohne die Gestalt SIDDHARTA GAUTAMAS, des BUDDHA, nicht denkbar war. Denn er verkörperte wie kein anderer die Möglichkeit des ganz anderen in sich. Möglichkeit als Provokation der Wirklichkeit: der »Versuch, Mensch zu sein in einer Welt, die auch radikal anders, also auch gar nicht sein könnte«.

Deshalb auch der Millionenerfolg von HERMANN HESSES *Siddharta* in den letzten Jahren. Die Lehr- und Wanderjahre des Brahmanensohnes SIDDHARTA, seine Begegnung mit dem *Buddha,* die Hemmungslosigkeit des Weltgenusses und schließlich sein Leben mit dem Fährmann VASUBANDU, der dem Fluß lauscht und in dessen Gemeinschaft SIDDHARTA die Erleuchtung findet, spiegeln in ihrer romantisch-idealistischen Verklärung das jugendliche Suchen nach der Alternative. »Das Gute an ihm ist«, so deutet ein amerikanisches Mädchen den HESSE-Trip, der im Grunde ein BUDDHA-Trip ist, »daß er nicht eine Menge fester Antworten oder ähnliches gibt. Im Gegenteil, seine Antwort besteht darin, daß man seine eigene Antwort finden müsse.«

Diese Antwort kann entsprechend verschiedenartig ausfallen. Oft aber deutet sie in der jugendlichen Alternativbewegung in die Richtung einer Überwindung vorgegebener Traditionen – auch der buddhistischen – auf einer höheren Ebene des kosmopolitischen und kosmischen Bewußtseins: nicht um den Buddhismus geht es, sondern um den »inspirierten Menschen«, um ein Leben aus dem neuentdeckten Sein des Möglichen:

»Die Religion der Zukunft kann kein ›Ismus‹ irgendeiner Art mehr sein. Sie kann nichts Separiertes, nichts Absonderndes beinhalten, sonst ist sie wieder nur eine Religion der Vergangenheit. Sie kann nur noch als Anregung zum individuellen Weg begriffen werden. Sprechen wir also von hier ab nicht mehr vom ›Buddhismus‹, sondern von der großen Anleitung und Hilfe des Menschen Gautama Buddha, der die höchste Stufe der Selbstverwirklichung erreicht hat und dadurch göttlich wurde – wie andere große Vertreter des Menschengeschlechts.«[5]

Zwei Beobachtungen sind an dieser Stelle zu notieren.

Erstens, das wurde bereits angedeutet, öffnet sich die westliche Jugend besonders leicht dem *Mahayana*-Buddhismus, dem nördlichen Zweig des Buddhismus, der von Tibet über China bis Japan reicht und die religiösen Elemente viel weiter entfaltet als der klassische Buddhismus. Einer der Gründe für das jugendliche Interesse ist die konkrete Sinnenhaftigkeit: Kultische Musik, eindrucksvolle Andachtsbilder, eine hochentwikkelte Liturgie repräsentieren den ganzen Kosmos äußerer und innerer Erfahrung und werden zum Medium religiöser Deutung und Vergewisserung.

In den letzten Jahren reisten immer wieder hohe tibetische *Lamas* und Würdenträger durch Europa und zelebrierten mit ihrem ansehnlichen Gefolge in steifen, goldschimmernden Roben die absonderlichsten Zeremonien. Fasziniert folgte ihnen die alternative Jugend. Tibetische Zentren schießen wie Pilze aus dem Boden, von Hamburg bis in die Alpen über dem Genfer See. Nicht bloß der Reiz des Exotischen und die Möglichkeit, an einer geheimnisvollen Traumwelt zu partizipieren, führen zu diesen Erfolgen. Das zweifellos auch, wie denn ein guter Schuß Neugier und spontaner Unbekümmertheit allemale zur Alternativszene gehört; Eigenschaften, die übrigens auch die tibetischen Mönche auszeichnen.

Darüber hinaus jedoch ist dem *Mahayana*-Buddhismus eine tiefe mystische Erfahrung eigen, in der sich jene abgründige Provokation der buddhistischen Botschaft besonders eindrücklich verdichtet: daß im Kern Sein und Nichts ineinanderfallen. Kein Wunder, daß zum Beispiel das *Tibetanische Totenbuch* zu einem der meistgelesenen Klassiker der alternativen Religiosität geworden ist.

Die zweite Beobachtung: mit den buddhistischen Einflüssen wird eine völlig andere Form jugendlicher Religiosität sichtbar als die heute unter dem Etikett *Jugendsekten* diskutierte. Eine Religiosität, der fast alle Strukturmerkmale abgehen, die man für die *neuen Jugendreligionen* entwickelt hat: keine oder keine nennenswerte Gruppenbildung, keine autoritären Führer, keine totalitären oder gar faschistoiden Tendenzen. Vielmehr eine breite Strömung alternativer Lebens- und Bewußtseinsexperimente, Einzelgänger, lockere Meditationsgruppen, eine freischwebende, flüchtige Szene, kaum faßbar außer in einigen profilierten Zeitschriften und wenigen Sprechern.

Es gehört zum Wesen der Alternativbewegung, daß sie sich der gesellschaftlichen Verfestigung immer wieder entzieht. Die qualifiziertesten Gruppen und Kommunen haben sich meist verhältnismäßig rasch wieder aufgelöst, die profiliertesten Vertreter der neuen Religiosität sind Einzelgänger geblieben. Um so problematischer ist es, die religiöse Revolte an der Elle eines Gruppenmodells zu messen, das für ihre vielleicht wichtigsten Erlebnis- und Erscheinungsformen überhaupt keinen Maßstab bieten kann.

Nicht nur die östlichen Religionen geben Maß und Medium alternativer Religiosität ab. Daneben steht der Traum von den Urkulturen, greift man auf traditionelle Stammesreligionen und ihre Gesellungsformen zurück. Die nordamerikanischen *Hopi-Indianer* etwa gewinnen Modellcharakter. Eine ganze Indianer-Bewegung, in der sich religiöse, gesellschaftliche und ökologische Elemente mischen, zieht sich als besonderer Strom durch die alternative Landschaft. Seine Quellen sind teils westliche Schuldgefühle, teils romantisierende Bewunderung einer »ursprünglichen« Stammesgemeinschaft, teils auch das richtige Gespür für die Chance kreativer Konfrontation. Die Indianer-Bewegung speist mit ihren Ausläufern die Kriegserklärung der weißen Stadtindianer gegen die todesstarren Auswüchse der Beton-Zivilisation ebenso, wie sie den ökologischen Soft-Technikern und Lebensreformern unerschöpfliches Material bietet. Wenn irgendwo, dann ist hier der Vorwurf der Realitätsflucht gerechtfertigt. Doch auch noch in diesem Impuls liegt mehr als illusionäres und anachronistisches »Zurück zur Natur«. Hierzu drei geradezu klassische Alternativtexte:

- »In ihrer lebensfeindlichen und malerischen Wüste haben die Hopis seit Jahrhunderten gelebt und sie leben da auch noch, weitgehend abgeschlossen von der großen Welt. ... Ihre Kultur ist selbstgenügsam, vollständig und bemerkenswert stabil. Sie ist farbig, reich und spirituell stark. Sie ist sehr komplex, aber diese Komplexität wird dadurch kompensiert, daß ihre Ordnungskategorien in einem einzigen, ausgewogenen Ganzen genau organisiert sind und zum Ausdruck kommen. Und schließlich zeigt diese Kultur praktisch keine der pathologischen Symptome, die die moderne Zivilisation zum Zerfall gebracht haben ...« (Aus einer Studie des Traditional Indian Land and Life Committee, Los Angeles.)
- Aus der Kriegserklärung der Stadtindianer von Rom gegen die kapitalistische Gesellschaft, die Industrie und die kommunistischen Parteien: »Lange haben wir um den Totem unseres hellen Wahnsinns getanzt. Wir haben getanzt um das Feuer unserer Mensch-

lichkeit … Die blauen Kittel haben all das zerstört, was einst Leben war, sie haben mit Stahl und Beton den Atem der Natur erstickt. Sie haben eine Wüste des Todes geschaffen und haben sie ›Fortschritt‹ genannt.«

- Aus ›Die Entdeckung des Wilden‹: »›Wild‹ ist ein schillernder Begriff. Ebenso kannst du ›archaisch‹, ›primitiv‹, ›kreativ‹, ›spontan‹, ›ekstatisch‹ einsetzen. Das Wilde scheint immer nur von außen oder an der Oberfläche wild. Wenn du selbst darin stehst, ist es Kultur, denn es hat Tradition und viele Zusammenhänge«.[6]

Religiöse Unmittelbarkeit

In allen diesen Äußerungen sucht eine unvermittelte Religiosität nach einer angemessenen Ausdrucksform. Sie steht jenseits fester Traditionen und muß sich ohne das Netz gesellschaftlicher Legitimation bewegen. Kein Wunder, daß sie oft danebentritt: von Geschmacklosigkeiten bis zum steifen Pathos gibt es alles in der alternativen Religiosität. Und natürlich auch die vielbeschriene Flucht aus der Verantwortung. Wer wollte das leugnen. Trotzdem ist die *Entdeckung des Wilden* ein legitimes Thema der religiösen Revolte. In einer angeblich durchschaubaren und verfügbaren Wirklichkeit bricht provozierend das »Irreale« durch. Der Mensch erfährt seine eigene Verborgenheit. »Die Verborgenheit des Menschen für sich selbst wie für seine Mitmenschen – homo absconditus – ist die Nachtseite seiner Weltoffenheit. Er kann sich nie ganz in seinen Taten erkennen – nur seinen Schatten, der ihm vorausläuft und hinter ihm zurückbleibt, einen Abdruck, einen Fingerzeig auf sich selbst«.[7]

Vielleicht ist es der Mut der Alternativen, in dieser Verborgenheit nicht das zerstörerische Chaos individueller und kollektiver Vergangenheit, sondern die kreative Möglichkeit der Zukunft zu sehen. Alternative Religiosität erwartet das Heil aus den Möglichkeiten der Zukunft gegen eine heillos verstellte gegenwärtige Wirklichkeit. Und sie lebt davon, die Zukunft im unmittelbaren Erleben vorwegzunehmen. Dazu ein Text, eines alternativen »Sängers« aus Franken:

»Am Gefäß der Zeit sind wir der Rand, die Wand, der Ton, der Fülle faßt. Geschmack gibt, Schatten und Schutz. Wir leben in einem besetzten Land, und wenn ich die Amihubschrauber aus meinem Garten verjage, denke ich daran, daß die Römer den Glauberg nie einnahmen.

Nie waren wir so versklavt wie in den Zeiten der Fülle, die unser Denken lähmt und deren einzig drückende Sorge die Verstopfung ist.
Was wir tun und was wir sagen, ist uns Kunst – Lebenskunst – Überlebenskunst – und danach handeln wir. Wir haben keine Illusionen und werden die Welt nicht verändern. Doch die Welt wird sich ändern, und wir werden da sein. Und alle Zigeuner und Indianer, Bergstämme und Nomaden, die sich nicht fangen ließen, werden da sein und lachen: und dies soll unser Zeichen sein.
Jeder von uns schafft auf seine Art, doch müht er sich immer, Leben zu schaffen, und das macht uns gefährlich. Die Revolution ist ein strahlendes Lächeln an einem langen Samstag. Wir kämpfen für kein besseres Morgen. Wir kämpfen gar nicht. Wir sind friedlich, um Wahrheit bemüht, und das macht uns gefährlich.... Wir meiden eure Gifte und laufen doch nicht davon. Wir beten und mühen uns, die Vision rein zu halten – und die Verweigerung zu üben. Während fremde Panzer durch unser Land fahren und Soldaten mein Gras zertrampeln ...« [8]
Der Schriftsteller und Publizist DIETER SCHLESAK sieht den Ziel- und Fluchtpunkt der religiösen Gegenkultur in der Suche nach Unmittelbarkeit: Die Zerstörung der Spontaneität und der unmittelbaren Wahrnehmung durch eine abstrakte Kultur, die Vertreibung der großen Masse der Bevölkerung aus den gesellschaftlichen Entscheidungsprozessen habe nicht nur im politischen Bereich, sondern auch über eine religiöse Subkultur zur Selbsthilfe geführt. »Der ›flash‹ selbsterlebter Transzendenz wird in der alternativen Religiosität gesucht, er fasziniert eine von den Großkirchen angeödete Generation.« Statt realisierter Unmittelbarkeit werde in den Gottesdiensten nur geredet. Das sei die »Guckkastenmetaphysik«, von der THEODOR W. ADORNO gesprochen hatte. Das Erlebnis der »nicht-alltäglichen Wirklichkeit des Unmittelbaren, eigentlich das ›Proprium‹ der Religionen, auch der christlichen, ist im Westen von den Kirchen in braver Anpassung an den Verdrängungsprozeß von Transzendenz in der bürgerlichen Gesellschaft mehr und mehr ›entmythologisiert‹ worden, taucht aber nun in der religiösen Subkultur von neuem auf und konfrontiert die Großkirchen mit Dingen, die sie durch einen stillen und heimlichen Säkularisationsprozeß meinten bewältigt zu haben, und stellt sie von ihrer eigenen Substanz her in Frage«.[9]
Einer der heimlichen Gurus der religiösen Subkultur in den Vereinigten Staaten und in Europa ist *Baba* RAM DASS. Er hieß früher RICHARD ALPERT, war Psychologe und der Sekundant von TIMOTHY LEARY in der Verbreitung der psychedelischen

LSD-Religion. Nach deren Scheitern mauserte er sich in Indien zum hinduistischen Guru. Er hat ein Buch geschrieben, das in den USA in über 600 000 Exemplaren verbreitet ist und auch in Deutschland seinen Weg macht. *Be Here Now* ist sein Titel: *Sei Jetzt Hier.* Das ist die reine Botschaft der Unmittelbarkeit. In einem Prospekt zu dem Buch heißt es: »Dieses Handbuch weist den Weg in dein inneres Zentrum, wo du ewig mit allen eins bist. Alle Wege führen zu diesem Ort. Alles ist Teil des Erwachens. Wir sind alle auf der Reise zum Licht.«

Be Here Now. Prägnanter, konzentrierter, provozierender läßt sich die religiöse Revolte nicht artikulieren. So werden diese Worte zum Ariadnefaden durch das Labyrinth der alternativen Religiosität. Sie können zum Slogan selbstgenügsamer Innerlichkeit und zeitvergessener Idylle werden. Dann hätten die ungezählten Kritiker recht, die in der Alternativ-Bewegung Flucht vor der Verantwortung und Rückzug aus der Wirklichkeit sehen. Die Worte können aber auch den provozierenden Einbruch der Möglichkeit in die geschlossenen und geregelten Bezirke der Wirklichkeit markieren, aus denen Unmittelbarkeit und Kreativität gewichen sind.

Be Here Now ist, für sich genommen, eine ambivalente Parole. Und so ist auch die transzendental-religiöse Perspektive der Alternativbewegung ambivalent. Unmittelbarkeit ist eine rein formale Bestimmung, die mit Inhalt gefüllt werden muß. *Be Here Now* kann zum fruchtlosen Ego-Spiel werden. Und es kann schöpferische Begegnung sein, in der sich Humanität in einem letzten Sinn verwirklicht. Eines der größten Alternativprojekte ist die *Farm*, eine Landkommune in den USA. STEPHEN GASKIN, ihr Gründer und Leiter, beschreibt seinen *flash*, sein Hier und Jetzt, so:

»Religion beginnt von Herz zu Herz, von Geist zu Geist, von Auge zu Auge, zwischen wirklichen Menschen. Einige Leute erzählen von verrückten Trips, wo sie an die wahnsinnigsten Plätze gekommen sind, aber der wahnsinnigste Platz, den ich jemals gesehen habe, war in den Augen von jemandem: Du kannst jemandem in die Augen schauen und kannst die Wahrheit genau in ihnen finden. Wahrheit hat keine Warenmarke auf sich wie Pepsi-Cola oder Coca-Cola, sie ist wie Wasser, fließt in jedem Bächlein und fällt vom Himmel ...

Wenn Religion barmherzig ist und keinen ausschließt, und wenn sie kein Geld kostet und dir wirklich hilft, im Hier und Jetzt, das ist es, wie man Religion herausfinden kann – wirkliche Religion ...

Es gibt eine Religion, die vollkommen und wahr ist und keine Irrtümer in sich birgt, und alle von Menschenhand gemachten Religionen sind Versuche, diese Religion zu kopieren. Und sie existiert seit Billionen von Jahren ungeschrieben. Und du kannst die Menschen erkennen, die über Religion Bescheid wissen, weil sie für sie im Hier und Jetzt arbeitet, und sie schauen geistig und körperlich gesund aus. Du kannst überall Menschen finden, die diese Religion praktizieren, und du kannst sagen, wer sie sind, weil sie klar sind und freundlich und von gesundem Geist, und sie sind funktional und fähig, Dinge zu tun ...[10]

Ferment des Alternativen

Der Streit zwischen den *Grünen* und den *Politischen* unter den Alternativen ist so alt wie die Alternativbewegung selbst. So gab es auch wieder heftige Diskussionen, als STEPHAN GASKIN mit einigen *Farm*-Leuten im Oktober 1978 die deutsche alternative Szene besuchte. Doch der Besuch machte auch wieder deutlich, wie nahe sich die ökologisch-lebensreformerische und die politisch-ideologische Perspektive kommen, wenn man die oberflächliche Polarisierung im Vokabular und Lebensstil durchstößt und sie von ihren Fluchtpunkten her ins Auge faßt. Was sie verbindet, ist abgesehen von der Distanz zum herrschenden Gesellschaftssystem der gleiche Drang nach Unmittelbarkeit und Ganzheit des Lebens. Zwar spotten die antiautoritären *Spontis* der linken Szene über die »Spirituellen« mit ihrer dünnblütigen Sehnsucht nach kosmischer Harmonie, und die *Lebensreformer* vom Lande rümpfen die Nase über das ideologische Kampfgeschrei der *Stadtindianer*. Doch im Grunde steht man sich genau dort sehr nahe, wo in beiden Bereichen die transzendental-religiöse Dimension in Manifesten und Erfahrungsberichten zutage tritt, wo es nämlich im Ernst um ein alternatives Bewußtsein und seine Umsetzung in die gelebte Praxis geht. Das läßt sich in beiden Lagern vielfach demonstrieren. hier genügt es, jeweils ein Beispiel zu nennen. JOSEF WINTJES, Herausgeber des *Ulcus Molle Info Dienstes* und mit seinem Literaturversand der wohl wichtigste Umschlagplatz für eine antibürgerlich sich verstehende Literatur im Bundesgebiet, gehört eindeutig ins politisch-ideologische Lager. In einem seiner jüngsten Infos publizierte er eine programmatische Selbstdarstellung. Daraus einige Sätze:

»... ALLES ist nur stimmig, kann nur stimmig sein, wenn du es ganzheitlich mit dem gesunden Körpergeistbewußtsein aufzunehmen vermagst... Seien wir lieber ehrliche Pragmatiker mit Durchhaltevermögen. Und immer, DIES ALLES natürlich unter der Voraussetzung und der sicheren Überzeugung und dem starken Glauben an eine bessere, sinnvollere, sozialere, menschlichere Gesellschaft – egal unter welcher politischen Flagge... Arbeiten wir an dieser Zukunft! Leben wir den Neunmalklugenundtotalverklemmten an den Schalthebeln der bürgerlichen Machtapparate unsere Träume konkret vor. HIER UND JETZT. Setzen wir Zeichen. Hier und jetzt. Mit der Unbeschwertheit kleiner glücklicher Kinder. Spielen wir gerissene Großstadtindianer und lernen wieder richtig zu kämpfen. Subversion als Waffe. Alle Macht der Phantasie...«[11]

Eines der einflußreichsten Alternativprogramme in Europa ist die *Findhorn Cmmunity* im Norden Schottlands. In einer intensiven Durchdringung hat sich dort ein tief religiöses Bewußtsein mit dem ökologisch-reformerischen Programm verbunden. Und genau mit dieser Verbindung wurde *Findhorn* zum klassischen Modell alternativer Religiosität und zum Vorbild zahlreicher ähnlicher Gemeinschaften, Projekte und Experimente. Es gibt kaum eine ökologische oder religiöse Zeitschrift der alternativen Szene, die nicht immer wieder darüber berichtet. *Sonnenstadt im Nebel*, eine überschwengliche Schilderung *Findhorns*, ist eines der vielgelesenen Alternativbücher.

Die Religiosität der *Findhorn*-Leute – inzwischen leben in der Kommune über zweihundert Menschen – ist mystisch-esoterisch gefärbt. Man weiß sich dem neuen Zeitalter zugehörig, das unter dem Zeichen des Wassermanns steht und von Liebe und Harmonie gekennzeichnet wird. »Grenzenlose Liebe und Wahrheit ist die Wirklichkeit dessen, was zwischen uns allen existiert und fließt«, sagt der Gründer DAVID SPANGLER. »Es ist diese Vision von der Ganzheit in uns selbst und jener über uns hinauszeigenden, die wir fassen müssen!« Was diese etwas verblassende Harmonie- und Ganzheitsreligiosität jedoch so faszinierend macht, sind ihre praktischen Auswirkungen: eine funktionierende kommunitäre Sozialstruktur in der Gemeinschaft und ein ökologischer Land- und Gartenbau, der für die kargen Boden- und Klimaverhältnisse unglaubliche Ergebnisse brachte.

Alternative Religiosität läßt sich nicht herauspräparieren aus den vielerlei Modellen und Experimenten eines neuen Bewußtseins und Lebensstils. Sie ist eine schwer faßbare Dimension in ihnen, ein Ferment des Geistigen, der Spontaneität und Kreativität. Sie ist, überspitzt formuliert, das Moment des Alternativen selbst in der alternativen Bewegung. So viel jedenfalls steht fest: wer die hoffnungsvollsten und besten Erscheinungsformen der jugendlichen Religiosität kennenlernen will, der sollte sich nicht mit den festen Gruppen der sogenannten Jugendreligionen beschäftigen, sondern sollte sich in jenes freie Feld der alternativen Religiosität begeben. Er wird überrascht sein, was es da zu entdecken gibt.

Die Generation der Ausgeschlossenen
Psychische und geistige Hintergründe der jugendlichen Religiosität

»Die drei hauptsächlichen Formen, der Universität zu begegnen: Studium abbrechen, sich überaktiv in die politische Arbeit stürzen oder so stringent wie möglich Scheine erschreiben, gipfeln gleichermaßen in dem Wunsch nach der ›Großen Flucht‹. Der Wunsch nach einem Kaffeehaus in Kreuzberg, Marihuanaplantage in der Bundesrepublik, Farm in Frankreich, Auswandern usw. Ich weiß nicht, ob ihr das schon miterlebt habt, wie oft hier von Auswandern gesprochen wird. Viele von uns kennen diese Stadt vor allem als Dahlem und einen Wust von linken Kneipen und Wohngemeinschaften. Diese Stadt wie die Uni gehören nicht uns, noch nicht einmal zu uns ... Ich will nicht mehr die zehntausend Betonklötze zwischen Dahlem und Kreuzberg übersehen. Ich kann nicht mehr glauben, daß diese Stadt hauptsächlich aus Studenten besteht. Ich will wissen, wo und wie und für wen und mit wem ich das anwenden kann, was ich lerne. Ich will mit diesen Menschen zu tun haben. Wir haben diesen Zusammenhang oft nicht mehr gesehen ...
Unsere Hoffnungen und Wünsche von einem anderen Leben verlegen wir in Fluchträume; versuchen sie da zu verwirklichen, wo die meisten Menschen in dieser Gesellschaft sie auch zu verwirklichen suchen: in privater Isolation, in Überidentifikation mit der Arbeit, wie solche Bankangestellte, oder in stammtischartiger Form von Politik. Alle diese Möglichkeiten lassen uns immer mehr unsere Ohnmacht erkennen ...«[1]

So schilderte ein Germanistikstudent auf einer Vollversammlung der Berliner Freien Universität Ende 1977 die Situation der Studenten. Was er sagt, gilt nicht nur von Berlin, sondern mehr oder weniger von allen Hochschulen der Bundesrepublik. Der Wunsch nach der *Großen Flucht* ist allenthalben verbreitet, geweckt durch die gleichen Erfahrungen der Isolation und des Scheiterns an der gesellschaftlichen Mauer. »Die Generation der Ausgeschlossenen« nennt das der Berliner Politologe Wolf Dieter Narr in einer *Zeit*-Serie über den Terrorismus und seine Ursachen.[2] Und er zitiert einen noch krasseren Text – krasser, weil er nicht einmal mehr auch nur die Möglichkeit einer Diskussion mit dieser Gesellschaft kennt, sondern die totale Gettoisierung einer nicht zu schätzenden Zahl von

Jugendlichen, wiederum: vor allem Studenten, in einer in sich abgeschlossenen Gegenwelt signalisiert:

»In allen größeren Städten der Bundesrepublik und in West-Berlin leben Tausende anpolitisierter Jugendlicher in einem freiwilligen Getto: Der Durchschnitts-Stadtteilindianer wacht in der Wohngemeinschaft auf, kauft sich die Brötchen in der Stadtteilbäckerei um die Ecke, dazu sein Müsli aus dem makrobiotischen Tante-Emma-Laden, liest zum Frühstück ›Pflasterstrand‹, ›Info-BUG‹, ›zitty‹, geht – falls er nicht Zero-work-Anhänger ist – zur Arbeit in einem selbst organisierten Kleinbetrieb oder in ein ›Alternativprojekt‹, alle fünf Tage hat er Aufsicht in einem Kinderladen, seine Ente läßt er in einer linken Autoreparaturwerkstatt zusammenflicken, abends sieht er sich ›Casablanca‹ im off-Kino an, danach ist er in der Teestube, einer linken Kneipe oder im Musikschuppen zu finden, seine Bettlektüre stammt aus dem Buchladenkollektiv. Ärzte- und Rechtsanwaltskollektive, Beratungsstellen für Frauen, Frauen- und Männergruppen gibt es im Getto. Der gesamte Lebensbereich ist weitgehend abgedeckt ... Dabei ist die Kommunikation intensiv, verglichen mit der, die durchschnittliche Bundesbürger untereinander pflegen. Mit diesen unterhalten sich die Stadtteilindianer, antiautoritären Studenten und Spontis nur, wenn sie müssen, bei einer Razzia z. B. mit Polizisten. In West-Berlin und in Frankfurt gibt es Angehörige der Szene, die stolz darauf sind, seit zweieinhalb Jahren kein Wort mehr mit einem von denen, die draußen sind, gewechselt zu haben.«

Die Wurzeln dieser totalen Verweigerung liegen, folgt man Wolf Dieter Narr und vielen anderen, in einer immer schärfer empfundenen *Legitimationskrise*, die es unzähligen Jugendlichen nicht mehr möglich macht, in dieser Gesellschaft Identität und Orientierung zu finden. Das Ergebnis: ein *»unpolitischer Autismus«*. Man kann sich in dieser »verwalteten Welt« nur noch auf sich selbst beziehen, allenfalls auf die Gleichgesinnten der eigenen Gruppe, die ebenfalls aus der herrschenden Wüste in eine Oase andersartigen Lebens zu flüchten suchen. Sicher, das skizzierte Stadtteilindianer-Getto ist eine Verzerrung der Gesamtsituation. Es trifft nur auf eine verschwindende Minderheit zu. »Aber richtig ist, daß sich da zwei Welten aufgetan haben. Die eine, die etablierte, in der man sich anpaßt, kuscht und schmalbrüstig Karriere macht, wenn's hoch kommt. Die andere, in der man zunächst dieser etablierten Welt absagt. Man begeht aber keinen ›Vatermord‹ mehr, um die bestehende Gesellschaft reformierend, revolutionierend umzukrempeln. Man knüpft an diese bestehende Gesellschaft gar nicht mehr an, taucht weg, legt weg, sagt sich los.« Und diese Beobachtungen, fügt WOLF DIETER NARR hinzu, »gelten nicht nur für die sich selbst ins Getto zurückziehende kleine Gruppe. Auch diejenigen, die sich anpassen und einfügen, die überwiegende Mehrheit der Studenten, trägt Spuren der Perspektiv- und Orientierungslosigkeit, der Einsamkeit und der Hilflosigkeit.«

Fragt man nach den Ursachen und Hintergründen der *religiösen Revolte*, dann stößt man rasch auf das Stichwort »Legitimationskrise« und den damit angedeuteten Zusammenhang. Die Darstellung gerät notwendigerweise aufs politische Terrain: Die »religiöse Revolte« ist nicht zu begreifen ohne den Hintergrund der allgemeinen Lage der Jugend; und diese wiederum ist eine Funktion der gesellschaftlich-politischen Gesamtsituation. Die Öffentlichkeit ist denn auch rasch dabei, die Erscheinungen einer neuen Religiosität und religiöser Gruppenbildung pauschal nach dem Muster der »Großen Flucht«, der Verweigerung und Auswanderung zu deuten: »ausgeflippte« Jugendliche, eine religiöse Subkultur, die sich gegenüber der Gesellschaft abschottet, religiöser Radikalismus. Stimmt das? Sind die *Premies* des GURU MAHARAJ JI nichts anderes als religiöse »Spontis«? Ist der ungezählte Male wiederholte Satz richtig, daß Meditieren eine Flucht vor der Realität bedeutet? Ist der Ashram des BHAGWAN SHREE RAJNEESH eine Oase in der Wüste, in die man sich zurückzieht? Bereits 1973 fragte JÜRGEN HABERMAS: »Was heißt heute Krise?« und stellte einige Verhaltenssyndrome fest, die sich unter den Jugendlichen in zunehmendem Maße verbreiten:

»Entweder Rückzug als Reaktion auf eine Überforderung der Persönlichkeitsressourcen oder Protest infolge einer autonomen Ich-Organisation, die unter gegebenen Bedingungen nicht konfliktfrei stabilisiert werden kann. Auf der aktivistischen Seite finden sich: Studentenbewegung, Schüler- und Lehrlingsrevolten, Pazifisten, Women's Lib; die retreatistische wird repräsentiert durch Hippies, Jesus-People, Drogen-Subkultur, Phänomene der Untermotivation in Schulen usw. In diesen Bereichen vor allem müßte unsere Hypothese, daß spätkapitalistische Gesellschaften durch Legitimationszerfall gefährdet sind, überprüft werden.«[3]

»Rückzug als Reaktion auf eine Überforderung der Persönlichkeitsressourcen.« Ist das ein zureichendes Deutungsmuster für das religiöse Interesse, das unter Jugendlichen und jungen Erwachsenen heute so massiv aufbricht? Um es vorwegzunehmen: Manche Erscheinungsformen der religiösen Szene bestätigen diese Interpretation. Versucht man aber, die »religiöse

Revolte« in einen größeren Zusammenhang zu rücken, dann erweist sich der Deutungsrahmen als zu eng. Sie ist mehr als ein retreatistisches Produkt der jugendlichen Subkultur. Sie stellt einige der Formen dar, in denen Religion heute in der säkularistischen und pluralen Gesellschaft auftritt. Im Gegensatz zu den Großinstitutionen der Kirchen, die bisher Religion organisiert haben, spricht der Soziologe GERHARD SCHMIDTCHEN von einer »Verwilderung im religiösen Bereich«. Davon wird noch zu reden sein. Jedenfalls aber handelt es sich um eine Entwicklung, die tief in den gesamtgesellschaftlichen Zusammenhang hineinreicht und deren jugendliche Erscheinungsformen nur besonders signifikant sind.
Nach allem Gesagten empfiehlt es sich gleichwohl, den Ansatz bei der Lage der studentischen Jugend weiterzuverfolgen, um ein möglichst scharfes Bild von den spezifisch jugendlichen Komponenten in der neuen Religiosität zu bekommen. Zwar bilden die Studenten nur einen Ausschnitt aus dem Gesamtspektrum der Jugend in der Bundesrepublik. Die besonderen Bedingungen an den Hochschulen dürfen nicht einfach verallgemeinert werden. Aber wenn nicht alles trügt, machen die Studenten an den Universitäten derzeit einige Erfahrungen, die besonders typisch sind für die Einstellung der Gesellschaft gegenüber der jungen Generation – und für deren Reaktion. Studienanwärter, Studenten und junge Akademiker stellen das größte Kontingent unter den religiösen »Aussteigern«. Auch das ist kein Zufall, sondern ein Symptom.

»Ich komme mir vor wie ein Bestandteil des Butterbergs«

Die Selbstmordrate liegt bei Studenten mit knapp 24 Fällen auf 100000 fast doppelt so hoch wie bei vergleichbaren Altersgruppen berufstätiger Jugendlicher. Das Leiden an der Universität spiegelt sich aber vor allem an der wachsenden Bedeutung psychotherapeutischer Beratungsstellen an den Hochschulen wider. Vor fünfzehn Jahren kannte niemand eine solche Einrichtung, heute kommt kaum eine Universität ohne sie aus. Nach einem Bericht des Deutschen Studentenwerkes ist die Zahl der Studenten, die psychotherapeutische Hilfe in Anspruch nehmen, zwischen 1973 und 1976 – also in drei Jahren – um fast fünfzig Prozent gestiegen. »1976 waren etwa 48000 Studenten, das sind sechs Prozent aller Studenten, in psychotherapeutischer Behandlung.« An einzelnen Universitäten liegt die Zahl wesentlich höher: In die Frankfurter Beratungsstelle kommen heute schon rund 10 Prozent der Studenten. Der Anteil derer, die therapeutische Hilfe nötig hätten, wird noch viel höher eingeschätzt: auf 15 bis 20 Prozent aller Studierenden. Was sind die Ursachen?

Zur Zeit studieren an deutschen Hochschulen fast 900000 Studenten. 1962 waren es etwa 300000. *Akademikerschwemme* und *Studentenberg* sind die Kategorien, in denen das wachsende Bildungspotential beschrieben wird. Weil Bildung und Wissen nur unter kurzfristig wirtschaftlichem Maßstab gesehen werden, wird der Ausstoß von Akademikern aus der Lernfabrik Universität, der den momentanen Bedarf in der Gesellschaft übersteigt, als nutzlos deklariert. Entsprechende restriktive Maßnahmen sollen das Problemfeld Hochschule bereinigen: Numerus clausus, Reglementierung der Studiengänge, Verschulung in der Wissensvermittlung, Einschränkung individueller Möglichkeiten, etwa eines Fachwechsels, Erhöhung der Prüfungsanforderungen. Diese beklemmende Organisation des Lernens wirkt sich auf der subjektiven Seite bei einer zunehmenden Zahl von Studenten verheerend aus: »Angsterzeugende Lernbedingungen, angstbereiter Vertrauensschwund und angstbedingte Gettoisierung schaukeln sich wechselseitig hoch, verzerren das Bild, das nicht wenige Studenten sich von der Realität machen, und tauchen es in das Grau in Grau der Resignation.«[4]

Einige Aussagen von Studenten über sich selbst oder ihre Kommilitonen:

- »Ich habe große Angst zu versagen, einfach auf der Strecke zu bleiben. Wenn man das Abitur geschafft hat – das ist ja heute schon eine Leistung – und dann auch noch geschafft hat, einen Studienplatz zu kriegen, dann hört der Druck trotzdem nicht auf, er geht immer weiter, immer weiter, immer weiter. Ich möchte wissen, ob ich irgendwann sagen kann, ich stehe nicht mehr unter einem Leistungsdruck, sondern mache das, was mich interessiert, so langsam oder so schnell, wie ich es kann und für sinnvoll halte.«[5]
- »Typisch und erschreckend häufig ist der Fall der Studentin, die jedes zweite Wochenende im erstickend engen Elternhaus verbringt, sich vollstopfen läßt, den schüchternen Keim zu eigener Intimität und Privatheit aus sich herauslocken läßt und verrät, am Montag dann wieder als braves Kind zur Uni kommt und sich dann wundert, daß sie im Seminar Angst hat, den Mund aufzumachen, und unfähig ist, ein Referat zu schreiben und überhaupt einen einzigen selbständigen Gedanken zu fassen ...«[6]

- »... fair sein, heißt Trottel sein; ehrlich sein, heißt dumm sein; zielstrebig sein, heißt ins Leere laufen; freundlich sein, heißt schwach sein ...«[7]
- »Was soll's denn? Wie soll man denn das noch vernünftig, reflektiert bestehen? Ich komme mir vor wie ein Bestandteil des Butterbergs. Und ich frage mich, was diese Gesellschaft eigentlich von uns denkt, erwartet. Meint sie, wir können das einfach schlukken, blind studieren – auf etwas hin, mit beträchtlichem Leiden, studieren, was es für uns garnicht gibt; schlucken, daß sie uns, mit hohem Aufwand, qualifiziert, um uns dann, mit dem Examen in der Hand, ins Nichts fallen zu lassen. Wie kann jemand auf den Gedanken verfallen, man könne von jemandem, dem das angetan wird, unbedingte Loyalität gegenüber der Realität erwarten, die ihm diese Wunden schlägt?«[8]

Aus solchen Zeugnissen spricht eine elementare Erfahrung von Fremdheit, Resignation und Trauer. Und mit dieser Erfahrung die Versuchung zur Abkoppelung und zum Rückzug auf sich selbst. Tendenz: Isolation und Realitätsverlust; eben das, was WOLF DIETER NARR *unpolitischen Autismus* nennt. Viele studentische Berichte drücken eine grundlegende Realitätsangst aus. Es werde viel gejammert an der Uni, schreibt einer, zum Teil über echte Probleme, zum Teil aber auch aus einem Gefühl heraus, »sich der Realität nicht aussetzen zu können«. Ist dem so, dann wird deutlich: Die Anonymität der Massenuniversität, der überhöhte Leistungsdruck, die emotionale Kälte im bürokratisierten Hochschulbetrieb; kurz all das, was Studentsein heute schwierig macht, ist nicht die eigentliche Wurzel des studentischen Leidens, so sehr es dadurch verschärft wird und oft erst zum Ausbruch kommt. Der Kern liegt tiefer, der Ursprung früher: in einem grundlegenden Mangel an innerer Stabilität. Das aber, sagen die Psychologen, ist eine allgemeine Erscheinung, die über die Studenten und die Jugend hinaus immer mehr Menschen ergreift. Auch hier jedoch gilt: Die allgemeine Tendenz verstärkt sich bei der Jugend und nimmt bei den Studenten besonders deutliche Züge an.
Die Gründe für die zunehmende Labilisierung und Ich-Schwäche sind komplex. Im Blick auf die Jugend ist in erster Linie die Entwicklung zu nennen, die ALEXANDER MITSCHERLICH mit seinem berühmten Titel *Auf dem Wege zur vaterlosen Gesellschaft* signalisiert hat. Die unterdrückenden, aber ein kohärentes Wertgefüge vermittelnden Autoritätsmuster der patriarchalischen Gesellschaft wurden abgebaut. Doch nichts oder wenig trat an ihre Stelle. Die Familie, gerade in ihrer bürgerlich-

mittelständischen Form, fiel als Orientierungszentrum mehr und mehr aus. Die Auflösung der herkömmlichen Rollen von Mann und Frau, Eltern und Kind führte zu erheblicher Rollenunsicherheit. »Gegenwärtig gilt«, schreiben ALEXANDER und MARGARETE MITSCHERLICH, »daß nicht nur die Jugendlichen, sondern auch ihre Eltern sich in einem Unsicherheitszustand befinden, in dem Auflehnung mit einem Bedürfnis nach idealisierten omnipotenten Elternfiguren sich mischt.«[9] Die emanzipatorische Forderung nach Freiheit und Selbstverwirklichung äußerte sich oft rein negativ als Ablehnung fester Bindungen an Ehepartner und Kinder.

Die Verunsicherung und Auflösung der traditionellen Familienstruktur wurde in ihrer Wirkung durch die vorausgegangene Veräußerlichung des Lebens verstärkt, der ein rapider Verlust an nichtmateriellen Werten entsprach. In der Nachkriegszeit hatte jene ungezügelte »Lust zum Haben« eingesetzt, die zu der erwerbsbeflissenen Wohlstands- und Leistungsgesellschaft von heute führte. Die Freß-, Kleider- und Möbelwelle ging übers Land, die Familie errang Auto und Haus. Seelische Zuwendung wurde den Kindern nicht zuteil, jedenfalls nicht genug, »Dissoziation der Gefühle« griff um sich. Die emotionale Verarmung der rational technischen Welt schlug auf die Familie durch, Familienbeziehungen wurden versachlicht, auf das Praktische und Nützliche ausgerichtet.

Das angedeutete Szenario ist zum Aufbau innerer Stabilität in der nachrückenden Generation wenig geeignet. Es kann indessen nicht moralisierend »der Familie« angelastet werden. Die Familie spiegelt lediglich, teils verstärkend, teils retardierend, gesamtgesellschaftliche Entwicklungen wider. Jedenfalls aber entstand unter den Jugendlichen ein – wie man sagte – *neuer Sozialisationstyp*. Mit den Worten von OSKAR NEGT: Während es für die Generation zuvor noch so war, daß es zuerst um Leistungsmoral und Arbeit ging, »so ist es jetzt eher umgekehrt. Erst müssen die Beziehungsprobleme ... gelöst sein, dann kann ein Teil der Triebenergie auf Arbeit gelenkt werden ...« Ursache dieser Verhaltensweise sei die in der ›vaterlosen Gesellschaft‹ häufig nicht abgenabelte Symbiose-Beziehung zur Mutter; dadurch bleibe dann eine narzißtische Erlebnisqualität dominant. Gegenüber dem ›alten‹ Sozialisationstyp sei der ›neue‹ geprägt von starker Sensibilität »für Macht und Ohnmacht, für Unterdrückung, Elend, Leiderfahrungen; (diese Studenten) ... spüren fast instinktiv, wo Enteignungen stattfinden oder beabsichtigt sind – Enteignungen der Menschen von der Sprache, den Gedanken und Gefühlen, aber auch von

Lebens- und Bewegungsraum, von Wohnungen und der menschenwürdigen Umwelt, wodurch sie sich selber bedroht fühlen ...«[10]
Diese Zusammenhänge bilden den Rahmen, in dem die wachsende Neigung der Jugend für religiöse Erlebnisse und Bindungen zu sehen ist. Der »Erfolg« der neuen religiösen Bewegungen und Gruppen ist ja keineswegs selbstverständlich. Er widerspricht der allgemeinen religionskritischen Tendenz, die nach wie vor das öffentliche Klima bestimmt. So hätte noch vor wenigen Jahren niemand dieses plötzliche Interesse an religiösen Fragen und den Möglichkeiten religiöser Erfahrung, zumal unter Jugendlichen, erwartet. Die Psychologie bietet einige Ansätze zur Deutung dieses überraschenden Erfolgs. Vor allem sind es zwei Antworten, die sie auf die Frage nach seinen Ursachen gibt.

Gefährdete Identität

Die erste Antwort geht davon aus, daß jeder junge Mensch einen Prozeß innerer Reifung und Identitätsfindung durchmacht. Wenn dieser Prozeß gelingen soll, braucht der Heranwachsende Autoritäten, die ihn überzeugen, Vorbilder, in deren Lebensvollzug er sich wiederfinden, Ziele und Werte, nach denen er sich ausrichten und in denen er Sinn finden kann. Er muß die eigene Identität finden, indem er eine von der umgebenden Gemeinschaft angebotene Selbstdefinition akzeptiert. Wo ein solches Angebot in der Umwelt nicht mehr überzeugend bereitgestellt wird – Stichwort: *Legitimationskrise* –, sucht es der junge Mensch anderswo. Die Faszination der »Jugendreligionen« liege heute darin, stellt der katholische Theologe und Jugendpsychologe ROMAN BLEISTEIN fest, daß sie ein alternatives Identifikationsangebot darstellen. »Wie es scheint, bieten die Jugendreligionen alle jene Hilfen zur Selbstfindung an, die die Wertsetzungen und Vorbildlichkeiten unserer Gesellschaft und auch die Wahrheiten und Vollzüge der Kirchen offensichtlich nicht mehr zu leisten imstande sind.«
ROMAN BLEISTEIN geht mit dem Instrumentarium der Psychologie ERIK H. ERIKSONS diesen Zusammenhängen nach.[11] Er stellt drei spezifische Gefährdungen im Prozeß der Identitätsfindung heraus, die die Anziehungskraft der neuen religiösen Gruppierungen erklären: Identitätsverwirrung, Totalisierung, Regression.

Identitätsverwirrung entsteht, wenn die Fülle der Angebote an Identifikationsobjekten und an »Ideologien« von der Gesellschaft nicht mehr hinreichend geordnet und eingeengt wird. »Das nicht selektierte Überangebot führt zu einer Rollenverwirrung« und zur Unfähigkeit, sich etwa in einer sexuellen Rolle, einer Berufsrolle oder im religiösen Verhalten festzulegen. Diese Verwirrung schlägt leicht in die zweite Gefährdung um: *Totalisierung*. Statt zu einer Synthese zwischen dem eigenen Selbst und dem sozialen Umfeld zu finden, wird der Jugendliche in die Alternative getrieben. Um seiner Unsicherheit zu entkommen, ergreift er eine sich anbietende totale Doktrin – zum Beispiel einer extremen religiösen Gruppe – und unterwirft sich zugleich dem Repräsentanten dieser Doktrin. »Wenn damit auch seine momentane Unsicherheit behoben wird, kann dies dennoch keine Lösung von Dauer sein, da unter der Decke einer totalen Abhängigkeit der Wille weiterbesteht, zu sich selbst zu finden.« Die Totalisierung nimmt verschiedene Formen an. Sie kann sich in einer Übersteigerung der Gruppenidentität äußern, die sich manchmal aggressiv nach außen entlädt, oder in der Überidentifizierung mit dem erkorenen »Helden«. Beide Male kann es »bis zu einem scheinbar völligen Verlust der Individualität« kommen. Darin wird die dritte Gefährdung greifbar: *Regression*, also ein Zurückweichen aus der Gegenwart in alterstypisch frühere Verhaltensweisen. Die Schwierigkeiten und Konflikte der Adoleszenz können scheinbar nur durch die Flucht in die Geborgenheit früherer Lebensphasen bewältigt werden. »Typisch für diese Art eines regressiven Verhaltens ist, daß es einerseits ins Getto führt, in esoterische Zirkel, daß es aber andererseits wegen der emotional-überhitzten Atmosphäre zu einem extremen Tatendrang anstiftet, der sich in Fanatismus und Missionsaktivitäten äußert.«

Diesen Gefährdungen in der Identitätsfindung, meint Bleistein, kommen heute manche der religiösen Gruppierungen der Subkultur und des »religiösen Untergrundes« besonders entgegen. »Diese Gruppen im Abseits der Gesellschaft bieten jungen Menschen, denen die Identitätsfindung nicht gelingt, Entscheidend-Hilfreiches an: eine begeisternde Stifterfigur, die Werte verkörpert, die Identifikation ermöglicht; einen überschaubaren Lebensraum, weithin in einer straff organisierten Gruppe – mit emotional dichten zwischenmenschlichen Beziehungen; eine Ideologie, die entweder durch die theologische Simplizität, durch die ungeheure Systematik oder in der Exotik fasziniert. Die Normen solcher Gruppen können leicht durchschaut und angenommen werden, vor allem im Vergleich zu einer Gesellschaft, die alles andere als klare Normen und Lebensorientierungen anzubieten hat. Das intensive Gruppenleben übernimmt die Funktion einer stetigen Selbstvergewisserung für den Zweifelnden. Identität ist sozial abgestützt. Wichtig scheint mir für diese Gruppen vor allem, daß sie gerade die sexuellen Probleme und Fragen, die zur Lösung der Identitätsfindung eine solche Rolle spielen und für die die heutige Gesellschaft kaum Maßstäbe setzt, asketisch regeln – in Konfrontation mit einer libertinistischen Gesellschaft und einer zumindest für viele nicht hinreichend orientierenden Kirche. Ferner bieten sie in apokalyptischen oder naiven Bildern dem Jugendlichen eine Zukunftsvision an, die die Angst und Unsicherheit junger Menschen behebt. Diese Angst wird auch dadurch überwunden, daß man in ›Missionsvorträgen‹ und ›Straßenpredigten‹ andere Zeitgenossen mit dem eigenen ›Trost‹ konfrontiert.«

Dieses Deutungsmuster überzeugt im Blick auf bestimmte Aspekte der neuen Religiosität, denen es auch faktisch entspricht. In erster Linie sind das die festen, autoritär strukturierten und mit einem profilierten missionarischen Programm auftretenden Gruppen: also die *Vereinigungskirche*, die *Familie der Liebe*, die *Hare-Krishna-Gesellschaft* und allenfalls noch *Ananda Marga*, freilich auch – mit Abstrichen – bestimmte Typen kirchlicher und freikirchlicher Jugendarbeit. Es ist keine Frage, daß diese Gruppen jungen Menschen in einer schwierigen Phase der Identitätsfindung wesentliche Hilfestellung bieten können. In Gesprächen wird auch immer wieder mit Nachdruck darauf hingewiesen, wie häufig gefährdete Jugendliche durch den Eintritt in die Gruppe stabilisiert worden seien. Da die Gruppe selbst im Vorfeld der Gesellschaft angesiedelt ist und sich als Alternative anbietet, mag das in der Tat manchmal gelingen.

Dem entsprechen die Beobachtungen des Psychologen HELM STIERLIN, der die deutsche Szene gründlich kennt. In einem Interview stellt er fest: »Die meisten Sektenmitglieder sind nichtverheiratete, junge Erwachsene, die in irgendeiner Lebenskrise stehen und sich in einem, wie man es nennt, ›in between-state‹ befinden. Entweder stehen sie zwischen Gymnasium und Universität, zwischen Studium und Berufsbeginn oder zwischen zwei Liebesaffären oder einfach mitten im Ablösungsprozeß vom Elternhaus. Sie haben meist mit einer temporären Depression und Wurzellosigkeit zu kämpfen. Die Hauptkandidaten für Sekten sind somit nicht besonders gestörte Menschen. Sie sind eher ›situativ‹ als von Kindheit an gestört. Sie unterscheiden sich demgemäß auch kaum von der normalen Durchschnittsbevölkerung.«[11a]

Die Gefährdungen, in die solche Jugendliche nach ihrem Eintritt durch den starken Druck der Gruppe geraten, sind allerdings kaum weniger gravierend. Allzu massiv dominieren die regressiven Momente, die die Tendenz zum Eskapismus und zur Realitätsflucht fixieren und nicht überwinden. Oft genug entsteht deshalb der fatale Eindruck, der Teufel sei lediglich durch Beelzebub ausgetrieben. Die entscheidende Frage ist jedenfalls, so noch einmal ROMAN BLEISTEIN, »ob diese die Identitätsfindung fördernden Jugendreligionen nur eine Episode im Leben junger Menschen, ohne große Nachwirkungen, darstellen, oder ob sie zu einer bleibenden Fixierung auf eine Outsiderposition mit allem Fanatismus und Eskapismus führen werden. Man kann aufgrund vergleichbarer Lebensläufe junger Menschen nur insofern Vermutungen äußern, daß die einen unter ihnen mit der neugefundenen Identität den Mut gewinnen, sich aus dem Gruppen-Ich zu lösen, und in die ›normale Welt‹ zurückkehren, daß die anderen aber derartigen oder ähnlichen Organisationen in einer Art pathologischer Hörigkeit verfallen und die Zahl jener, die ekstatisch, hysterisch, krank zu Marginalexistenzen am Rand der Gesellschaft werden, vermehren.«

Narzißtische Regression

Die zweite Antwort, die die Psychologie heute auf die Frage nach den Ursachen für das neu erwachte religiöse Interesse gibt, setzt bei dem *neuen Sozialisationstyp* und dem als *Narzißmus* bezeichneten psychischen Verhaltenssyndrom ein. Mit den Worten eines Psychologen:

»Die öffentliche Entmachtung eines traditionellen Vaterbildes infolge sozialpolitischer Entwicklung ... ist nicht ohne tiefgehende Folgen für die nachfolgende Generation geblieben. Nach dem Zerfall alter Wertvorstellungen ist gerade die neue religiöse Jugendszene Beispiel dafür, wie nun zur Lösung der Pubertätskrise vornehmlich narzißtisches Rückzugs- und Vermeidungsverhalten dominiert. Hier suchen und finden Jugendliche genau jene Erlebnisqualitäten wieder, die der Mensch typischerweise in den ersten Stadien seines Lebens erfahren hat: Sicherheit, Geborgenheit, noch keine Trennung von Ich und

Du, dagegen phantasiehaft erlebte Verschmelzung mit der Umwelt und den ersten Bezugspersonen.«[12]
Bei der narzißtischen Deutung steht das regressive Moment erst recht im Vordergrund. HANS-GÜNTER HEIMBROCK beschreibt die psychische Ebene narzißtischer Vorstellungen durch folgende typische Inhalte:
»– die Tendenz zur Entgrenzung des eigenen Ichs, die Fragmentierung der Persongrenzen, im Zusammenhang damit das Auftauchen archaischer Größenphantasien vom Selbst bzw. von den Selbstobjekten;
– die Thematik des Schwebens oder Fliegens in kosmischen Räumen, die Erweiterung der gesamten Szenerie ins Unendliche;
– die Aufhebung der Subjekt-Objekt-Schranke der bewußten Alltagswahrnehmung, Zustände symbiotischer Verschmelzung des Ichs mit äußeren Objekten, die Wiederherstellung der frühinfantilen schützenden Mutter-Kind-Einheit;
– das Gefühl unendlichen Wohlbehagens, ewiger Harmonie und einer durch nichts zu erschütternden Sicherheit;
– als Gegenstück dazu: die tiefsitzende Angst vor dem totalen Verlust des Selbst, vor dem ohnmächtigen Versinken ins Nichts.«

Diese Aufzählung assoziiert die ekstatischen und meditativen Komponenten in der jugendlichen Religiosität. Zeigte das Schema der Identitätspsychologie nach ERIKSON eine Affinität zu den »harten« Gruppen und ihrem autoritären Stil, so rücken für den narzißtischen Ansatz die meditativen und ekstatischen Strömungen, die Guru-Bewegungen, die freien Lebens- und Bewußtseinsmodelle der weltanschaulich-religiösen Alternativszene sowie einige Aspekte der jugendlichen *Pop*-Kultur ins Blickfeld. Die Bandbreite ist groß. Sie reicht von den Meditationsbewegungen wie *TM* über mystische Gruppen, etwa die westlichen *Sufis*, bis zu esoterischen Strömungen und Zirkeln, reicht von den religiösen Resten der Drogenszene bis in die religiöse Erlebnisqualität der jugendlichen *Pop*- und *Disco*-Welt. Es ist offenkundig: Hier ist, jedenfalls in der gegenwärtigen Situation, ein vitales Zentrum jugendlicher Erfahrung mit sich selbst angesprochen.
Einige Beispiele und Beobachtungen zur Illustration:

● Bereits 1967 hieß es im Titelsong des Musicals *Hair*, das wie seither kein anderes Stück die jugendlichen Phantasien und Begeisterungen komprimierte:

»Laß es spielen im Wind.
Laß drin wühlen ein Kind.

Abb. 13: »Im Hagelschauer elektronisch zerstückelter Sinnesreize«
(Photo: EBA-Wiese, Stuttgart)

Mach daraus für die Laus ein Zuhaus.
Bau im Haargeäst
dem Star ein Nest.
Wie wunderbar, wie sonderbar
eine Welt allein für mich,
das ist mein Haar.«

● **Beatschuppen und *Diskos* signalisieren eine multidimensionale Totalerfahrung:**
»Das musikalische und seit dem Fortschritt der Technik neuerdings auch optische Trommelfeuer, dem sich Fans in Konzerten oder im Beatkeller bei dröhnenden Lautsprechern und flackernden Lichtorgeln aussetzen, erzeugt nicht selten Erlebnisse mit auffallender Ähnlichkeit zu psychedelischen Trips. Im Hagelschauer elektronisch zerstückelter Sinnesreize kann die normale Wahrnehmung der Außenwelt nicht mehr voll aufrechterhalten werden; die Massenbegeisterung einer wogenden und tobenden Ansammlung kreischender Fans setzt nicht selten Gefühle und Vorstellungen von Ich-Entgrenzung frei, es kommt zu zeitweiligen Depersonalisierungserscheinungen.« (HANS-GÜNTER HEIMBROCK)

● Aus einem Bericht über eine *LSD*-Reise:

»Ich nahm meine Reise wieder auf, und nach ungefähr fünf Stunden erfuhr ich die beseligende Vision von einem alten Mann, der auf einem Hügel zusammen mit einem kleinen Jungen mit einer goldenen Aureole in blauem Licht saß. Der Junge hielt seine Hand aus, um Himmelsmanna zu empfangen, und dann wußte ich, daß – in welchem Zustand auch immer ich mich befinden würde, ›tot‹ oder ›lebend‹ oder in Schwierigkeiten – das Geschenk dieser Vision immer zu mir kommen würde. Diese beseligende Vision wirkt mit unveränderter Kraft auf mich.«[13]

● Ein TM-Meditierender:

»Ich fühlte und fühle ein ewiges Kontinuum von innerer Stille, Frieden, Harmonie und höchster Zufriedenheit. Ich bin vollständig erfüllt und ohne Wünsche, und doch geschieht alles in der bestmöglichen Weise und scheint die Erfüllung meines unausgesprochenen und sogar unbewußten Wunsches zu sein. Ich fühle mich von der liebenden Macht der Natur völlig umsorgt, und ich fließe mit dem, was meines Weges kommt. Nichts berührt mich unangenehm; nichts ist ein Hindernis; alle Sorgen, Ärgernisse und Probleme sind in der längst vergessenen Vergangenheit verschwunden. Ich bemerke eine ungeheure Flexibilität, und ich kann mich fast sofort jeder Situation anpassen, die da kommen mag. Mein Bewußtsein ist sehr ausgeglichen und unerschütterlich, ungestört und sogar unbeeinflußt von irgendwelchen Dingen.«

● Auf dem *Guru-Puja-Festival* 1978 der *Divine Light Mission* in Dortmund:

»Neben mir steht ein junges Mädchen. Alle Sinne sind auf die Bühne gerichtet, wo der Guru im Scheinwerferlicht auf seinem Muschelthron sitzt. Ihr Wesen ist nur noch Wahrnehmung, sacht schwingt der Körper im Rhythmus der Musik. Immer mehr zerfällt der bewußte Gesichtsausdruck, wird abgelöst durch eigenartig flächige Emotionen. Tränen laufen ihr über die Wangen, sie beginnt zu schniefen. Ich schiebe ihr ein Taschentuch zu, sie nimmt es mechanisch, bemerkt es überhaupt nicht. Sie ist völlig absorbiert, wie aufgesogen.«

● Über den Wandel der Leitbilder:

»An die Stelle der Auflehnung gegen die eigenen (und gesellschaftlichen) Väter etwa bei der politischen Jugendgeneration ist nun etwas ganz anderes getreten: nämlich die regressive Sehnsucht nach infantiler Gefühlswärme in der Beziehung zwischen dem Ich und den neuen Autoritäten. Mit einem gütig lächelnden Guru wie etwa Maharishi Mahesh Yogi von der TM kann man einfach keine Vater-Sohn-Konflikte im klassischen Sinn mehr austragen, man fühlt sich im Schoße seiner Gruppe und seiner Weisheit eher mütterlich umsorgt und geborgen.« (HANS-GÜNTER HEIMBROCK)

Der Aufbruch zu phantasiegeleiteter Erfahrung in religiösen Bewegungen Jugendlicher müsse sicher »im einzelnen kritisch betrachtet werden«, meint HANS-GÜNTER HEIMBROCK resümierend. Wunsch nach Wiederherstellung der Kindheit und Phantasie seien im Haushalt des Menschen eng miteinander verwoben. Zwar gebe es durchaus auch einen Weg zur Reifung und Umgestaltung der wiedererwachenden narzißtischen Phantasien. Aber »eine Religiosität im Zeichen der Phantasie muß sich vor der Fixierung auf infantile Wunschträume hüten – die unbewußt festgehaltenen Träume der Kindheit führen mit allzu großer Gewißheit zu neurotischer Religiosität.«

Die Warnung ist mehr als berechtigt. Es gibt, etwa im Umfeld der *Transzendentalen Meditation*, aber auch anderer ekstatischer und meditativer Bewegungen, jugendliche Biographien von selbstzerstörerischer Konsequenz. Damit ist nicht gesagt, daß die Entwicklung zur neurotischen Katastrophe unvermeidlich ist oder an eine bestimmte Meditationstechnik bzw. Gruppe gebunden wäre. Wohl aber ist die innere Labilität ungezählter junger Menschen ernst zu nehmen. Wenn die Beobachtungen an den heutigen Studenten zutreffen, wenn sich so etwas wie ein *neuer Sozialisationstyp* gebildet hat, der von einer hohen Sensibilität für Beziehungsprobleme, für Leiderfahrungen und Enteignungen jeder Art, gleichzeitig aber von einer deutlichen Ich-Schwäche und Realitätsangst gekennzeichnet ist, dann sind solche Jugendliche psychisch besonders disponiert für die Gefahren einer narzißtisch fixierten Religiosität.

Hinreise und Rückreise

Flucht vor der Realität bedeutet auch Flucht vor der Verantwortung. In einem weit ausholenden Essay hat sich der Wiener Kulturhistoriker FRIEDRICH HEER mit der neuen religiösen Welle auseinandergesetzt.[14] Auch er unterscheidet zwischen »regressiven« und »progressiven« Elementen. Maßstab ist ihm dabei, wie weit es sich bei neuen religiösen Bedürfnissen und Erfahrungen vorwiegend um *›Flucht zu den Müttern‹*, Flucht ins religiöse Geborgenheitsgefühl vor den Autoritäten und Ideologien unserer Zeit handelt; oder wie weit neue religiöse Erfahrung gerade aus einer neu gewonnenen Geborgenheit heraus in die *schöpferische Auseinandersetzung mit ›den Vätern‹*, in die

Verantwortung für unsere Welt, wieder hineinführt. Die möglichen politischen Konsequenzen sind ein unerbittlicher Prüfstein dafür, welche Formen einer neuen Religiosität zum Leben verhelfen und welche vielmehr Leben verhindern, wenn nicht gar zerstören.

»Die große, erste und letzte Schwierigkeit neuer Religiositäten scheint mir eben hier gegeben zu sein: in dem bewußten und vielfach unbewußten Bemühen, den immer notwendigen Auseinandersetzungen mit allen unseren Vätern zu entgehen, sie zu unterwandern oder zu überfliegen, in Entrückungen, in Fluchten in den Schoß der Großen Mutter, die um so lieber noch akzeptiert wird, wenn sie (nichtmütterliche) Namen indischer und japanischer Prägung trägt. Die Flucht vor der Auseinandersetzung mit den Vätern entrückt in eine apolitische, außergesellschaftliche Existenzform, die nicht mehr ihre Verantwortung für die Welt wahrnimmt... Die hohe Problematik, die vielen Phänomenen neuer Religiositäten im Heute anhaftet, besteht ... eben hier: im Versuch und in Versuchungen, sich individual von der Last der Menschheit zu befreien.«[15]

Und, noch schärfer:

»Es ist sehr leicht möglich, daß ein sehr hoher Prozentsatz neuer Religiositäten als Fluchten, als Reaktionen zu der Welt der Mörder, der Täter, der schlafenden Seelen gehören, die sie überwinden möchten. Wer den Spieß umdreht, klebt an ihm. Nun gehört es gewiß zu den Praktiken und Ideologien neuer religiöser Bewegungen, daß sie den Spieß gar nicht angreifen, gar nicht berühren wollen, den Spieß dieser ›Schmutzigen Materie‹, der Politik, der Welt, ihrer Händel und Geschäfte, die immer auch Kriegsgeschäfte sind, im Weltbürgerkrieg, in dem wir leben.«[16]

Die Entlarvung zerstörerischer, weil politisch nicht verantworteter religiöser Tendenzen ist freilich nur der eine Schritt. Friedrich Heer setzt sich mit demselben Engagement für jenes »erste Menschenrecht« ein, das »so wenige kennen, geschweige denn praktizieren lernen – ihr Recht auf mystische Erfahrung. Auf ihre Erfahrung letzter Seligkeit, letzten Glückes, in reiner Selbstvergessenheit, in farbigster Selbstüberwindung, Selbsterfüllung, Selbstgewinnung. Wer diese Erfahrung nie gemacht, beziehungsweise sie rasch verdrängt hat, ist ein unsicherer Kumpan, da er nie, in letzten Gründen, ein Kämpfer für das Leben sein kann.« Er ist eine »Sekundär-Natur« und wird »heute und morgen wieder die Sache des Menschen verraten.«[17] Heers Thesen: »Nicht auf eine Bewußtseinserweiterung, sondern auf eine Bewußtseins-Intensivierung kommt es heute an« und: »Ichfreiheit als Freisein vom Ich ist nicht Ich-

Verlust oder Ich-Verzicht, ist nicht Ich-Mord, sondern Ich-Überwindung.«[18]
Regression ist kein neutraler wissenschaftlicher Begriff. Er ist eindeutig negativ besetzt. Er wertet und denunziert. Der positive Gegenbegriff ist *Emanzipation.* Beide Begriffe sind geschaffen im Dienst einer Erwachsenenwelt, in der Emanzipation mit Rationalität gleichgesetzt, Rationalität aber laufend an ein funktionalistisches Zweckdenken verraten wird. Alles Denken und Handeln wird nach seiner Funktionstüchtigkeit beurteilt, wird zur »Sekundär-Natur« degradiert. So verstanden muß jede narzißtische »Regression« als Realitätsflucht disqualifiziert werden. Doch diese »Realität« ist eine Verkürzung der menschlichen Wirklichkeit. Jenes »erste Menschenrecht« der mystischen Erfahrung weist auf eine tiefere Dimension der Wirklichkeit hin, aus der alle Religionen seit je leben und die in den Experimenten und Bemühungen der jugendlichen Religiosität auch heute intendiert ist. Ob sie tatsächlich erreicht wird, ob also – mit den Worten von FRIEDRICH HEER – »Ichfreiheit« erfahren wird und nicht statt dessen mit fast tödlicher Konsequenz nur »Ich-Mord« geschieht, darum geht die Auseinandersetzung zwischen den Verteidigern und Gegnern der religiösen Revolte. Kann jenes »A-Bewußtsein«, von dem im Kapitel über Meditation die Rede war[19], erschlossen und kann von ihm aus die äußere Realität des »B-Bewußtseins« durchdrungen werden? Oder sind die Sozialisationsbedingungen unter der nahezu absoluten Herrschaft des »B-Bewußtseins« – man denke nur an unser Bildungssystem – heute so dominierend, daß sie nur um den Preis des totalen Selbstverlusts durchbrochen werden können?
Die Antwort auf diese Frage ist nicht leicht. Doch ist es an der Zeit, die gedankenlose Selbstverständlichkeit, mit der meditativ-religiöse Erfahrung heute pauschal als »Regression« und »Realitätsflucht« etikettiert und damit zur Un-Wirklichkeit, allenfalls noch zur infantilen Phantasiewirklichkeit gestempelt wird, ihrerseits auf ihren Wirklichkeitsgehalt hin zu befragen. Genau das tun junge Menschen, wenn sie sich heute einer meditativen Bewegung anschließen oder im freien Experiment ein ganzheitliches Leben wagen. Deshalb ist die religiöse Revolte nicht nur Flucht, sondern Aufbruch.
Hinter allen narzißtischen Tendenzen steht eine Erfahrung der Entzweiung, der Trennung vom eigenen Ursprung, damit verbunden aber die tiefe Furcht vor Selbstverlust. Die amerikanische Psychologin und Religionswissenschaftlerin SHIRLEY SUGERMAN ist, ausgehend vom griechischen Narziß-Mythos, der

Entstehung des modernen Selbstverständnisses und seiner zerstörerischen Egozentrik nachgegangen.[20] Ihre These: Die Erkenntnisse der modernen Psychoanalyse in der Ära nach SIGMUND FREUD stimmen mit dem Grundmuster der kulturellen und religiösen Erfahrungen des Ostens überraschend überein; eine Lösung der pathologischen Selbstbezogenheit des modernen Menschen kommt in einer therapeutischen Aufnahme solcher Grundstrukturen in Sicht. SHIRLEY SUGERMAN baut ein menschliches Selbstverständnis ab, mit dem wir in weltweite Krisen geraten sind und das seine Wurzel in dem schizophrenen Hang hat, sich selbst als Grund der Welt zu setzen und damit zugleich den eigenen Tod zu programmieren. Die therapeutische Eröffnung eines neuen Selbstverständnisses sieht sie – ähnlich wie der schottische Psychiater RONALD D. LAING, dessen Arbeiten sie aufgreift – darin, »die uralte Suche nach dem Selbst wieder aufzunehmen, die einsame Reise in ›die dunkle Nacht der Seele‹, von der die Mystiker reden«. Psychoanalytische sowie religionsgeschichtliche Untersuchungen und Erfahrungen weisen in die gleiche Richtung:

»Das Selbst schreitet zurück, um vorwärts zu gehen; das Selbst erkundet den inneren Raum, um sich selbst zu erkunden ... Der ›Zusammenbruch‹ zu dem, was man in der psychoanalytischen Terminologie als ›Regression‹ bezeichnet, könnte einen ›Durchbruch‹ der Ganzheit bedeuten. Das wäre dann eine Wiedergeburt, in der das Ego aufgegeben würde zugunsten einer transzendentalen Selbsterfahrung.«[21]

Bereits im Jahr 1974 hatte DOROTHEE SÖLLE in einem Rundfunkvortrag das religiöse Bedürfnis umschrieben als den »Wunsch, ganz zu sein«. Es ist »das Bedürfnis nach Totalität, nach einem unzerstückelten Leben, die Angewiesenheit auf eine totale Sinnerfüllung«. Die Erfüllung dieses Bedürfnisses, das zur Wirklichkeit des Menschen selbst gehöre, werde in dem auf reine Zweckrationalität reduzierten gegenwärtigen Gesellschaftssystem unmöglich gemacht und erstickt. Damit aber auch – da nur in dem Wunsch, ganz zu sein, Expression und Kreativität leben – die Hoffnung auf Veränderung zum Menschlichen. »Jede religiöse Bewegung ist ein Versuch, die Grenzen des Absurden, d.h. auch der sinnlos repetierten Zweckrationalität, weiter wegzuschieben, um ein bewohnbares Universum herzustellen.«

Die »Hinreise«, der religiöse Weg der Seele zu sich selbst, ist notwendig, damit die »Rückreise« in die Weltverantwortung gelinge. So DOROTHEE SÖLLE in einem neueren Buch.[22] Die »Hinreise«, in Meditation und Versenkung angetreten, sei die

Hilfe der Religion auf dem Weg der Menschen zu sich selbst. Erst die darin erfahrene Vergewisserung macht ein verantwortliches, der Liebe verpflichtetes Handeln in der Welt möglich. Freilich, das ist die Pointe, »die äußerste Geborgenheit des Sich-Entsinkens, die wir mit einem alten Wort ›Religion‹ nennen«, ist »zugleich der äußerste Progreß … Aus der innersten Erfahrung der Gründung unserer Identität ist die Rückreise notwendig; ohne sie verfällt das menschliche Unternehmen der ›Hinreise‹ zu einem bloß privaten Trost- und Ablenkungsmittel.«[23]

»Ich will mit diesen Menschen zu tun haben«

Die grundsätzlichen Beobachtungen und Überlegungen dieses Kapitels bieten keine praktische Strategie für die Auseinandersetzung mit sogenannten Jugendreligionen. Sie sind nicht ohne weiteres umzusetzen in ein handliches Rezept, wie man sich einem *TM*-Meditierenden oder einem jugendlichen *Krishna*-Mönch oder einem *Munie* gegenüber zu verhalten habe. Sie leisten aber hoffentlich zweierlei.

Erstens beschreiben sie die seelische und geistige Situation, in der sich ein großer Teil der heutigen Jugend befindet. An dieser Situation gibt es nichts zu beschönigen. Die Labilität und Sensibilität der Jugend, die hervorgerufen wurde durch gesellschaftlich-politische Entwicklungen und deren Auswirkungen auf ihre Lebensbedingungen, macht die Hinwendung zu religiösen Erfahrungen und Alternativen begreiflich. Das ist kein unerklärlicher Rückfall in längst überwundenen Irrationalismus, keine unvorhersehbare persönliche und gesellschaftliche Katastrophe. Vielmehr sollten sich alle Beteiligten, Junge wie Erwachsene, nüchtern und selbstkritisch die angedeuteten Hintergründe klarmachen. Das bewahrt vor allzu hohen Erwartungen ebenso wie vor allzu schlimmen Befürchtungen. Beides wäre verkehrt, im konkreten Einzelfall wie im Blick auf das Gesamtphänomen.

Die betroffenen Familien ebenso wie die Öffentlichkeit müssen zuerst einmal begreifen, was in der jungen Generation vor sich geht. Und sie müssen diese Jugend in ihren religiösen Bedürfnissen ernst nehmen.

Statt dessen steht man konsterniert da und hat sich mittlerweile in eine Hysterie hineingesteigert, die nur noch mit Dämonisierung oder Kriminalisierung reagieren kann. Vor allem ein Teil der Publizistik hat das Thema zur Horrorgeschichte stilisiert und damit mehr für die Vergiftung als für die Aufklärung des Terrains gesorgt.[24] Freilich haben auch manche Vertreter der Kirchen und des Staates, die es besser wissen müßten, das ihrige dazu beigetragen. Begreifen und Ernstnehmen ist nicht das gleiche wie Gutheißen. Aber es ist die notwendige Voraussetzung für Kommunikation. Der gegenseitige Vertrauensschwund ist erschreckend. Es ist allerhöchste Zeit, ihm entgegenzuwirken.

Zweitens könnten die Erwägungen über die jugendlich-religiöse Revolte dadurch, daß sie psychische und gesellschaftliche Hintergründe aufzeigen, Kriterien zur Beurteilung an die Hand geben. Beide Seiten, Jugendliche und Erwachsene, brauchen sie. Es gibt Chancen und Gefahren für junge Menschen im Umkreis der neuen religiösen Bewegungen.
Es gibt »regressive« Komponenten, die zu gesellschaftlicher Abkoppelung und individuellem Selbstverlust tendieren. Sie müssen als Gefahren erkannt und bekämpft werden. Mit Hartnäckigkeit ist dabei auf der öffentlichen, also: politischen Kommunikation und Verantwortung zu bestehen. Wo sie verweigert wird – und das geschieht häufig genug –, ist Mißtrauen am Platz. Wo man im Sprung über die Schatten der eigenen, deutschen und europäischen Vergangenheit hinwegkommen und sich in einer geschichtslos heilen Welt (kosmischer oder messianischer Färbung) ansiedeln will, da kehren die unbewältigten Geister der Vergangenheit leicht zurück. Nicht zufällig taucht im Zusammenhang mit den neuen religiösen Gruppierungen oft der Faschismusverdacht auf. Es gibt aber auch »progressive« Komponenten in der religiösen Revolte, die zu neuer Vergewisserung und Verantwortlichkeit führen können und deshalb zu begrüßen sind. »Ich will wissen, wo und wie und für wen und mit wem ich das anwenden kann, was ich lerne. Ich will mit diesen Menschen zu tun haben.« So jener Berliner Student, der am Eingang des Kapitels zitiert wurde. Die gleiche Motivation steht hinter vielen religiösen Alternativexperimenten, die sich vordergründig als Eskapismus darstellen: »Das Selbst schreitet zurück, um vorwärts zu gehen.«
Flucht und Aufbruch liegen oft nahe beieinander. Deshalb ist sorgfältige Differenzierung wichtig. Katastrophenmeldungen sind so wenig am Platz wie Heilsproklamationen. Pauschalurteile sind allemal falsch.

Zwischen Hingabe und Ausbeutung
Gefahrenzonen der sogenannten Jugendreligionen

Unbestreitbar ist die Zeit der Adoleszenz und der Identitätsfindung immer eine schwere Zeit. Sie ist es heute doppelt. Einerseits durch die prinzipielle Pluralität der westlichen Gesellschaft, die eine Vielzahl von konkurrierenden Werten, Verhaltensweisen und Sinnangeboten mit sich bringt, die kaum noch zu überschauen, geschweige denn durch eine experimentierende Prüfung und Auswahl zu bewältigen sind. Gerade differenziert denkende Eltern und Lehrer sehen sich verpflichtet, den Heranwachsenden die Vielschichtigkeit und Vieldeutigkeit der pluralen Wirklichkeit und die Notwendigkeit der eigenen Entscheidung zuzumuten. Andrerseits hat die ökonomische und sozialpolitische Krisenanfälligkeit der letzten Jahre den Anpassungsdruck auf die nachrückende Generation so massiv verstärkt, daß der geistige und zeitliche Spielraum für die Identitätsfindung drastisch eingeengt wurde. Das Resultat sind zunehmende Verunsicherung, innere Spannungen und infolgedessen die wachsende Neigung, in eine unechte »Totalisierung«, d. h. Überidentifizierung, »bis zu einem scheinbar völligen Verlust der Individualität« (ERIK H. ERIKSON) auszuweichen.

Diese Neigung, den Konflikt mit der vieldeutigen Wirklichkeit durch einen Sprung aus der frustrierenden Unsicherheit in die totale Identifizierung zu »bewältigen«, ist der Ansatz für die im eigentlichen Sinn so zu nennenden »Jugendreligionen«, also die Gruppen, die durch ihr Programm, ihre geschlossene Struktur, ihr alternativ elitäres Selbstverständnis eine solche Totalisierung besonders begünstigen. Die *Vereinigungskirche* ist nach wie vor die typischste dieser Gruppen, doch sind die *Familie der Liebe* und die *Hare-Krishna*-Gemeinschaft oder auch die Insidergruppen der *Scientology Church* und der *Transzendentalen Meditation* hier ebenfalls zu nennen.

Die Frage sei, so formulierte ROMAN BLEISTEIN, »ob diese, die Identitätsfindung fördernden Jugendreligionen nur eine Episode im Leben junger Menschen, ohne große Nachwirkungen, darstellen, oder ob sie zu einer bleibenden Fixierung auf eine Outsiderposition mit allem Fanatismus und Eskapismus führen

werden.« In diesem ›ob – oder‹ ist das ganze Konfliktpotential enthalten, das in den letzten Jahren betroffene Eltern und engagierte Beobachter zunehmend beunruhigte und in den letzten Monaten des Jahres 1978 in einer dramatischen Zuspitzung die Öffentlichkeit aufschreckte.
Mehr und mehr setzte sich die Überzeugung durch, daß die Auswirkungen auf Jugendliche in den meisten Fällen eher »zu einer bleibenden Fixierung auf eine Outsiderposition mit allem Fanatismus und Eskapismus« führen. Die amerikanische Bezeichnung *destructive cults*, also: zerstörerische Kulte, wurde in den eindeutig negativ besetzten Begriff *Jugendsekten* eingedeutscht. Und als im November 1978 die Welt durch die schokkierende Nachricht aufgestört wurde, daß der amerikanische Sektenführer JIM JONES in einem ungeheuerlichen Akt der Selbstzerstörung sich und über neunhundert seiner Anhänger in den Tod getrieben hatte, konnte es für eine breite Mehrheit keinen Zweifel mehr an der Gefährlichkeit der neuen »Jugendsekten« geben. Ausdruck dieser Überzeugung ist etwa die Ansicht von Staatssekretär HANS-GEORG WOLTERS vom Bundesfamilienministerium, solche Vorgänge seien »auch in der Bundesrepublik nicht auszuschließen«. WOLTERS begründete diese Meinung mit »vielen gemeinsamen Merkmalen« zwischen der *Volkstempel-Sekte* des Amerikaners JIM JONES und Jugendreligionen, die in der Bundesrepublik aktiv sind.[1]
Die Konvergenz zwischen dem Identifizierungsbedürfnis vieler Jugendlicher und den Interessen einer expansiv orientierten ideologisch-religiösen Gruppe wie etwa der *Vereinigungskirche* birgt in der Tat erhebliche Gefahren in sich. Eine Verharmlosung an dieser entscheidenden Nahtstelle wäre töricht genug. Andrerseits vollzog sich die Tragödie der JIM-JONES-Sekte unter so extremen Ausnahmebedingungen – um nur eine zu nennen: totale Isolierung von der Außenwelt über einen langen Zeitraum weg –, daß sie schlechterdings nicht vergleichbar ist mit der Situation, in der die jugendlichen Anhänger der neuen religiösen Gruppen in Deutschland leben. Jedenfalls aber ist es notwendig, die Gefahren und Konflikte aufzudecken und so weit wie möglich Abhilfe zu schaffen. Daß in dieser Richtung inzwischen einiges geschieht, ist weithin das Verdienst betroffener Eltern und der von ihnen getragenen Initiativen.

»Seit mehr als zweieinhalb Jahren bemühe ich mich – leider vergebens –, unsere Tochter aus der Sekte zu befreien, in die sie urplötzlich 1975 (ohne jeden Grund) verschwand. Sie verließ Familie, Freundin und die ihr anvertrauten Kinder im Heim, für die sie sich sehr verantwortlich fühlte. Sie arbeitete als Erzieherin im Anerkennungsjahr.
In aller Dringlichkeit möchte ich Sie bitten, auf keinen Fall familiäre Gründe als Ursache zugrunde zu legen. Das ist leider die allgemeine Meinung. Aber damit macht man es sich zu leicht, und es ist außerdem gefährlich, weil die Angelegenheit nämlich so der Gleichgültigkeit verfällt. Gerade das könnte auch dem Staat in ferner Zukunft zum Problem werden, nämlich dann, wenn er für die geschädigten Anhänger zu sorgen hat.
Das Verhältnis zu unserer Tochter war bis dato ein ausnehmend gutes. Sie war ein sehr aufgeschlossenes, intelligentes, äußerst kreativ schaffendes, aber auch sensibles junges Mädchen und durchaus in der Lage, Situationen zu erfassen, zu beurteilen und zu kritisieren. Nach vier Tagen ihrer Sektenzugehörigkeit sahen wir sie in einem Zustand geistiger und körperlicher Erschöpfung wieder. Sie befand sich in Begleitung zweier Sektenmitglieder – vollkommen geistesabwesend, in sich zusammengekauert, kaum fähig, sich eigenständig aufrecht halten zu können – weinend und Unverständliches lallend. Ein Trancezustand, aber wohl kaum Drogeneinwirkung. Wir mußten ohnmächtig zusehen, wie unsere Tochter ihrem sicheren psychischen und physischen Ruin entgegenschritt.
Ordnungs- und Kriminalpolizei waren seinerzeit (1975) machtlos einzuschreiten, da unsere Tochter gerade volljährig geworden war. Spätere Eingaben an die Petitionsausschüsse des Landes und Bundes wurden lakonisch abgetan mit dem Bedauern des Nichtzuständigseins (›kirchliche Angelegenheit‹)! Schreiben an diverse Bundestagsabgeordnete aller Fraktionen brachten statt Hilfe nur Mitgefühl. Das nützt natürlich keinem. Seit 1976 ist unsere Tochter innerhalb der Gruppe verheiratet und hat ein sechs Monate altes Mädchen. Ihr Ehepartner war wiederholt in nervenklinischer Behandlung, zuletzt Ende April, Anfang Mai. Beide sind ohne Beruf und festen Wohnsitz, ohne Kranken- und Altersversicherung, das Kind später ohne die elementarste Schulausbildung. Die Kinder werden ausschließlich innerhalb der Gruppe ausgebildet, auf geistig niederem Niveau gehalten und vor Behörden versteckt, um keine andere Chance zu haben, als für die undurchsichtigen Ziele der sogenannten ›Kinder-Gottes-Gruppe‹ betteln zu gehen. Durch

die Heirat sind wir, als Eltern, nach dem Gesetz nicht mehr kompetent, für unsere Tochter behördlicherseits etwas zu erreichen. Sie ist ihrem sicheren späteren Siechtum erbarmungslos ausgeliefert. Ich bitte Sie, in aller Inständigkeit: Tun Sie bitte etwas!«[2]

Dieser Bericht erreichte im November 1977 die *Niedersächsische Elterninitiative gegen Mißbrauch der Religion*, die von der Mutter eines Mitglieds der *Familie der Liebe* gegründet worden war und sich vor allem auf die *Mo*-Gruppe konzentriert. Er dokumentiert die verzweifelte Ohnmacht von Eltern, die erleben müssen, wie ihr Kind, in Kontakt mit einer der neuen Gruppen geraten, mit allem Bisherigen bricht, sich in kürzester Zeit zum willenlosen Werkzeug der Gruppe wandelt und dabei zum menschlichen Wrack wird, und die sich das nur als Ergebnis massiver geistiger und seelischer Manipulation erklären können. Ebenso erschütternd ist freilich die Hilflosigkeit, mit der die Behörden und staatlichen Organe bis hin zu den Parlamenten vor solchen Fällen stehen.

Es gibt viele ähnliche Familientragödien. Sie führten inzwischen zur Bildung mehrerer *Elterninitiativen.* Hinter diesen Zusammenschlüssen stehen die Erfahrungen, die schon seit längerer Zeit mit ähnlichen Vereinigungen in den USA gemacht wurden. Man kann sie allerdings nur mit erheblichen Einschränkungen auf die deutsche Situation übertragen. In den Vereinigten Staaten hat das Recht auf religiöse Freiheit eine viel entscheidendere Bedeutung; die USA waren seit je das Land der ungezählten religiösen Gruppen und Sondergemeinschaften. Andrerseits ist in gesellschaftlichen Dingen der privaten Initiative und Verantwortung viel mehr Raum gelassen als hierzulande. Beides führte dazu, daß die Konflikte zwischen den *cults* und den betroffenen Eltern, vor allem in der ersten Zeit, mit großer Härte ausgetragen wurden. Die Praxis des *Deprogramming* ist ein Beispiel dafür: Nach einer oft gewaltsamen Befreiungsaktion wird während einer Zeit der Isolation durch intensive geistig-seelische Bearbeitung versucht, das Programm wieder zu »löschen«, das die Gruppe ihrem Mitglied »einprogrammiert« hatte.

Die Ziele der vor allem auf die *Vereinigungskirche* San Myung Muns ausgerichteten Organisation *Citizens Engaged in Reuniting Families (C.E.R.F.)* können als typisch für alle verantwortlichen Elterninitiativen gelten. Es sind dies nach Friedrich-Wilhelm Haack die folgenden:

– Den betroffenen Eltern soll durch Information, Beratung, Angebot von Rechtsbeistand und Kontakt zu anderen Eltern geholfen werden.

– Junge Menschen sollen durch Beratung und psychische Hilfe zum Austritt aus der Gruppe veranlaßt werden. Ehemalige Mitglieder werden betreut, ihre Erfahrungen werden für die Arbeit von *C.E.R.F.* eingesetzt.
– *C.E.R.F.* will die Öffentlichkeit durch laufende Informationsvermittlung an die Medien über die Gefahren der Gruppe aufklären und die Behörden durch Information und Kooperation bei der Untersuchung der Gruppe unterstützen.
– *C.E.R.F.* lehnt jedoch gewaltsame Befreiungsaktionen und die Teilnahme an jeder Art von *Deprogramming* sowie jede Verletzung von Recht und Gesetz bei ihren Aktivitäten ab.[3]

In der *Bundesrepublik Deutschland* gibt es heute vier Elterninitiativen:

- **Elterninitiative zur Hilfe gegen seelische Abhängigkeit und religiösen Extremismus e.V.**
Postfach 874, 8000 München I
(Schwerpunkt: *Vereinigungskirche, Scientologykirche*)
- **Interessengemeinschaft Jugendschutz e.V., Verein zum Schutz seelisch gefährdeter junger Menschen**
Postfach 83, 6140 Bensheim
(Schwerpunkt: *Transzendentale Meditation*)
- **Niedersächsische Elterninitiative gegen Mißbrauch der Religion**
Im Heidloh, 3101 Steinhorst
(Schwerpunkt: *Familie der Liebe)*
- **Elterninitiative in Nordrhein-Westfalen**
Florastr. 80, 4020 Mettmann

Diese Elterninitiativen schlossen sich im November 1977 zur *Aktion für geistige und psychische Freiheit – Arbeitsgemeinschaft der Elterninitiativen* zusammen, deren Sprecher Minister a. D. FRIEDRICH VOGEL (MdB) und Ministerialrat Dr. KLAUS KARBE in Bonn sind. Die Arbeitsgemeinschaft sieht ihre Aufgabe darin, »das gemeinsame Anliegen der Elterninitiativen gegenüber Staat und Gesellschaft zu vertreten und vor den Gefahren der Neuen Jugendreligionen zu warnen«. Aus einem offenen Brief, den die *Arbeitsgemeinschaft der Elterninitiativen* am 21. November 1977 an die Bundesregierung gerichtet hat, geht hervor, wie die Eltern die Problematik der von den »Jugendreligionen« betroffenen Jugendlichen sehen. Es heißt darin:

»Mit dem Eintritt in eine der sogenannten Neuen Jugendreligionen ist eine beängstigende Persönlichkeitsveränderung verbunden. Der psychische Zerstörungsprozeß kann als ›Wirklichkeitsverlust‹

beschrieben werden und endet meist in einer Entpersönlichung, die den einzelnen zur Kommunikation außerhalb der Gruppe mit anderen Menschen unfähig macht. In den USA werden die Neuen Jugendreligionen daher auch ›destructive cults‹ genannt.
Sie unterscheiden sich wesentlich von den bisher bekannten Religionsgemeinschaften, die den vom Grundgesetz garantierten Schutz der freien Meinungs- und Religionsausübung genießen. Dieser Schutz darf aber nicht dazu führen, daß religiöse Gemeinschaften bei der Anwerbung und Betreuung ihrer Mitglieder deren persönliche psychische Situation ausbeuten können, indem sie Methoden und Techniken anwenden, die die Willens- und Entscheidungsfreiheit der Betroffenen einschränken oder gar völlig ausschalten.
Die Ursachen für das Florieren der Neuen Jugendreligionen scheinen die gleichen zu sein wie bei den politischen Extremgruppen Jugendlicher: Die Unfähigkeit der Jugendlichen, Spannungen innerhalb einer freiheitlich-demokratischen Staats- und Gesellschaftsordnung zu ertragen, und als Folge davon das Bedürfnis, sich psychisch in gesellschaftlichen Gegengruppen zu restituieren.«
Dieser Brief dokumentiert, wie scharf die Elterninitiativen die entscheidende Gefahr erfaßt haben, in die Jugendliche mit dem Eintritt in eine der religiösen Gruppen geraten: innere Abhängigkeit und damit verbunden Verlust der Persönlichkeit. Mit anderen Worten: »Ich-Mord.« Er dokumentiert aber auch die entscheidende Schwäche der Elterninitiativen: die Verallgemeinerung. Es wird nicht mehr differenziert, vielmehr werden die eigenen negativen Erfahrungen generalisiert. Auch das ist, jetzt unter umgekehrten Vorzeichen, eine Art »Totalisierung«. Dadurch entsteht ein einseitig verzerrtes Feindbild, das es manchmal schwer macht, die berechtigten und notwendigen Warnungen der Elterninitiativen zu akzeptieren. Sie haben aufgrund ihrer unmittelbaren Erfahrung Entscheidendes zu sagen. Aber sie vertreten oft einen einseitigen Standpunkt.
Die Arbeit der Elterninitiativen markiert vier Bereiche, in denen sich die öffentliche Auseinandersetzung mit den Gefahren, Auswüchsen und negativen Folgen der neuen religiösen Gruppen vollziehen muß: 1. kritisch aufklärende Information über die interne Realität und über Mißstände, 2. Beratung und Betreuung des betroffenen Personenkreises, 3. Rehabilitierung Geschädigter und 4. Initiativen in der religiösen, gesellschaftlichen und politischen Öffentlichkeit.
Schon ein oberflächlicher Durchgang durch diese vier Bereiche demonstriert die Notwendigkeit, aber auch die sachlichen Grenzen der kritischen Konfrontation.

Die Kirchen sind religiöse Großinstitutionen, die in einem dichten, in einer langen Geschichte gewachsenen Geflecht von Beziehungen zu allen Bereichen der Gesellschaft und des Staates stehen. Das macht sie nicht nur zu öffentlichen Funktionsträgern, sondern unterwirft sie gleichzeitig auf vielen Ebenen der Kontrolle.

Anders die neuen religiösen Gruppen. Sie sind meistens nach dem Vereinsrecht organisiert und haben zudem in der Regel aufgrund ihres satzungsgemäß festgelegten religiös-humanitären Zwecks den Status der Gemeinnützigkeit. Beispiel: die *Kinder Gottes* sind im Kölner Vereinsregister eingetragen; der Zweck des Vereins ist nach Paragraph 2 der Statuten »die Verbreitung des Wortes Gottes und die Rehabilitierung rauschgiftsüchtiger Jugendlicher«. Die internationale Organisation, die genau eingespielten Arbeits- und Autoritätsstrukturen in der Gruppe sowie eine oft raffinierte Verschleierungstaktik machen es jedoch fast unmöglich, die vereinsrechtlich vorgesehenen Kontrollen, etwa des Finanzgebarens, wirksam anzuwenden. Um beim Beispiel der *Kinder Gottes* zu bleiben:

Die Spenden- und Bettelerträge der *Kinder Gottes*, die Einnahmen durch eingebrachtes Eigentum neuer Mitglieder und aus anderen Quellen, vor allem aber der Transfer des Geldes über verschiedene Zwischenstationen auf unbekannte Konten sind undurchsichtig und nicht kontrollierbar. Während die *MO*-Jünger ein karges Leben führen und durch festgelegte Sammelquoten mit entsprechender Disziplinierungsdrohung unter Druck stehen, führt »Onkel Mo« offenbar ein luxuriöses Leben im Untergrund: Zweimal spürten ihn Reporter des *stern* im Jahr 1977 auf, in einer Luxusbar auf Teneriffa, umgeben von einem Flor hübscher Mädchen, und im Casino des portugiesischen Badeorts Estoril, und beide Male nahm er noch am gleichen Tag Reißaus. Seit Juni 1976 läuft bei der Düsseldorfer Staatsanwaltschaft ein bundesweites Ermittlungsverfahren gegen die *Kinder Gottes*, das aber außer einem Aktenberg bisher keine nennenswerten Ergebnisse gebracht hat. Auch die am 6. Dezember 1977 in 21 deutschen »Kolonien« durchgeführten Hausdurchsuchungen, bei denen Finanzunterlagen beschlagnahmt wurden, waren nicht sehr ergiebig. Der Erste Staatsanwalt NORBERT BLAZY:

»Das Problem ist, daß man die Sekte strafrechtlich kaum erfassen kann. Die Kinder Gottes sind ein in Köln zugelassener und eingetragener Verein. Und die Mitglieder sind alle volljährig und können deshalb mit ihrem Geld machen, was sie wollen.«[4]

Bleibt noch die Einstellung von »MOSE« BERG hinzuzufügen. Bereits 1970 schrieb er in einem internen *MO-Brief*:

»Warum sollten wir uns damit abgeben, für materielle Dinge zu schuften, wenn das System genug davon hat. Laßt sie unsere Sklaven sein – nicht wir ihre ... Gott muß ein paar Systemiten dabei bleiben lassen, damit sie uns ihre Hosen geben und ihre letzte Mark, um uns zu füttern ...«[5]

Und 1975:

»Ihr seid sicherer, wenn ihr draußen im Dschungel bleibt und nur hin und wieder das System plündert ... Nehmt, was ihr aus dem System rausbekommen könnt, aber bleibt auf der Flucht, damit es euch nicht kriegt. Bleibt in Bewegung ... Schmarotzt vom System so viel ihr könnt, aber wenn sie versuchen, euch zu Systemiten zu machen – zurück in den Dschungel!«[6]

Einer der ständig wiederholten Vorwürfe gegen die neuen Propheten und Gurus ist ihre Geldgier. Religion sei nur der Vorwand, um gutgläubige Jugendliche zu ködern und sie zu mehr oder weniger betrügerischen Methoden des Gelderwerbs abzurichten. Von den kassierten Millionen machten sich Mo und MUN, GURU MAHARAJ JI und wie sie alle heißen, ein üppiges Schmarotzerleben.

Im Fall von »MOSE« BERG trifft das sicher zu. Aber man muß auch hier differenzieren. So war beispielsweise nach allem, was man weiß, SWAMI PRABHUPADA, der Führer der *Hare-Krishna*-Mönche, ein integrer Mann. Gerade der *Hare-Krishna-Gesellschaft* jedoch wurden die abenteuerlichsten Finanzmanipulationen nachgesagt. Auch beim Meister der *Transzendentalen Meditation*, MAHARISHI MAHESH YOGI, wird man nicht von persönlicher Bereicherung reden können. Man kann sich ärgern über die üppige Werbung und den großspurigen Stil der *TM*. Man muß sich empören, wenn die *TM* für einen Abendkurs, der über drei Monate weg einmal wöchentlich zwei Stunden umfaßt (also zusammen 25 bis 30 Stunden!), 6000 Mark verlangt. Aber das Geld wird – wie bei jedem guten Geschäftsmann in einer kapitalistischen Gesellschaft, der auf Expansion seines Betriebs aus ist – ins Unternehmen investiert. Bei der *Hare-Krishna-Gesellschaft* vor allem in die Bücherproduktion, bei der *Transzendentalen Meditation* in die Errichtung neuer Weltplan-Zentren und in die Werbung.

Damit sollen keine krummen finanziellen Praktiken bagatellisiert oder entschuldigt werden. Religion und Geld ist überall ein heikles und ein stets ergiebiges Thema. Aber die finanzielle

Seite sollte auch nicht über Gebühr hochgespielt werden. Die da mit Steinen werfen, sitzen oft selbst im Glashaus.

Wichtiger und weitaus schlimmer ist die Art, wie im Umkreis der neuen Gruppierungen manchmal mit Menschen umgesprungen wird, mit den eigenen Mitgliedern oder mit Eltern und anderen Beteiligten. Wenn Achtung vor der Menschenwürde und Solidarität mit dem Schwächeren – oder ganz einfach: menschliches Mitgefühl – eine religiöse Botschaft glaubwürdig machen, dann ist es oft schlecht bestellt mit der Glaubwürdigkeit der neuen Gruppen und Führer, die sie propagieren. Das darf freilich nicht pauschal behauptet, sondern muß belegt werden. Es soll hier auch kein genereller Vorwurf erhoben werden. Aber die aktenkundigen Einzelfälle sind zahlreich und gravierend genug, um Mißtrauen zu rechtfertigen. Zwei solcher Einzelfälle seien hier vorgeführt.

In der von der *Arbeitsgemeinschaft der Elterninitiativen* vorgelegten Dokumentation schildert ein Ehepaar sehr genau und einfühlsam die psychische Erkrankung seines Sohnes, die während seiner Mitgliedschaft bei der *Vereinigungskirche* ausbrach und ihn schließlich ins Nervenkrankenhaus brachte. Die Eltern sind selbst sehr vorsichtig, eine direkte Kausalität aufzustellen. Sie schreiben am Schluß ihres Berichts, ihr Sohn sei bis zum Eintritt bei der Gruppe »ein Junge wie andere auch« gewesen, »abgesehen vielleicht von einer gewissen Labilität«, der besonders für Musik begabt war und »ein recht ordentliches Abitur« geschafft habe. »Das zeitliche Zusammenfallen seiner seelisch-geistigen Rückentwicklung mit der Mitgliedschaft bei der Vereinigungskirche ist auffallend und sicher nicht rein zufällig.«

Gleich am ersten Tag in München, wo er ein Musikstudium anfangen sollte, war er MUN-Missionaren begegnet. Er blieb zwölf Tage verschwunden, seine Eltern fanden ihn im Trainingszentrum Regelsmühle. Das war im Oktober 1975. Von Januar bis September 1976 arbeitete er als Missionar der *Vereinigungskirche*, darunter auch drei Wochen in den USA.

»Hier scheint ihm zum ersten Mal die Erkenntnis gedämmert zu haben, daß seine vorwiegend religiös-geistige Auslegung der Mun-Prinzipien von den Mun-Geschwistern nicht geteilt wurde. Offenbar verursachte dies einen stärkeren seelischen Einbruch, dem er nach Rückkehr ins Zentrum Heidelberg durch Fasten zu begegnen suchte. Denn es war ihm gesagt worden: ›Wenn du Probleme hast, faste! Gott wird sie lösen!‹ Er löste sie nicht, so sehr unser Sohn das Fasten auch steigerte. Im Gegenteil scheint sich mit der körperlichen auch seine psychische Verfassung zuneh-

mend verschlechtert zu haben. Man schickte ihn, der in diesem Zustand als Missionar nicht mehr glaubwürdig war, an kurzfristig wechselnde Arbeitsplätze. Sein Verdienst ging ans VK-Zentrum. Schließlich sagte man ihm, er solle jetzt sein Studium fortsetzen und schickte ihn nach Hause.
Einige Tage vor Weihnachten 1976 stand er nach einem Jahr Abwesenheit wieder vor unserer Türe. Er erklärte uns, er wolle nun studieren und versicherte immer wieder, jetzt würde alles wieder gut. Sein Anblick war erbarmungswürdig: körperlich total abgemagert, hohle Augen, weit herausstehende Rippen. Der Arzt bescheinigte ihm eine Hungerleber, wenn auch sonst keine weiteren Schäden im organischen Bereich. Schlimmer jedoch war sein seelischer Zustand: Er zerfleischte sich mit den unsinnigsten Vorwürfen und Selbstanklagen. Er betrachtete sich als Versager, der die ›Göttlichen Prinzipien‹ nicht richtig verstanden, der nicht die Kraft gehabt habe, vorbildlich nach ihnen zu leben, der sich immer nur dem stärkeren Willen anderer unterordne usw. Er machte einen völlig verstörten Eindruck, ging ruhelos umher ohne die geringste Fähigkeit, sich auf irgend etwas zu konzentrieren. Zusammenbrüche unter Weinkrämpfen wechselten mit zuversichtlichen Stimmungen und dem selbstsuggestiven, stereotypen: ›Es wird alles wieder gut, Gott führt mich den richtigen Weg.‹ Der völligen Verunsicherung entsprach ein gesteigertes Kommunikationsbedürfnis mit Gesprächspartnern, die ihn in seinen Ansichten bestärken sollten. Er selbst blieb allen vorsichtigen Versuchen, seinen Realitätssinn zu entwickeln, unzugänglich. Seine Gedanken pendelten zwischen Mun-Lehre, Satansfurcht und seinem angeblichen Versagen. Es war das erschütternde Bild eines unfertigen, glaubensbereiten Jugendlichen, dessen Identität und Selbstwertgefühl völlig aus den Angeln gehoben war durch eine Lehre, deren pseudoreligiöse Glückseligkeitsverheißungen ihm jeden Bezug zur rauhen Wirklichkeit verstellten. Jede Schuld oder Mitverschuldung der VK an seinem Zustand wies unser Sohn leidenschaftlich zurück: Er habe aus eigenem Antrieb wochenlang gefastet, niemand habe ihn dazu veranlaßt, er habe zu wenig geglaubt, gebetet, durch sein Versagen würde nun auch seine (natürliche) Familie dem Satan verfallen. So ging das immer im Kreis, ein wahrer Teufelskreis, dessen Sog alle Rettungsversuche der Eltern, Pfarrer und vieler wohlmeinender Freunde abblockte.
Das Aussehen unseres Sohnes schien sich seiner psychischen Rückentwicklung angepaßt zu haben. Man hatte nicht das Gefühl, einen 21jährigen, eher einen 15jährigen vor sich zu haben. Auf dieser Stufe bewegten sich auch die Gespräche mit ihm, begrenzt auf seinen eigenen, schmalspurigen Problemkreis. Anderes er-

faßte er kaum, gegen Unliebsames sperrte er sich oder verdrängte es ...«

Ein zweiter Anlauf zur musikalischen Berufsausbildung, diesmal auf einer Kirchenmusikhochschule, schlug ebenfalls fehl. Auch hatte der Sohn wieder Kontakt zu den *Mun*-Leuten aufgenommen. Ab Juli 1977 war er wieder zu Hause.

»Er zeigte keine Einsichtsfähigkeit mehr in seine Lage, hielt eine geregelte Berufsausbildung für unnötig. Er tyrannisierte uns mit der fixen Idee, die Familie aus den Klauen des Satans erretten und den Göttlichen Prinzipien Muns zuführen zu müssen. Während sein Realitätssinn auf einem Minimum angelangt war, entwickelte er einen utopischen religiösen Mystizismus, der keine eigene Verantwortung kannte und alles Geschehen als Gottes Fügung betrachtete ... Er sah sich als außergewöhnlichen Menschen, den Gott einen besonders schweren Weg zu gehen gewiesen habe und behauptete, mit diesem und den Geistern Verstorbener unmittelbaren Kontakt zu haben. Jede ärztliche Behandlung oder Einnahme von Medikamenten lehnte unser Sohn strikt ab ...«

Nach einem erneuten Versuch, sich von daheim abzusetzen, kehrte er vor dem Heiligen Abend 1977 nach Hause zurück. Er wollte nach Weihnachten ins Zentrum der Vereinigungskirche nach Camberg fahren. Auf Ersuchen der Eltern riet die dortige Leitung unter Hinweis auf seinen psychischen Zustand ab. Er erlitt einen Tobsuchtsanfall, und sein Bruder fuhr ihn noch am gleichen Tag nach Camberg.

»Es war der letzte verzweifelte Versuch, eine fällige Zwangseinweisung in eine Nervenklinik durch sein – bisher verweigertes – Einverständnis zu einer psychiatrischen Behandlung zu umgehen. Das Unternehmen erbrachte tatsächlich die zwei erhofften Ergebnisse:

1. Die mehrfache Versicherung aus dem Munde der VK-Spitzenfunktionäre, daß man an unserem Sohn in seinem derzeitigen Zustand nicht interessiert sei. Gerade dies wollte unser Sohn nie wahrhaben. Er hörte es nunmehr aus erster Quelle, und es wurde noch deutlich unterstrichen durch seine und seines Bruders totale Abschirmung von den übrigen zur Weihnachtszeit in Camberg versammelten Munies.
2. Die wiederholte und auf ausdrücklichen Wunsch des Bruders zuletzt noch schriftlich gegebene Aufforderung durch die VK-Vertreter, sich in nervenärztliche Behandlung zu begeben. Nur ihren Weisungen war er bereit zu gehorchen ...«

Es geht nicht darum, der *Vereinigungskirche* die alleinige »Schuld« an diesem katastrophalen Krankheitsverlauf in die Schuhe zu schieben, sondern es geht um das menschliche Ver-

halten der MUN-Funktionäre. Im September 1978 veröffentlichten sie ihrerseits Stellungnahmen zu den in der Dokumentation der Elterninitiativen vorgelegten Einzelfällen. Ihr Kommentar zu dem geschilderten Fall: »R. befand sich psychisch unter dem Entwicklungsstand vergleichbarer Gleichaltriger. Hätten die Eltern die Bereitschaft aufgebracht, R. gegenüber Toleranz zu zeigen oder die Anstrengungen der Mitglieder der Vereinigungskirche zu seiner Persönlichkeitsentwicklung zu unterstützen, hätte er sich sicherlich schnell entwickeln können. Durch die Negativität und dauernde Kritik der Eltern wurde er jedoch in große Spannungen versetzt, die er schließlich nicht mehr ertragen konnte.«
Das ist alles, was die *Vereinigungskirche* zu sagen weiß. Sonst nichts.

Der zweite Fall gehört in den Umkreis der *Transzendentalen Meditation.* »Mein Freund, der Gouverneur«, so überschrieb ein Student und ehemaliger *TM*-Meditierender aus der Hamburger Gegend seinen Bericht. Er schildert darin – freilich mit einem sehr kritischen Akzent –, was er mit einem *TM*-Gouverneur erlebte und an ihm beobachtete. Hier einige Passagen aus dem Bericht über den Umgang des *TM*-Mannes mit seinen nächsten Angehörigen:
Es wird in TM-Kreisen »als in der Natur der Sache liegend angesehen, daß ›fortgeschrittene‹ Meditanten von einer bestimmten Bewußtseinsstufe an viele Dinge anders – eben spirituell – sehen als der Normalbürger. So braucht der vermeintlich Weiterentwickelte gar nicht auf rationale Gegenargumente, die ihm unangenehm sind, einzugehen; er steht ja hoch über den kleingeistigen Denkmustern der spirituell Desinteressierten und weiß, daß übertriebener Einsatz rationaler Logik nur ein Hemmschuh für Intuition und ›kreative Intelligenz‹ ist. Schach matt der Selbstkritik!
Die Auswüchse dieser Denkweise konnte ich bei meinem Freund, dem Gouverneur, erleben. Nachdem er auf einem TM-Lehrgang eine Frau kennengelernt, diese gegen alle Ratschläge von Verwandten und Freunden nach nur vierwöchiger Bekanntschaft geheiratet und seine Sicherheit bei der relativ schnellen Partnerwahl mit spiritueller Harmonie begründet hatte, ging die Ehe nach knappen sechs Monaten in die Brüche. Seine Erklärung: Er und seine Frau waren in einem früheren Leben vor etwa 5000 Jahren indische Fürsten gewesen, die sich bekriegt hatten. Der Konflikt war damals nicht gelöst worden, also wurden beide in diesem Leben reinkarniert, um zu einer gütlichen Einigung zu gelangen. So etwas nennt man spirituelle Sehweise! Ich würde es eher als philosophisches

Schlupfloch bezeichnen, das einem die Möglichkeit eröffnet, eigenes Fehlverhalten mit karmisch durchwirkten Argumenten zu entschuldigen ...
Kann ein Mensch, der sich innerlich so weit von der Realität entfernt hat, überhaupt noch mit der Realität fertigwerden? Mein Freund hat immer wieder betont, TM erzeuge ›kreative Intelligenz‹. Tatsache ist, daß er trotz abgeschlossener akademischer Ausbildung mit über 30 Jahren nicht mehr arbeitet, sondern zwecks ungestörter Meditation bei seinen Eltern untergekrochen ist und von Arbeitslosenunterstützung lebt. Die aber nimmt er nach eigener Aussage ›ohne schlechtes Gewissen‹, weil er durch Einführung von Neulingen und seine positive Ausstrahlung beim Meditieren ›so viel für die Menschheit tue‹. Bedeutet dies also, daß Schmarotzertum eine Spielart ›kreativer Intelligenz‹ darstellt? ...
Es mag nicht weiter verwundern, daß mein Freund auch für die Spannungen und Auseinandersetzungen mit den Eltern, die sich wahrlich einen anderen Lebensweg für ihren Sohn vorgestellt haben, ein philosophisches Schlupfloch parat hat. Seine Anwesenheit im Elternhaus diene nämlich dem Wohl seiner Eltern, weil die durch seine TM-Ausübung erzeugte Ausstrahlung ›reinen Bewußtseins‹ bei ihnen zur Streßlösung (deshalb die Streitereien) und damit zur spirituellen Weiterentwicklung in Richtung karmische Glückseligkeit führe. Er hat also ihre seelische Qual von Anfang an bewußt in Kauf genommen und sich dabei auch noch als karmischer Wohltäter gefühlt.
Als den Eltern diese Arroganz und Gefühlsroheit bewußt wurde, konnten sie nicht mehr. Sie setzten ihn endgültig vor die Tür ...
Meinem Freund, dem Gouverneur, ist nicht bewußt, daß er, anstatt spirituelle Harmonie zu vermitteln, ein seelisches Trümmerfeld zurückgelassen hat; denn er war ja seinen Eltern ›als karmischer Dorn im Fleische bestimmt‹ und konnte daher gar nicht umhin, sie zum Wohl ihrer eigenen Entwicklung mit spirituellen Prinzipien zu konfrontieren.«

Die hier geschilderten Verhaltensmerkmale einer unbewältigten religiösen Fixierung, die sich nach außen im Mangel an Realitätsgefühl, Arroganz gegen Angehörige, Unaufrichtigkeit und »Schmarotzertum« äußert, sind bei jüngeren, intensiv engagierten *TM*-Meditierenden auch in anderen Fällen beobachtet worden.

»Aufklären« ist ein unerfreuliches Geschäft. Es ist aber notwendig, solange sich Gruppen und Bewegungen einer geordneten Kontrolle entziehen. Es geht nicht um einen *religiösen Radikalenerlaß*. Das Recht auf Gewissens- und Meinungsfreiheit und freie Ausübung der Religion ist unantastbar. Es darf aber nicht zum Deckmantel für bewußt intendierte oder ungewollt ausgelöste Wirkungen werden, die dem humanen und moralischen Grundkonsens der Gesellschaft zuwiderlaufen. Religiöse Gemeinschaften gleich welcher Färbung müssen sich an denselben Maßstäben messen lassen wie jede Kirche und kirchliche Vereinigung, jede weltanschauliche und ideologische Gruppierung: an den Auswirkungen ihrer Glaubensüberzeugungen und Praktiken auf den einzelnen und auf die Gemeinschaft und an dem mitmenschlichen Verhalten den eigenen Mitgliedern und Außenstehenden gegenüber.

Beratung

Die Situation, in der sich Eltern und Verwandte oder Freunde junger Menschen befinden, die sich einer der sogenannten Jugendreligionen zugewandt haben, ist sehr unterschiedlich, je nachdem wie stark die Bindung bereits geworden ist. Während der Anfangsphase, die von der ersten Kontaktnahme bis zu jenem Zeitpunkt reicht, wo man sich ehrlicherweise eingestehen muß, daß der Jugendliche ein festes Mitglied der Gruppe geworden ist, ist eine entschlossene Aktivität von seiten der Angehörigen nötig. Denn hier ist die Entscheidung noch offen. Später muß sich das Verhalten in vielen Punkten ändern.
Die folgenden Erwägungen und Tips sind keine umfassende Zusammenstellung von Ratschlägen. Sie geben lediglich ein allgemeines Muster an, das sich aus vielen individuellen Erfahrungen im Umgang mit den neuen religiösen Gruppen herausgebildet hat. Detaillierte Hinweise, Empfehlungen und Anleitungen enthält die Broschüre *Ratschläge – Was können Betroffene und Verantwortliche tun?* von FRIEDRICH-WILHELM HAACK.[7] Er ist Theologe und Beauftragter für Sekten und Weltanschauungen der Evangelischen Kirche in Bayern. HAACK hat eine langjährige und weitreichende Praxiserfahrung. Seine Ratschläge, die er als Experte und Seelsorger gibt, sind allerdings von einer eindeutigen Abwehrhaltung den Jugendreligionen gegenüber bestimmt, die er nicht zuletzt in der publizistischen Öffentlichkeit scharf bekämpft. Im übrigen sind heute so viele Informationsmaterialien und Beratungsstellen verfügbar[8], daß eine rasche und kompetente Beratung im Ernstfall jederzeit möglich ist.
In erster Linie ist den Gruppen die Art und Weise vorzuwerfen,

in der sie junge Menschen vereinnahmen. Sie fordern Lebensentscheidungen, aber die Neulinge werden in keiner Weise in den Stand gesetzt, eine solche Entscheidung in eigener Verantwortung zu treffen. Sie erhalten weder eine umfassende Einführung in Leben und Lehre der Gruppe, noch wird ihnen eine Probe- und Eingewöhnungszeit gewährt, wie sie als *Noviziat* zum Beispiel jeder christliche Orden praktiziert. Wer mitmacht, ist »drin«, und wer wieder aussteigen will, gilt als verworfen. Die von allen Gruppen behauptete Freiheit der Entscheidung ist deshalb eine Scheinfreiheit. Dementsprechend berichten ehemalige Mitglieder übereinstimmend, wie ihre Fähigkeit zum kritischen Denken und selbständigen Handeln von Tag zu Tag abgenommen habe. Deshalb ist für die Angehörigen ein rasches und konsequentes Handeln am Anfang geboten.

Dafür ist eine möglichst umfassende und qualifizierte Information unerläßlich. Wer raten will, muß besser Bescheid wissen als der oder die, die er berät. Für die Information eignen sich Selbstdarstellungen einer Gruppe nur im Zusammenhang mit kritischen Darstellungen. Die Notwendigkeit, sich zu informieren, bezieht sich jedoch nicht allein auf die Gruppe, ihre Ziele, ihre Praxis usw. Man sollte vielmehr auch die konkrete Situation, in der sich der betroffene Jugendliche persönlich befindet, möglichst genau zu erfassen versuchen. Das ist in der Regel sehr viel schwieriger, als sich ein Faktenwissen über die Gruppen anzueignen. Immer wieder zeigt sich in solchen Krisen, wie wenig die nächsten Familienangehörigen voneinander wissen. Zwischenmenschliche Kommunikation wird von tiefen emotionalen Schichten getragen oder blockiert. Sie kann gestört sein, auch wenn im Bewußtsein aller Beteiligten die Beziehungen intakt sind.

»Wir müssen dorthin, wo der Jugendliche sich aufhält. Es ist sehr wichtig, daß wir Kontakt mit ihm aufnehmen.« Das wurde im Blick auf Jugendbetreuer auf einer Arbeitstagung zum Thema gesagt. Es gilt umfassend: Nicht eine Empörungs- und Abwehrhaltung, sondern ein innerliches Anteilnehmen an der augenblicklichen Lage des jungen Menschen ist gefordert. Es ist daher nicht abwegig, wenn ab und zu geraten wird, Eltern oder Freunde sollten die Zentren der Gruppe besuchen oder zusammen mit ihren Kindern an Schulungswochenenden teilnehmen. Vorbedingung dafür ist freilich, daß sie ihr kritisches Urteilsvermögen behalten.

Am Anfang mögen die Eltern auf eine »Lösung im Guten« hoffen und ein »verständnisvolles Gespräch« anstreben. Aber das wird in den meisten Fällen eine Utopie bleiben. Eine ernste,

Abb. 14: »Wir müssen dorthin, wo der Jugendliche sich aufhält.«
(Photo: EBA-Kunitsch, Stuttgart)

tiefgehende Auseinandersetzung ist unvermeidlich, bei der auf beiden Seiten die ganze Existenz in Frage steht. Denn in fast allen Punkten werden die Eltern anderer Meinung sein als ihr Sohn oder ihre Tochter. Und es geht um die wesentlichen Dinge: um Lebensziele und fundamentale Maßstäbe; um das, was ganz einfach »gut« oder »schlecht«, aufbauend oder zerstörend ist; um Wahrhaftigkeit, um Treue und Enttäuschung. Dabei ist deutlich: Es kann sich weder um einen Machtanspruch der Eltern handeln noch um ein »Manipulieren unreifer Jugendlicher«. Die Jungen sind fast immer volljährig und haben das Recht, ihren eigenen Weg ins Glück oder Unglück zu wählen. Es geht allein um Hilfe für einen bestimmten Menschen. Darum darf er nicht zum bloßen Objekt der Auseinandersetzung gemacht werden. Es ist falsch und bedeutet keine Hilfe, das in Bausch und Bogen »Unsinn« zu nennen, was den jungen Leuten als Ideal erscheint. Die »Unsinnigkeit« muß vielmehr im einzelnen aufgezeigt und es muß, noch wichtiger, das Gegenstück benannt werden: Was ist »Sinn«? Brauchbarer als derlei Globalthemen ist freilich ein möglichst realistisches Gespräch, in dem es beispielsweise um die Frage geht, wie sich die ideale Welt, die die Gruppe propagiert und verwirklichen will, zu ihrer faktischen Praxis verhält. Direkte, konkrete Fragen sind unbequem, aber nötig: Wie ist die Führungsstruktur? Wie steht es mit den Finanzen? Wie sind rechtliche Dinge geregelt? Wie ist es mit Kranken- und Sozialversicherung der Mitglieder? Wie sieht das sozialethische Verhalten aus?

Doch die wichtigste Aufgabe ist nicht Faktenvermittlung oder kritische Rückfrage, sondern Offenheit in der Begegnung. Die persönliche Betroffenheit, in der ein junger Mensch handelt und redet, verlangt von seinen Partnern, daß auch sie aus der Reserve heraustreten und ganz wahrhaftig reden. Allgemeinplätze verbieten sich. Persönliche Begegnung tut not.

Wofür aber setzt man sich denn nun ein? Welches sind die Ziele, die man vertritt? Wie sieht die Welt aus, die man durch sein Leben, seine Arbeit und seinen Einsatz deckt? Welches Gegenangebot hat man den zum Abspringen entschlossenen Söhnen und Töchtern zu bieten? »Das sogenannte ›normale Leben‹, in das sie ›gerettet‹ werden sollen, ist für einen nachdenklichen Menschen gar nicht so normal und selbstverständlich. Es könnte zu schweren seelischen Konflikten kommen, wenn einem jungen Menschen die eine Überzeugung genommen und nichts dafür gegeben wird. Die Jugendlichen könnten sich hinterher als doppelt Betrogene fühlen: einmal, daß sie sich einer solchen Gruppe angeschlossen und dort Geld, Arbeitskraft und Glauben eingesetzt haben, und zum anderen, daß sie jetzt wieder ohne seelische Stärkung in die Welt sollen, vor deren Sinnlosigkeit und Ungereimtheiten sie in den Schoß der Glaubensgruppe geflohen waren.« (FRIEDRICH-WILHELM HAACK).

Es wird also wesentlich darum gehen, zusammen mit der Jugend neue Ziele und realisierbare Ideale zu finden. Das ist nicht einfach. Es erfordert Phantasie und Mut, und in aller Regel kommen alle Beteiligten verwandelt aus einem solchen Prozeß der Überprüfung und neuen Einschätzung bisher selbstverständlicher Gewohnheiten und Wertmaßstäbe heraus. Und das ist gut.

Wenn sich der junge Mann oder die junge Frau fest einer Gruppe angeschlossen hat, dann haben Selbstvorwürfe ebensowenig Sinn wie ein verärgertes Sich-Zurückziehen. Der Beitritt ist erfolgt, und er ist von den Angehörigen als Vollzug einer eigenen Willensentscheidung anzuerkennen. Gerade jetzt aber ist es von größter Wichtigkeit, daß die Verbindung zwischen Eltern und Kindern und zwischen Freunden nicht abreißt, sondern aufrechterhalten bleibt.

»An die Stelle der Auseinandersetzung sollte die Phase einer kritischen Begleitung des Jugendlichen auf seinem künftigen Weg und damit in gewisser Weise eine Teilnahme an seinem neuen Leben treten. Das verlangt von den Eltern eine sehr schwierige Wandlung, aber nicht eine totale Änderung des Verhaltens. Im Gegenteil, hiervor wird eigens gewarnt: ›Werden Sie nicht plötzlich zu einem Gönner der Gruppe, nur deshalb, weil Ihr Kind dabei ist; machen Sie auch keine Zuwendungen und geben Sie keine Unterschriften, sondern wahren Sie als Angehörige eines Mitgliedes eine innerlich zugewandte Distanz zur Gruppe‹ (aus einem seelsorgerlichen Brief). Um ein kritischer Begleiter sein zu können, sollte man sich freilich selbst möglichst klare Maßstäbe erarbeiten. Auch sollte man sich fortlaufend über die weltweite Entwicklung der Gruppe informieren und sich die Erfahrungen anderer zunutze machen. So rät Pfarrer Haack: ›Denken Sie daran, daß Sie nicht allein sind. Das gleiche Problem wie Sie haben viele Eltern ... Schließen Sie sich einer Elterninitiative an.‹ Vor allem aber: resignieren Sie nicht!«[9]

Kritische Begleitung ist nicht leicht. Sie verlangt jedenfalls mehr an menschlicher Kraft, als die Beziehungen polemisch abzubrechen oder resignierend die Segel zu streichen. Aber es ist die richtige Haltung. Zur Illustration, wie das aussehen kann, und gleichzeitig zur Ermutigung für andere Eltern sei hier der Brief einer Mutter abgedruckt. Sie hat zwei Söhne bei *Ananda Marga*, von denen einer im Oktober 1978 zur *Acharya*-Ausbildung nach Schweden ging:

»Sie können gewiß verstehen, daß mich diese Wege, die zwei meiner Söhne gehen, beunruhigen, da mir diese Art Religiosität, die mit unserem christlichen Glauben nichts zu tun hat, sehr fremd ist. Ich bemühe mich sehr, sie in ihrem Denken zu verstehen, erkenne auch an, daß sie in strenger Disziplin, Hilfsbereitschaft und in großer Verantwortung für andere leben.

Auch das stark asketische Leben macht mir fast Sorge. Entfremdet sie das stundenlange Meditieren und Asana-Machen nicht doch der Realität? Manch einer behauptet, daß das Zusammenleben in dieser Gemeinschaft eine Art Weltflucht ist. Sie fühlen sich dem wirklichen Leben nicht gewachsen. Diesen Eindruck habe ich allerdings weder von meinem Sohn Martin noch von dem zwei Jahre älteren Bruder, der in freier Bindung mit dieser Gruppe lebt.

Sehr schwer ist mir natürlich, daß mein Sohn Martin sich endgültig von der Familie gelöst hat, um seine ganze Kraft für diese Arbeit einzusetzen. So darf er von der Schule der Yogis in Schweden weder schreiben noch zu Hause Besuche machen. Nach der 4–6monatigen Ausbildung wird er wohl in ein fernes Land ge-

schickt, Indien oder Südamerika. So liegt der Gedanke nahe, daß wir ihn wohl nie wieder sehen werden.
Da er mit großer Freude in diesen Dienst ging, wollte ich ihm auch nicht das Herz schwer machen. Schließlich hat er ja ein Recht darauf, sein Leben so zu führen, wie er sich glücklich fühlt. Ich habe in gewisser Hinsicht Verständnis für ihn, da ich früher als Diakonisse der Brüdergemeine (Herrnhuter) für persönlichen Einsatz bei allen Notleidenden war und auch den Kindern zu vermitteln suchte, daß uneigennütziges Helfen sehr wichtig ist.«

Rehabilitierung

Ende Februar 1978 fand in Hannover eine Fachtagung über *Probleme im Zusammenhang mit den sogenannten Jugendreligionen* statt. Sie wurde verantwortet von der *Deutschen Gesellschaft für Kinder- und Jugendpsychiatrie* sowie vom *Bundeskongreß für Erziehungsberatung*. Einer der Referenten war der amerikanische Psychiater Professor JOHN G. CLARK, der von seinen Untersuchungen über die psychologischen Auswirkungen der »Jugendreligionen« berichtete. Er zeichnete ein düsteres Bild: »Ihre Bekehrungs- und Indoktrinationsmethoden führen zu Veränderungen, die regressiv sind, sowohl für die Gesellschaft, als auch auf lange Sicht gesehen für die Gesundheit ihrer Opfer. Ihre Methoden müssen studiert werden, bevor eine weitere Serie politischer Katastrophen unvermeidbar wird.«
Diese Einschätzung entspricht einem ausführlichen Gutachten, das CLARK schon vor einiger Zeit für einen Sonderausschuß des Senats von Vermont, USA, über die Auswirkungen der *destructive cults* auf die Gesundheit und den Gesamtzustand ihrer Anhänger erstellt hatte.[10] Als *cult* wird im Amerikanischen im Unterschied zu einer allgemein anerkannten Religionsgemeinschaft (*denomination*) und einer durchorganisierten religiösen Sondergemeinschaft (*sect*) die Gefolgschaft einzelner religiöser Führer bezeichnet, bei der ein starkes Abhängigkeitsverhältnis der Anhänger besteht und die häufig eine geschlossene Lebensgemeinschaft bildet. CLARKS Darstellung basiert »auf der Untersuchung von 27 Personen in allen möglichen Stadien des Betroffenseins aus sechs verschiedenen ›cults‹«.
Der amerikanische Psychiater unterscheidet zunächst zwei verschiedene Gruppen für die *cults* anfälliger Jugendlicher. Zu den

»Suchern« *(Seekers)* gehören etwas mehr als die Hälfte der Anhänger. Es sind Ich-schwache, oft schizophren veranlagte Außenseitertypen, für die der Eintritt in eine der neuen Gruppen »restitutiven« Charakter hat: Sie suchen Wiederherstellung in der scheinbaren Wohlgeordnetheit einer neuen, jedoch vereinfachten und verfälschten Realität. Sie sind nach CLARK in besonderem Maß gefährdet. Die zweite, kleinere Hälfte sind normale, gesunde junge Leute, die sich häufig in der Unsicherheit des ersten selbständigen Lebensabschnitts einem *cult* anschließen. Damit bei diesen Jugendlichen die zu beobachtende »vollständige Unterwerfung des Denkens und der ganzen Person« eintritt, müßten – meint der Psychiater – eine ganze Folge von Methoden der Einwirkung und verschiedene Phasen der »Bewußtseinsveränderung« (*thought reform*) ablaufen. Er bemüht sich, sie in seinem Gutachten zu beschreiben.
Einem ersten, durch Gruppenzwang und ständige Beanspruchung erreichten Zustand verminderter Aufmerksamkeit und erhöhter Labilität folge die eigentliche »Bekehrung« (*conversion*). »Alle ›cults‹ erhöhen in dieser Zeit ihren ideologischen Druck durch verstärkten Gruppenzwang, Änderung der Ernährung und durch die Einflößung von Schuldgefühlen und großen Ängsten. Die Vorstellung einer übernatürlichen Bedrängnis wird immer deutlicher und konkreter zum Ausdruck gebracht. Vor diesem Hintergrund wird immer wieder Erlösung und Sicherheit versprochen ... Die Überwachung ist total. Tagelang, unter Umständen wochenlang wird dem einzelnen keine Privatsphäre mehr zuerkannt ...« Durch diese »Indoktrination« würden allmählich die Familie und die bisherigen Lebensumstände immer weiter zurückgedrängt, bis es zu einer völligen Substituierung der alten durch eine neue stereotype Wirklichkeit komme: Die Gruppe wird zur neuen Familie, die Führer des *cult* sind die neue Elternschaft, der Jugendliche hat das Gefühl, die Brücken in die Vergangenheit seien völlig abgebrochen, er lebt in einem ganz neuen Bezugs- und Wertgefüge. CLARK meint, daß nach etwa vier bis sieben Jahren eine letzte Stufe erreicht sei, die er »Akkulturation« nennt und bei der die neue Bewußtseinsform irreversibel sei.
Der Psychiater hält allerdings viel von *Deprogramming*-Methoden. Der Gemütszustand von *cult*-Mitgliedern könne dadurch »drastisch verändert« werden. Wenn auch aus rechtlichen Gründen nicht zu empfehlen, bewirke das *Deprogramming* »vielfach eine rasche Wiederherstellung zur ursprünglichen geistigen Verfassung«. Eine »Repersonalisierung« erfolge; »das bedeutet Wiederkehr der alten Sprach- und Erinne-

rungsfähigkeit, der ursprünglichen persönlichen Beziehungsmuster – und natürlich auch der alten Probleme«.

Das Untersuchungsergebnis CLARKS läßt wenig Hoffnung. Im Zusammenhang mit dem katastrophalen Massenselbstmord der JIM-JONES-Anhänger wurde es auch in der deutschen Presse herangezogen, um begreiflich zu machen, wie Menschen so total von einem Führer und seinem Willen abhängig gemacht werden könnten. Immer natürlich mit der Frage im Hintergrund, ob nicht, da doch ähnliche Indoktrinierungsmethoden auch hierzulande bei den »Jugendsekten« angewandt würden, eine ähnliche Katastrophe auch in der Bundesrepublik möglich sei.

Nun ist jedoch den Aussagen CLARKS gegenüber einige Distanz geboten. Nicht daß ihnen die wissenschaftliche Qualifikation fehlte. Aber man muß immer wieder auf die unterschiedliche Situation in den Vereinigten Staaten und in Europa hinweisen. Man rechnet dort zum Beispiel auch so extreme Gruppen wie die MANSON-*Family* zu den *cults.* Von der verschiedenartigen Einstellung zur religiösen Gruppenbildung war bereits die Rede. Vor allem jedoch ist in den USA seit der harten Konfrontation in der ersten Zeit der *cults*, aus der auch CLARKS Untersuchungen stammten, die Entwicklung und mit ihr die wissenschaftliche Forschung und Meinungsbildung weitergegangen.

Im Mai 1978 fand in den USA ein religionspsychologischer Kongreß statt, auf dem die Probleme der *cults* lebhaft diskutiert wurden. Man sieht die Dinge inzwischen differenzierter und kommt zu einer positiveren Gesamtbeurteilung. Die gegenwärtige Meinung kann etwa so zusammengefaßt werden: Zweifellos gibt es bestimmte psychologische Mechanismen, die beim Eintritt Jugendlicher in eine der neuen Gruppen ablaufen. Aber es wäre verkehrt, wollte man von *Gehirnwäsche* oder ähnlichem reden. Es gibt allem Anschein nach auch viel weniger an bewußt eingesetzten Methoden und Strategien der Beeinflussung. Hinter den seelisch-geistigen Veränderungsprozessen steht in der Regel eine lebendige Erfahrung und innere Entwicklung. Deshalb wird auch das gewaltsame *Deprogramming* immer allgemeiner abgelehnt. Die Lage entschärft sich also allmählich, und damit wachsen auch die Chancen einer Wiedereingliederung ehemaliger *cult*-Mitglieder ins »normale« Leben.

Ausdruck dieser veränderten Situation ist ein bedeutendes interdisziplinäres Forschungsprojekt über *New Religious Movements* (neue religiöse Bewegungen), das seit Mitte 1977 in

Berkeley in Kalifornien läuft. Dort ist unter Leitung von Professor JACOB NEEDLEMAN, einem seit langem ausgewiesenen Sachkenner, und finanziert von der *Rockefeller Foundation* ein Team von Psychologen, Soziologen, Anthropologen und Religionswissenschaftlern dabei, die neuen religiösen Bewegungen auf ihre sozialpsychologische, gesellschaftliche und weltanschauliche Relevanz hin zu untersuchen. Es ist offenkundig, daß der Integrationsprozeß der *cults* in die religiöse und gesellschaftliche Landschaft der USA bereits im Gange ist. Bei der *Vereinigungskirche* ist er offenbar schon am weitesten fortgeschritten.

Auch in Deutschland gab es in der Mitte der siebziger Jahre eine ganze Reihe von teils geglückten, teils mißglückten Versuchen gewaltsamer »Befreiungsaktionen«, vor allem im Umkreis der *Vereinigungskirche.* Einer der Beteiligten war KURT OESTERLE, damals Schulpfarrer in Mainz. Er hat seine Erfahrungen in einem Bericht zusammengefaßt, an dessen Ende er das folgende Fazit zieht:

»Es ist sehr verständlich, wenn Eltern unter allen Umständen versuchen wollen, ihr Kind der Vereinigungskirche zu entreißen. Aktionen jedoch um jeden Preis sind nutzlos und zerstören mehr als sie bringen. Man sollte darum, bevor Aktionen geplant werden, sich mit Leuten absprechen, die mit Herausführungen Erfahrung haben.

Bei einer Aktion sind drei Phasen zu beachten:

1. Die eigentliche Phase des Herausholens. Dies kann bei Minderjährigen geschehen über einen Gerichtsvollzieherbeschluß, bei Volljährigen über Kidnapping o. ä. Manche Eltern werden auch versuchen, ihr Kind bei einem Besuch zu Hause festzuhalten.

Diese Phase ist in aller Regel sehr unschön. Es gibt fast immer Härten, oft wird die Würde des Menschen verletzt. Man darf dies nur in Kauf nehmen, wenn entsprechende Bedingungen für die zweite und dritte Phase gegeben sind. Anders sind solche Gewaltaktionen nicht zu verantworten.

2. Für die zweite Phase ist die Umwelt wichtig, in der die Gespräche stattfinden. Nervenkliniken, Kellerräume sind nicht geeignet, einen Menschen von seinem falschen Weg zu überzeugen. Wichtig ist, daß jetzt geeignete Gesprächspartner zugegen sind. Die Eltern sind in der Regel sowohl fachlich als auch psychisch überfordert. Sie werden kaum ein aggressionsfreies Gespräch führen können. Ist ein qualifizierter Gesprächspartner nicht aufzutreiben, ist es besser, die Aktion gar nicht zu starten.

3. Gelingt es, das Sektenkind von einem Zurückgehen in die Sekte abzuhalten, dann beginnt die Nacharbeit, die normalerweise Mo-

nate dauern wird. Es ist nicht möglich, dem Jugendlichen zuzumuten, sein Leben dort wieder neu zu beginnen, wo es vor dem Eintritt endete. Ist er an der Bewältigung von Lebensproblemen gescheitert, braucht er nun Hilfe zu deren Lösung. Da man ihm alles weggenommen hat, was ihm noch wenige Tage vorher Lebensinhalt war, wird man ihm einen neuen Sinn anzubieten haben. Alternativen müssen sichtbar werden. Der Verweis auf den Konsum von Waren, ›schau, was du dir alles leisten kannst‹, reicht sicher nicht aus. Haben die Eltern überzeugende Alternativen?
Wenn nicht schon in der Vorbereitung sinnvolle Lebensmöglichkeiten sichtbar werden, ist eine Herausholung nicht zu verantworten. Die Fälle, daß ein Kind zwar heraus ist, man ihm aber lieber wünschte, wieder drin zu sein, häufen sich und sollten für Eltern eine Warnung sein, nicht überstürzt zu handeln.
Ganz anders ist die Lage bei Jugendlichen, die erste Kontakte zur Vereinigungskirche haben oder sich ernsthaft überlegen, ihr beizutreten. Hier haben bisher alle Gespräche Erfolg gehabt, und zwar dauerhaft. Bei vielen Familien hätte es nicht zu den Tragödien kommen müssen, wenn die Eltern frühzeitig informiert gewesen wären.«[11]

Mit diesem Bericht sollte das Kapitel gewaltsamer Befreiungs- und *Deprogramming*-Aktionen eigentlich abgeschlossen sein. Viel wichtiger ist ein anderer Versuch zur Rehabilitierung Geschädigter: die *Wohngemeinschaft*, die INGE MAMAY in Altenberg bei Köln für ehemalige Mitglieder von Jugendreligionen aufgebaut hat.[12]
INGE MAMAY war selber vierzehn Tage lang Mitglied der *Kinder Gottes* in Rom gewesen. Die Zeit danach war schlimm für sie: »Immer wieder bekam ich schwere Schuldgefühle und hatte oft Selbstmordgedanken. Es war ein Martyrium der Seele.« Zwar schaffen nach ihrer Beobachtung immer mehr Jugendliche den Absprung, doch sind sie oft so angeschlagen, daß sie den Weg ins Schul- und Berufsleben nicht mehr finden. In nicht wenigen Fällen gehen sie dann wieder zu ihrer Gruppe zurück, weil sie dort eine gewisse Geborgenheit spüren. INGE MAMAY fand unter »enormen Schwierigkeiten« wieder ins gesellschaftliche Leben. Sie studiert heute. Ihre Erfahrung wollte sie jedoch »nicht umsonst gemacht haben«. Gemeinsam mit dem katholischen Rektor der Bildungsstätte *Haus Altenberg* bei Köln gründete sie in Altenberg eine *christliche Wohngemeinschaft*, in der heute ausnahmslos Jugendliche mit einschlägigen Erfahrungen zusammenwohnen.
»Wir wollen Christsein praktisch leben«, umschreibt INGE MA-

MAY das Ziel der Wohngemeinschaft. Sie orientiert sich dabei an der *Bruderschaft* von *Taizé*. Die Jugendlichen, von denen die meisten wieder ihrem Beruf oder Studium nachgehen, haben täglich feste Gebetszeiten und Bibelstunden. Kritiker werfen der Altenberger Gruppe vor, sie kapsle sich zu sehr ab. Doch INGE MAMAY argumentiert dagegen: »Fast alle Jugendlichen, die bei uns waren, haben ihre Ausbildung fortgesetzt oder einen Beruf ergriffen. Die meisten sind sozial gesehen eine Stufe hochgefallen.«

Die Altenberger Kommune ist bisher der einzige Versuch dieser Art in der Bundesrepublik. Doch sind solche Rehabilitierungszentren von größter Wichtigkeit. Das Altenberger Modell verbindet die beiden entscheidenden Voraussetzungen für ein Gelingen der Rehabilitierung: erstens eine Gruppe, die den aus einer Jugendreligion Kommenden in eine feste und tragfähige Gemeinschaft aufnehmen kann, und zweitens eine profilierte religiöse Ausrichtung.

In Aarhus in Dänemark gibt es einen ähnlichen Ansatz. *Den aabne Familie* (die offene Familie) errichtet nach und nach unter der Leitung eines Theologieprofessors eine kleine Siedlung, in die ehemalige Mitglieder hauptsächlich von Meditationsbewegungen aufgenommen werden, um ihnen eine Wiedereingliederung ins normale Leben zu ermöglichen. Sie wohnen und leben im Kreis einiger bewußt christlicher Familien, hauptsächlich von Universitätsangehörigen. Auch hier also die Kombination von fester Gemeinschaft und klarer religiöser Orientierung.

Die Forderung nach einer religiösen *Release*-Arbeit analog der Arbeit in der Drogenszene wird immer dringlicher. In den meisten Fällen sind die Familien überfordert, die notwendige Hilfe zu bieten. Die »Zeit danach« kann lange dauern und schwer sein. Häufig ist eine psychotherapeutische Behandlung nötig. Nach allen Erfahrungen ist aber der entscheidende Punkt das Angebot einer Gruppengemeinschaft, die Geborgenheit, Halt und Zuwendung bietet. In erster Linie sind wohl die christlichen Kirchen herausgefordert, solche Möglichkeiten anzubieten. Sie sollten dabei alle finanzielle und politische Unterstützung durch kommunale und staatliche Stellen erhalten.

Die Kritik an den neuen religiösen Bewegungen bleibt unglaubwürdig, solange noch nicht einmal die entsprechenden Voraussetzungen für eine gesellschaftliche Wiedereingliederung bereitgestellt werden.

In verschiedenen Wellen ist die Öffentlichkeit durch Presse, Rundfunk und Fernsehen über die religiösen Jugendgruppen und -bewegungen informiert und aufgeklärt worden. Die vorläufig letzte dieser Wellen wurde im Juli 1978 durch die Pressekonferenz und anschließende Aktionen des *Bundesministeriums für Jugend, Familie und Gesundheit* ausgelöst. Sie erreichte einen neuen Höhepunkt, nachdem am 18. November 1978 in »Jonestown« in Guayana der Sektenführer JIM JONES seine Gefolgschaft in den Massenselbstmord getrieben hatte. Die Massenmedien schoben der aktuellen Berichterstattung neue Folgen über »Jugendsekten« nach. So begannen beispielsweise *stern* und *Bunte* gleichzeitig am 7. Dezember 1978 mit großangelegten Serien: »Sekten – die geheimen Verführer unserer Jugend.«

Es gibt in der Berichterstattung und bei der Analyse der Problematik jugendlicher Religiosität und religiöser Außenseitergruppen Beispiele hervorragender journalistischer Arbeit. Vor allem im Zusammenhang mit der Tragödie in Guayana konnte der Leser einige Beispiele von hohem Rang finden, die den geistigen und gesellschaftlichen Hintergründen des Ereignisses nachgehen: Was vordergründig nur makaber und irrational erscheint und zumeist auch so dargestellt wurde, betrifft uns alle in einem tieferen Sinn unmittelbar. Betroffenheit schlägt um in notwendige Selbstkritik.[13] Doch das sind Ausnahmen. Ansonsten ist die Art, wie diese sicher nicht einfache Materie dem Publikum präsentiert wird, ein ziemlich trauriges Kapitel für die interessenorientierte Berichterstattung der Medien. Sie nützt vorhandene Vorurteile aus und zementiert sie dadurch, statt sie aufzubrechen. Denn sie muß marktgerecht und d. h. leserkonform sein.

Das schließt keineswegs eine aufklärende Funktion aus, die die Publizistik erfüllt. Im direkten Sinn: Vieles an Kenntnis über die Interna und Hintergründe der religiösen Gruppen verdanken wir journalistischem Spürsinn. Und auf die Öffentlichkeit bezogen: Die Bevölkerung weiß jetzt Bescheid über die »Jugendsekten« und ihre Gefährlichkeit!

Doch gerade da sitzen auch die Gefahren für die Öffentlichkeit. Die Gruppierungen der neuen Religiosität sind inzwischen so pauschal in die Ecke des Abseitigen und Kriminellen gerückt worden, daß nicht nur sie selbst sich mit einigem Recht als Opfer einer allgemeinen Hexenjagd vorkommen, sondern daß tatsächlich der Eindruck entstehen muß, hier werde ein Strohmann aufgebaut. Die These hat einiges für sich, daß die »Jugendreligionen« in einer breiten Öffentlichkeit wieder einmal als Sündenbock herhalten müssen, den man, mit den eigenen Sünden und Versäumnissen beladen, in die Wüste schickt. Die Lage der Jugend wird zusehends schlimmer. Die wirtschaftlichen, gesellschaftlichen und geistigen Ursachen dafür liegen in einer Gesamtentwicklung, die alle mit zu verantworten haben, von der aber in erster Linie die Erwachsenen profitieren. Davon war bereits im vorigen Kapitel die Rede. Daß es verantwortungslose Leute gibt, die die Schwäche der Jugend geschickt auszunützen verstehen, schafft nicht die Tatsache aus der Welt, daß die Erwachsenen in ihrer Mehrheit an dieser Schwäche nicht unschuldig sind und bisher wenig getan haben, um sie zu heilen. Die überscharfe Reaktion gegen sogenannte Jugendsekten ist also ein Stück weit Verdrängung der eigenen Verantwortung. Die Konsequenz aus dieser Einsicht kann nur die bereits genannte sein: Betroffenheit, die umschlägt in nötige Selbstkritik.

Das eben Gesagte gilt nicht zuletzt für die christlichen Kirchen. Sie haben sich an der öffentlichen Auseinandersetzung mit den neuen religiösen Gruppierungen maßgeblich und nach Kräften beteiligt. Das sei ihre religiöse und moralische Aufgabe. Denn es gehe um die religiöse Wahrhaftigkeit und um die Gefährdung von jungen Menschen. So sagen sie selbst. Das sei letztlich nur der Kampf der Großinstitution um ihre Macht und ihr Monopol, also Konkurrenzangst. So wird ihnen immer vernehmlicher entgegengehalten.

In einer scharfen Polemik hat der Berliner Publizist Reimar Lenz diese Kritik geäußert.[14] Sein Ansatz: Kritik an den »Jugendsekten« ist zwar geboten – er selbst übt sie vom Standpunkt einer meditativ vertieften, gesellschaftskritisch orientierten neuen Religiosität aus kräftig –, aber die Kirchen sind dazu am wenigsten berufen. Sind sie doch selbst »in gewisser Weise« nichts anderes als »mächtig, ja übermächtig gewordene Sekten«. »So ist die Kirchenkritik an ›Jugendreligionen‹ in doppeltem Kontext zu lesen: Einmal handelt es sich um berechtigte Sorge etablierter Vernunft wegen sektiererischer Auswüchse und Jugendschutz. Zum anderen handelt es sich um geistig-organisatorische Konkurrenz, deren tiefstes, offenbares und unausgesprochenes Geheimnis die Verwandtschaft der Konkurrierenden ist.« Die Folge sei, daß mit zweierlei Maß gemessen wird. Die Kirchen polemisierten bei den anderen gegen Erscheinungen, die sie – wollten sie nur in den Spiegel der eigenen Praxis und Vergangenheit blicken – bei sich selbst genau so entdecken müßten. »Solange sich die christliche Theologie in Deutschland nicht die Freiheit zur Selbstkritik, zur Kritik der volkskirchlichen Ansprüche und zur wirklichen Begegnung nimmt mit dem, was jetzt noch bezeichnenderweise ›nichtchristliche‹ Religionen heißt (und was mancher am liebsten aufs Format von ›Jugendreligionen‹ reduziert sähe), wird noch dem berechtigten christlichen Kampf gegen Sektenauswüchse notwendig ein Beigeschmack von Ketzerverfolgung anhaften, wird sich freilich auch Widerstand formieren gegen theologische Arroganz, wird der Ruf nach zukunftsträchtigen spirituellen Bewegungen, anderen, sinnvollen Jugendreligionen lauter werden.«

Das ist hart. Doch die Kirchen und Theologen tun gut daran, sich der Berechtigung dieser Kritik nicht zu verschließen. Sie sind an manchen Stellen übers Ziel hinausgeschossen, und die Motivation für ihren Eifer dürfte manchmal nicht allzu weit von dem durch Reimar Lenz entlarvten »Geheimnis« sein. Es gibt dann allerdings von seiten der Kirchen auch einiges zurückzufragen. Beispielsweise ist die Charakterisierung der Kirchen als »übermächtig gewordene Sekten« ebenfalls eine unhistorische Simplifizierung, die sich ein so kluger Autor eigentlich nicht hätte leisten dürfen. Darum geht es aber hier nicht.

Vielleicht läßt sich eine angemessene Linie in der Auseinandersetzung der Kirchen mit den neuen religiösen Bewegungen mit dem folgenden Ausschnitt aus einem umfangreicheren Text zur Sache anvisieren. Er ist in der *Evangelischen Zentralstelle für Weltanschauungsfragen*, einem einschlägigen Institut der *Evangelischen Kirche in Deutschland*, erarbeitet worden:

»Im Blick auf die Kirchen nötigt das von Dr. Meinecke, einem sich in dieser Sache sehr engagierenden Bundestagsabgeordneten, geäußerte Votum zum Nachdenken: ›Die Kirchen sind sicherlich in einer befangenen und deshalb schwierigen Situation, da auch für sie die Erhaltung und die Verteidigung der religiösen Freiheit und der freien Religionsausübung Vorrang haben muß und sie deshalb nicht blindlings und konzeptionslos den vermeintlich religiösen Gruppierungen begegnen dürfen, so, als stünde die Konkurrenz ins Haus. Die beiden großen Kirchen müssen über ein neues christlich-engagiertes Angebot an die Jugend nachdenken, wollen sie nicht länger als ›etabliert‹ gelten (Sozialdemokratischer Pressedienst 29. Jahrgang/Nr. 135).

In anderen Ländern außerhalb der Bundesrepublik besteht zum Teil eine lange und intensive Erfahrung in der freien Auseinandersetzung auf dem Feld religiöser Gruppierungen.

Bei uns ist diese Auseinandersetzung geprägt durch das starke Gewicht der aus dem Staatskirchentum hervorgegangenen Großkirchen. Diese Tradition darf und kann man nicht einfach geschichtslos überspringen. Gerade deshalb aber wird man im Hinblick auf die religiösen Randgruppen wach sein müssen, daß sich nicht in unserem Land ein Klima entwickelt, in dem alles verdächtigt und womöglich unterdrückt wird, was nicht zu den herkömmlichen Glaubensformen im Rahmen der etablierten Religionsgemeinschaften paßt.
Unter diesen Voraussetzungen und Erkenntnissen ist die vom Bundesministerium für Jugend, Familie und Gesundheit geforderte ›offensive geistige Auseinandersetzung‹ auch von den Kirchen zu führen. Dies kann im Blick auf die ›Jugendreligionen‹ nicht geschehen, ohne die Perversion der Religionsfreiheit im Auge zu haben, wie sie dort oft in massivem Maße festzustellen ist und junge Menschen in die Entmündigung, statt in die Freiheit der Entscheidung führt – ganz abgesehen von ihrer finanziellen Ausnutzung. Dies kann freilich auch nicht geschehen, ohne die selbstkritische Rückfrage zu stellen, warum die jeweils so verschiedenen einzelnen ›Jugendreligionen‹ gemeinsam auf junge Menschen eine solche Anziehungskraft auszuüben vermögen.
Mit einer solchen ›offensiven geistigen Auseinandersetzung‹ nimmt die Kirche zugleich eine seelsorgerliche Verantwortung gegenüber den Jugendlichen und ihren Familien wahr. Dazu gehört ebenso, daß jede Bemühung mit Nachdruck unterstützt wird, junge Menschen mit allen vorhandenen Möglichkeiten vor der Beraubung ihrer inneren und äußeren Freiheit zu schützen, wie auch, daß unermüdlich der Frage nachgegangen wird, wo die tieferen Ursachen des Aufkommens der ›Jugendreligionen‹ zu suchen sind.«[15]

Im übrigen zeigt die in diesem Text zitierte Äußerung des Bundestagsabgeordneten Rolf Meinecke (SPD), Vorsitzender des Bildungsausschusses des Bundestages, daß sich nicht nur die Bundesregierung, sondern auch die politische Legislative mit dem Fragenkreis der Jugendreligionen zu befassen beginnt. Kern der Überlegungen ist dabei, ob die bisherigen rechtlichen Bestimmungen ausreichen, um einerseits das Recht auf Religionsfreiheit zu garantieren und andererseits den Mißbrauch dieses Rechts so weit wie möglich auszuschließen.
Schon in seiner Presseerklärung vom 10. Juli 1978 hatte das Bundesfamilienministerium festgestellt: »Das Leben in den Sekten entzieht sich weitgehend rechtlicher Beurteilung. Strafrechtliche Tatbestände sind nur schwer nachweisbar.« Gerade weil das so sei, meint Rolf Meinecke im Pressedienst seiner

Partei[16], »müssen dann eben Parlament, Regierung und Jurisprudenz gemeinsam prüfen, ob neue juristische Instrumente geschaffen werden müssen bzw. ob nicht bestehende gesetzliche Instrumente besser als bisher dem Wesen, dort wo es ›Unwesen‹ ist und wird, entgegengesetzt werden können«. Er weist etwa auf die Versicherungspflicht für Mitglieder der Jugendreligionen, auf die Gewerbeordnung, auf die Kriterien für die Anerkennung der »Gemeinnützigkeit« usw. hin. In einem Schreiben an die Kultusminister, forderte MEINECKE, die Schulen sollten über Sekten und »Jugendreligionen« aufklären und auf diese Weise vorbeugende Hilfe leisten.[17] Inzwischen hat die Kultusministerkonferenz eine Studie über die neuen religiösen Bewegungen in Auftrag gegeben.
Ein weiterer Vorschlag, im Zusammenhang mit dem Drama in Guayana von dem Bundestagsabgeordneten MANFRED SCHMIDT empfohlen: Die Bundesregierung solle in regelmäßigen Abständen einen »Sektenbericht« vorlegen. Der jugendpolitische Sprecher der CDU/CSU im Bundestag schließlich, HERMANN KROLL-SCHLÜTER, fordert: »Alle Parteien sollten den Mut haben, mit einer weitgehenden Generalklausel im Jugendschutzgesetz der angesprochenen Gefährdung entgegenzuwirken.«[18]
Alle diese praktischen Ansätze sind nötig. Aber wenn man die aufklärende Information, die Beratungstätigkeit, die Versuche zur Rehabilitierung und die möglichen Initiativen in der Öffentlichkeit überblickt, werden die Grenzen mehr als deutlich. All das stößt nicht bis zum Kern vor. Der amerikanische Psychologe DICK ANTHONY, Mitarbeiter in dem erwähnten Forschungsprojekt in Berkeley, schreibt im *News Letter* des Forscherteams (Oktober 1978), die neuen religiösen Bewegungen hätten sich als die stabilste unter den neuen Erscheinungen aus den sechziger Jahren erwiesen. Das sei so, weil sie zu einem in sich zusammenbrechenden gesellschaftlich-geistigen Wertgefüge Alternativen angeboten hätten; und zwar Alternativen auf der fundamentalsten, nämlich der religiösen Ebene. Er hat recht.

Religion im Protest
Der gesellschaftliche Horizont der jugendlichen Religiosität

Eine Abiturientin schreibt, Anfang 1978, in einem Aufsatz: »In den sechziger Jahren stellten sich die Jugendlichen die Frage: Was mache ich mit meinem Leben? Heutzutage fragen die jungen Leute nicht mehr danach, heute fragen sie, ob es sich überhaupt zu leben lohnt, ob das Leben Sinn hat.«[1] Die Radikalisierung der Frage ist offenbar Folge einer Radikalisierung der erfahrenen Lebenssituation.

Gerhard Mauz, Jurist und Publizist, stellt zu dem Massenselbstmord der *Volkstempel*-Sekte im Urwald von Guyana fest: »Der Rattenfänger muß heute keine eigene, lockende Melodie mehr spielen, damit man ihm in den Berg folgt. Er sammelt nur die Ängste ein, die versammelt und ausgerichtet werden wollen, und setzt sich an ihre Spitze. Er bestimmt nicht einmal die Richtung des Marsches, denn die ist von den Ängsten vorgegeben. Wer ihm allein die Verantwortung zuschreibt, wer ihm unterstellt, er allein habe entschieden – der weigert sich, den katastrophalen Zustand der Menschen zu sehen, die sich nur noch einen Verführer, genauer aber eben: einen Anführer, einen Sammler und Bündler für ihre Ängste schaffen können.«[2]

Jugendkrise – ein Zeichen der Hoffnung heißt der Untertitel eines Buches, in dem die folgenden Sätze stehen: »Vielleicht hat die Sensibilisierung des Menschen für den Menschen, die Sensitivität für Kommunikation überhaupt, erst die Erlebnisfähigkeit für eine bestimmte Dimension des Religiösen geschärft; das Ergriffensein in Kommunikation. Menschen erfahren im Miteinander und wechselseitig, wie Sinnvertrauen wächst, das, was über alles verhinderte oder verbrauchte Urvertrauen hinaus auf Dauer allein den Menschen in der Tiefe tragen kann. Ein religiöses Moment ist nicht zu überhören, wenn z. B. ein fünfzehnjähriges Mädchen, das aus einem isolierenden Elternhaus in eine Wohngemeinschaft mit bewußt kommunikativen und sozialen Interessen gezogen war, betroffen und ergriffen erzählt: ›Ich versteh' das nicht, jetzt ist alles anders – ich fand das Leben vorher so sinnlos, ich hab' nur getrunken und gehascht, um alles zu vergessen, alles war mir egal. Jetzt auf

einmal ist es gar nicht mehr sinnlos, alles macht so viel Spaß, lesen und arbeiten oder morgens, wenn die Sonne aufgeht, durch den Wald gehen ... das ist unheimlich toll...‹ «[3]
In diesen drei Zitaten ist die Quintessenz dessen komprimiert, was man heute über die neue Religiosität sagen kann. Gesellschaftliche Entwicklungen und individuelle Erfahrung, angstbereite Gefährdung durch übermächtige Kollektivismen und neues Sinnvertrauen in gelingender Gemeinschaft liegen eng ineinander. Jedenfalls ist die gesellschaftliche Verwurzelung der jugendlichen Religiosität offenkundig. Damit stellt sich die Frage nach ihrer Beurteilung noch einmal neu im Horizont der sehr viel weiteren Frage, welchen Stellenwert Religion heute im Gesamtgefüge der westlichen Industriegesellschaften überhaupt haben kann.

Ein Traum für morgen

Man redet seit einiger Zeit von einem *neuen Irrationalismus* und verweist dabei auf vielerlei Symptome. Einige davon signalisiert das Ergebnis einer Meinungsumfrage des Düsseldorfer *Ires-Instituts* über Lebensgewohnheiten und Meinungen der westdeutschen Bevölkerung: »Der Bundesbürger ist konservativer, religiöser, abergläubischer, kinder- und ausländerfeindlicher als noch vor einigen Jahren.« In einem Leitartikel der *Stuttgarter Zeitung* vom 22.7.1978 heißt es: »Die Gesellschaft befindet sich massenhaft auf dem Marsch in die vier Wände ... Anzeichen dafür sind nicht zu übersehen. Die Hersteller von Möbeln und Gartengeräten haben Hochkonjunktur. Es sind zwar nicht mehr Plüsch und Häkeldeckchen, welche die Rückbesinnung auf kleinbürgerliche Wohnkultur bestimmen, sondern Kiefernholz und Segeltuch ... Mundarten kommen wieder in Mode, jene Sprachebene, deren Pflege schon immer eine Flucht des Gemüts ins scheinbar Geordnete, Überschaubare anzeigte, sei es im Kaiserreich oder in der Weimarer Epoche ... Politischer Mißmut und bürgerliche Müdigkeit bestimmen wie in der Zeit der Karlsbader Beschlüsse die Gemütslage einer Generation, welcher der Stachel der Skepsis gegenüber dem technischen und zivilisatorischen Fortschritt tief in der Seele sitzt.« Und – so müßte man ergänzen – gegenüber der Kraft der Rationalität, die zur lähmenden Bürokratie ausgewuchert ist. Nimmt man schließlich die aus allen Ritzen quellenden Zeichen einer neuen Anfälligkeit für faschistisches Gedankengut hinzu, dann ist das Bündel des »neuen Irrationalismus« beieinander.

Ist das wiedererwachende religiöse Interesse also eine Funktion der gesamtgesellschaftlichen Kehre, die man mit dem Etikett *Tendenzwende* versehen hat? »Mehr Demokratie wagen« war die innen- und gesellschaftspolitische Parole, die WILLY BRANDT 1969 der Bundesrepublik aufgegeben hatte. *Tendenzwende* ist ja nur eine andere Vokabel für das Scheitern der aufklärerischen Reformkonzeption, die mit dieser Parole intendiert war. Die religiöse Welle wäre also eines unter mancherlei Symptomen der Verweigerung, Ausdruck eines antidemokratischen, antirationalen, antiemanzipatorischen Gegenschlags. Vieles spricht dafür. So ist es denn auch ein beliebtes Deutungsschema, den Trend der Jugend zu Gurus und neuen Propheten, zu meditativen Bewegungen und in religiöse Gruppen als Resignation zu erklären: Nach dem Scheitern des gesellschaftlichen Engagements folgt der Rückzug ins private Abseits religiöser Seelenpflege. Doch dieses Schema ist zu oberflächlich. Es ist von einer aufgeklärten Fortschrittsidee diktiert, für die sich die geistige und gesellschaftliche Entwicklung, aufs Ganze gesehen, nach wie vor als unaufhaltsamer Weg aus den Hinterwelten der »selbstverschuldeten Unmündigkeit«, deren eine die religiöse ist, ins Licht autonomer und partizipatorischer Rationalität darstellt. In Wirklichkeit liegen die Dinge jedoch komplizierter.

Das wird schon daran sichtbar, daß die politische und die religiöse Revolte der Jugend in den sechziger Jahren denselben Ursprung hatten. Die Gleichsinnigkeit des Anfangs setzt sich in einer vielfach analog verlaufenden Entwicklung fort. Es ist nützlich, sich diese Zusammenhänge noch einmal ins Gedächtnis zu rufen.

Der Ursprung der »neuen Religiosität« läßt sich ziemlich genau lokalisieren: bei jenen *Hippies*, die im Namen der Liebe – *make love, not war* – ihren Protest gegen die Gewalttätigkeit der bestehenden Gesellschaftsordnung begannen. Ausgelöst durch die Krise des Vietnamkriegs, in der das Selbstvertrauen und Sendungsbewußtsein der amerikanischen Jugend erschüttert wurde, brach die Revolte gegen eine Welt los, die nach allen Katastrophen immer noch nicht bereit war, auf Machtpolitik, Waffengewalt und Ausbeutung zu verzichten. Es war zugleich die Revolte gegen eine Zivilisationsdynamik, die immer mehr in eine unkontrollierbare Expansion hineintrieb und den Menschen mit sich riß. Der Aufstand der Studenten in *Berkeley* in Kalifornien mit seiner weltweiten Signalwirkung entzündete

sich an dem plötzlich erwachten Bewußtsein, in dieser Massenuniversität nur noch eine im Computer gespeicherte, austauschbare Nummer zu sein.
Deshalb ging es der *Hippie-Bewegung* zunächst um Freiräume, in denen alternative Lebensstile und Bewußtseinsmodelle erprobt werden konnten. Sie war erstens geprägt von einem Zug ins Ursprüngliche, Elementare. Man wollte das Experiment »Menschsein« noch einmal von seinen Anfängen her nachvollziehen. Die Verkrüppelungen und Perversionen der Zivilisation sollten übersprungen werden: Unverstellt und frei, eingefügt in die Gaben und Vorgegebenheiten des »Natürlichen«, sollte sich das Menschsein und menschliche Gemeinschaft entfalten können. Ein deutlich anarchistisches Element tritt darin hervor – nicht des gewalttätig zerstörerischen, sondern des die Zivilisation durchbrechenden, auf kreatürliche Erstlingschaft drängenden Anarchismus. Ein zweites Wesenselement war der religiöse Aspekt. Von Anfang an erwuchsen der jugendlichen Gegenkultur viele ihrer Kräfte und Intentionen aus einer Neuentdeckung religiösen Erlebens. Oft war sie initiiert durch die Droge. Die Begegnung mit den asiatischen Religionen und mit den Traditionen der Mystik und Esoterik öffnete die Welt innerer Erfahrung. Eine Spiritualität bildete sich heraus, die allen Dogmatismen und Institutionen feind war, der es um Vertiefung und Erneuerung des Bewußtseins, um die innere Einheit in der Fülle religiöser Gestaltungen, um Sensibilität und Zärtlichkeit, um Solidarität mit allem Lebendigen ging.
All das war angesichts der faktisch bestehenden Macht- und Gesellschaftsstrukturen von einer ohnmächtigen Naivität, war von vornherein zum Scheitern verurteilt. Wie denn in der folgenden Drogenwelle, als die Gegenwelt des neuen Bewußtseins im schnell konsumierten LSD-Trip erschlossen werden sollte, die kommerziell-ausbeuterische Welt, aus der man ausgezogen war, die Rebellen schnell wieder unter ihre mörderischen Gesetze zurückbrachte. Doch der Traum ist geblieben, die »kurze Vision vom meditativen, zärtlichen, solidarischen, bedürfnislosen und kreativen Leben«. Sie hat ihre innovatorischen Impulse ins geistige, kulturelle und religiöse Leben eingebracht, nicht nur in die jugendliche Subkultur der kommenden Jahre, sondern durch deren Ausstrahlung, wenn auch arg verwässert und kommerzialisiert, in den allgemeinen Lebensstil. Wir alle würden heute anders leben, hätte es jene *Hippie*-Kulturrevolution nicht gegeben.
Eine analoge Entwicklung nahm das politische Gegenstück der jugendlichen Revolte. Entstanden aus denselben Erfahrungen

Abb. 15: »Die religiöse Revolte ist mehr.«
(Photo: EBA-Moses, Stuttgart)

einer menschenfeindlichen Gesellschaftsordnung, waren es weniger die Zielsetzungen, über die man verschiedener Meinung war, als der Weg, der dorthin führen sollte. Kontrovers war von Anfang an die Frage der gesellschaftlichen Praxis; in der Konsequenz: die Frage der Gewalt. Doch besteht wirklich ein so großer Unterschied zwischen der Parole des Drogenapostels TIMOTHY LEARY vom *»drop out«* und dem Aufruf HERBERT MARCUSES, des Vaters der *linken* Studentenrevolte, zur »großen Verweigerung«? In allen religiösen Entwürfen und Experimenten jener Zeit haben die politischen Ideen von Solidarität und Egalité ihren Platz. Und umgekehrt ist in den sozialrevolutionären Anläufen der »Politischen« mehr an religiösem Pathos und Zeremoniell enthalten, als sie wahrhaben wollten. Das Scheitern an der Übermacht des Bestehenden teilen sie sowieso miteinander.
Sowenig freilich der *Hippie*-Traum von der Alternativkultur ausgeträumt ist, so wenig ist es der »Apo«-Traum von sozialer Gerechtigkeit und Basisdemokratie. Beide leben sie weiter in doppelter Form: organisiert, aber erstarrt in den kleinen, harten Kernen der Dogmatiker und Autoritären; kreativ, aber gesellschaftlich ungreifbar bei vielen kleinen Grüppchen und Kommunen, in den Köpfen und Herzen einzelner junger Menschen, in viel größerer Zahl und Ausstrahlung jedenfalls, als es die organisierten Kader beiderseits ahnen lassen. In der linken Szene ist die doppelte Existenzweise des Traums der ersten Jahre längst etikettiert: die einen sind die *K*-Gruppen, die *Chaoten*, die anderen sind die *Spontis*. In der religiösen Szene haben erst die organisierten »Harten« ihren Namen: »Jugendreligionen« oder »Jugendsekten« nennt man sie neuerdings. Die religiösen »Spontis« von der Alternativszene, die freien Meditierer, die religiösen Kommunen, die *Taizé*-Pilger, die von der neuen Spiritualität Ergriffenen haben noch keinen Namen gefunden.

Moralisch-religiöser Protest gegen die Wirklichkeit

Auch diese schematische Parallelisierung ist natürlich eine Vereinfachung. Und zudem eine gefährliche. Denn sie verleitet zu verkehrten Kurzschlüssen. Muß man sich dann nicht aufs Schlimmste gefaßt machen? So fragt der durch den religiösen Katastrophenalarm aufgeschreckte Bürger. Die Studentenrevolte mündete in den Irrläufer des Terrorismus mit seiner bedrohlichen Sympathisantenperipherie. Endet der religiöse Aufbruch der Jugend ebenfalls in der zerstörerischen Radikalisierung? Ist, was heute bei den *Munies* oder den *Hare Krishna*-Mönchen geschieht, bereits der Anfang davon? Die Fixierung der Öffentlichkeit auf die negativen Extremerscheinungen innerhalb des Spektrums der jugendlichen Religiosität demonstriert, wie stark die Ängste in dieser Richtung bereits festgelegt sind.

Trotz solcher Bedenken ist der Vergleich mit der politischen Jugendrevolte nützlich. Er leistet zweierlei.

Erstens müßte die Entwicklung in der »linken« Szene jedermann klarmachen, wie sehr man sich den Sinn für die Realitäten und Proportionen verbaut, wenn man nur auf die Extremgruppen fixiert ist. Sie sind, das ist richtig, gefährlich und müssen abgewehrt werden. Sie sind jedoch vor allem deshalb gefährlich, weil sie eine allgemeine Atmosphäre der Unsicherheit, Angst und Repression erzeugen. Der Radikalenerlaß schien im Blick auf den politischen Extremismus ein brauchbares Steuerungsinstrument. Inzwischen mußte der Staat lernen, daß er mit diesem Instrument vor allem eines erreichte: das viel breitere, kritisch konstruktive Engagement der jüngeren Generation kaputtzumachen; die große Mehrheit zog sich, staats- und politikverdrossen, zurück, eine kleine Minderheit wurde den harten Kernen zugetrieben. Das darf sich im religiösen Bereich nicht wiederholen. Die ausführliche Darstellung religiöser Strömungen, Bewegungen und Gruppierungen in diesem Buch sollte zeigen, wie vielseitig und weit verbreitet der religiöse Aufbruch der Jugend ist. Die harten Kerne der *cults*, um den amerikanischen Begriff aufzunehmen, sind nicht das Ganze, sind nicht einmal das meiste: Es sind Extremerscheinungen, die nicht den Blick verstellen dürfen für die freie, kritisch offene, aber schwer faßbare religiöse Szene.

Noch einmal Reimar Lenz: »So hat also die Öffentlichkeit ihre ›Jugendreligionen‹, während die sektenfreie religiöse Subkultur unorganisiert und unscheinbar weiterlebt, etwas ängstlicher als früher, da man nun fürchten muß, mit ›Jugendreligionen‹ verwechselt zu werden. Das sind nun die Psycho- und Meditationsgruppen, die Landkommunen und Makrobiotiker, die Gebetszirkel und Taizé-Ableger, mal christlich, mal synkretistisch getönt, mal anarchistisch, mal indianisch-romantisch, immer ökologisch, meist ohne Dogma, sicher ohne Kirchensteuer oder Sektenfinanzierung. Das sind nun die Leute, die auf ihre eigenen Erfahrungen angewiesen sind, ihre eigenen Studien, die mal Trotzki lesen und mal Rudolf Steiner, mal das Neue Testament und mal das Tibetanische Totenbuch, das sind die Leute ohne Priestercorps und Pfarrerstand, ohne Gemeinderäume und Funkredaktionen, eben die Alternativen, die allein aus dem Glauben leben an eine andere Kultur, eine Religion von morgen.«[4] Es wäre schlimm für alle – Staat, Kirchen, Eltern und Öffentlichkeit –, würde sich die berechtigte Abwehr negativer religiöser Extremerscheinungen zu einer Atmosphäre der Angst und Aggression verdichten, in der dieser Glaube und seine kreativen Möglichkeiten ersticken müßten.

Zweitens ist der Hinweis auf die politische Szene deshalb nützlich, weil er noch einmal ein scharfes Schlaglicht auf den gemeinsamen geistigen Hintergrund der politischen und der religiösen Revolte wirft. Man erinnere sich an die Antwort des Sprechers von *Ananda Marga* auf die Frage, was es denn für Leute seien, die zu der Gruppe stoßen: »Viele Leute, die Ersatzdienst leisten, Krankenpfleger, Sozialarbeiter«; solche, die »bei linken Gruppen mitgearbeitet und damit sympathisiert« haben; bei denen aber »eine gewisse Enttäuschung« dagewesen sei, »das Gefühl, daß da noch mehr reingehört als nur die soziale Seite, daß die Gruppen meistens die persönliche Seite irgendwie vernachlässigen«. Die hier angesprochene Kombination zwischen sozialer (oder auch sozialistischer) und religiöser Motivation ist ein Muster, auf das man immer wieder stößt. In verschiedenen Variationen und Färbungen, aber in derselben Grundkonstellation kehrt es in der politischen ebenso wie in der religiösen Revolte regelmäßig wieder. In der ersten Generation der Terroristen beispielsweise, deren geistige Herkunft und Motive einige Untersuchungen inzwischen ziemlich genau erhellt haben, gibt es dafür signifikante Beispiele.

In ihrem Buch über die *Baader-Meinhof-Gruppe* weist die englische Autorin Jillian Becker nach, daß weder für Ulrike Meinhof noch für Gudrun Ensslin die marxistische Gesellschaftstheorie die Gründe für den Weg in den Terror lieferte, sondern erst später als ideologisches Gehäuse für Antriebe diente, die viel früher wirksam waren.[5] Beide Frauen entstammen Pfarrersfamilien, in denen eine besonders radikale Glaubenshaltung zu einer hohen Leidensbereitschaft, aber gleichzeitig zu einem elitären Außenseiterbewußtsein führte, das sich höchstens in kleinen und kleinsten Gruppen sozialisieren läßt, da eine so radikale Existenz notwendig in Konflikt mit den allgemein geltenden Normen gerät. Pfarrer Ensslin etwa wird als theologisch radikaler, elitärer Eskapist beschrieben, mit Wandervogelvergangenheit und zivilisationskritischer Grundhaltung. Für Gudrun Ensslin und Ulrike Meinhof habe sich

Politik letztlich auf moralischen Widerstand, prophetische Zeichensetzung, elitären Gemeinschaftsgeist und einen Hang für das Außergewöhnliche reduziert. Man könnte sie pointiert sogar als »linke Leute von rechts« kennzeichnen. Die moralisch-religiösen Motive waren ihr eigentlicher Antrieb. Sie schlugen angesichts der Widerständigkeit der gesellschaftlichen Realitäten ins Zerstörerische um. Zu einem ganz ähnlichen Ergebnis kommt der katholische Theologe und Religionssoziologe WILHELM F. KASCH: »Der deutsche Terrorismus ist das Resultat eines nicht an sein Ziel gelangten moralisch-religiösen Protests. Wegen seiner Absolutheit und Radikalität angesichts einer sich nicht als formierbar erweisenden Wirklichkeit hat dieser Protest die Handelnden schließlich selbst in das Nichts eines reinen Zerstörungswillens gerissen. Denn das Sein, das nicht Gefäß der Idee sein will, muß gestraft werden.«[6]
Das ist selbstverständlich nicht das einzige Motiv im Terrorismus und der ihm vorausgehenden politischen Revolte der Jugend, aber es ist ein wichtiges. Und es liefert ein bitteres Exempel für das Zerstörungspotential, das jede moralisch-religiöse Verabsolutierung entwickeln kann. Das hat seinen Grund wohl darin, daß die ins Absolute überhöhte moralisch-religiöse Forderung nicht nur wirklichkeitsfremd, sondern wirklichkeitsfeindlich ist. Man könne die Fähigkeit der Terroristen, ihr Leben zu opfern, nicht ohne die Tatsache verstehen, »daß sie in vielen Fällen einer religiös geprägten Welt entstammen«. Das stellte der Philosoph HERMANN LÜBBE in einem Gespräch mit dem *Spiegel*[7] fest, um dann fortzufahren: »Ich halte es für die terroristische Ideologie für konstitutiv, daß die Terroristen sich weigern, die Wirklichkeit zu respektieren. Sie verwerfen die gegenwärtige Wirklichkeit zugunsten einer paradiesischen zukünftigen. Sie verhalten sich inhuman, indem sie behaupten, über die menschlichen Lebensbedingungen uneingeschränkt verfügen zu können.« Weigerung, die Wirklichkeit zu respektieren, vollzieht sich im Abbruch der Kommunikation, in der feindseligen, antagonistischen Isolierung. Sie trägt die Zerstörung in sich, da niemand auf die Dauer entgegen der Wirklichkeit leben kann.

Wie gehen wir mit unseren Grundbedürfnissen um?

Beobachtungen und Erwägungen dieser Art können keine stringenten Beweisketten sein. Sie sind höchstens Ansätze zur Deutung. Aber sie können auf Tendenzen und damit auf Ge-

fährdungen hinweisen. Es ist eine der irritierenden Tatsachen der gegenwärtigen Jugendreligiosität, daß ausgerechnet *Ananda Marga*, die in ihrer moralisch-religiösen Haltung und ihrer gesellschaftsbezogenen Ideologie qualifizierteste unter den religiösen Gruppierungen, einen fatalen Zug zur Selbstzerstörung in sich trägt. Die Reihe der Selbstverbrennungen aus dieser Gruppe spricht eine deutliche Sprache. Hängt das damit zusammen, daß *Ananda Marga* am wenigsten zum Kompromiß mit der Wirklichkeit bereit und fähig ist? Und ist das so, weil die *Margiis* durchdrungen sind von der Utopie einer idealen kosmischen Gemeinschaft, dergegenüber das konkret Bestehende, empirisch Vorfindliche nicht respektiert werden, sondern höchstens Material der Veränderung sein kann?
Mißachtung und Negation des Bestehenden um einer utopisch idealen Gegenwelt willen ist die eine Gefahr im moralisch-religiösen Protest. Die andere ist Resignation. Auch sie endet im Zerfall und ist nur die andere Seite derselben Münze. Auch sie verzweifelt an der Wirklichkeit, die sich nicht mehr mit dem eigenen Anspruch vermitteln läßt.
Es sei daran erinnert, daß JIM JONES, der Führer der *Volkstempel*-Sekte, seine religiöse Gemeinschaft in Indianapolis dadurch ins Leben rief, daß er mit viel Mut und persönlichem Einsatz die Rassenintegration praktizierte. In Kalifornien wurde die rasch wachsende Gruppe zum Auffangbecken für Menschen aus den verschiedensten sozialen und rassischen Gruppierungen. »Sie zog Menschen an, die Hilfe suchten, und solche, die gerne Hilfe gaben.« Es kamen jene, »die mit dem amerikanischen System unzufrieden waren und eine Gesellschaft suchten, in der jung und alt, Schwarz und Weiß in fürsorglicher Zuneigung miteinander lebten«. Frühere Anhänger sprechen von einem »sozialistischen Utopia«, denn JONES verband – auch hier wieder dieselbe Kombination! – urchristliche und marxistische Ideen miteinander.
Amerika hat seit je eine besondere Möglichkeit, sich mit der Wirklichkeit auseinanderzusetzen, für den religiösen Protest bereitgestellt: *going West.* Die große Wanderung, die einen neuen Lebensraum erschließt, in dem die eigene religiöse Konzeption realisiert werden und ihre gesellschaftliche Gestalt gewinnen kann, ist das Grundgesetz der amerikanischen Geschichte: von den Pilgervätern des 17. Jahrhunderts über den großen Mormonen-*Trail* des 19. Jahrhunderts bis in die Gegenwart. Westlich von Kalifornien kommt nur noch das Wasser. Also muß man übers Wasser, um im Urwald von Guyana das »sozialistische Utopia« realisieren zu können. Aber die schöp-

ferischen Energien religiöser Überzeugung sind in der modernen Zivilisation erloschen, sie haben keine tragfähige Gesellungs- und Gestaltungskraft mehr. *Going West* bildet keine positive Alternative mehr, sondern ist zur Fluchtbewegung geworden. Man spürt das; deshalb ist der Auszug in den Urwald kein Aufbruch, sondern Resignation, die die krankhaft pathologischen Züge des Verfolgungswahns annimmt. In dem Moment, wo die alte Wirklichkeit einen auch dort einholt, bleibt nur noch der letzte Ausweg. »Die Zeit ist gekommen, um uns an einem anderen Ort wiederzutreffen«, so begründete JIM JONES die Aufforderung zum gemeinschaftlichen Selbstmord.

Der Schock, den das Ende der *Volkstempel*-Gruppe in den Vereinigten Staaten auslöste, ist nur begreiflich, wenn man es als Schlüsselerlebnis deutet. Das Ereignis selbst ist keineswegs so singulär. Die Geschichte der Religionen kennt seit je selbstzerstörerische Exzesse, auch massenpsychotischer Art. Das christliche Mittelalter oder die Religionsgeschichte des indischen Subkontinents bieten in dieser Hinsicht genug Anschauungsmaterial. Zu denken wäre etwa an die *Flagellanten*-Züge christlicher Fanatiker oder an die Todesmächtigkeit der indischen Göttin KALI und ihres Kultes. Der Todestrieb ist eine der Komponenten im religiösen Grundmuster der Menschheit. Der Schock für die amerikanische Gesellschaft besteht wohl darin, daß für sie aufgrund ihrer bisherigen Geschichte Religion immer mit Fortschritt und gesellschaftlichem Aufbau verknüpft war. Jetzt wurde diese scheinbar selbstverständliche Verknüpfung zerschlagen. Religion erweist sich als ambivalent. Sie ist keine Garantie mehr für die positiven Kräfte der menschlichen Gemeinschaft.

Das alte Europa war in dieser Sache nie so optimistisch. Deshalb ist es auch nicht so betroffen von der Tragödie in Jonestown. Bei allem Schrecklichen hat sie jedoch ein Gutes gebracht: Noch nie vorher wurde öffentlich so ernsthaft und selbstkritisch über die gesellschaftlichen Wurzeln und Hintergründe der religiösen Revolte nachgedacht. Hier gibt es in der Tat eine enge innere Verbindung mit der jugendlichen Religiosität. Deshalb gehört die JIM-JONES-Geschichte mit in dieses Kapitel. Aber nur deshalb. Ansonsten verbieten die konkreten Umstände, unter denen sie sich vollzog, den Versuch einer Übertragung in die hiesigen religiösen Verhältnisse.

Die ernsthaften Versuche, von der gegenwärtigen religiösen Szenerie her die gesellschaftliche Gesamtsituation zu analysieren, weisen nachdrücklich auf deren Inhumanität hin. »Die Zahl derer, die Ersatz für die ihnen fehlende Identität brauchen, nimmt zu«, stellt GERHARD MAUZ in seinem bereits zitierten Essay fest. Die Symptome des Leidens an der Leere – etwa Drogenabhängigkeit oder Gewalttätigkeit – seien bekannt. »Die Krankheit dahinter, der Zustand einer Welt, die vorgibt, jedem die gleichen Chancen einzuräumen, die jedoch in Wahrheit immer mehr Menschen das verweigert und unzugänglich macht, was zu einer Identität, zu einem Ich führen könnte – dieser Krankheit gilt die von den Mitscherlichs formulierte[8] ›Verleugnungsarbeit‹, die sich ›gleichermaßen auf die Anlässe für Schuld, Trauer und Scham‹ erstreckt.«

In dieselbe Richtung stößt ein Kommentar von ANTON ANDREAS GUHA vor.[9] In den Humanwissenschaften habe sich heute weitgehend die Ansicht durchgesetzt, »daß die hochkomplexen Industriegesellschaften und die Formen des Zusammenlebens, die sie vorschreiben, der Konstitution des Menschen nicht adäquat sind«. GUHA nennt drei Aspekte, an denen das symptomatisch deutlich wird. Da ist erstens die banale Tatsache, daß der Mensch »ein soziales Wesen ist und daher in Gruppen leben muß mit engen Beziehungen zu anderen Menschen«. Sie werde in der Industriekultur nahezu völlig ignoriert, die den Menschen vielmehr isoliere und auf ein paar Rollenfunktionen reduziere. Hinzu kommt zweitens, »daß die übergroße Mehrheit der Menschen das Funktionieren komplexer Industriegesellschaften, also ihren Sinn, nicht mehr begreift. Der einzelne kann sich nur anpassen und gesellschaftliche Entwicklungen als Schicksal hinnehmen.« Die Erfahrung der Ohnmacht und Sinnlosigkeit nehme überhand. Ein dritter Aspekt liegt darin, daß der menschliche und soziale Halt, den die Menschen früher in ihrer sozialen Klassenzugehörigkeit hatten, heute wegfalle. Moderne ›Leistungsgesellschaften‹ »suggerieren dem einzelnen, daß er für seinen Stand in der sozialen Stufenleiter selbst verantwortlich ist. Wer daher weit unten steht, ist eben ein Versager.« Das alles habe zur Folge, »daß immer mehr Menschen an ›Realitätsverlust‹ leiden, weil sie orientierungslos wurden und ihre rationalen und emotionalen Kräfte, das ›Ich‹, die Realität nicht mehr vermitteln können. Dies aber schafft eine Angst, mit der jedoch kein Mensch leben könnte. Daher neigen solche ›Ich-geschwächten‹ Menschen dazu, sich nach einem ›Ich-Ersatz‹ zu sehnen, nach starken Führern beispielsweise oder mächtigen Ideologien.« Summa: Die religiösen Gruppenbildungen und gerade ihre radikalen Erscheinungsformen sind »Symptom eines offenkundigen Defekts der Industriezivilisation, die häufig menschenfeindlich ist«.

»Es gibt«, meint die Psychologin URSULA PLOG im Blick auf

die heutige Jugendreligiosität[10], »ein menschliches Grundbedürfnis nach Sicherheit, Eindeutigkeit und Geborgenheit, nach Glaubensgewißheit und mystischer Erfahrung. Es wird heute nicht mehr zufriedengestellt.« Wie gehen wir, wie geht die Gesellschaft mit unseren Grundbedürfnissen um?

Zweihundertjähriger Konflikt

Die »Menschenfeindlichkeit« der industriellen Welt ist keine neue Erfahrung, und ebensowenig ist es der Protest der Jugend dagegen. Verfolgt man die Spuren der religiösen Revolte zurück in die Geschichte, dann entdeckt man immer wieder ähnliche Konstellationen, stößt auf Erlebnisse und Gedanken, die einen eigenartig vertraut berühren. Jugendbewegung, Wandervogel, Romantik – die Wurzeln reichen tief in die Vergangenheit. Und es zeigt sich, daß in den Spannungen von heute sich der Grundkonflikt der letzten zwei Jahrhunderte wiederholt, vielleicht verschärft, aber nicht grundsätzlich anders.

Auf der einen Seite ist die atemraubende Dynamik der modernen Zivilisation mit ihrer Zielsetzung, das Glück des Menschen und die Wohlfahrt der Gesellschaft kraft der wissenschaftlichen und technischen Vernunft in eigener Verantwortung herstellen und organisieren zu können. Im Jahre 1893 hielt EMILE ZOLA vor Pariser Studenten eine Rede, die angesichts einer ähnlichen »Tendenzwende« wie heute die Faszination dieses Ziels klassisch formulierte:

»... Meine Herren, ich höre ständig sagen, daß der Positivismus in den letzten Zügen liegt, daß der Naturalismus tot ist und daß die Wissenschaft im Begriff steht, bankrott zu machen vom Standpunkt des moralischen Friedens, des menschlichen Glücks, das sie angeblich versprochen hat ... Meine Generation ... hat sich in der Tat bemüht, die Fenster auf die Natur weit zu öffnen, alles zu sehen, alles zu sagen ... Sie war das Ergebnis ... der langen Bemühung der positivistischen Philosophie und der analytischen und experimentellen Wissenschaft. Wir haben nur bei der Wissenschaft geschworen, die uns von allen Seiten einhüllte, wir haben von ihr gelebt, indem wir die Luft unseres Zeitalters einatmeten ... Alles wissen, alles können, alles erobern. Mit Hilfe der Wahrheit eine bessere und glücklichere Menschheit erbauen! ... Ich leugne keineswegs die Krise, die wir durchmachen ... Es schien, daß die Wissenschaft, die die alte Welt zerstört hatte, sie nach dem Modell, das wir uns von Gerechtigkeit und Glück machten, schnell wieder aufbauen mußte. Und man hat zwanzig Jahre gewartet, man hat fünfzig Jahre gewartet ... Und als man sah, daß noch immer keine Gerechtigkeit herrschte, daß das Glück nicht gekommen war, haben viele in einer wachsenden Ungeduld nachgegeben ... Was nützte es zu wissen, daß man doch nicht alles wissen kann? Dann konnte man gleich die reine Einfachheit bewahren, die unwissende Glückseligkeit des Kindes. Und so hätte die Wissenschaft, die angeblich das Glück versprochen hat, unter unseren Augen bankrott gemacht. Aber der Glaube steht nicht wieder auf, mit den toten Religionen kann man nur noch Mythologien machen. Daher wird auch das kommende Jahrhundert nur die Bestätigung des unseren sein, in diesem Aufschwung von Demokratie und Wissenschaft, der uns mit sich gerissen hat und der weiter anhält ...«[11]

Auf der anderen Seite brechen immer wieder mit großer Wucht Gegenströmungen auf. Sie lehnen das Diktat des Positivismus ab, daß der Glaube nicht wieder aufstehe und die Religionen tot seien. Sie wissen es anders, denn sie leben aus einer inneren Orientierung des Menschen an einem Sinn und einer Erfüllung, die innerweltlich nicht herstellbar sind. »Ich wende meine Augen zu den Schulen und Universitäten Europas«, hat der Dichter und Maler William Blake (1757–1827) bereits in der allerersten Phase der aufkommenden technischen Zivilisation geschrieben, um sie aus seinem mystischen Weltbild heraus und bedrängt von seinen Visionen anzuklagen, daß sie mit ihrer Hypertrophie des Rationalen die Phantasie und damit das Organ des Menschen für das Göttliche genau so verwüste wie England durch die Fabriken, die »dunklen Mühlen des Teufels«, verwüstet werde.[12] William Blake war einer der Wegbereiter der Romantik, jener »ersten europäischen Kulturrevolution«, wie sie Friedrich Heer nannte.

Wandervogel und Jugendbewegung nahmen den mystisch-religiösen Protest der Romantik wieder auf. »Glaube ist das Wirklichkeitserlebnis des Unendlichen«, heißt es beispielsweise in einem Rundbrief des *Kronachbundes der alten Wandervögel* aus dem Jahr 1921:

»Im Jugendwandervogel wurde uns dieser Glaube geboren. Der große, schwingende Klang des hellen Tages und der hohen Nacht, die schweren, lebentragenden Kräfte des Meeres und der Erde haben unser Wissen um eigene Unendlichkeit geweckt, dunkel, ahnend, stumm und froh. Sie gaben uns in dem Gefühl des Unendlichen einen stolzen und doch demütigen Willen zur Freiheit, die jenes unendliche Wesen in uns besitzesfroh und staunend in die Sonne hielt.«

Es ist begreiflich, daß der skeptische Moralist Carl von

Ossietzky gegen das Raunen solcher Natur- und Unendlichkeitsmystik die Stimme der Rationalität und der politischen Verantwortung erhob:

»Es ist so eine eigene Sache mit dieser religiösen Welle. Jeder hat sie plätschern hören, aber keiner hat sie gesehen. Es wäre vermessen zu behaupten, die religiöse Entwicklung sei am letzten Ziel angelangt, wer weiß, was künftige Zeiten noch an neuen Sehnsüchten, an neuen gewaltigen Ekstasen bringen werden. Aber in unserer Gegenwart ein übersinnliches Verlangen, ein Dringen nach Hingabe an eine große Idee? Nein, nein, nein! ... Erst wenn in dieser Generation ein Brudergefühl erwacht als Talisman gegen brutalen Gewaltglauben, gegen viehisches Sichgehenlassen, gegen schmutzige Gewinnsucht – dann glaube ich an eure religiöse Welle. Eher nicht.«

Diese im April 1920 geschriebenen Sätze nehmen hellsichtig eine Entwicklung vorweg, die nicht nur den Autor ins Verderben riß, und die als kritische Warnung dem Irrationalismus jeder Art von Natur- und Gemeinschaftsmystik entgegenzuhalten ist. Die Anfälligkeit der Jugendbewegung für den Faschismus des Dritten Reiches mit seiner Blut-und-Boden-Ideologie ist inzwischen vielfach erörtert. In der Rückbesinnung auf die zwanziger Jahre sind sich heute die besten Vertreter der religiösen Alternativszene der Gefahr bewußt, daß die Verneinung des Rationalen und die Betonung mystischer Integration wieder zur Einbruchstelle für faschistische Tendenzen werden könnte.[13] Aber eben nur die besten. In der Breite fehlen der jugendlichen Religiosität häufig die geistige Kraft und das geschichtliche Bewußtsein, um die politische Vernunft dort in ihr Recht zu setzen, wo sie drohende Gefahren abwehren muß.

Nicht nur der zivilisationskritische Drang, in der mystischen Unendlichkeit der Natur und der Ursprünglichkeit spontaner Gemeinschaft jene »menschlichen Grundbedürfnisse« zufriedenzustellen, ist in der Jugendbewegung vorgebildet. Die zwanziger Jahre waren auch die große Zeit der Asiensehnsucht. »Ein riesenhafter Zersetzungsprozeß hat die alten christlichen Kirchen ergriffen, und dennoch hat der Zweifel an der christlichen Wahrheit die religiöse Sehnsucht nicht matter gemacht, sondern brennender und leidenschaftlicher ... Birgt nicht das alte Wunderland Indien geheimnisvolle religiöse Schätze, in denen die zermürbte und ermattete Kulturwelt des Abendlandes Rettung und Trost zu finden vermag?« So schrieb bereits 1918 der Religionswissenschaftler Friedrich Heiler. Im Jahr 1922 erschien Hermann Hesses Buch *Siddharta,* das in den letzten Jahren Millionen amerikanischer und europäischer Jugendlicher zum Führer in eine idealistische Welt west-östlicher Humanität wurde. Der Berliner Arzt PAUL DAHLKE gründete in den Zwanzigern das *Buddhistische Haus* als Begegnungsstätte, und in München sammelte der Jurist GEORG GRIMM eine buddhistische Gemeinde um sich.

Die Zeugnisse aus der Geschichte der letzten Jahrzehnte ließen sich beliebig vermehren. Deutlich ist jedenfalls, wie tief die religiöse Revolte, die heute vielfach so große Überraschung und Hilflosigkeit auslöst, in einen größeren Entwicklungszusammenhang eingebettet ist. Die menschheitsgeschichtliche Zäsur im Übergang von der Agrarkultur zur modernen Industriekultur hat seit etwa zwei Jahrhunderten nicht nur das äußere Gesicht der Erde, sondern auch das innere Antlitz des Menschen verändert. Es gibt viele Anzeichen dafür, daß die fünf oder sechs Generationen seit dem Anfang der industriellen Revolution nicht ausreichten, um die Seele des Menschen dorthin zu bringen, wo heute die durch die moderne Technik entstandenen ökonomischen und gesellschaftlichen Strukturen seine Lebensbedingungen prägen. Und wäre das überhaupt wünschenswert? Ist nicht durch diese ganze Entwicklung ein Teil des menschlichen Wesens, der *homo faber*, der Macher, in überdimensionalem Maße geweckt worden? Ist nicht die religiöse Revolte der Jugend getragen von einer Ahnung, was der Mensch mit den anderen Teilen seines Wesens verloren hat?

Der Grundkonflikt spitzt sich, so gesehen, noch einmal auf die Frage zu: Ist die religiöse Revolte Flucht oder Aufbruch? Bäumt sich da in der Agonie eine menschliche Existenzweise – die »religiöse« – noch einmal auf, die in Wahrheit schon längst der Vergangenheit angehört, überrollt von der ungeheuren Dynamik der wissenschaftlich-technischen Moderne? Oder bricht sich das unzerstörbar Menschliche Bahn, das eigentliche Wesen des Menschen, das nie zum bloßen Mitfunktionieren in der von ihm selbst gemachten und organisierten Welt zurechtgebogen werden kann?

Welche Rolle kann Religion in der modernen Industriegesellschaft spielen?

Religiöse Desozialisation

Kritische Beobachter und Sozialwissenschaftler sind sich weithin einig über die Zerfallserscheinungen unserer Gesellschaft sowie darüber, daß sie ihren Grund in einem Verlust an gemeinsamer religiöser Orientierung haben. Es fehlt den Menschen so etwas wie ein gemeinsamer Auslegungsrahmen ihrer Existenz. Sie kompensieren zwar diesen Mangel durch den entschlossenen Rückzug in das Gehäuse einer nicht reflektierten privaten Identität im Rahmen der Kleinfamilie. Gemeinsame Wertvorstellungen und affektive Bindungen zwischen den Menschen sind jedoch, darauf machte schon vor Jahrzehnten EMILE DURKHEIM aufmerksam, für jede gesellschaftliche Daseinsweise von zentraler Bedeutung. Diese fundamentale Gemeinsamkeit nannte er »Religion«. So gesehen ist Religion gleichsam das Bewußtsein der Gesellschaft; ein Bewußtsein, das – als gemeinsames – heute fraglich geworden ist.

In einem Essay über Religion und Kultur im nachindustriellen Zeitalter greift der amerikanische Soziologe DANIEL BELL die Interpretation DURKHEIMS auf, um festzustellen: »Die grundlegenden Elemente, die den Menschen gemeinsame Identifikationsmöglichkeiten und affektive Beziehungen zueinander gewähren – Familie, Synagoge und Kirche, Gemeinde –, haben ständig an Verbindlichkeit und Einfluß verloren; die Menschen besitzen nicht mehr die Fähigkeit, dauerhafte Beziehungen zueinander, sowohl zeitlich als räumlich, aufrechtzuerhalten. Wenn man also erklärt, ›Gott ist tot‹, dann heißt das in Wirklichkeit, daß die sozialen Beziehungen zerrissen sind und daß die Gesellschaft tot ist.«[14]

Zu einer ähnlich kritischen Beurteilung kommt der Zürcher Soziologe GERHARD SCHMIDTCHEN in einer Analyse der *gesellschaftlichen Folgen der Entchristlichung.*[15] Zunächst, meint er, stelle sich der Vorgang der neuzeitlichen Säkularisation nach der politischen und wirtschaftlichen Entmachtung der Kirchen als eine völlig undramatisch funktionierende Trennung der ethisch wertvollen Verhaltensweisen von der religiösen Motivation dar. »Die Rationalität der Organisation einer industriellen Gesellschaft konnte unmittelbar an die Tugenden anschließen, die religiöse Rationalität geprägt und hinterlassen hatte: systematische Lebensführung, Abstraktionsbefähigung und das in seinen kulturellen Folgen kaum zu überschätzende Training, Bedürfnisse aufschieben zu können.« MAX WEBERS berühmte Interpretation des Kapitalismus aufnehmend, sieht SCHMIDTCHEN jedoch nach dem Erlöschen der religiösen Motive den rationalen Prozeß der industriellen Organisation der Gesellschaft letztlich ins Sinnlose laufen. »Die Formen dieses Prozesses sind und bleiben rational. Eine zentrale Wahrheit aber hat er nicht mehr.«

Das bestätigt die Art, wie sich in der modernen pluralistischen

Gesellschaft strukturelle Grundvorgänge wie Wissensvermittlung, Verteilung von Lasten und Belohnungen, politische Konsensbildung usw. regeln. Alle diese gesellschaftlichen Organisationselemente sperren sich gegen religiöse Integration. Der wissenschaftliche Denkstil beispielsweise dominiert heute so wirkungsvoll, daß Wahrheiten, die sich nicht in diesen übersetzen lassen – etwa: religiöse –, nicht mehr als Wahrheiten akzeptiert werden können. Die pluralistische Gesellschaft lehrt – ein weiteres Beispiel – den Verzicht auf politische Absolutheitsansprüche. Das wird generalisiert zum Verzicht auf Absolutheitsansprüche überhaupt und führt zu einem pluralistisch-synkretistischen Durcheinander von Anschauungen. Der Preis auf individueller Ebene ist ein Zustand struktureller Desorganisiertheit – das bekannte Orientierungsproblem. Es gebe also, faßt SCHMIDTCHEN seine Beobachtungen zusammen, durchaus Sozialisationssysteme für die Durchsetzung eines wissenschaftlichen Denkstils, für die Anpassung an sich wandelnde soziale und wirtschaftliche Interaktionsgefüge, für die Präsentation politischer Ansprüche, aber kaum noch für ein allgemeinverbindliches, moralisches Verständigungssystem. »Die wirksamsten Sozialisationssysteme eines modernen Gesellschaftssystems blockieren zunehmend die religiöse und moralische Sozialisation der Gesellschaft.«

Verdrängte Religion

Es ist inzwischen offenkundig und spricht sich auch allmählich herum: Die These, daß die geistig-gesellschaftliche Entwicklung der Neuzeit, die man als *Säkularisation* bezeichnet, das unaufhaltsame Ende der Religion bedeute, ist in dieser Form ein Kurzschluß. Säkularisation – und auch der schroffere Ausdruck »Entchristlichung«, den SCHMIDTCHEN für denselben Vorgang gebraucht – ist ein Begriff, mit dem ein tiefgreifender Wandel im geistigen und gesellschaftlichen Gefüge der westlichen Welt beschrieben, aber nicht das Ende von Religion überhaupt angezeigt werden kann. »Die Formen wandeln sich, aber die religiöse Problematik bleibt«, erklärt SCHMIDTCHEN, und er unterstreicht diese Feststellung energisch: »Religion ist eine anthropologische und damit gesellschaftliche Konstante.« Die Menschen könnten zwar »ihr religiöses Bewußtsein ändern«, könnten das Religiöse auch verdrängen, aber nicht »aus der fundamentalen religiösen Problematik ihrer Existenz auswandern«.

Diese Diagnose bietet einen Schlüssel für die Deutung der vielen Umformungen, die seit langem die geistige und religiöse Landschaft erschüttern und verändern. Auch die religiöse Revolte, die in diesem Band beschrieben ist, gehört zu diesem tiefgreifenden Umformungsprozeß. Sie ist eines der Beben, die die krisenhaften Spannungen und Verschiebungen begleiten, die da seit langem in der Tiefe der westlichen Gesellschaft rumoren. Kein Wunder, daß vor allem die Jugend ein Gespür für diese Krisen hat und empfindlich darauf reagiert.

Dann stellen also die religiösen Bewegungen und Gruppierungen, die man heute mehr schlecht als recht »Jugendreligionen« nennt, eine begrenzte Ausformung in diesem langfristigen und umfassenden Wandlungsprozeß dar. Dann ist die »neue Religiosität« im Grunde keineswegs neu: Es ist die alte Religion, die sich neue, den heutigen Bedürfnissen und Erlebnismöglichkeiten entsprechende Formen schafft. Die religiöse Revolte signalisiert die Tatsache, daß »Religion« mindestens teilweise aus dem überkommenen und institutionalisierten Gesamtsystem ausgewandert ist. Und zwar ist sie ausgewandert, weil es dort keinen Platz mehr für sie gibt. Man könnte auch sagen, sie ist verdrängt worden. Jedenfalls sucht sie sich heute in partikularen Subsystemen ein neues Gehäuse. Sie tritt im Gegensatz zu den überlieferten Institutionen und gesellschaftlich legitimierten Sozialisationssystemen auf, die ihre integrierende und orientierende Kraft verloren haben und deshalb die »fundamentale religiöse Problematik« menschlicher Existenz nicht mehr lösen können. Deshalb hat »Religion« gerade dort, wo sie sich mit der Jugendkrise verknüpft, weithin Protest- und Alternativcharakter. Auch Flucht ist ja eine Form des Protests.

Man muß noch einen Schritt weitergehen. Nicht das ist heute die Krise, daß Religion vom Verschwinden bedroht wäre. Auch dort, wo das Religiöse verdrängt wird oder – wie bei ungezählten Menschen – in einer gleichsam spurlosen Gleichgültigkeit zu versinken scheint, bleiben die existenziellen Grundfragen des Lebens bestehen: Von welchen Wahrheiten lassen die Menschen ihr Handeln bestimmen? Was sind die inneren Grundlagen gesellschaftlicher Einrichtungen? Welches sind heute Schlüsselerlebnisse? Wie erfahren und bewältigen Menschen konkret ihre Endlichkeit? In solchen Fragen artikuliert sich die »anthropologische Konstante« Religion. Und es ist dieser Bereich, in dem die schöpferischen Möglichkeiten des Menschen zum Zuge kommen, in dem sich Humanität verwirklichen kann.

Die eigentliche Krise unsrer Zeit liegt darin, daß dieser schöpferische Bereich keine integrierenden und rationalisierenden Kräfte mehr freizusetzen vermag, sondern in eine disparate Vielzahl partikularer Antworten zerfällt. Noch die Romantik – um eine der historischen Erinnerungen des letzten Abschnitts noch einmal aufzugreifen – war ein schöpferischer Entwurf, der einer ganzen Epoche der Geistes- und Kulturgeschichte des Abendlandes seinen Stempel aufgeprägt hat. Heute jedoch ist die Gesellschaft nicht mehr in der Lage, über das technische Funktionieren ökonomischer und sozialer Organisation hinaus zu einer alle mehr oder weniger umfassenden und verpflichtenden Gemeinsamkeit zu finden. Die gegenwärtige Grundwertediskussion liefert den Anschauungsunterricht für diese Feststellung.

An dieser Stelle liegt aber auch die Problematik der religiösen Gruppenbildung, die heute so üppig blüht wie noch nie. »Den Pilzen gleich in einem Wald«, so ist ein Überblick über die neuen religiösen Bewegungen überschrieben.[16] Genau so ist es. Wie die Pilze schießen die religiösen Gruppen und Bewegungen aus dem Boden. Jede hat ein universales Programm und einen totalen Anspruch. Da will die »Weltregierung des Zeitalters der Erleuchtung« eine »ideale Gesellschaft« verwirklichen. Da proklamiert ein Zwölfjähriger: »Ich verkünde, daß ich Frieden in dieser Welt schaffen werde.« Da wird zum Kreuzzug aufgerufen: »Wir müssen uns klar werden, daß alle religiösen Menschen Gottes Krieger sind, die an die Front gerufen werden, um den Sieg über den Kommunismus zu erringen.« Und so weiter. Aber jede dieser Gruppen ist, weil sie die Pose des Totalen annimmt, in ihrem Wesen exklusiv und partikularistisch. Die neuen »Sekten« – hier ist der Begriff wirklich am Platz – sind nicht bedenklich, weil sie Seltsames predigen oder fremde Praktiken pflegen oder junge Menschen für ihre Ziele gewinnen. Sie sind deshalb fragwürdig, weil sie der integrierenden, gemeinschaftsstiftenden Funktion der Religion zuwiderlaufen. Sie sind, von der Gesellschaft her betrachtet, nicht konstruktiv, sondern destruktiv.

»Wo Religion versagt, kommen Kulte zum Vorschein«

Daniel Bell und Gerhard Schmidtchen kommen beide auf diese Problematik zu sprechen. »Wo Religion versagt, kommen Kulte zum Vorschein«, stellt Bell lapidar fest. Wenn der institutionelle Rahmen der Religion zerbreche, »dann begünstigt die Suche nach unmittelbarer, von den Menschen als religiös empfundener Erfahrung das Entstehen von Kulten«. Zum *Kult* gehöre, beschreibt BELL, der Anspruch auf esoterisches Wissen. »Gemeinschaftsriten erlauben dem einzelnen häufig das Ausagieren bislang unterdrückter Impulse oder stacheln ihn sogar dazu an. Beim Kult hat man das Gefühl, als erprobe man neue oder bislang tabuisierte Verhaltensweisen. Zum Kult gehört mithin, daß er implizit das Schwergewicht auf Magie und nicht auf Theologie legt, auf die persönliche Bindung an einen Guru oder eine Gruppe und nicht auf eine Institution oder ein Glaubensbekenntnis. Sein Sehnen gilt dem Ritual und dem Mythos.«

Durch die sehr viel kritischere Beurteilung GERHARD SCHMIDTCHENS ergänzt, gibt diese Beschreibung eine genaue religionssoziologische Ortsbestimmung für die Jugendreligiosität und ihren Hang zur Gruppenbildung sowie zur Abhängigkeit von einer Führergestalt in der gegenwärtigen Gesellschaft. Die Kirchen, sagt SCHMIDTCHEN und meint damit die im Bereich der westlichen Gesellschaft vorhandene Form institutionalisierter Religion, könnten eine »Rationalisierung des Religiösen« leisten, deren Merkmale »1. die Öffentlichkeit: jedermann kann kommen, und 2. die Produktivität der religiösen Lösungen und der religiös fundierten Kritik« sei. »Ein Aspekt dabei ist immer die Abwehr von menschenfeindlichen Entwicklungen.« Das Nachlassen der rationalisierenden Kraft der Kirchen zeige sich besonders in einer »Verwilderung im religiösen Bereich«. Damit breche »die große Zeit der Sekten« an. »Im Kern ihrer Lehre verweigern sich Sekten letztlich einer Verallgemeinerung. Sie können nie universell werden. Sie entwickeln keine Modelle für größere, überlebensfähige Gesellschaftsverbände und für eine weltumspannende Humanität. Es fehlt ihnen Öffentlichkeit. Sie sind nicht ökumenisch. Und manche Sekten zeigen in ihrer Destruktivität, welche schrecklichen Lösungen im Bereich religiöser Formung und Gestaltung möglich sind.«

Eine »imaginative Rationalität, die zu Entwürfen befähigt, in denen sich Humanität verwirklichen kann« – so charakterisiert SCHMIDTCHEN die integrierende Kraft der Religion. Diese Charakteristik ist ein brauchbarer Maßstab, anhand dessen sich noch einmal die kritischen Rückfragen an die neuen religiösen Gruppen und Bewegungen zusammenfassen lassen.

Der Gehalt von »Humanität« ist in den modernen demokratischen Gesellschaften durch eine Reihe von Grundwerten bezeichnet, die unaufgebbar sind, wollen sich diese Gesellschaf-

ten nicht selbst aufgeben. Es gibt verschiedene Akzentuierungen, aber in einigen wesentlichen Elementen ist der Katalog von Grundwerten eindeutig. Zu ihm gehören: Rationalität selbst im Sinn intellektueller Redlichkeit und kritischer Vernunft; Freiheit der persönlichen Entfaltung und der Gesellung, also Toleranz; die Säkularität einer »profanen«, d.h. religiös freien Bürgerlichkeit und Öffentlichkeit; und schließlich ein universeller Horizont des Denkens und verantwortlichen Handelns. Diese Grundwerte haben sich in der westlichen Aufklärung – oft genug gegen eine traditionalistisch fixierte Religion – durchgesetzt und seither bewährt.
An ihnen müssen sich religiöse Entwürfe messen lassen, die in einer modernen Gesellschaft den Anspruch besserer Humanität erheben. So gesehen sind viele Gruppierungen und Tendenzen in der jugendlichen Religiosität zweifellos »inhuman«, nicht schöpferisch in den religiösen Grundfragen der menschlichen Existenz, sondern unfruchtbare Wucherungen. Das haben die bisherigen Erfahrungen in aller Schärfe gezeigt. Sie setzen Rationalität nicht frei, sondern blockieren sie; sie sind intolerant nach innen und außen; sie haben ein totalitäres Gefälle, das keinen Bereich ausspart; sie kennen keine universelle Verantwortlichkeit.
Es ist keine Frage, daß heute ungezählte junge Menschen das Empfinden haben, sie müßten sich auf die Suche nach neuen Sinngehalten machen, weil die gesellschaftlichen und religiösen Institutionen zu Unterdrückungsinstrumenten geworden sind. Viele der besten finden den Weg in eine der meditativen Bewegungen. Sie sind etwas anderes als die »Kulte« mit ihrer destruktiven Gefährdung. Hier gewinnt die neue Religiosität einen Ansatz, der bisher in der Diskussion viel zu wenig reflektiert wurde. In einem hellsichtigen Essay zeichnet Dieter Schlesak den wissenschaftlichen Weg der Naturerkenntnis nach, um ihn einzuholen und auszurichten auf die umfassendere, partizipatorische Erkenntnismöglichkeit der Meditation: »Teilhabe am Subjekt der Natur nicht nur in einem Machen, das leicht zur Mache wird und die Macher zu Bossen der Welt werden läßt.«[17] Carl Friedrich von Weizsäcker zitierend, betont er noch einmal, Meditation sei ja nicht Flucht in die eigene Innerlichkeit, sondern »ein Sichstellen gegenüber denjenigen inneren Hemmnissen, die einen hindern, sich seinen Mitmenschen und der Wirklichkeit zu stellen«. Welche Perspektiven »imaginativer Rationalität« sich dabei eröffnen, hat Carl Friedrich von Weizsäcker an anderer Stelle angedeutet. Kriegsverhütung sei nicht möglich, Ungleichheit, Armut, Um-

weltzerstörung könnten nicht abgeschafft werden, solange die uns alle bestimmende »Struktur der angstvollen Selbstbeschützung des Ich«, die eine selbst-süchtige »Selbstbehütung« sei, nicht durchschaut ist und dadurch überwunden wird.

Hier deutet sich Religion als revolutionäre Kraft in einem elementaren, gleichwohl zutiefst humanen Sinn an. Die pessimistische Kritik darf nicht einseitig stehen bleiben. Sie hat ihr Recht. Wir erleben es jeden Tag. Aber sie trifft nicht den hoffnungsvollen Aufbruch, den die jugendliche Religiosität ebenfalls verkörpert. Darum soll dieses skeptische Kapitel mit einer optimistischen Stimme abgeschlossen werden. Es ist die Stimme eines der Jugendlichen, um deren Zukunft allein es in diesem Buch ging:

»Unsere Zeit ist gekennzeichnet vom Aufbruch des Menschen in den Weltraum. Gleichzeitig – nur weitaus ruhiger – treten immer mehr Menschen die Reise in den inneren Raum an, den Raum jenseits der Materie. Sie haben erfahren, daß die äußeren sichtbaren Ereignisse nur Auswirkung der Ereignisse im Reich des Geistes, des Bewußtseins darstellen. Es sind einige, die den Geist in sich tragen, und es werden immer mehr.

Wir müssen in dieser Zeit unsere kosmische Aufgabe erkennen: Licht hineinzutragen in das Dunkel der ihrer selbst nicht bewußten Materie. Wir müssen die unbegrenzten Möglichkeiten der Erkenntnis und des Tuns sehen, die uns offenstehen. Wir fühlen die Bewegung, die sich in uns und durch uns manifestiert. Es liegt an uns, sie zu nutzen! Die Entscheidung darüber fällt jeden Tag!«

Religiöse Gruppen und Bewegungen in Stichworten

Die alternative Bewegung:

Name und Programm: Die Bezeichnung *alternativ* ist gleichbedeutend mit dem Programm. Was ist *alternativ*? Das *alternative adreßbuch* umschreibt: »die jeden tag anstehende entscheidung für oder gegen bestehende wertsysteme, die schaffung neuer maßstäbe und verhaltensweisen, abkehr vom politischen wahn- und schwachsinn hin zum ökologisch-gesellschaftlich sinnvollen. so verschieden die wege der in diesem buch sich vorstellenden sein mögen, sie alle suchen eben dieses neue zeitalter, suchen den menschen – in sich und im andern – der ›anders geboren‹, ›natürlich entstanden‹ ist oder entsteht ...«
Die alternative Bewegung ist außerordentlich vielseitig und vielschichtig: ökologische, weltanschauliche, politische, spirituelle und religiöse Komponenten mischen sich in den verschiedensten Kombinationen.

Organisation: Irgendeine übergeordnete, integrierende Organisation der Gesamtbewegung gibt es nicht – sie würde dem Wesen der alternativen Bewegung widersprechen. Doch besteht durch Publikationen, Treffen, Reisen usw. eine intensive Kommunikation.
Es gibt Selbstorganisationsformen der verschiedensten Art: Kommunen, Gruppen, Kollektive, Kooperative, Kommunikations- und Informationszentren, Initiativen. Es ist eines der wesentlichen Elemente der alternativen Bewegung, neue Modelle der Selbstorganisation zu entwickeln.

Statistik: Naturgemäß gibt es keine Zahlen über *Alternative*. Der Kern derer, die bewußt und auf Dauer *alternativ* leben, dürfte klein sein. Doch ist der Einfluß alternativer Ideen und Lebensformen im Wachsen.

Adressen: Die folgenden Adressen sind lediglich als »Anlaufstellen« für den Einstieg in die alternative Szene angegeben. Die Auswahl bedeutet keinerlei Wertung.

Das alternative adreßbuch
Vertrieb: Überdruck Verlag
5429 Klingelbach

Redaktion: freekwork
Obergasse 30
6501 Oberolm

Enthält, nach Postleitzahlen geordnet, etwa fünfhundert Adressen mit knappen, meist selbst verfaßten Beschreibungen.

Ulcus Molle Informations-Dienst
Literarisches Infozentrum Josef Wintjes
Bahnhofstr. 42
4250 Bottrop
Tel. 02041/63325

Das umfangreichste Angebot alternativer Bücher, Zeitschriften, Anzeigen, Flugblätter usw. Gleichzeitig eine Kommunikationsplattform der ideologisch-politischen Alternative.

Werner Pieper und Die Grüne Kraft
Medienexperimente
6941 Löhrbach

Publikations- und Kommunikationszentrum der ökologisch und lebensreformerisch orientierten Alternative

Zero – Zeitschrift für ganzheitliches Leben
Zero Verlag
Bruckstr. 96
4234 Alpen

Eine Zeitschrift, in der sich esoterisch-spirituelle mit sozial-politischen Ansätzen verbinden

Ananda Marga

Name: Der indische Ausdruck *Ananda Marga* bedeutet »Weg zur Glückseligkeit«. Offizielle Bezeichnung: *Ananda Marga Pracaraka Samgha.* Im indischen Mutterland der Bewegung gibt es eine Reihe von Unterorganisationen mit verschiedenen Namen, davon ist für Europa lediglich *Proutist Universal* von Bedeutung. *Prout* heißt *Progressive Utilization Theory (progressive Nutzungstheorie)* und bezeichnet die sozial-ökonomische Lehre von *Ananda Marga.*

Leitung: Gründer und Leiter ist der Inder SHRI ANANDAMURTI (bürgerlicher Name: PRABHAT RANJAN SARKAR), genannt *Baba.* Er war von 1971 bis 1978 in Bihar/Indien in Haft. Wegen Anstiftung zum Mord verurteilt, wurde er von einem Berufungsgericht freigesprochen. Die internationale Zentrale befindet sich in *Kalkutta/Indien,* das europäische Leitungsbüro in *Berlin* (Herderstr. 1, 1 Berlin 12; Leiter: ACARYA KARUANANDA). Bundesrepublik Deutschland:
AMPS Regional Office
Hochheimer Str. 5
6503 Mainz-Kastel
Tel. 06143/62367
(Leiter: ACARYA YAJINAVALKYA BRC.)

Ananda Marga Trainingszentrum
Berliner Straße 15
3341 Timmern
Tel. 05336/1248

Organisation: Ananda Marga hat eine auf allen Ebenen durchgegliederte und zentralistisch aufgebaute Organisation, die in Indien entwickelt wurde, wo die Bewegung weit verbreitet ist. In Europa gibt es faktisch nur kleine lokale Gruppen, die von einem nationalen und einem europäischen Büro aus betreut werden. Den Kern der Bewegung bilden die *Acaryas*, eine Art Mönchsorden, innerhalb dessen es noch eine hierarchische Stufung gibt. Die *Acaryas* – Mönche und Nonnen – bekommen ein intensives Training und arbeiten dann als Missionare und regionale Leiter. Hinzu kommen *LFT's*, volle Mitarbeiter. Die Mitgliedschaft kennt verschiedene Grade, von der unverbindlichen Ausübung der Ananda-Marga-Yogapraxis bis zur spirituellen Wohngemeinschaft.
Neben dem bisher dominierenden spirituellen Programm tritt allmählich *Proutist Universal*, die gesellschaftsbezogene Unterorganisation, deren Ziel soziale Aktivitäten und Reformen sind, mehr in Erscheinung. Doch ist das bisher Programm geblieben.

Statistik: Es gibt keine zuverlässigen neueren Zahlen über die weltweite Verbreitung von *Ananda Marga*. Das hängt mit dem Verbot und der Zerschlagung der Organisation während der Regierung Indira Gandhis zusammen. Zuvor gab es allein in Indien mehrere Millionen Anhänger.
Bundesrepublik Deutschland: nach eigenen Angaben (September 1978) ließen sich 2–3000 überwiegend Jüngere in die Meditation einführen. Etwa 150 leben ernsthaft nach den Regeln von *Ananda Marga*, es gibt ein knappes Dutzend *LFT's*.

Programm und Aktivitäten: Ananda Marga vertritt eine Kombination von meditativer Yogapraxis mit einem sozialreformerischen Konzept. Ein 16-Punkte-Programm strenger Lebensregeln und Selbstkontrolle soll den einzelnen zu umfassender Selbstverwirklichung führen und damit gleichzeitig zum Dienst an der Gesellschaft befähigen. Hinduistische Yogatradition wird dabei mit marxistischen Elementen verbunden. Ziel ist die Schaffung einer elitären Gruppe, unter deren Führung die Gesellschaft in einen vollkommenen Zustand gebracht werden soll.
In der Praxis führte dieses Programm in Indien zu einer starken, gesellschaftskritisch orientierten Politisierung und zu schweren Konflikten mit der indischen Regierung (Verbot und Zerschlagung der Organisation unter der Regierung Indira Gandhis, Haft und Prozeß gegen Shri Anandamurti). Eine Tendenz zum Fanatismus ist unverkennbar.
In Europa ist *Ananda Marga* bisher in erster Linie als hinduistisch-

spirituelle und lebensreformerische Gruppe mit einigen sozialen Aktivitäten (Kindergärten, Betreuung jugendlicher Strafgefangener usw.) in der jugendlichen Alternativszene aufgetreten. Hier wird ernsthafte und konstruktive Arbeit geleistet, die lange Zeit allerdings durch den Einsatz für die Haftentlassung des *Baba* blokkiert war.

Bhagwan Shree Rajneesh

Leitung und Organisation: Im Jahr 1974 gründete Bhagwan Shree Rajneesh (geboren 1931, bürgerlicher Name: Rajneesh Chandra Mohan) in *Poona* (Nähe Bombay/Indien) seinen jetzigen Ashram. Die verschiedenen Aktivitäten des Ashram, in dem etwa 300 Mitarbeiter leben, sind in der *Rajneesh Foundation* zusammengefaßt. Es sind dies:

- *Wirtschaftliche* Organisation *und* Betreuung *der Besucher.*
- *Therapeutische Gruppen.* In etwa 40 Gruppen bieten rund 50 Therapeuten verschiedene Formen von Selbsterfahrungs-, Encounter-, Bioenergetik- und anderen Therapien sowie vielseitige Meditationsmöglichkeiten an.
- *Publikation* der Bücher Bhagwan Shree Rajneeshs (bis 1978 etwa 140), *Öffentlichkeitsarbeit,* künstlerische Gestaltung.
- *Rajneesh International University.* Angebot eines geisteswissenschaftlichen Kursprogramms über Meditation, Psychologie, Religion usw.

Die Schüler Bhagwan Shree Rajneeshs im engeren Sinn heißen *Sannyasin.* Zum Zeichen ihrer Bindung tragen sie eine Kette mit dem Bild des Guru, sind häufig in Orange gekleidet und bekommen einen geistlichen Namen. Zum Teil sind sie in der *Rajneesh Foundation* tätig, andere haben in Europa oder USA Rajneesh-Meditationszentren aufgebaut. Über die Ashram-Foundation hinaus gibt es keine feste Organisationsstruktur.
In der Bundesrepublik Deutschland gibt es 8 bis 10 Zentren, die sich dem Programm Bhagwan Shree Rajneeshs verpflichtet wissen, vor allem im Raum um München. Wichtige Adressen:

Shree Rajneesh Ashram
17 Koregaon Park
411001 Poona, Indien

Purvodaya
Therapie + Meditation
Fongihof
8051 Margarethenried
Tel: 08764/426

Shreyas Rajneesh Meditationszentrum
Raucheneggerstr. 4
8000 München 60
Tel. 089/888177
(Herausgeber der deutschen Ausgabe des Rajneesh Newsletter)

Statistik: Da die *Rajneesh Foundation* ein offenes Angebot ohne Gruppenstruktur darstellt, kann es keine genauen Zahlen geben. Durchschnittlich halten sich, im einzelnen mit stark variierender Dauer, etwa 3000 meist jüngere Besucher aus den USA und Europa in Poona auf, darunter etwa ein Viertel bis ein Drittel Deutsche. Der feste Kern der *Sannyasin* dürfte zwischen 500 und 1000 liegen.

Programm: Bhagwan Shree Rajneesh bietet eine wirkungsvolle Kombination indischer Meditationspraxis und Religion mit westlichen Psychotechniken und Therapien an. Sein Ansatz besteht darin, das verkrampfte und in sich verfestigte »Ego« aufzusprengen, damit die Menschen fähig werden, sich selbst zu erleben und im Übersteigen des eigenen Erlebens mit dem göttlichen Lebensgrund eins zu werden. Dabei darf kein Lebensbereich ausgeklammert werden: »Hindurchzugehen ist der einzige Weg, darüber hinauszugehen.« Das gilt auch für die beiden grundlegenden Tabus: Sexualität und Gewalt (bzw. Todesfurcht). Einerseits steht hinter dem Ansatz die hinduistische Tradition des *Tantrismus*, andrerseits greift Bhagwan Shree Rajneesh Erfahrungen der amerikanischen *Humanistischen Psychologie* auf.

Bhagwan Shree Rajneesh ist eine faszinierende Persönlichkeit und ein brillanter Geist. Er pflegt die Rolle des göttlichen Guru mit vollendetem Geschick. Für stabile Menschen kann er ein qualifizierter religiöser Führer sein, ich-schwache und vor allem junge Menschen geraten eventuell in eine problematische Abhängigkeit. Vollends kann die freie, »paradiesische« Atmosphäre im Ashram untüchtig machen für die alltäglichen Realitäten.

Brahma Kumaris

Organisation und Programm: Der Frauenorden *Brahma Kumaris*, gegründet von dem 1969 verstorbenen Prajapita Brahma, versteht sich als spirituelle Meditations- und Erneuerungsbewegung auf dem Boden des klassischen Yoga. Sie hat ihre Weltzentrale in *Mount Abu/Indien* und ist vor allem auf dem indischen Subkontinent verbreitet. Doch gibt es auch Zweigstellen in der westlichen Welt.

Bundesrepublik Deutschland:

Brahma Kumaris
Raja-Yoga Center
Bornheimer Landstr. 27
6000 Frankfurt/M.
Tel: 0611/495464

Im Frankfurter *Raja-Yoga Center* werden Vorträge, Meditationsübungen und Seminare angeboten. Durch Reisen und Programme in deutschen und europäischen Städten versucht die Bewegung, ihre Botschaft und Yogapraxis zu verbreiten. Im Sommer 1978 arbeiteten 3 »Schwestern« in Frankfurt. Die Gruppe der festen Mitglieder ist nicht größer als ein Dutzend, doch es gibt einen größeren Freundeskreis.

Buddhistische Meditation

Seit den fünfziger Jahren hat der *Buddhismus* mit verschiedenen Meditationsbewegungen und Gruppierungen in Westeuropa und den Vereinigten Staaten erheblich an Einfluß gewonnen. Die buddhistische Präsenz geht weit über den Rahmen und das Thema dieses Bandes hinaus. Doch finden viele junge Menschen gerade in der anspruchsvollen buddhistischen Religion und den in ihrem Raum entwickelten Meditationswegen einen gültigen Ausdruck ihrer religiösen Suche und Erfahrung.
Informationen über die verschiedenen buddhistischen Gruppierungen und Zentren vermittelt eine von der *Deutschen Buddhistischen Union* herausgegebene Chronik.

Adresse: Deutsche Buddhistische Union
Teinstücken 101
2000 Hamburg 54
Tel: 040/5707982

Literatur (u.a. ein Adreßbuch der buddhistischen Organisationen Europas) bietet:

Octopus Versandbuchhandlung
für Buddhismus und Grenzgebiete
Erich Skrleta
Postfach 53
A 1236 Wien

Es sind vor allem drei Formen, in denen buddhistische Meditation und Lebenspraxis im Westen verwirklicht wird:

- Die am »klassischen« *Theravada-Buddhismus* orientierte, meditativ und ethisch geprägte Form. Ihr entspricht die *Sattipatana*-Meditation, eine Übung der nüchternen Wirklichkeitserkenntnis und Weltüberwindung. In Deutschland wird der *Theravada-Buddhismus* u. a. vertreten im

Haus der Stille
Mühlenweg 16
2059 Roseburg
Tel: 04158/241

● Die im japanischen Buddhismus entwickelte *Zen*-Meditation, die durch eine strenge Meditationsdisziplin – rechtes Sitzen, rechtes Atmen, rechte Einstellung – den Übenden in die richtige geistige und körperliche Verfassung bringt. *Zen* wird in vielerlei Varianten mit christlicher Versenkung und Spiritualität verbunden.
Kontaktadresse:

Frankfurter Ring e.V.
Schneidhainerstr. 35
6240 Königstein/Taunus
Tel: 06174/7137

● Verschiedene Formen des stark religiös-mystisch geprägten *tibetischen Buddhismus.* In den letzten Jahren hat der tibetische Buddhist TSCHÖGYAM TRUNGPA RIMPOCHE einen Übungsstil eigens für den Westen entwickelt, der vor allem in den USA weite Verbreitung gefunden hat. Seit Herbst 1978 wird er auch in der Bundesrepublik angeboten.
Kontaktadresse:

Dr. Ernst und Traude Pagenstecher
Nerotal 77
6200 Wiesbaden
Tel: 06121/523929

Divine Light Mission

Name: Die Bezeichnung *Divine Light Mission (DLM, Mission des göttlichen Lichts)* ist allgemein für die Gruppe und ihr Programm im Gebrauch, der Name *Divine United Organization (DUO-International)* wurde Ende 1974 für die organisatorische und unternehmerische Struktur eingeführt.

Leitung: GURU MAHARAJ JI (Ende 1957 mit dem bürgerlichen Namen BALYOGESHWAR geboren), jüngster Sohn des Gründers SHRI HANS JI MAHARAJ, übernahm nach dessen Tod 1966 die Leitung. 1974 kam es wegen seines »ungeistlichen« Luxuslebens zum Zerwürfnis in der Familie, die *DLM* spaltete sich in einen größeren indischen Zweig, der dem jungen Guru die Gefolgschaft aufkündigte, und einen westlichen Zweig. Heute lebt GURU MAHARAJ JI in einer Villa bei *Los Angeles.* Die organisatorische Zentrale befindet sich in *Denver/Colorado.*

Bundesrepublik Deutschland:
DLM National Head Quarter
(DUO-International)
Veit-Stoß-Str. 55
8000 München
Tel: 089/580486
(spiritueller Leiter:
Wolfgang Burghartz
organisatorischer Leiter:
Rolf Möller)

Organisation: An der Spitze des Gesamtunternehmens steht GURU MAHARAJ JI mit seiner amerikanischen Frau. Zusammengefaßt in der *Divine United Organizations*, baute er vor allem in den USA ein Management mit weitverzweigten Wirtschaftsunternehmen (Tee- und Reformkostläden, Film-, Schallplatten- und Design-Studios, Reisebüros usw) auf. Deutsche Filiale: *Shri Hans Productions* in Frankfurt. Die religiöse Organisation ist an der Basis verhältnismäßig locker. Es gibt örtliche Gruppen, teilweise Wohngemeinschaften, die Mitgliedschaft ist wenig verbindlich. Den religiösen Leiterkreis bilden die *Initiatoren*, von GURU MAHARAJ JI autorisierte Missionare (für Deutschland sind zwei Initiatoren zuständig).

Statistik: Man schätzt die europäische und amerikanische Gefolgschaft auf 80 – 100000 Anhänger. In der Bundesrepublik gibt es etwa 5–600 aktive Mitglieder, deren Zahl verhältnismäßig konstant bleibt.

Programm: Die Botschaft sowie die Aktivitäten der *Divine Light Mission* sind ganz auf den Guru konzentriert, in dem sich für jeden, der sich mit liebender Hingabe und ohne kritisches Vorurteil nähert, göttliche Liebe und Wahrheit manifestieren. Denn GURU MAHARAJ JI ist die Verkörperung des *Göttlichen Wortes* für unsere Zeit, der einzige *Perfekte Meister.* Die durch ihn vermittelte Liebe wird in einer Art Meditation verinnerlicht, die als *Knowledge* (Wissen) bezeichnet wird und vier Techniken (Licht-, Klang-, Geschmack- und Wortmeditation) umfaßt. Die Bindung an den Guru wird ebenso wie die Gemeinschaft untereinander sehr persönlich und emotional erlebt. Die Polemik gegen den *mind* (das kritische Bewußtsein) bringt einen oft fragwürdigen Irrationalismus in die Bewegung.
Die Aktivitäten der *DLM* konzentrieren sich auf Großveranstaltungen, die 3–4 mal im Jahr stattfinden und die *Premies* (Liebende) um ihren Guru versammeln. Die Werbung geschieht durch persönliche Kontakte sowie durch die Publikationen des Unternehmens (Zeitschriften, Kassetten, Filme usw.). Der großspurige und üppige Lebensstil des Guru und seiner Umgebung, dem die wirtschaftlichen Interessen gelten, macht die religiöse Botschaft fragwürdig.

Divine Light Zentrum

Name: Das *Divine Light Zentrum* (DLZ, Zentrum des göttlichen Lichts) bezeichnet sich selbst als *Forschungsinstitut für Wissenschaftssynthese.*

Leitung und Organisation: Im Jahr 1966 gründete der indische Mönch Swami Omkarananda auf Einladung einer Schweizer Gönnerin in *Winterthur* das *Divine Light Zentrum.* Durch Kauf einiger Häuser entstand ein größerer Ashram, eine spirituelle Kommunität, in der in den Blütezeiten etwa 40–80 Mitglieder lebten. Es kam bald zu Konflikten mit der Umgebung, die zu einer Radikalisierung der Gruppe und zahlreichen gerichtlichen Auseinandersetzungen führten. Ein Sprengstoffattentat führte im Oktober 1975 zur Verhaftung mehrerer Mitglieder, seit Juli 1976 befindet sich auch Swami Omkarananda in Haft. Die Zahl seiner Anhänger ist auf einen kleinen Rest zusammengeschmolzen.
Adresse: Divine Light Zentrum
Anton-Graff-Str. 65
CH 8400 Winterthur

Programm und Aktivitäten: Die Botschaft Swami Omkaranandas, eine universalistisch ausgerichtete Verbindung hinduistischer und christlicher Elemente, ist einfach: »Wir sind in unserem Innersten Gott«, doch ist dieser göttliche Kern verdeckt und muß durch meditative Erhellung und spirituelles Leben entfaltet werden. Irrationalismus und religiös motivierter Fanatismus, dazu Hinweise auf magisch-okkulte Praktiken haben Swami Omkarananda und seine Botschaft disqualifiziert. Durch eine außerordentliche publizistische Produktivität (Zeitschriften, Bücher) hat er sich jedoch einen weiten Freundeskreis geschaffen, der ihm teilweise bis heute die Treue hält.

Eckankar

Name und Programm: *Eckankar* ist ein angeblich aus der alten Palisprache stammender Begriff und bedeutet den Weg des *Seelenreisens,* also die Kunst, mit der Seele den Körper zu verlassen und in allen kosmischen und geistigen Ebenen sich frei zu bewegen. Dahinter steht die in okkulten Weltanschauungen verbreitete Überzeugung, der Mensch habe außer dem materiellen Körper noch einen Astral-, einen Seelenkörper usw. Den Körpern entsprechen jeweils kosmische Ebenen, und je höher sich der Mensch auf diesen Ebenen entwickelt, um so mehr verwirklicht er sein eigentliches Wesen. *Seelenreisen* ist also gleichsam ein Abkürzungstrick. Das Programm bietet sich vor dem Hintergrund einer Kombination christlicher, buddhistischer und okkulter Ideen als Weg zur totalen Bewußtheit an. »Ergebnis: Absolute Freiheit, Allwissen und ein Blickwinkel von 360 Grad.« Dem kritischen Beobachter erscheint die Bewegung eher als eine Mischung aus okkultistischer Weltanschauung, suggestiver Psychotechnik und marktgerechtem Lebenshilfeprogramm.

Leitung und Organisation: *ECK-Meister*, also Führer der Bewegung, ist der Amerikaner SRI DARWIN GROSS. Er versteht sich als derzeit lebende Verkörperung des Höchsten Bewußtseins. Das geistige Hauptquartier befindet sich in *Sedona, Arizona.* Wer sich der Bewegung anschließt, wird *ECKist* und *Chela*, d.h. Schüler des Meisters. Es gibt aber keine eigentliche Mitgliederorganisation. Die Finanzierung des Unternehmens erfolgt durch Verkauf des Studienmaterials wie Lehrbriefe, Bücher, Seminare, Fernkurse usw. Alle Schriften erscheinen im Selbstverlag.

In der Bundesrepublik gibt es derzeit *Eckankar-Centers* in München, Karlsruhe, Wiesbaden, Krefeld und Berlin. Die deutsche Zentrale ist in München:

ECKANKAR-Center
Destouchestr. 83
8000 München 40
Tel: 089/3082411

Statistik: Genaue Zahlen über die *ECKisten* gibt es nicht. Eigene Angaben sprechen von 2-3 Millionen Sympathisanten und etwa 50000 echten *Chelas.* Diese Angaben sind aber nicht kontrollierbar. Für die Bundesrepublik Deutschland existieren keine Zahlen.

Hare Krishna

Name: Internationale Gesellschaft für Krishna Bewußtsein e.V. (ISKCON) oder *Hare Krishna Bewegung.*

Leitung: Gründer war BHAKTIVEDANTA SWAMI PRABHUPADA (1896–1977). Seit seinem Tod leitet ein Gremium regionaler Sekretäre die Bewegung.

Weltzentrale:
Los Angeles /USA und Mayapur/Indien
Zentralverlag der Hare Krishna Bewegung:
The Bhaktivedanta Book Trust
3764 Watseka Ave.
Los Angeles, California 90034

Deutsche Zentrale:
6241 Schloß Rettershof
über Königstein/Taunus
Tel. 06174/21357
(Leiter: Hans Kary)

Organisation: Die *internationale Gesellschaft für Krishnabewußtsein* ist ein mönchischer Orden, dessen Mitglieder ein vierfaches Gelübde (kein Fleisch, Fisch und Ei, keine Rauschmittel, kein unerlaubter Sex, kein Glücksspiel) abgelegt haben. Es gibt verheiratete Mönche, doch ist der Zölibat die Regel; die Rolle der Frauen – etwa ein Sechstel – ist untergeordnet. Der Orden hat eine streng autoritäre Leitungsstruktur: »Die Krishna-Gesellschaft ist diktatorisch. Krishna ist der größte Diktator. Demokratie ist Unsinn« (HANS KARY).
Die Bewegung ist über die ganze Welt verbreitet, hat aber ihren Schwerpunkt in Nordamerika. Organisationsgrundlage sind die *Zentren* bzw. *Tempel*, meist in den Metropolen, in denen die Mitglieder in einer geistlichen Kommune leben. Hinzu kommen einige landwirtschaftliche *Farmen*. In der Bundesrepublik Deutschland gibt es nur ein Zentrum: *Schloß Rettershof im Taunus*.

Statistik: Insgesamt wird die Zahl der *ISKCON*-Mitglieder auf etwa 5000 geschätzt, davon 80 bis 100 in der Bundesrepublik Deutschland. Die Fluktuation ist verhältnismäßig groß.

Programm und Aktivitäten: Die *Hare Krishna-Bewegung* präsentiert sich als jenseitsbezogene Alternative zu einer dem Materiellen verhafteten Welt. Die aus Askese und Ekstase sich aufbauende Frömmigkeit hat ihre Wurzeln in der klassischen indischen *Bhakti*-Tradition, einer emotional-ekstatischen Religion der Hingabe und Gottesliebe. In ihren religiösen, moralischen und gesellschaftlichen Überzeugungen ist sie extrem konservativ und traditionalistisch.

Ihre Hauptaufgabe sieht die Bewegung in der Verbreitung des *Krishna-Bewußtseins*. Das geschieht erstens durch die Präsenz der *Gottgeweihten* selbst, sodann durch das *Chanten* (Singen) der Gottesnamen *Hare Krishna Rama*, deren »transzendentale Klangschwingungen« zu spirituellem Erwachen helfen, und durch den Vertrieb religiöser Literatur über die göttlichen Wahrheiten.
Der Büchervertrieb ist inzwischen zur Hauptfunktion geworden. Bis Ende 1977 wurden fast 70 Millionen Bücher produziert und verbreitet. Es kommt immer wieder zu Konflikten wegen der oft rüden Praktiken, mit denen die Mönche, zwischen Verkauf und Spendenbettelei lavierend, ihre Produkte an den Mann bringen. Die teilweise hohen Geldeinnahmen werden in die weitere Produktion investiert.
Insgesamt ist die *Internationale Gesellschaft für Krishna-Bewußt-*

sein als eine Kombination zwischen geistlicher Kommunität und Vertriebsorganisation zu charakterisieren.

Kinder Gottes

Name: Neuerdings *Familie der Liebe (Family of Love)*; bisher *Kinder Gottes* (*Children of God*)
intern: *Neue Nation Gottes.*

Leitung: Gründer und Führer ist David Berg (geboren 1919 in Kalifornien/USA), genannt *Mose.* Abkürzung: *MO.* Er nennt sich Hirte, Prophet der Endzeit, König. Die Führungsspitze bezeichnet sich als *King, Queen & Council.*
Der Aufenthaltsort von *Mose* Berg wird geheim gehalten. Die Europaleitung befindet sich wahrscheinlich in einem Landschloß in der Nähe von Florenz.
Bundesrepublik Deutschland:
Kontaktadresse Postfach 101207
5000 Köln 1

Organisation: Aus einem mobilen Jugend-Evangelisations-Team erwachsen, ist die Organisation sehr beweglich; häufiges Teilen der Gruppen und Versetzen der einzelnen Glieder.
Die Basis bilden die *Kolonien* (Wohngemeinschaften, »Himmlische Heime«) mit ca. 10 *Jüngern* beiderlei Geschlechts unter der Leitung eines *Kolonie-Hirten.* Neben den eigentlichen Mitglieder-Kolonien gibt es besondere Kolonien für Neulinge und für Minderjährige, die noch in der »Welt« leben müssen (*Katakomben*-Kolonie). Die Führungsstruktur ist autoritär: »David Berg löst die Fragen der Organisation, des Alltagslebens und des Glaubens von oben her per Anordnung, die keinen Widerspruch duldet« (Hauth).

Statistik: Im Frühjahr 1976 gab es 725 Kolonien mit insgesamt etwa 5000 aktiven Mitgliedern in 70 Ländern. Davon entfielen auf die Bundesrepublik Deutschland 26 Kolonien mit etwa 300 bis 500 Mitgliedern. Inzwischen sind die Zahlen, vor allem für die Bundesrepublik, zurückgegangen.

Programm und Aktivitäten: Die *Kinder Gottes* stellen den Typ einer exklusiven Gegenkommune dar. Sie sind ihrem Wesen nach eine Oppositionsgemeinschaft: Ablehnung des alten »Systems« in der schärfsten Form (Schaffung eines ideologischen Feindbildes, Verteufelung), Trennung von ihm (z. B. Ablehnung aller behördlichen Registratur), Entwurf von Gegenmodellen im Bereich des Glaubens, der Moral und des praktischen Lebens als bewußte Heraus-

forderung an die herrschenden Normen, und Ausnützung des »Systems« für eigene Zwecke.
Dem Denken des DAVID BERG liegt eine biblizistisch-erweckliche Theologie mit stark apokalyptischem Einschlag zugrunde. Neben der Bibel, die jedoch nicht systematisch studiert, sondern einfach gelesen und teilweise auswendig gelernt wird, haben die Verteilblätter des DAVID BERG – die sogenannten *MO-Briefe* – den Rang autoritativer Lehranweisungen. Sie enthalten das für die heutige Zeit gültige Wort Gottes und sind Pflichtlektüre.
Die eigentliche Aufgabe der Jünger ist das »Bezeugen« (*Witnessing*), d.h. die Werbung neuer junger Mitglieder durch Ansprechen auf Straßen, in Bars etc. Daneben steht das *Litnessing*: Literaturverteilung, möglichst gegen Spende (Quote pro Mitglied und Woche: 700 Stück). Nach dem Prinzip »der Zweck heiligt die Mittel« setzen die Kinder Gottes alles ein, um Menschen zu »fischen«. Beim *Flirty-fishing* z.B. geht es um Prostitution zum Zweck der Werbung. Der Bettel ist stark entwickelt, da die Mitglieder nicht um Gelderwerb arbeiten.
Neben den alltäglichen Arbeiten für das Leben in der Kommune steht die Schulung (Bibel und *MO*-Ideologie) an erster Stelle. Darüber hinaus gibt es keine karitative, soziale, kulturelle Betätigung, die nicht streng darauf abgestellt wäre, neue Mitglieder oder Freunde zu gewinnen.

Scientology – Dianetics

Name: Scientology ist laut eigener Definition die »Lehre vom Wissen«, *Dianetics* die »Wissenschaft vom ›mind‹«. Beide Begriffe sind geschützte Warenzeichen.
Organisationsbezeichnungen: *Scientology Kirche Deutschland – Hubbard Scientology Organisation München e.V.* und *Dianetic-College* (oder *Institut*) *für angewandte Philosophie* u.a.

Leitung: Gründer ist LAFAYETTE RONALD HUBBARD (geboren 1911 in Nebraska/USA).
Weltzentrale in Los Angeles, USA
Europäische Zentrale:
Advanced Organization
AOSH EU + AF
Jernbanegade 6
DK 1608 København
Bundesrepublik Deutschland:
Scientology Kirche Deutschland
Hubbard Scientology Organisation e.V.
Lindwurmstr. 29
8000 München 2

Organisation: Das Rückgrat der vielschichtigen Organisation ist die *Sea-Org* (See-Organisation). Sie ist »bruderschaftsähnlich« organisiert und straff geführt. Die meist jungen Mitglieder haben *Scientology*-Kurse absolviert und einen *Sea-Org*-Vertrag unterzeichnet. Führend sind die *Staff-Members*.
Neben den Mitgliedern der *Sea-Org* gibt es die große Zahl jener Personen, die *Scientology*- oder *Dianetic*-Kurse mitgemacht haben. Sie nehmen meist nicht zur Kenntnis, daß sie damit zu Mitgliedern der *Scientology Kirche* geworden sind. Denn »Kurse, Seminare und geistliche Beratung werden nur im Rahmen der Mitgliedschaft gegeben«, belehrt die Münchener Zentrale. Diese Kurse werden oft in vereinsrechtlich selbständig organisierten Colleges durchgeführt, z. B. *Dianetic Stuttgart e. V. – College für angewandte Philosophie*. Ähnliche »Institute« gibt es in Frankfurt, München, Hamburg und an 8 bis 10 weiteren Orten der Bundesrepublik.
Der Scientology nahestehende Organisationen:
Narconon e. V. (zur Rehabilitierung Drogenabhängiger)
Kommission für Verstöße der Psychiatrie gegen Menschenrechte e. V.
Gesellschaft zur Förderung religiöser Toleranz und zwischenmenschlicher Beziehungen e.V.

Statistik: Über die Zahl der *Sea-Org*-Mitglieder ist nichts bekannt. Die üblichen Angaben beziehen sich auf Kursteilnehmer (weltweit 8 bis 25 Millionen, Bundesrepublik Deutschland 10000 bis 60000) und sind daher wertlos.

Programm und Aktivitäten: Faßt man die HUBBARD-Organisation als Gesamtunternehmen ins Auge, so zeigt sie sich als eine Lehre und Methodik, die in Schriften dargelegt und verkauft sowie in Kursen angeboten wird. Wie in einem Wirtschaftsunternehmen stehen Werbung, Schulung der Mitarbeiter, Bücherverkauf, Kurse und Spezialbehandlungen (*Auditing*) zu teuren Preisen im Vordergrund. Ein »Kostenloser Persönlichkeits-Test« wird weithin angeboten; er soll zur Teilnahme an den Kursen animieren. Als *Scientology Kirche* bietet die Organisation auch noch »Gottesdienste« und zeremonielle Handlungen für Mitglieder an.
Scientology ist nach dem Verständnis ihrer Vertreter das Ergebnis einer Forschung, die zu einer entscheidenden Entdeckung hinsichtlich des Verständnisses vom Menschen geführt hat: »Nachdem der Mensch jahrtausendelang über sich selbst, seinen Sinn und das Universum nichts wußte, ist jetzt ein Durchbruch gelungen ... Das gesamte Wissen von 50000 Jahren menschlichen Denkens wurde durchforscht und durch neue Entdeckungen über den Menschen erweitert« (Handzettel, 1976). Der Menschengeist schafft eigenmächtig seine Welt aus Raum, Zeit und Materie – die ihn nun aber gefangenhält, weil er glaubt, von ihr abhängig zu sein. Er muß sich also durch Erkenntnis selbst befreien. Ziel ist die »totale Freiheit«.

Der Mensch, der sich durch nichts beeinflussen läßt, sondern »selbst Ursache ist«, wird *Clear* genannt. Ihn zu erreichen ist die Aufgabe der *Scientology*-Kurse.

SLS (Earthplay)

Name: Das Unternehmen hat verschiedene Bezeichnungen. Die Initialen *SLS* wurden zunächst als *Successful Living Seminar* (Seminar für erfolgreiches Leben) gedeutet, werden heute aber meist mit *Satisfaction, Love, Success* (Befriedigung, Liebe, Erfolg) gleichgesetzt. Eine weitere Selbstbezeichnung ist *Earthplay* (Erdenspiel), deren Sinn nicht klar ist.

Leitung und Organisation: *SLS* ist ein gruppendynamisches Selbsterfahrungstraining. Es geht zurück auf das von dem Psychologen RAN DANIELS in Kalifornien gegründete *Daniels Institute of Successful Living.* RANNETTE DANIELS machte sich mit dem von ihr entwickelten Trainingsprogramm *SLS-experience* – »die SLS-Erfahrung« – selbständig und betreibt mit einem Mitarbeiterteam mit unternehmerischer Effizienz Kurse »meditativer Selbsterforschung«.

Deutsche Zweigstelle:
SLS Earthplay
Hohenzollernstr. 122
8000 München 40

Programm und Aktivitäten: *Die SLS-Erfahrung* ist Bezeichnung für den Grundkurs von viereinhalb Tagen, der einmal im Monat in München stattfindet, 680 Mark kostet und bei dem jeweils bis zu 40 Teilnehmer mitmachen. In hermetischer Abgeschlossenheit und unter starkem psychischen und physischen Druck werden die Kursteilnehmer einem Intensivtraining durch verschiedene Selbsterfahrungs- und Encountermethoden ausgesetzt. Als Hintergrund des *SLS*-Trainings werden vor allem WERNER ERHARD, der die in den USA erfolgreiche Enthemmungsbewegung *EST* gründete, und AYN RAND, Schöpferin eines amerikanischen Licht- und Kraftmenschenbildes genannt.
Der Kern des *SLS*-Programms ist eine ziemlich direkte Erfolgs-Ideologie, nicht zuletzt in finanzieller Hinsicht. Psychisch ist das *SLS*-Training nicht ungefährlich, wie konkrete Fälle beweisen.

Transzendentale Meditation

Name: Mit dem Ausdruck *Transzendentale Meditation* (abgekürzt: *TM*) bezeichnet die *TM*-Bewegung ihre Meditationstechnik, für die theoretische Begründung und Entfaltung dieser Meditationstechnik benützt sie die Bezeichnung *Wissenschaft der Kreativen Intelligenz.*
Die organisatorischen Namen haben im Lauf der Entwicklung der *TM*-Bewegung häufig gewechselt. Ursprünglich hieß sie *Spiritual Regeneration Movement* (*SRM*, Geistige Erneuerungsbewegung), eine Zeitlang stand die *Students International Meditation Society* (*SIMS*, Studentische Internationale Meditationsgesellschaft) im Vordergrund, heute heißt die Dachorganisation *Gesellschaft der Weltregierung des Zeitalters der Erleuchtung zur Förderung der Wissenschaft der Kreativen Intelligenz und des Programms der Transzendentalen Meditation (GTM).*

Leitung: Gründer und Leiter ist der indische Hindumönch MAHARISHI MAHESH YOGI (geboren etwa 1915). Leitungszentrale ist die *Weltregierung des Zeitalters der Erleuchtung* in *Seelisberg* in der Schweiz. Deutsche Zentrale: *Nationale Residenz des Zeitalters der Erleuchtung* in *Schledehausen* bei Osnabrück (Leiter: HANSPETER RITTERSTAEDT).

Adresse: Waldakademie Schledehausen
Am Berg 2
4516 Bissendorf 2
Tel. 05402/8022.

Organisation: Die straff durchgebildete Organisation hat eine vertikale und eine horizontale Struktur. In der Vertikalen ist sie streng zentralistisch auf die *Weltregierung des Zeitalters der Erleuchtung*, die internationale Führungsspitze in *Seelisberg*, ausgerichtet. Die nationale Ebene fungiert als koordinierende Zwischenstation, die organisatorische Basis der Bewegung bilden die örtlichen Zentren, die *Weltplan-Centers*, von denen einige mit regionaler Bedeutung als *Residenzen des Zeitalters der Erleuchtung* bezeichnet werden. Die horizontale Struktur gliedert sich in verschiedene Unterorganisationen auf, die unterschiedliche Funktionen und Aspekte des Programms vertreten und je nach dessen Schwerpunkt wechseln. Die wichtigsten sind:

- *GTM, Gesellschaft der Weltregierung des Zeitalters der Erleuchtung e.V.* (Dachorganisation)
- *SIMS Studentische Internationale Meditationsgesellschaft e.V.*
- *Deutsche MERU-Gesellschaft e.V.* (früher *Forschungsring Schöpferische Intelligenz*). Vertritt das wissenschaftliche Programm der Bewegung und ist der *Maharishi European Research University (MERU)* in *Weggis*/Schweiz zugeordnet.

- *IMS Internationale Meditationsgesellschaft, Deutscher Verband e.V.*
- *SRM Geistige Erneuerungsbewegung e.V.*

Der organisatorische Kern der Bewegung sind die örtlichen Zentren, in denen ein oder mehrere autorisierte *TM-Lehrer* oder *Gouverneure* das Programm verbreiten.

Statistik: Ende 1977 gab es etwa 1500 Zentren mit ungefähr 14000 *TM*-Lehrern in 140 Ländern. Die Zahl der *TM*-Meditierenden wird auf annähernd zwei Millionen geschätzt. Zahlen für die Bundesrepublik Deutschland (Stand April 1978): rund 73500 Personen sind in die *TM*-Technik eingeführt, in über 70 Zentren arbeiten annähernd 1000 *TM*-Lehrer.

Programm und Aktivitäten: Ziel aller Aktivitäten der *TM*-Bewegung, die mit großem Werbeaufwand und höchsten Ansprüchen an die Öffentlichkeit tritt, ist die Verbreitung der *TM*-Meditationstechnik. Sie wurde von Maharishi Mahesh Yogi aus der religiösen Tradition des Hinduismus entwickelt und durch radikale Vereinfachung und Mechanisierung auf westliche Bedürfnisse und Möglichkeiten zugeschnitten. Es handelt sich um eine sogenannte *Mantra*-Meditation, bei der eine besonders wirksame Silbe (*Mantra*) als Medium der Konzentration fungiert. Die Technik ist angeblich völlig wertneutral und »natürlich«, dazu wissenschaftlich ausgewiesen, doch hat die *TM* eindeutig religiösen Charakter. Das psychologische Modell und das Weltbild, das ihr zugrundeliegt, kommt aus dem Hinduismus und ist mit westlichem Evolutions- und Fortschrittsdenken kombiniert.
Maharishi Mahesh Yogi erhebt einen universalen Anspruch: durch die *TM* sei es möglich, auf allen Lebensgebieten erhebliche Fortschritte zu erzielen, noch in dieser Generation alle Probleme der Menschheit zu lösen und ideale Menschen in einer idealen Gesellschaft zu verwirklichen. Die Realität ist bescheidener. Die Mehrheit der Meditierenden benützt die Technik mit Erfolg zur Entspannung und Konzentration (ähnlich dem *Autogenen Training*), doch sind auch schwere psychische Schädigungen eingetreten. Das gilt vor allem für Jugendliche und stark engagiert Meditierende, die in der *Bewußtseins*- und Organisationshierarchie aufsteigen wollen. Die nach außen sehr positive Bewegung hat also eine problematische Innenseite.

Vereinigungskirche

Name: Koreanisch: *Tong-Il Kyo*
Englisch: *Unification Church International*
Deutsch: *Vereinigungskirche e.V.* (früher *Gesellschaft zur Vereinigung des Weltchristentums*)

Leitung: Gründer und Leiter ist der Koreaner San Myung Mun (englisch Moon), geboren 1920, lebt seit 1973 in *Irvington*, NY/USA.
Weltzentrale in *Seoul*, Korea
Deutsche Zentrale:

Feldbergstr. 38, Postfach 4527
6000 Frankfurt 1 (Leiter: Rainer Vinzenz)
Trainingszentren: Neumühle, 6277 Camberg/Taunus
Regelsmühle, 8561 Alfeld/Mfr.

Organisation: Die *Mun*-Sekte ist in eine Vielzahl von über sechzig Einzelorganisationen aufgegliedert, deren Zusammenhang oft unklar ist.
Die *Vereinigungskirche* ist die Mutterorganisation und die Lebensgemeinschaft der Anhänger *Muns.* Sie ist Religionsgemeinschaft. Die Landesvereinigungen sind die eigentlichen Organisationseinheiten. Neben deren Zentralen sind die kleinen *Zentren* (Wohngemeinschaften) in den Städten die Zellen der Bewegung. Es gibt aktive Mitglieder, die zur Familie gehören und das *Gelöbnis* sprechen, und *fördernde Mitglieder.* Die Frage der Mitgliedschaft ist jedoch nicht geklärt.

- *I.O.W.C. (International One World Crusade)*, die mobile Missionstruppe der Vereinigungskirche. Es gibt ein *Global Team* und ein *Europa Team.*
- *C.A.R.F. (Collegiate Association for the Research of Principles)* Als Studentenorganisation gegründet. In der Bundesrepublik Träger vor allem der ideologisch-politischen Aktivitäten.
- *Föderation für Weltfrieden und Vereinigung e.V.*, deutscher Zweig der *International Federation for Victory over Communism (I.F.V.C.)* vor allem in Korea bedeutsam (Verbindung mit dem Park-Regime); USA: *Freedom Leadership Foundation.* Politische, antikommunistische Organisation.
- *International Cultural Foundation (I.C.F.)* Zu diesem *Internationalen kulturellen Austauschprogramm* gehören *The Little Angels* (Koreanisches Volksballett), *International Conferences on the Unity of the Sciences* (U.C.U.S.; 1972), *Unification Theology Seminary* in Barrytown, NY.

Statistik: Stand 1976 weltweit nicht über eine halbe Million (Korea: ca. 350000 Mitglieder). Bundesrepublik Deutschland: etwa 500 aktive Mitglieder; nach eigenen Angaben (*Frankfurter Rundschau* 13.12.1978) 200 Mitglieder in der Bundesrepublik, denen aber noch die im Ausland tätigen *Munies* zuzurechnen sind.

Programm und Aktivitäten: Es handelt sich bei der *Mun*-Bewegung um eine aus dem Fernen Osten stammende, religiös verwurzelte, ideologisch-politische Organisation, die am besten zu verstehen ist als der Versuch eines Mannes und einer Gruppe, die Welt aufgrund eigener Prinzipien neu zu gestalten. Ein Ideal wird propagiert und zum Maßstab gesetzt, aber seine konkrete, praktische Verwirklichung im Rahmen der heutigen Gegebenheiten wird nicht betrieben. Es geht vielmehr um *Mun*, der sein »Imperium« aufbauen, um die Gemeinschaft, die sich selbst verwirklichen will: Sie ist der Träger der Wahrheit, sie allein baut die neue Welt, sie ist die Zelle der neuen Menschheit. Die Folgen sind: harter Gruppenegoismus und Exklusivität. Die *Mun*-Sekte stellt eine autoritär strukturierte Gegenkommune dar, die sich in unsere Gesellschaft nicht integrieren läßt.

Die Lehren werden summarisch bezeichnet als *Die Göttlichen Prinzipien.* Diese gelten als »vollkommene Offenbarung der geistigen Gesetze« des Lebens und der Geschichte, als eine »Botschaft, die Jesus Christus nicht offenbaren konnte«.

Ziel des Programms ist die »Errichtung des Reiches Gottes auf Erden«, wobei *Mun* selbst als Heilsgestalt im Mittelpunkt steht. Schon jetzt muß daran gearbeitet werden. Leitbegriff ist: »Wiederherstellung« der gefallenen Schöpfung.

An der Spitze der Aktivitäten stehen Werbung (»Mission«) durch Ansprechen und Schriften sowie Schulung in den *Zentren.* Man wendet sich besonders an junge Menschen. Aufwendige Großveranstaltungen haben propagandistischen Charakter. Hinzu kommt die Tätigkeit in den vielen Zweigen der Bewegung im ideologisch-politischen, kulturellen und wirtschaftlichen Bereich. Starke Publizistik. Der eigentlich religiöse Bereich hat relativ wenig Gewicht. Die einzelnen Mitglieder sind in pausenlosem Einsatz; sie sind gleichsam Glieder einer Einsatztruppe und haben für ein privates Leben keine Zeit.

Elterninitiativen und Beratungsstellen

Elterninitiativen

- *Aktion für geistige und psychische Freiheit – Arbeitsgemeinschaft der Elterninitiativen e. V.*, Dr. Klaus Karbe, 5300 Bonn-Bad Godesberg, Berliner Ring 33, Tel. 02221/374233
(Dachorganisation)

- *Elterninitiative zur Hilfe gegen seelische Abhängigkeit und religiösen Extremismus e. V.*, Postfach 874, 8000 München 1
(Schwerpunkt: Vereinigungskirche, Scientology Kirche).

- *Interessengemeinschaft Jugendschutz e.V., Verein zum Schutz seelisch gefährdeter junger Menschen*, Postfach 83, 6140 Bensheim
(Schwerpunkt Transzendentale Meditation)

- *Niedersächsische Elterninitiative gegen Mißbrauch der Religion*, Im Heidloh, 3101 Steinhorst
(Schwerpunkt: Familie der Liebe)

- *Elterninitiative in Nordrhein-Westfalen*, Florastr. 80, 4020 Mettmann

- *Elterninitiative Jugendsekten* o. A. Landesjugendpfarramt Haus der Kirche, Franziuseck 2–4, 2800 Bremen 1, Tel. 0421/5097-246

Beratungsstellen

Kirchliche Beratungsstellen:

- Pastor Detlef Bendrath, Beauftragter für apologetische Fragen, Brahmsstr. 20 f, 2400 Lübeck, Tel. 0451/44786

- Thomas Gandow, Pastor, Amt für Jugendarbeit der Ev. Kirche in Berlin-Brandenburg, Goethestr. 30, 1000 Berlin 12

- Pfarrer Rüdiger Hauth, Röhrchenstr. 10, 5810 Witten, Tel. 02302/12422 und 13611

- Jugendhaus Düsseldorf, Bischöfliche Hauptstelle der Jugendseelsorge, z. H. Herrn Pfarrer W. Pilz, Carl-Mosterts-Platz 1, 4000 Düsseldorf 30

• Arbeitsgemeinschaft Jugendreligionen im Stadtjugendpfarramt Frankfurt, Kurt-Helmuth Eimuth, Stalburgstr. 38, 6000 Frankfurt/M., Tel. 0611/555570

• Pfarrer Friedrich-Wilhelm Haack, Postfach 500305, 8000 München 50, Tel. 089/1412841

• Dipl.-Theologe Hans Löffelmann (kath.), Maxburgstr. 2, 8000 München 2, Tel. 089/21371

• Dr. Friederike Valentin, Pastoralamt der Erzdiözese Wien, Sektenreferat, Stephansplatz 6/VI/48, A 1010 Wien/Österreich, Tel. 0043/222/525531

• Evangelische Zentralstelle für Weltanschauungsfragen, Hölderlinplatz 2A, 7000 Stuttgart 1, Tel. 0711/227081/82

Andere Beratungsstellen

• Aktion Jugendschutz (AJS) Landesarbeitsstelle Nordrhein-Westfalen, Postfach 860117, 5000 Köln 80

• Aktion Bildungsinformation (ABI) Ingo Heinemann, Alte Poststr. 5, 7000 Stuttgart 1, Tel. 0711/225959
(Beratung über Scientology)

Literaturhinweise

Literatur allgemein

Daniel Bell: »Die Zukunft der westlichen Welt«, Frankfurt 1979 (Fischer Taschenbuch Verlag Bd. 3411)
Friedrich-Wilhelm Haack: »Die neuen Jugendreligionen«, 88 S. Evangelischer Presseverband für Bayern, Birkenstr. 22, 8000 München 19, 16. überarbeitete Auflage 1978
Friedrich-Wilhelm Haack: »Die neuen Jugendreligionen« Band II (Dokumente und Erläuterungen) 117 S.
Friedrich-Wilhelm Haack: »Ratschläge – Was können Betroffene und Verantwortliche tun?«, 88 S. Evangelischer Presseverband für Bayern, Birkerstr. 22, 8000 München 19, München 1977
Friedrich Hacker: »Freiheit die sie meinen«, Hamburg 1978
Joachim Lell/Ferdinand W. Menne (Hrsg): »Religiöse Gruppen – Alternativen in Großkirchen und Gesellschaft«, Düsseldorf/Göttingen 1976
Literaturmagazin 9: »Der neue Irrationalismus«, Hrsg. von Nicolas Born /Jürgen Manthey / Delf Schmidt, Rowohlt dnb Nr. 100, Reinbek 1978
Michael Mildenberger: »Heil aus Asien?«, Quell Verlag Stuttgart 1974
Peter-Michael Pflüger (Hrsg): »Religiöse Erfahrung im Ausbruch aus den Traditionen«, Psychologisch gesehen 26/27, Stuttgart 1976
Udo Reiter (Hrsg): »Meditation – Wege zum Selbst«, Mosaik Verlag München 1976
Horst Reller (Hrsg. im Auftrag der VELKD): »Handbuch Religiöse Gemeinschaften«, G. Mohn Verlag, Gütersloh 1978
Theodore Roszak: »Gegenkultur – Gedanken über die technokratische Gesellschaft und die Opposition der Jugend«, List Taschenbücher 390, München 1973
Shirley Sugerman: »Narzißmus als Selbstzerstörung«, Olten/Freiburg 1978
Michael Schibilsky: »Religiöse Erfahrung und Interaktion«, Kohlhammer-Urban Taschenbücher Nr. 624, Stuttgart 1976
Rolf Schwendter: »Theorie der Subkultur«, Neuausgabe Frankfurt 1978
Rainer Volp: »Chancen der Religion«, Gütersloher GTB 103, Gütersloh 1975
Ludger Zinke: »Religionen am Rande der Gesellschaft – Jugend im Sog neuer Heilsversprechungen«, 184 S., Kösel Verlag München 1977

Literatur zu einzelnen Gruppen

Vereinigungskirche

Rüdiger Hauth: »Vereinigungskirche – ›Tong-Il Kyo‹ im Angriff« 4. Aufl. 1978, Evang. Presseverband für Bayern, Birkerstr. 22, 8000 München 19
*EZW-Orientierung Nr. 3 (Information und Auseinandersetzung) 1976
*EZW-Orientierung Nr. 6 (Erfahrungsberichte) 1977
*EZW-Kopien aus ›Materialdienst der EZW‹
*EZW-Faltblatt (Kurzinformation, 6 S.) 1977
»Die Göttlichen Prinzipien«, Vereinigungskirche e.V., Feldbergstr. 38, 6000 Frankfurt 1

Kinder Gottes

Rüdiger Hauth: »Die Kinder Gottes – Weg und Irrweg einer Jugendsekte« 3. Aufl. 1977, Evang. Presseverband für Bayern, Birkerstr. 22, 8000 München 19
* EZW-Faltblatt (Kurzinformation, 4 S.) 1977

Hare Krishna-Bewegung

* ›Materialdienst‹ 10/1976 der EZW

Divine Light Mission

* ›Materialdienst‹ 6–7/1975, 4/1977 und 11/1978 der EZW

Transzendentale Meditation (TM)

M. Mildenberger/A. Schöll: »Die Macht der süßen Worte – Die Bewegung der Transzendentalen Meditation«, Aussaat-Verlag Wuppertal 1977
Bloomfield/Cain/Jaffe/Kory: »Transzendentale Meditation«, Econ Verlag, Düsseldorf/Wien 1976
Bernhard Müller-Elmau: »Kräfte aus der Stille – Transzendentale Meditation«, Econ Verlag, Düsseldorf/Wien 1977
John White: »Alles über TM – Transzendentale Meditation« Wilhelm Heyne Verlag München 1976

Scientology

Christopher Evans: »Kulte des Irrationalen«, Rowohlt Verlag Reinbek 1976
* EZW-Faltblatt 1977
Jochen Maes: »Scientology-Sekte, Narconon e.V. Zitty-Verlag, Berlin 1977

Die mit * bezeichneten Titel sind Veröffentlichungen der Evang. Zentralstelle für Weltanschauungsfragen, Hölderlinplatz 2 A, 7000 Stuttgart 1, und können von dort bezogen werden.

Anmerkungen

»Das Feuer des selbstlosen Dienstes«
Ein Lehrstück

1 Vitezslav Gardavsky, *Gott ist nicht ganz tot*, München 1969, S. 235f
2 Hendrik Bussiek, *Bericht zur Lage der Jugend*, Frankfurt (Fischer Taschenbuch Bd. 2019) 1978, S. 133
3 Sri Anandamurti, *Das große Universum. Gespräche über die Gesellschaft*, Berlin (Vervielfältigtes Manuskript) 1974, S. 55
4 Sri Anandamurti, a.a.O., S. 29
5 *Prakash*, Mai 1976
6 *Für Arbeit und Besinnung. Zeitschrift für die Evangelische Landeskirche in Württemberg*, 10/1978, S. 388
7 Helmut Achelin, *in Materialdienst aus der evangelischen Zentralstelle für Weltanschauungsfragen*, 9/1978, S. 242
8 *Frankfurter Rundschau* vom 13.2. 1978
9 Prana ist im Hinduismus der göttliche »Lebensatem«, Pranam tun ist eine rituelle Atemübung
10 *Sadvipra*, April/Mai 1978
11 *Sadvipra*, September 1978

»Jugendsekten«?
Die religiöse Revolte ist mehr

1 *Stuttgarter Zeitung* vom 11.7. 1978

Kampf und Kontemplation
Engagement für ein neues Christentum

1 *Taizé und das Konzil der Jugend*, Freiburg (Herderbücherei Bd. 543) 1975, S. 15
2 *Berichtsheft*, hg. vom Jugendkongress Pfingsten 1976 e.V., Witten o.J., S. 25
3 Irmela Hofmann, *Kein Tag wie jeder andere*, Wuppertal 1978, S. 25
4 Irmela Hofmann, a.a.O., S. 4
5 Irmela Hofmann, a.a.O., S. 157ff

Religiöser Kampfbund und Endzeit-Kommune
›Vereinigungskirche‹ und ›Familie der Liebe‹

1 *Dokumentation über die Auswirkung der Jugendreligionen auf Jugendliche in Einzelfällen*, hg. von der *Aktion für geistige und psychische Freiheit*, Bonn, Februar 1978, S. 26f
2 *Erfahrungen mit Jugendreligionen*, hg. von der *Arbeitsgemeinschaft der Evangelischen Jugend in der Bundesrepublik Deutschland und Berlin West e. V.*, Stuttgart, August 1978, S. 8–10
3 *Göttliche Prinzipien. Studienführer*, S. 104
4 zitiert nach FRIEDRICH-WILHELM HAACK, *Verführte Sehnsucht*, München 1978, S. 22
5 REIMAR LENZ in *Esotera*, 11/1978, S. 997
6 *Dokumentation. Stellungnahme der Vereinigungskirche zu Hauptvorwürfen*, Frankfurt, September 1978, S. 4
7 Zitiert nach FRIEDRICH-WILHELM HAACK, *Die neuen Jugendreligionen*, Teil 2: *Dokumente und Erläuterungen*, München 1977, S. 86
8 *Dokumentation. Stellungnahme der Vereinigungskirche*, a.a.O., S. 3
9 *Dokumentation über die Auswirkung der Jugendreligionen auf Jugendliche in Einzelfällen*, a.a.O., S. 93–95
10 *Mo-Brief* DO-650
11 Zitiert nach *Dokumentation über die Auswirkung der Jugendreligionen ...*, a.a.O., S. 45f, leicht gekürzt
12 Zitiert nach *Dokumentation über die Auswirkungen der Jugendreligionen ...*, a.a.O., S. 68f
13 Zitiert nach *Dokumentation über die Auswirkungen der Jugendreligionen ...*, a.a.O., S. 55f
14 Zitiert nach *Materialdienst aus der Evangelischen Zentralstelle für Weltanschauungsfragen*, 8/1978

Die Welt der Gurus
›Divine Light Mission‹ und ›Hare Krishna‹

1 In der folgenden Darstellung sind Ausführungen aus einem unveröffentlichten Vortragsmanuskript des Heidelberger Theologen und Religionswissenschaftlers REINHARD HUMMEL aufgegriffen
2 Aus einem Interview mit dem *Süddeutschen Rundfunk*
3 Zahlenangaben nach *Back to Godhead*, Vol. 13, No. 5
4 Ebenda
5 Zitiert nach KLAUS KLOSTERMAIER, *Hinduismus*, Köln 1965, S. 213

Die ganze Wirklichkeit
Chancen und Gefahren der Meditation

1 INGRID RIEDEL, *Der unverbrauchte Gott*, München 1976, S. 80ff
2 SURYA GREEN, in: Zero Nr. 9
3 UDO REITER, *Meditation – Wege zum Selbst*, München 1976, S. 174
4 INGRID RIEDEL, *Der unverbrauchte Gott*, a.a.O., S. 102f
5 UDO REITER, *Meditation – Wege zum Selbst*, a.a.O., S. 178
6 *Revisioning Psychology*, 1975
7 HARVEY COX, *Licht aus Asien*, Stuttgart 1978, S. 93–95
8 Ebenda, S. 164ff

Evolution durch Meditation?
Die Bewegung der Transzendentalen Meditation

1 MAHARISHI MAHESH YOGI *Die Wissenschaft vom Sein und die Kunst des Lebens*, Stuttgart 1969, S. 59
2 *Verwirklichung der idealen Gesellschaft*, MERU-Press 1977, S. 3
3 Ebenda
4 *Enlightenment and the Siddhis*
5 Ebenda
6 H. H. BLOOMFIELD/P. C. CAIN/D. T. JAFFE/R. B. KORY, *TM – Transzendentale Meditation. Lebenskraft aus neuen Quellen*, Düsseldorf–Wien 1976
7 *Die Wissenschaft vom Sein und die Kunst des Lebens*, a.a.O., S. 88
8 ERNST GOGLER, *Yoga in Ost und West*, in: *Wanderer von Land zu Land*, hrsg. vom Schweizerischen Evangelischen Missionsrat, Nr. 3/4 1975/76, S. 21
9 M. MILDENBERGER/A. SCHÖLL, *Die Macht der süßen Worte*, Wuppertal 1977, S. 144f
10 *Verwirklichung der idealen Gesellschaft*, MERU-Press 1977, S. 33
11 *Esotera*, 11/1977
12 *Orientierung* vom 30.6. 1972
13 M. MILDENBERGER/A. SCHÖLL, *Die Macht der süßen Worte*, S. 147f
14 *Verwirklichung der idealen Gesellschaft*, MERU-Press 1977, S. 33
15 *Journal für Autogenes Training und Allgemeine Psychotherapie*, Heft April 1978

Von Esalen nach Poona
Bhagwan Shree Rajneesh und die psycho-religiöse Bewegung

1 *Zeit-Magazin*, 44–46/1977
2 ARTHUR JANOV, *Der Urschrei. Ein neuer Weg der Psychotherapie*, Frankfurt (Fischer Taschenbuch Bd. 6286) 1975
3 *ZIST*-Programmheft September-Dezember 1978, S. 5

4 G. M. MARTIN, *Neue Religiosität in den USA*, in: INGRID RIEDEL, *Der unverbrauchte Gott*, a.a.O., S. 122ff
5 *Zeit-Magazin*, 44/1977
6 Zum Folgenden: *Religiöse Erfahrung im Ausbruch aus den Traditionen*, hrsg. von PETER-MICHAEL PFLÜGER, Stuttgart 1976, S. 49ff und S. 9f
7 Vgl. hierzu etwa MICHAEL KLOSTERMANN, *Auroville. Stadt des Zukunftsmenschen*, Frankfurt (Fischer Taschenbuch Bd. 1700) 1976 und DILIP KUMAR ROY, *Sri Aurobindo kam zu mir*, Frankfurt (Fischer Taschenbuch Bd. 3377) 1978
8 DIETER DUHM, *Der Mensch ist anders*, Lampertheim 1975, S. 225
9 *AA-Nachrichten*, Juli 1977
10 WILHELM REICH, *Charakteranalyse*, Frankfurt (Fischer Taschenbuch Bd. 6191) 1973
11 *AAO. Pro & Contra. Kritische Stellungnahmen zur AAO*, Nürnberg 1977, S. 17
12 Ebenda, S. 21
13 *Die Falle. AAO – Fortsetzung der Politik mit anderen Mitteln*, Berlin 1977, S. 274
14 Ebenda, 39f
15 Ebenda, S. 276, 42
16 *AAO. Pro & Contra*, a.a.O., S. 21–23
17 Zitiert nach der *Zeit* vom 1.9. 1978
18 Zitiert nach *Einsichten. Eine Einführung in die Welt des Bhagwan Shree Rajneesh*, hg. vom Press Office der Rajneesh Foundation, Poona 1978, S. 3f
19 HEINER BOBERG in der *Zeit* vom 1.9. 1978
20 Ein Beispiel: BHAGWAN SRI RAJNEESH, *Sprengt den Fels der Unbewußtheit*, Frankfurt (Fischer Taschenbuch Bd. 3378) 1979
21 *Rajneesh Newsletter*, Deutsche Ausgabe 18, 1978, S. 2
22 *Süddeutsche Zeitung* vom 23.9. 1977
23 *Die Rolle der Therapiegruppen im großen Experiment Bhagwan Shree Rajneeshs*, Press Office der Rajneesh Foundation, Poona o.J., S. 5
24 *Süddeutsche Zeitung* vom 20.9. 1977
25 *Rajneesh Newsletter*, Deutsche Ausgabe 18, S. 6
26 G. MARCEL MARTIN, *Was geschieht in Poona?* in: *Evangelische Kommentare* 12/1978
27 *Süddeutsche Zeitung*, vom 23.9. 1977
28 Leserbrief an die *Zeit* vom 6.10. 1978

Die große Freiheit
Im Psychoboom: Scientology, SLS, Eckankar und Co.

1 Ulcus Molle Info 9–10/1978
2 zitiert nach ABI-INFO 59 der Aktion Bildungsinformation e.V. in Stuttgart vom 20.12. 1976
3 Christianity Today, 15. Mai 1978, zitiert nach: John Weldon, A Sampling of the New Religions, in: International Review of Mission, Oktober 1978, S. 420
4 Handzettel der Scientology von 1976

5 Hannelore Schilling, Dianetics – Scientology – Scientology-Kirche, in: Materialdienst aus der Ev. Zentralstelle für Weltanschauungsfragen 11/1973, S. 162f
6 zitiert nach: Hannelore Schilling a.a.O., S. 178
7 Hannelore Schilling, a.a.O., S. 180
8 zitiert nach: Friedrich-Wilhelm Haack, Die neuen Jugendreligionen, 15. Auflage München 1978, S. 39
9 Werbematerial, zitiert nach: Hannelore Schilling a.a.O., S. 181
10 Name und Anschrift sind der ABI-Aktion Bildungsinformation Stuttgart bekannt. Quelle: Erfahrungen mit Jugendreligionen, herausgegeben von der Arbeitsgemeinschaft der Evangelischen Jugend in der Bundesrepublik Deutschland und Berlin West, Stuttgart 1978, S. 11f
11 ABI-INFO 59 vom 20. 12. 1976
11a Ebenda
12 zitiert aus: Materialdienst aus der Ev. Zentralstelle für Weltanschauungsfragen 4/1977, S. 115
13 Kompost Nr. 27, Frühling 1978, S. 56
14 Scientology-Kirche, Information – Definitionen – Regeln
15 Zitiert aus: ABI-INFO 59 vom 20. 12. 1976
16 Zitiert nach: Materialdienst aus der Ev. Zentralstelle für Weltanschauungsfragen 1/1977, S. 20
17 Ebenda
18 Stadtausgabe 6. 1. 1978
19 L. Ron Hubbard, The Creation of Human Ability, S. 63
20 Friedrich-Wilhelm Haack, a.a.O., S. 43
21 nach der ABI-INFO 59 vom 20. 12. 1976
22 HCOPL, 5. 1. 1968, zitiert nach Friedrich-Wilhelm Haack, a.a.O., S. 43
23 nach ABI-INFO 59 vom 20. 12. 1976
24 Handbuch Religiöse Gemeinschaften. Für den VELKD-Arbeitskreis Religiöse Gemeinschaften im Auftrage des Lutherischen Kirchenamtes herausgegeben von Horst Reller, Gütersloh 1978, S. 655f
25 Die folgenden Ausführungen stützen sich auf eine Darstellung von Walter Schmidt im Materialdienst aus der Ev. Zentralstelle für Weltanschauungsfragen, 11/1978, S. 292ff
26 Symposium der Seelenreisenden, esotera 9/1978, S. 812ff
27 ECKANKAR nach seiner Selbstdarstellung, dokumentiert in esotera 9/1978, S. 816f
28 Süddeutsche Zeitung, 12. 12. 1978

Modelle für eine Alternative
Neues Bewußtsein – Neuer Lebensstil

1 stern, 20. 12. 1978
2 Hans Bolewski, *Alternative Gruppen – Ein Phänomen und seine Deutungen,* Information Nr. 73 der *Ev. Zentralstelle für Weltanschauungsfragen,* Stuttgart, März 1978
3 Walter Dirks, *Alternative christliche Lebensformen,* in: *Frankfurter Hefte – extra I, Alternative Lebensformen,* April 1978, S. 136

4 Deutsch: Jack Kerouac, *Gammler, Zen und Hohe Berge*, rororo 1417, Reinbek 1963
5 Uli Olvedi, *Buddhismus – Religion der Zukunft?* München 1973, S. 130f
6 Wolfgang Esch in: Zero Nr. 13
7 Helmuth Plessner, zitiert bei Hans Bolewski a.a.O.
8 Oigen, in: Kompost Nr. 23, Frühling 1977
9 Dieter Schlesak, Religiöse Gegenkultur, Frankfurter Hefte, FH – extra I, April 1978, S. 146ff
10 Stephen Gaskin, zitiert aus: Middle Earth Nr. 8
11 *Ulcus Molle Info* Nr. 9–10/1978

Die Generation der Ausgeschlossenen
Psychische und geistige Hintergründe der jugendlichen Religiosität

1 Zitiert nach *Die Zeit* vom 20. 1. 1978
2 Ebenda
3 Zitiert nach: Hendrik Bussiek, *Bericht zur Lage der Jugend*, Frankfurt (Fischer Taschenbuch Bd. 2019) 1978, S. 88
4 *Evangelische Kommentare*, 3/1978, S. 150
5 Zitiert nach: Hendrik Bussiek, *Bericht zur Lage der Jugend*, a.a.O., S. 72
6 *Radius*, 3/1978, S. 30
7 Ebenda, S. 29
8 *Frankfurter Hefte*, 10/1978, S. 34
9 Alexander und Margarete Mitscherlich, *Die Unfähigkeit zu trauern*, Frankfurt 1967, S. 239
10 Zitiert nach: Astrid Albrecht-Heide, *Zur geistigen und seelischen Situation der Studenten*, in *Radius* 3/1978, S. 30
11 Zum Folgenden: Roman Bleistein, *Gefährdete Identität*, in Ludger Zinke, *Religionen am Rande der Gesellschaft – Jugend im Sog neuer Heilsversprechungen*, München 1977, S. 33ff
11a Herder Korrespondenz Januar 1979
12 Hans-Günter Heimbrock in *Die neue Religiosität*, hg. von der *Arbeitsgemeinschaft der Evangelischen Jugend in der Bundesrepublik Deutschland und Berlin West*, Stuttgart 1978, S. 42. Zum Folgenden: Ders., *Hermeneutik der Phantasie – Ein religionspsychologischer Zugang zur Jugendreligiosität*, ebenda S. 24ff
13 David Cooper, *Von der Notwendigkeit der Freiheit*, Frankfurt 1976, S. 117
14 Friedrich Heer, *Phänomene neuer Religiosität in der Gegenwart*, in *Religiöse Erfahrung im Ausbruch aus den Traditionen*, hg. von Peter-Michael Pflüger, Stuttgart 1976, S. 22ff
15 Ebenda, S. 29f
16 Ebenda, S. 41f
17 Ebenda, S. 47f
18 Ebenda, S. 40
19 Vgl. oben S. 122
20 Zum Folgenden: Shirley Sugerman, *Narzißmus als Selbstzerstörung*, Olten und Freiburg 1978

21 Ebenda, S. 73
22 DOROTHEE SÖLLE, *Die Hinreise – Zur religiösen Erfahrung*, Stuttgart 1975
23 Ebenda, S. 164
24 Beispiele: HORST KNAUT, *Testament des Bösen. Kulte, Morde, Schwarze Messen. Heimliches und Unheimliches aus dem Untergrund*, Stuttgart 1979; CHARLES A. KRAUSE, *Die Tragödie von Guayana. Der Massenselbstmord, Berlin 1978*

Zwischen Hingabe und Ausbeutung Gefahrenzonen der sogenannten Jugendreligionen

1 Interview mit *Bild am Sonntag* laut *dpa*-Meldung in der *Frankfurter Rundschau* vom 27. 11. 1978
2 Zitiert nach *Dokumentation über die Auswirkung der Jugendreligionen auf Jugendliche in Einzelfällen*, a.a.O., S. 42f
3 FRIEDRICH-WILHELM HAACK, *Ratschläge – Was können Betroffene und Verantwortliche tun?* München 1977, S. 48ff
4 Zitiert nach dem *stern* vom 7. 12. 1978
5 *DO 27*
6 *DFO 333-C* zitiert nach FRIEDRICH-WILHELM HAACK, *Die neuen Jugendreligionen*, Teil 2, München 1977, S. 38
7 Münchener Reihe, hg. vom *Evangelischen Presseverband für Bayern*, München 1977
8 Vgl. die Zusammenstellung von Adressen und Literatur am Schluß dieses Bandes, S. 289ff
9 HANS-DIETHER REIMER in *Materialdienst aus der Evangelischen Zentralstelle für Weltanschauungsfragen*, 2/1977
10 Der Text ist abgedruckt in *Neue Jugendreligionen*, Orientierung Nr. 7 der *Evangelischen Zentralstelle für Weltanschauungsfragen*, Stuttgart 1977
11 *Erfahrungen mit Jugendreligionen*, hg. von der *Arbeitsgemeinschaft der Evangelischen Jugend in der Bundesrepublik Deutschland und Berlin West e.V.*, Stuttgart 1978, S. 38f
12 Zum Folgenden vgl. die Berichte von JOHANNES NITSCHMANN in *Der Pilger* vom 20. 8. 1978 und *Publik-Forum* vom 25. 8. 1978
13 Vgl. S. 275ff
14 Zum Folgenden REIMAR LENZ, *›Jugendreligionen‹: Notwehr oder Hexenjagd?* in *Esotera* 11/1978 und 12/1978
15 *Materialdienst aus der Evangelischen Zentralstelle für Weltanschauungsfragen*, 11/1978, S. 298
16 Sozialdemokratischer Pressedienst vom 18. Juli 1978
17 *Süddeutsche Zeitung* vom 15. 12. 1978
18 *Die Welt* vom 5. 9. 1978

Religion im Protest
Der gesellschaftliche Horizont der jugendlichen Religiosität

1 Zitiert aus *Christ in der Gegenwart* vom 25.6. 1978
2 *Der Spiegel* vom 27. 11. 1978
3 E. Frings-Kammerichs/H. A. Schüller, *Die schwierige Generation. Jugendkrise – ein Zeichen der Hoffnung*, Freiburg 1975, S. 166
4 *Esotera* 12/1978, S. 1128
5 Jillian Becker, *Hitlers Kinder? Der Baader-Meinhof-Terrorismus,* Frankfurt (Fischer Taschenbuch Bd. 3413) 1978. Im folgenden sind einige Gedanken des Politikwissenschaftlers Martin Greiffenhagen zu diesem Buch aufgenommen
6 Wilhelm F. Kasch, *Bedingungen und Motive des deutschen Terrorismus,* in: *Stimmen der Zeit*, Dezember 1978, S. 846
7 *Der Spiegel* vom 28.8. 1978
8 Gerhard Mauz bezieht sich auf ein Zitat aus dem Buch *Die Unfähigkeit zu trauern* von Alexander und Margarete Mitscherlich
9 *Frankfurter Rundschau* vom 30. 11. 1978
10 Zitiert nach einem Beitrag in der *Zeit* vom 28.7. 1978
11 Zitiert nach: *Literaturmagazin 9, Der neue Irrationalismus*, hg. von Nicolas Born, Jürgen Manthey, Delf Schmidt, Reinbek dnb 100, 1978, S. 8f
12 Zitiert nach Ingrid Riedel, *Der unverbrauchte Gott*, a.a.O., S. 39
13 *Das Immergrüne Neue Zeitalter,* Eine Diskussionsgrundlage über die Faschismustendenzen in der Jugendbewegung Anfang des Jahrhunderts und ein Vergleich zur Counter Culture in Amerika heute. Eine Hilfe zum Finden des eigenen Standpunktes. *Kompost* 26, Mittwinter 77/78.
Vgl. Hippies & Wandervögel, *Klaus Molle Info* 11–12/1978
14 Daniel Bell, *Die Zukunft der westlichen Welt*, Frankfurt (Fischer Taschenbuch Bd. 3411) 1979, S. 178ff
15 Gerhard Schmidtchen, *Die gesellschaftlichen Folgen der Entchristlichung*, in: *Stimmen der Zeit*, August 1978, S. 543ff
16 Siegfried von Kortzfleisch im *Deutschen Allgemeinen Sonntagsblatt* vom 26.2. 1978
17 Dieter Schlesak, *Optimismus – Diesseits der Gegenwart*, in: *Literaturmagazin 9*, a.a.O., S. 88ff